Thomas Mann Jahrbuc

THOMAS MANN JAHRBUCH

Band 21

2008

Begründet von
Eckhard Heftrich und Hans Wysling

Herausgegeben von
Thomas Sprecher und Ruprecht Wimmer

VITTORIO KLOSTERMANN · FRANKFURT AM MAIN

Herausgegeben in Verbindung mit der Deutschen Thomas-Mann-Gesellschaft
Sitz Lübeck e.V. und der Thomas Mann Gesellschaft Zürich

Redaktion:
Katrin Bedenig

Register:
Claudio Steiger

© Vittorio Klostermann GmbH Frankfurt am Main 2008

Gedruckt auf alterungsbeständigem Papier ⊗ISO 9706
Satz: Fotosatz L. Huhn, Linsengericht
Druck: Hubert & Co., Göttingen
Printed in Germany
ISSN 0935-6983
ISBN 978-3-465-03573-2

Inhalt

Abhandlungen

Bibliographie

Anhang

Vorwort

Der vorliegende Band wird zu Ehren von Eckhard Heftrichs 80. Geburtstag eröffnet durch dessen Vortrag: *Der lange Marsch zum Heinrich-und-Thomas-Mann-Zentrum*. Desweiteren enthält er Beiträge des Internationalen Herbst-Kolloquiums „Thomas Mann und das Theater", das vom 27. bis 30. September 2007 in Lübeck stattfand. Die Vorträge von Eckhard Heftrich: *Thomas Mann und „Der Ring des Nibelungen"*, Hans Rudolf Vaget: *Wagner in der deutschen Geschichte des zwanzigsten Jahrhunderts*, Heinrich Detering: *Hexenmeister und Zauberlehrling. Thomas Mann und Ibsen*, Elisabeth Galvan: *„Fiorenza" – auf dem Theater und hinter den Kulissen*, Andrea Bartl: *Auf der Suche nach der „neuen Bühne". Thomas Mann, Artur Kutscher und die Münchner Theateravantgarde* und Hans Wißkirchen: *„Er wird wachsen mit der Zeit...". Zur Aktualität des „Buddenbrooks"-Romans* sind in der Abfolge des Tagungsprogramms hier dokumentiert.

Die sich anschließenden Vorträge von Ursula Amrein: *„Es ist etwas paradox, daß meine ‚persönliche Geschichte' sich vor allem mit Politik befassen wird". Erika Mann zwischen Familie und Öffentlichkeit* und Wolfgang Clemens: *Elisabeth Mann Borgese – Dichterkindchen und Weltbürgerin* wurden an der Jahresversammlung der Thomas Mann Gesellschaft Zürich vom 9. Juni 2007 gehalten.

Der Band wird ergänzt durch den ersten Teil des *Briefwechsels zwischen Thomas und Katia Mann und Hans Wilhelm Rosenhaupt 1932–1947*, ediert von Armin Wishard, die Beiträge von Gesine Bey: *„Ich bin das Haupt einer sehr zahlreichen Familie...". Katia Manns Briefe an Konstantin Fedin* und Herbert Lehnert: *Fiktionen als historische Evidenz? Überlegungen zu „Zauberberg" und „Doktor Faustus" aus Anlass von Hans Rudolf Vagets „Seelenzauber"*, den 6. *Nachtrag zur Thomas-Mann-Bibliographie* von Gregor Ackermann, Walter Delabar und Bernhard Veitenheimer sowie die *Auswahlbibliographie 2006–2007*. Wir danken den Autorinnen und Autoren für die Erlaubnis zum Abdruck ihrer Beiträge im Jahrbuch.

Die Herausgeber

Anmerkung der Herausgeber: Der folgende Vortrag, den Eckhard Heftrich am 11. Juli 2008 im Audienzsaal des Lübecker Rathauses gehalten hat, erscheint hier in den Tagen seines 80. Geburtstages. Die Herausgeber nehmen dies zum Anlaß, ihm viele gute Jahre zu wünschen und ihm herzlich für all das zu danken, was er für Thomas Mann und die Seinen und das Thomas Mann Jahrbuch getan hat.

Eckhard Heftrich

Der lange Marsch zum Heinrich-und-Thomas-Mann-Zentrum

I.

Man kann sich Thomas Manns Laufbahn als Schriftsteller nicht vorstellen ohne seinen jugendlichen Geniestreich *Buddenbrooks*. Dessen Folgen für das Leben wie auch für die weiteren Werke des Autors sind unübersehbar. Und nur, weil es diesen Roman gibt, haben wir uns hier eingefunden zur Feier einer gerade einmal fünfzehn Jahre alten Gegenwartsgeschichte und eines Vierteljahrtausends Vergangenheitshistorie des Hauses Mengstraße 4. Denn die bloße Tatsache, daß die Schriftstellerbrüder Mann ihre persönlichen, sehr unterschiedlichen Erinnerungsempfindungen an das Mengstraßenhaus gepflegt haben, hätte nicht ausgereicht, dem nach 1942 übrig gebliebenen Trümmer-Areal mit seiner Fassade, in deren öden Fensterhöhlen, mit Schiller zu reden, das Grauen wohnte, noch etwas von der Aura zu belassen, die allein auf den Roman *Buddenbrooks* zurückgeht.

Eine Aura solcher Art ist allerdings ein recht zweideutiges Phänomen, schon allein, weil es zu allen Zeiten und überall auftaucht. Auf dem untersten Niveau begegnete es bei der sogenannten Schwarzwald-Klinik. Nach einer höchst erfolgreichen TV-Serie kamen von überall her die Omnibusse gefahren mit Pilgerscharen in das bis dato gemütliche Glottertal zwecks Inspizierung des angeblichen Originalschauplatzes der so quotenträchtigen Arzt-Schnulze. Deren Drehbuch kann man ja nun weiß Gott nicht mit Thomas Manns Roman vergleichen, und auch die Besucherströme des Buddenbrookhauses sind doch wohl auf höherem Niveau zu vermuten. Aber im einen wie im andern Fall handelt es sich um eine Motivation, die man, psychologisch gesprochen, als

Regression bezeichnen kann. Am Beispiel *Buddenbrooks* demonstriert, meint das: Die vom Schicksal der Romanfiguren ergriffenen Leser – gesetzt, es handelt sich überhaupt noch um Leser und nicht bereits in der Mehrzahl um Kino- oder Fernsehzuschauer – die Leser also versuchen, die Intensität ihrer im Mitleiden genossenen Einfühlung zu steigern. Sie lösen den vom Autor geleisteten Verwandlungsprozeß der Materialien, der biographischen, autobiographischen und sonstigen Elemente, wieder auf, indem sie rückwärts gehen, also regredieren. So glauben sie schließlich, das Haus der Buddenbrooks in der Mengstraße 4 ebenso wieder entdeckt zu haben, wie in Toni Buddenbrook die Tante Elisabeth oder in Christian den Onkel Friedrich Mann.

Doch hüten wir uns, hochmütig von esoterischer Warte auf die biographistischen Parallelenjäger und Modelldetektive hinabzuschauen. Das verbietet schon der Respekt vor Thomas Mann. Hatte er doch, allerdings im vollen Bewußtsein seiner geistesaristokratischen Souveränität, den Freimut, zu bekennen: *„Mich verlangt auch nach den Dummen.“* (1.4.1910 an Hermann Hesse; 21, 448) Ein triftigerer Grund, hier über die sogenannten Dummen nachsichtig zu urteilen, liegt jedoch in folgendem: Sobald wir unsere eigenen Gefühlbedürfnisse genauer prüfen, kommen wir nicht umhin, konstatieren zu müssen, daß wir mit den von Thomas Mann so zweideutig geadelten Dummen doch bis zu einem gewissen Grade die Empfindungssensibilität teilen für die Anziehungskraft, die von der so fragwürdigen Aura trotz allem ausgeht.

Was mich selbst betrifft, so hat zuallererst das berühmte Photo, das Thomas und Katia vor der ausgebrannten Fassade zeigt, eine nie verblassende Wirkung gehabt. Mit diesem symbolisch aufgeladenen Bild nicht nur im Kopf, sondern auch im Herzen traf ich bei meinem ersten Besuch der Hansestadt auf die inzwischen eingetretene Wiederaufbau-Realität. Ein gewisser Schock war die Folge, aber kein lähmender, sondern eher einer, der die diffuse Empfindung in eine vorerst noch ganz im Dunkel verborgene Willensregung verwandelt haben muß. Was sich dem Besucher damals darbot, war, auferstanden aus der Ruine, der manifest gewordene Widerspruch der Bemühungen, die merkantilen Interessen des allgemeinen Wiederaufbau-Elans mit Lübecks Erblast „Thomas Mann" irgendwie in Einklang zu bringen.

1955 hat Thomas Mann in seinem Dank für die Verleihung der Ehrenbürgerschaft von der Ehre gesprochen, die er der Stadt, „wenn auch auf ausgefallene Weise", gemacht habe, also durch sein schriftstellerisches Lebenswerk. Heute, so fuhr er fort, gäbe ihm „das alte Lübeck" diese Ehre vor aller Welt feierlich zurück. Wohlverstanden: *das alte Lübeck*! Natürlich war der Geehrte über die Peinlichkeiten unterrichtet, die dem feierlichen Akt vorhergegangen waren. Daran erinnert er deutlich genug, wenn auch mit der ihm eigenen Höflichkeitselegenz:

Ich will nicht den Träumer spielen und mich auch nur zum Schein in der Illusion wiegen, als sei durch den Beschluß zu dieser Ehrung nun auf einmal aller Mißbilligung meiner Existenz, die hier zu finden war, der Lebensodem ausgeblasen. (XI, 533)

Darum sprach er nun nicht von Lübeck, sondern vom *alten Lübeck,* und gab so zu verstehen, wen er zu den Erben dieses alten Lübeck zählte und wen nicht.

Mit welchen Schwierigkeiten dieses Erbe noch für lange Zeit zu kämpfen hatte, verrät ein Dokument von 1983. Damals fand im St. Annen-Museum eine Ausstellung „Das Buddenbrookhaus – Wirklichkeit und Dichtung" statt, und dazu erschien das exzellente Begleitbuch von Björn R. Kommer. Im Geleitwort des damaligen Bürgermeisters und des Kultursenators sowie im Vorwort des Ausstellungsleiters wird der Besitzerin des Mengstraßenhauses, also der Volksbank, für ihr Mäzenatentum gedankt. Doch heißt es auch: „Es will wie eine bittere Konsequenz aus der Vertreibung und Vernichtung des Geistes seit 1933 erscheinen, daß das Haus 1942 zerstört wurde. Allein die Fassade täuscht intakte Geschichte vor, doch ist sie nicht mehr als schöner Schein." In wie weiter utopischer Ferne lag da noch das Unternehmen, das doch schon ein Jahrzehnt später als das lebenskräftige Mann-Zentrum eröffnet werden konnte.

II.

1985 verwandelte sich mein eigenes, bis dahin weitgehend literarisch bedingtes und daher distanziertes Verhältnis zu Lübeck fast von einem Tag zum andern. Da wurde ich, obwohl nicht einmal Mitglied der Deutschen Thomas-Mann-Gesellschaft, dazu überredet, die Leitung der Gesellschaft von Ulrich Thoemmes, dem ersten Vorsitzenden, zu übernehmen. Die bei solchen Vereinen ohnehin kaum zu vermeidenden internen Spannungen waren hier zusätzlich belastet durch das zu dieser Zeit hochprekäre Verhältnis zwischen der Gesellschaft und dem Rathaus. Was mir, dem Ortsfremden, nun an Warnungen, Vorsichts- und Rücksichtsermahnungen samt Strategievorschlägen angeboten wurde, ließ es geraten erscheinen, wie ein neugewählter Parteivorsitzender zu verfahren: Der tut bekanntlich gut daran, sich einen Generalsekretär seines Vertrauens ins Boot zu holen, anstatt sich einen ehrgeizigen Aufpasser oktroyieren zu lassen. Angesichts der mir in Lübeck drohenden literaturfernen Aufgaben kamen mich im ersten Augenblick Reue und Schrecken an. Davon befreite die plötzlich auftauchende Erinnerung an eine Kultursendung des Fernsehens. Da hatte eine aus Lübeck stammende passionierte Thomas-Mann-Leserin mit Bravour ein Quiz absolviert, und besonders war gerühmt worden, daß es sich nicht um eine

Germanistin handelte, sondern um eine höhere Verwaltungsbeamtin. Letzteres vor allem war, was ich am dringendsten benötigte. Damals konnte ich nicht ahnen, daß mit Birgitt Mohrhagen weit mehr gefunden worden war, als nur ein Steuermann, der mit dem Schriftführer-Mützchen auf dem Kopf dafür sorgte, daß das von mir als Kapitän übernommene überholungsbedürftige Schiff an allen Amtsklippen und immer wiederkehrenden Regularienriffen, vulgo Mitgliederversammlungen und Wahlen, unbeschädigt vorbeisegeln konnte.

Bereits 1986 fand das erste der „Internationalen Kolloquien" der Gesellschaft statt. Die von nun an reibungslose Zusammenarbeit zwischen Rathaus und Gesellschaft erwies sich zwei Jahre später durch die persönlichen Verbindungen als beste Voraussetzung, die Kräfte für das sich abzeichnende Großprojekt des Mann-Zentrums zu bündeln. Der Weg bis zu seiner Realisierung war, an der bloßen Zeitdauer gemessen, kurz, im Hinblick auf die zu überwindenden Hindernisse darf man ihn als mühselig und beladen bezeichnen.

Die Vorgeschichte reicht, wie ich eingangs darzulegen versuchte, noch weit über die Bombenkatastrophe von 1942 zurück, weil die Verwerfungsrisse des Kapitels „Lübeck und Thomas Mann – Thomas Mann und Lübeck" unauslöschlich in die historische Topographie eingegraben sind. Sie bleiben auch eine stete Mahnung für das Mann-Zentrum, dem mit der Gründung eingegangenen hohen geistigen und moralischen Anspruch nicht aus dem Wege zu gehen.

III.

In meinem Beitrag zu der aus Anlaß des fünfzigsten Todestages von Thomas Mann im August 2005 veranstalteten Festwoche konnte ich nur am Rande auf die Entstehungsgeschichte des Mann-Zentrums eingehen. Doch hielt ich eine Beobachtung fest, an die auch heute erinnert werden darf. Gestatten Sie mir daher ein Selbstzitat:

Bekanntlich beginnen bei einem Unternehmen von solchem Ausmaß mit zunehmendem Erfolg die Legenden über die mühsamen Anfänge zu sprießen; objektiv ist schließlich kaum noch festzustellen, wer was wann und wie auf den Weg gebracht hat. Jeder, der daran beteiligt war, hat seine eigenen Erinnerungen, und in deren Zentrum wächst, unterschiedlich stark nach Charakter und Kompensationsbedürfnis, die Rolle, die er sich im Rückblick zumißt. (TMS XXXVII, 231)

Auch meine Erinnerungen seien subjektiv, fuhr ich damals fort, und sie unterschieden sich in manchem von dem, was inzwischen an schriftlicher „Dokumentierung oder schattenhafter Mündlichkeit" umgehe. Aber, sei's drum... Am

Ende zählt das Ergebnis. Entscheidend war, daß die Weichen gestellt waren und die Personen bereit standen, die entschlossen waren, die einmalige Gelegenheit wahrzunehmen, die sich mit dem Angebot der Volksbank aufgetan hatte, das erste Obergeschoß der Mengstraße mieten zu können. Wir machten uns Mut mit der Parole: Sind wir erst einmal drin, so kriegen wir schließlich auch das ganze Haus! Zumal bereits klar war, daß es bei der Vermietung sich nicht um eine Mäzenatengeste handelte, sondern um den kalkulierten Anfang des späteren Auszuges und Verkauf des Hauses.

Die Entwicklung von da an, die Gründung des Fördervereins usw. – all das ist gerade im Kreis der hier Versammelten so bekannt, daß ich nicht Eulen ins Wakenitz-Trave-Athen zu tragen brauche und statt dessen lieber noch einige persönliche Erinnerungsbilder beitragen möchte. Heute scheint es ganz selbstverständlich, daß Mengstraße 4 als Mann-Zentrum firmiert und dennoch *das Buddenbrookhaus* geblieben ist. Das war zunächst nicht so eindeutig entschieden. Mit allen Aktiven der ersten Stunde war auch ich zwar der Meinung, im Unterschied zu Zürich oder dem zu dieser Zeit noch ziemlich verschlafenen München liege Lübecks Chance in der quasi naturgegebenen Verbindung des Brüderpaares. Aber im Hinblick auf die rasch angewachsene Mitgliederzahl der Thomas-Mann-Gesellschaft war hier im Vorfeld Überzeugungsarbeit und Diplomatie gefordert. War doch die Gesellschaft Jahre zuvor an einer Kontroverse, die sich um Heinrich entzündet hatte, beinahe zugrunde gegangen. Die Situation nach 1985 war damit zwar nicht zu vergleichen. Aber die Mehrheit der Gesellschaft war jetzt zweifelsfrei wohl für den großen Dichter Thomas Mann begeistert, stand aber Heinrich eher skeptisch-neutral oder gar ablehnend gegenüber. Die Entscheidung: Buddenbrookhaus als reine Thomas-Mann-Stätte, oder: die Brüder hier vereint, diese Alternative einer Mitgliederbefragung anheim zu stellen, hätte nicht nur Streit innerhalb der Gesellschaft bedeutet, sondern wäre auch, ganz unabhängig vom Ausgang, einer kontraproduktiven Provokation des Kulturamtes gleichgekommen; war die Stadt doch seit langem aufs engste mit dem Heinrich-Mann-Arbeitskreis verbunden. Ich habe die Sache daher intern und so lautlos erledigt, daß hinterher niemand auf die Idee kam, zu fragen, warum man nicht befragt worden war.

Natürlich waren auf dem langen Marsch immer neue, unvorhersehbare Hindernisse zu überwinden. Das förderte jedoch den Zusammenhalt der Mannschaft, der auch nach der Eröffnung des Mann-Zentrums nicht abbrach und sich wiederum bestens bewährte, als es galt, die Widerstände gegen das Grass-Haus zu überwinden. In dieser Gemeinschaft spielte weder die Zugehörigkeit zu einer Partei noch eine vielleicht zu erahnende abweichende politische Grundeinstellung eines Partners je eine Rolle. Wir waren und blieben ein Team der Köpfe, nicht aber eines von ideologisch präformierten Gesinnungsgenossen. Natürlich wußte jeder, daß Gelingen oder Scheitern letzten Endes von den politischen Konstellationen in der Bürgerschaft abhing. Schon deshalb hatte Ulrich Meyenborg die schwersten und zudem am stärksten mit Risiken befrachteten Lasten zu tragen. Seine bleibenden Verdienste zu schmälern, sollte niemandem gestattet werden. Ihm war auch nicht die Rekreation im Arkadien der Literatur vergönnt. Von diesem Privileg durfte jedoch Hans Wißkirchen Gebrauch machen, als er sich von seinen sonstigen Amtsgeschäften erholen konnte, indem er als Dritter im Bund mit Peter-Paul Schneider und mir in mönchischer Zurückgezogenheit die Literaturausstellung konzipierte. Der Katalog dazu hat das Verschwinden der Ausstellung überdauert und ist noch immer ein auch von Experten gern zu Rate gezogenes Auskunftsmittel geblieben.

Die Erfahrungen, die in jenen frühen Jahren bei den Auseinandersetzungen im politischen Tagesgeschäft gemacht wurden, blieben lebendig. Auch in einer Stadt mit sehr hohen Kirchtürmen droht allen auf Weitsicht angelegten Kulturprojekten die Gefahr, zerrieben zu werden in den Niederungen der gegeneinander operierenden, allein auf die Sicherung und Mehrung ihres Besitzes bedachten provinziell-lokalen Machtzentren. Dem galt es vorzubeugen. Aber auch der Weg zur Kulturstiftung und zum Museumsverbund von heute war lang. Einige von denen, die sich einst auf den langen Marsch zum Mann-Zentrum gemacht hatten, sind ihn unverdrossen mitgegangen.

IV.

Als die Vorbereitungen schon bestens im Gang waren, kam es zu einer Auseinandersetzung mit dem damaligen Direktor des Behnhauses, Gerhard Gerkens. Man darf, ohne dem Andenken des Verstorbenen zu nahe zu treten, ruhig vom handfestesten Krach auf dem langen Marsch sprechen. Gerkens war entschlossen, bei der so unverhofft erschienenen Gelegenheit unserer Einmietung in die Mengstraße 4 das Behnhaus weitgehend leer zu räumen, um Platz für die von ihm erträumte moderne Kunstgalerie zu bekommen. Wenn aber im Buddenbrookhaus die sich abzeichnende Literatur-Ausstellung tatsächlich zustande käme, wären all die Antiquitäten und Gedenkstücke, die er loswerden wollte, nicht unterzubringen gewesen. Also ritt er eine von Sachkenntnis ungezügelte Attacke gegen Literaturhäuser im allgemeinen und Literaturausstellungen im besonderen. Mein ironischer Ratschlag, bei seinem nächsten Besuch im Württembergischen nicht nur die Stuttgarter Staatsgalerie zu besuchen, sondern auch einmal in Marbach vorbeizuschauen, prallte an seinem *Ceterum censeo* ab: „Literatur ist was zum Lesen, aber nichts zum Ausstellen."

Nun wäre diese Episode nicht weiter erinnerungswert und könnte als verzeihlicher Ausfall eines leicht erregbaren Temperamentes dem Vergessen anheim gegeben werden. Aber vermutlich gebärdete sich der cholerische Behnhaus-Chef so rabiat, weil er längst Witterung aufgenommen hatte, als er dem Buddenbrookhaus eine Ausstellung à la „Wohnkultur im 19. Jahrhundert" andrehen wollte. Es gab nämlich nicht zu unterschätzende Interessentengruppen, die ebenfalls, wenn auch aus etwas anderen Gründen, gegen eine Literaturausstellung waren. Sie hatten die Absicht, auch und gerade mit Rückgriff auf das Behnhaus-Inventar, zusammen mit allen irgendwie greifbaren Gedenkstücken und Restbeständen des Mann-Clans in der Mengstraße eine Bühne zu installieren, auf der die Besucher sich in die nachgestellte Lebenswelt des Romanpersonals versetzt glauben sollten. Die zur Schau gestellten echten Stücke hätten dann wie Reliquien oder Devotionalien der Installation zur nötigen Aura verhelfen sollen.

Tatsächlich kam es sechs Jahre später im Zuge der Neuordnung des Hauses zu einer Installation von ähnlicher Art. Die dafür Verantwortung trugen, haben bis heute den Erfolg auf ihrer Seite. Demgegenüber scheint wenig ins Gewicht zu fallen, daß und wie die Literaturausstellung verschwunden ist. Denn was von ihr an Resten für die optische Inszenierung übrig blieb, konnte den Verlust nicht wettmachen, der zumindest die Liebhaber des *Werkes* von Heinrich oder Thomas Mann noch immer schmerzt.

Dennoch besteht kein Grund, hier und heute diese mahnende Klage zur Anklage zu steigern. Es geht vielmehr darum, aus den Erfahrungen Zukunftsperspektiven zu gewinnen, und das meint, daß die gleichsam naturgegebene Spannung zwischen Literatur und Installations-Events in ein neues, produktives Verhältnis gebracht werden sollte. Denn nur so kann dem Mann-Zentrum die Regenerationsfähigkeit erhalten bleiben, auch noch über den Zeitpunkt hinaus, an dem das nun seit Jahren immer hektischer von Fernsehen, Verlagen, Ausstellungsmachern und weiß Gott wem sonst noch betriebene Mann-Spektakel ein Massenpublikum nicht mehr anzuziehen und keine Quote mehr zu schaffen vermag. Dann droht die Stunde X, in der von einem Tag auf den andern der ausgelaugte Mann-Hype von der Unterhaltungsindustrie preisgegeben wird. Die Folgen davon werden auch das Mann-Zentrum treffen.

Nur bis zu dieser Stunde X kann die inzwischen pausenlos wiederholte Vorhersage Klaus Manns von 1936 über die sonderbare Familie ihre publikumswirksame Magie behalten, – diese im übrigen stets aus dem historischen und privaten Kontext abgelöste und damit platt gewordene Prophezeiung, man werde „später über *uns*, nicht nur über einzelne von uns" Bücher schreiben.

Die Prophezeiung hat sich nicht nur erfüllt, sie ist weit übertroffen worden. Denn über welche Person, die in einem noch so entfernten verwandtschaft-

lichen oder sonstigen Verhältnis zu den beiden Patriarchen gestanden hat, ist
inzwischen noch kein Buch geschrieben worden? Aber von der Stunde X an
wird sich gegen die Vorhersage des Sohnes Klaus die skeptische Erwägung des
Übervaters von 1953 richten:

> Die Nachwelt macht mir schon darum Zweifel, weil ich viel zuviel im Munde der Mit-
> welt war; weil diese sich viel zuviel den Mund über mich zerrissen und, fürchte ich,
> meinen Nachruhm schreibend und redend aufgezehrt hat. (X, 815 f.)

Dieser 1953 aus einem eher zufälligen Anlaß geäußerte Zweifel gilt allein der
Dauerhaftigkeit des ganzen Aufwandes, der mit seiner Person und Stellung in
der Welt seit langem getrieben wurde. Ein Aufwand, der ihm zwar noch immer
schmeichelte, dem er zuletzt aber kaum noch Bedeutung beimaß. Wohl aber
verband sich ihm der Rückblick auf sein Werk mit dem Vorblick auf eine Zeitenwende von weltgeschichtlicher Dimension:

> Tatsächlich fühle ich mich als Traditionalist und als ein Spätgekommener, dem es zufällt
> und dem es gefällt, hundertmal erzählte Geschichten zum letzten Mal, abschliessend,
> sozusagen, und endgültig zu erzählen: so die Josephsgeschichte, die Faust-Sage und
> kürzlich die Gregorius-Legende. [...] Das ist weniger anmasslich als melancholisch
> gemeint. Oft habe ich das Gefühl, dass unsere gegenwärtige höhere Literatur nichts
> anderes ist, als das Resümee einer langen abendländischen Vergangenheit, rasch noch,
> bevor die Nacht einfällt, die Barbarei, vielleicht ein langes, tiefes Vergessen. (Tb
> 1951–1952, S. 793; Brief an Hans Joachim Mette, 15.4.1951)

Über die Möglichkeit oder Wahrscheinlichkeit des Anbruchs einer langen
Nacht der Kultur zu spekulieren, ist müßig. Nicht aber, darüber nachzu-
denken, wie man die in das Werk eingegangene Kultur vor dem schon heute
drohenden Vergessen bewahren kann. Dazu einen Beitrag zu leisten, scheint
mir der eigentliche Auftrag für das Zentrum der Brüder Mann wie auch der in
ihrem Namen agierenden Gesellschaften zu sein. Wann immer dieser Auftrag,
im Kleinen oder Größeren, verfehlt wird, leistet man der Barbarei an der Literatur, am literarischen Werk, Vorschub.

Eckhard Heftrich

Thomas Mann und *Der Ring des Nibelungen*

I.

Thomas Manns lebenslange Passion für Wagner war nicht frei vom Leiden an Wagner. Freilich litt der im Zauber wie im Schatten des Tondichters sein eigenes Werk schaffende Schriftsteller für gewöhnlich an der Person dessen, den er einmal in einer aggressiven Aufwallung den „schnupfenden Gnom aus Sachsen mit dem Bombentalent und dem schäbigen Charakter" genannt hat (21, 479). Nur im Falle schwerer Wagner-Krisen schlug die Aversion auch auf gewisse Aspekte des Werkes durch. Schon allein durch solche Krisen, aber auch durch die Art ihrer Überwindung unterscheidet Thomas Mann sich gründlich von der Masse der unwissenden Wagnerianer. Allein der Reichtum der in Essays, Briefen und Tagebüchern verstreuten Passagen würde genügen, ihm den besonderen Rang eines Wagner-Kenners zu sichern.

Das eigentliche Wunderwerk aber ist Thomas Manns produktive Verwandlung seiner Passion ins eigene dichterische Werk. Wagners allgemeine Wirkung auf die Literatur des 19. und des ersten Drittels des 20. Jahrhunderts war enorm. Der sogenannte dekadente Wagnerismus war mehr als eine Modeerscheinung der tausend heute längst vergessenen Skribenten. Aber die Reihe der wahren Granden des literarischen Wagnerismus, die schon mit Baudelaire beginnt, führt mit Mallarmé in die Moderne und weist bis zu James Joyce hinüber. In Thomas Mann hat sie ihren kenntnisreichsten und beeindruckendsten Repräsentanten gefunden.

II.

Von allen Werken Wagners blieb für Thomas Mann der *Lohengrin* so gut wie unberührt von den Wellentälern der Wagnerpassion. Das bewegendste Zeugnis dieser Liebe findet sich im Tagebuch vom 20. Juni 1940; es ist die Woche, in der Hitler seinen Triumph über das zusammengebrochene Frankreich krönt: „Musik abends. Hörte mit Rührung das Lohengrin-Vorspiel, mußte weinen, weil mir schien, ich hörte das in der Jugend Geliebteste wieder im Untergang." Die Liebe bleibt bis ans Lebensende.

Sehr anders die *Tristan*-Sucht der Jugend, die er später sogar einmal als „Brunst" bezeichnet hat (25.9.1948 an Kurt Driesch, Reg 48/518, Kopie im TMA). 1949 meint er, den ganzen *Tristan* könne er nicht mehr aushalten (Ess VI, 146). Dennoch gilt: Wie für Nietzsche blieb auch für Thomas Mann, aller Revolte zum Trotz, *Tristan* das *Opus metaphysicum*. Von dessen Magie zehrt die Liebespassion von Hans Castorp nicht weniger als jene der Ägypterin, die so verzweifelt versucht, Joseph zu verführen. Und noch im *Krull* hallt, in ironischem Pathos, *Tristan* nach.

Übergangen müssen hier werden: *Holländer, Tannhäuser* und *Meistersinger*. So unübersehbar, unüberhörbar diese Opern ihre Spuren im Werk Thomas Manns hinterlassen haben und essayistisch reflektiert wurden, sind sie doch von geringerer Bedeutung. Ganz im Unterschied zu *Parsifal*, von dem Thomas Mann – und nicht erst im Alter, da aber immer stärker – fasziniert war.

III.

Den *Ring des Nibelungen* hat Thomas Mann als „ein Produkt sui generis" bezeichnet (XIII, 355). Woher diese Einzigartigkeit rührt, durch die sich die Tetralogie nicht nur von allen Opern, sondern selbst von den übrigen Musikdramen Wagners unterscheidet, hat Thomas Mann immer wieder zu beschreiben versucht. Hier sei eine Version zitiert, die besonders interessant ist, weil sie in einer Situation entstand, die nicht gerade dazu angetan war, Wagner zu verteidigen. Gegen Ende des Jahres 1939 erschien in den USA ein Aufsatz über Hitler und Wagner, auf den Thomas Mann reagierte (XIII, 351–359). Zwar kommt es ihm nicht in den Sinn, eine gewisse Affinität zwischen Wagner und Hitler zu bestreiten. Aber leider fehle es bei dem verdienstvollen Versuch, der den immer noch blinden amerikanischen Wagnerianern vielleicht die Augen öffnen könnte, am nötigen Sensorium für die „Nuance" (XIII, 354) und für die „ambitiöse Zweideutigkeit" (XIII, 353) von Wagners Kunst. Ihren Ursprung habe diese Zweideutigkeit darin, daß Wagner „Musiker [war] als Dichter und Dichter als Musiker" (XIII, 355). Aus dieser „ins absolut Großartige gesteigerten Zwitterbegabung" erwuchs der *Ring*, dieses „aus aller Modernität" tretende und doch „nach der Verfeinerung [...] und [...] Spätheit seiner Mittel" extrem moderne Werk:

Das Ungeheure daran ist ein epischer Radikalismus, für den ich die Begeisterung nie verlernen werde: dieser Radikalismus des *Anfangens*, dieses Zurückgehen zum Ursprung und Erzbeginn aller Dinge, der Urzelle, dem ersten Kontra-Es des Vorspieles vom Vorspiel, diese Besessenheit, eine musikalische Kosmogonie, ja einen musikalischen Kosmos selbst zu erbauen und mit tiefsinnig organischem Bios zu begaben, – das tönende Schaugedicht von der Welt Anfang und Ende. (XIII, 355 f.)

Weil nun aber, so dürfen wir den Schluß ziehen, dieser epische Radikalismus den *Ring* zu einem Werk *sui generis* macht, ist daran zu messen, was *Werk* schlechthin bedeutet. *Lohengrin, Tristan* oder *Parsifal* dienen Thomas Mann als Stimulantien und als Spiel- und Anspielungsmaterial für die eigene epische Produktion. Zur wirklichen Herausforderung mußte ihm das Werk der Werke, der *Ring* werden.

IV.

Zwischen der Vollendung von *Buddenbrooks* und dem Beginn des *Joseph* lag ein Vierteljahrhundert. Schon der Jugendroman stand unterm Sternbild Wagner, und *Lohengrin* erfüllt bereits hier die Rolle, stellvertretend für den Dichter selbst sein geliebtes Geschöpf Hanno mit dem Zauberstab der Erschütterung berühren zu können. Verborgener, aber deshalb nicht weniger mächtig ist der frühe Roman vom *Ring* bestimmt. Unmittelbar nach Erscheinen von *Buddenbrooks* gibt Thomas Mann dem einstigen Mitschüler Otto Grautoff Anweisungen für eine Rezension. Der kleine Eckermann von Lübeck befolgt getrost die deutlichen „Winke", unter anderem diesen:

Es sei dem Verf. gelungen, den *epischen* Ton vortrefflich festzuhalten. Die eminent epische Wirkung des *Leitmotivs*. Das *Wagnerische* in der Wirkung dieser wörtlichen Rückbeziehung über weite Strecken hin, im Wechsel der Generationen. (21, 180)

Der Autor von *Buddenbrooks* hat sich an Nietzsches sarkastische Empfehlung gehalten, Wagners Helden- und Götterpersonal ins Bürgerliche zu übersetzen. Es gibt präzise Signale. Im *Ring* sorgt Alberich durch seinen Sohn Hagen für das Ende. An der Trave dämmert das Ende der von Tony vergötterten Familie durch die Sippe der Hagenströms herauf. Zu der vom Makler Gosch mit dämonisiertem Theaterpathos gefeierten mythologischen Ahnenreihe Gerda Buddenbrooks zählt natürlich Brünnhilde (1.1, 323). Hannos Dichterfreund Kai fürchtet als kleiner Siegfried niemanden, und für den Schrecken verbreitenden „lieben Gott", den Wotan des Katharineums, hat er nur beißenden Spott übrig.
    Dies alles und vieles mehr läßt sich zur Not auch als Zierat erklären; doch

nur, solange man nicht erkennt, daß es sich um weit mehr als um artistisches Beiwerk handelt. Tatsächlich gehört das Netz der zitathaften *Ring*-Anspielungen zu den leitenden ideellen und kompositorischen Modellen des Romans. Das ahnt man bereits, wenn Kai, der zukünftige Dichter, von Hanno auf dem Harmonium begleitet, die Mär von einem Zauberring erzählt. Da inszenieren die beiden Knaben am Puppentheater ein Musikdrama *en miniature*.

V.

Mit *Buddenbrooks* hatte Thomas Mann die ihm vertraute Welt aufgebraucht, das heißt, ins Werk verwandelt kraft der artistischen Mittel, über die er bereits verfügte, und zu denen die kompositionstechnische wie auch die spirituelle Wagneradaption gehörte. Fast ein Vierteljahrhundert verging, bis mit dem *Zauberberg* der stets ersehnte zweite große, dem Erstling vergleichbare Roman gelang. Diese sich hinziehende Zwischenperiode war, trotz der öffentlich-literarischen Anerkennung und des gesellschaftlichen Aufstiegs, von der Not geprägt, sich eine neue eigene, in ein weiteres großes Werk verwandelbare Welt zu bilden. Ab 1914 wird die damit verbundene geistige Krise ganz von den apokalyptischen Untergängen und Umwälzungen der Epoche geprägt. Auch dafür sind die Auseinandersetzungen mit Wagner ein Seismograph.

Die frühen Bravourstückchen, also die *Tristan*-Burleske und *Wälsungenblut*, beweisen zwar Virtuosität. Sie sind aber keine angemessene Antwort auf die beständige Herausforderung durch Wagners Werk. Selbst mit dem *Zauberberg* gelingt dies nur bedingt. Zwar findet sich hier eine Vielzahl von Wagner-Reflexen, vom Banal-Parodistischen über die subtile Parodie bis zum Todernsten. Aber das Zentralwerk, der *Ring*, bleibt wie ausgespart. Und obwohl der *Zauberberg* so vollgesogen ist mit Wagner, daß man ihn u.a. auch als einen Nachzügler des schon fast verblichenen literarischen Dekadenz-Wagnerismus ansehen könnte: Unter Hans Castorps Lieblingsplatten findet sich nichts von Wagner. Dafür aber wird Nietzsche vom Autor als der Retter auserkoren, der mit seinem Opfertod als Selbstüberwinder aller todverfallenen Romantik das Ende von Wagners imperialer Herrschaft besiegeln soll.

Im nachhinein ist die direkte Werklinie leicht nachzuzeichnen, die vom *Zauberberg* über den politischen Goethe der *Lotte in Weimar* in gerader Linie zum *Doktor Faustus*, also Thomas Manns eigenem ‚Parsifal‘, geführt hat. Aber diese Linie verläuft nicht oberirdisch. Sie bohrt sich gleichsam durch den Untergrund, auf dem das höchste, alles überragende Werkmassiv, die Tetralogie *Joseph und seine Brüder*, ruht.

VI.

Die Romantetralogie beginnt mit einem der inzwischen am häufigsten zitierten Sätze Thomas Manns: „Tief ist der Brunnen der Vergangenheit." Der Abstieg in diesen Brunnen wird „Höllenfahrt" genannt. Doch wird hier nicht in die Hölle christlicher Vorstellungen, die Qualenstätte der Verdammten, hinabgefahren. Es ist vielmehr die zeitlose Unterwelt der Erde und zugleich der immer weiter zurückweichenden Anfänge. Thomas Mann hat in seinen Deutungen von Wagners *Ring* das „Kontra-Es des Vorspieles vom Vorspiel" die Urzelle genannt, aus der sich dann, über den Es-Dur-Dreiklang, der ganze *Ring* entfaltet. Mit dem „Höllenfahrt"-Vorspiel seines Romans gelingt ihm ein literarisches Pendant zum *Rheingold*-Anfang. Denn auch in der „Höllenfahrt" werden Unterreich, Anfänge und Wasser zusammengebracht. Das Kontra-Es heißt im Roman: tief, und der Es-Dur-Dreiklang baut sich über dem ‚U' und ‚Ur' auf, das schon im *Zauberberg* eine nicht nur lautmalerische Rolle gespielt hat. „Tief ist der Brunnen der Vergangenheit. Sollte man ihn nicht unergründlich nennen?" (IV, 9) Und dann tönt es weiter: Brunnen, unergründlich, Unterwelt, Unerforschliches, Urbeginn, Brunnenteufe, Unterland, Uru, Ur der Chaldäer, Ur-Mann, Mann von Ur. Und immer wieder hören wir Urflut, Urkunde und Ur-Kunde, urweit, Ursprung, Ursache, Urbild, Urgrund. Am Ende des Vorspiels gleicht des „Brunnens Unergründlichkeit" den „Brunnenwiesen des Märchens" (IV, 54 f.).

Im „Höllenfahrt"-Vorspiel ist bereits der ganze *Joseph*-Roman sowohl geistig-motivisch wie sprachmusikalisch in extremer Verdichtung präsent. Aber dieses Vorspiel entstand nicht etwa am Ende der sich über siebzehn Jahre hinziehenden und keineswegs geradlinig verlaufenden Entstehung des Riesenwerkes, sondern steht am unmittelbaren Schreibbeginn. Kann man es Thomas Mann wirklich abnehmen, er habe, als er das niederschrieb, noch immer an die nervenschonende Illusion geglaubt, die Josephsgeschichte solle doch nur ein „Flügelstück" eines historischen Triptychons werden? (XI, 138) Auch wenn er sich selbst über die wahre, dem Sujet innewohnende Entfaltungskraft im Unklaren gewesen sein mochte, vor allem zu Beginn und übrigens auch später immer wieder einmal: Weit mehr als eine nur verschwommene Ahnung muß er davon gehabt haben, worauf er sich einließ, wenn er die Eröffnung als die literarische Antwort auf den Anfang des *Ring* komponierte. Als er dann, im Juli 1933, die Korrekturfahnen des ersten Bandes liest, faßt er *Die Geschichten Jaakobs* so zusammen: „Es ist gewissermaßen Rheingold-Musik, anfänglich-ursprünglich." (DüD II, 136)

VII.

Schon während der ersten schweren Wagnerkrise bewahrt Thomas Mann gegenüber dem entschlossenen Antiwagnerianismus seine Unabhängigkeit. So schreibt er im November 1911, scheinbar konziliant, dem von ihm geschätzten Julius Bab zu dessen Aufsatz *Von der Feindschaft gegen Wagner*: Gleich „dreimal" habe Bab recht: „Goethe hätte Wagner als grundwiderwärtige Erscheinung empfinden müssen." (21, 478) Sogleich aber wird klargestellt, was in dem etwas rätselhaft konjunktivischen Zugeständnis „hätte […] müssen" steckt:

Freilich war er großen Thatsachen und Wirkungen gegenüber moralisch sehr tolerant, und zuweilen frage ich mich, ob er uns nicht geantwortet hätte: ‚Der Mann ist euch zu groß.' Aber das wäre seine Sache. (21, 478 f.)

Doch was die Sache Goethes wäre, ist natürlich die Sache Thomas Manns. Und eben gegen beides wird gestellt: „Die Deutschen sollte man vor die Entscheidung stellen: Goethe oder Wagner. Beides zusammen geht nicht. Aber ich fürchte, sie würden ‚Wagner' sagen." (21, 479) Dieses „Wagner" steht in Anführungszeichen. Es handelt sich da nicht um jenen Wagner, der „euch zu groß" ist, sondern um jenen der Bayreuther Kamarilla, und zugleich um jenes minimierte Monstrum, das am Ende dieses Briefes als der nachmals so vielzitierte „schnupfende Gnom aus Sachsen" auftaucht.

Daß den Deutschen als Führer und Nationalheld nur Goethe anempfohlen werden kann, versteht sich von selbst. Aber sogar mit diesem Goethe ist keineswegs jener Goethe gemeint, den Thomas Mann zu seinem sehr eigenen gemacht hat, und zwar schon zu dieser Zeit. Darum stellt sich für ihn anno 1911 nicht die Frage: Goethe *oder* Wagner. Denn auch jetzt gilt die schöpferische Maxime, und sie wird in Zukunft gelten: Goethe *und* Wagner. Er hatte sie schon 1903 verkündet: „Das Endwort des ‚Faust' und das, was am Schlusse der ‚Götterdämmerung' die Geigen singen, es ist Eins, und es ist die Wahrheit." (14.1, 59)

Es bleibt Thomas Manns Wahrheit. Und was für das Ende von *Faust II* und *Götterdämmerung* gilt, muß auch für jenen Anfang gelten, mit dem Thomas Mann seine eigene Tetralogie beginnen läßt. Folgerichtig wird die sogenannte *Rheingold*-Musik seines „Höllenfahrt"-Vorspiels auch noch mit dem „Vorspiel auf dem Theater" und dem „Prolog im Himmel" von Goethes *Faust* verwoben.

VIII.

1937 feiert Thomas Mann im Schweizer Exil die Konstellation Goethe–Wagner als „zwei gewaltige und kontradiktorische Ausformungen des vielumfassenden Deutschtums" (IX, 506):

… Deutschland als mächtigstes Gemüt und Deutschland als Geist und vollendetste Gesittung, […] Goethe und Wagner, beides ist Deutschland. Es sind die höchsten Namen für zwei Seelen in unserer Brust, die sich voneinander trennen wollen und deren Widerstreit wir doch als ewig fruchtbar […] immer aufs neue empfinden lernen müssen […]. (IX, 506 f.)

Gemüt: so wird Wagner auf ein Grund- und Leitwort der Romantik fixiert. Als der wahre Erbe der Romantik vermag er deren zuvor nie erfüllten Traum einer Universalpoesie als Synthese der Jahrtausendmythen samt ihrer ästhetischen Zelebration ins Werk zu setzen. Das rückt den *Ring* wiederum nahe an *Faust II.* Der Unterschied liegt darin, wie Goethe und Wagner den Mythos „traktieren":

… welch ein Antagonismus der künstlerischen Haltung und Gesinnung! Größe, unzweifelhafte Größe da wie dort. […] Aber die Großartigkeit der Goethe'schen Vision ist ohne jeden pathetischen und tragischen Akzent; er zelebriert den Mythus nicht, er scherzt mit ihm […]. (IX, 507)

Wann immer Thomas Mann auf die Entstehungsgeschichte des *Joseph*-Romans zurückblickt, geschieht die damit meist verknüpfte Goethe-Imitatio nicht auf Kosten Wagners. Und wenn auch Thomas Mann von seiner eigenen Art, den Mythos zu traktieren, zurecht sagt, sie stünde der Humoristik Goethes näher als dem wagnerischen Pathos, so sei der Entwicklungsgang der *Joseph*erzählung „insgeheim gewiß doch auch immer von der Erinnerung an Wagners grandiosen Motivbau bestimmt, eine Nachfolge dieses Sinnes gewesen" (XI, 677). Außer durch den Motivbau bleibt Wagner auch vorbildhaft wegen seiner ganz modernen Art, das sich im Mythos ausdrückende Allgemein-Menschliche psychologisch auszudeuten, und zwar nicht theoretisch, sondern wiederum ganz unmittelbar im Werk selbst.

Faust und *Ring* sind, nach Thomas Manns Überzeugung, die beiden Menschheitsdichtungen und Weltgedichte, die als solche den deutschen Beitrag zur ranghöchsten Epik des neunzehnten Jahrhunderts darstellen. Allein diese beiden Werke vermögen, mit dem russischen, französischen und englischen Roman zu konkurrieren. Im zwanzigsten Jahrhundert durfte es nicht Aufgabe des schöpferischen deutschen Geistes sein, das Erbe Goethes und Wagners nur zu verwalten. Es galt vielmehr, die größten ihrer Werke für ein neues Werk fruchtbar zu machen, das dem Doppelvergleich standzuhalten vermag. Nur durch die *Josephs*-Tetralogie hat Thomas Mann seine Goethe-Imitatio wirklich zu legitimieren vermocht; und nur durch dieses sein wahres *Opus magnum* hat er den Höhenkamm erreicht, auf dem endlich Wagner nicht mehr als der so lange bedrohliche Schatten des überwältigenden Werk-Giganten lag.

IX.

Schon die biblische Vorgabe schrieb demjenigen, der die Josephslegende ein weiteres Mal erzählen wollte, einen Protagonisten vor, dessen Laufbahn sich nicht nach heroischen, sondern nach göttlichen Mustern vollzieht. Thomas Mann hat die mythischen Schemata vor allem dort gefunden, wo *Das Alte Testament im Lichte des Alten Orients* durchsichtig wird: so lautet ja der Titel des fundamentalen Quellenwerkes von Alfred Jeremias.

Auf welche alten und ältesten Quellen Thomas Mann auch immer stieß, stets erhorchte er das Echo von Wagners *Ring*. Den von Siegmund und Sieglinde gezeugten Siegfried nennt Hagen den „echtesten Sohn". Noch ehe Joseph geboren ist, benennt Jaakob das Kind im Mutterleib „mit dem uralten, archaischen Namen einer amtlich kaum noch recht anerkannten, im Volke aber beliebt gebliebenen Jünglingsgottheit: Dumuzi, echter Sohn" (IV, 335). Damit fängt das Unheil an, das erst spät sich in Heil verkehren wird: der durchaus verständliche Haß der Brüder gegen das vom Vater so hemmungslos bevorzugte Rahelskind. Der Erzähler weist sogleich darauf hin, daß jenes mit der vorgeburtlichen Auszeichnung beginnende Schicksal nicht zu vermeiden war, aber daß Schicksal hier nicht Verhängnis bedeutet:

Das Geschehen der Welt ist groß, und da wir nicht wünschen können, es möchte lieber friedlich unterbleiben, dürfen wir auch die Leidenschaften nicht verwünschen, die es bewerkstelligen; denn ohne Schuld und Leidenschaft ginge nichts voran. (IV, 336)

Alle großen Themen, die Thomas Mann bereits in seinen früheren Erzählungen und in Romanen durchgespielt hat, tauchen im *Opus magnum* auf, aber nun in hochgesteigerter Form. Ehe die Passionsgeschichte der von Liebe zu Joseph geschlagenen Ägypterin sich entwickelt, wird die dionysische Heimsuchung in feierlichem Tone als Werk und Lebensthema des Autors beschworen. Aber was wir vom *Kleinen Herrn Friedemann* an über den *Tod in Venedig* und den *Zauberberg* kennen, wird hier nun weit überboten. Wenn es schließlich heißt:

„„O horch, Musik! … An meinem Ohr weht wonnevoll ein Schauer hin von Klang‴, ist das Wagner-Echo nicht zu überhören (V, 1114).

Gelegentlich kommt es zu Überlagerungen, die für ein Quiz taugen könnten. Wem sollen wir die beiden Verse zuordnen, der Ägypterin oder Brünnhilde? „Ich danke dir, mein Heil! mein Glück! mein Stern!‴ – „„Heil dir, Sonne! / Heil dir, Licht!‴‴

Thomas Manns *Josephs*-Erzählung ist auch eine Erziehungs- und Bildungs-geschichte. Im Verlaufe seines Reifungsprozesses erhält Joseph immer deutli-cher die Konturen eines Anti-Siegfried. Dazu trägt nicht zuletzt bei, wie Tho-mas Mann, in immer neuen Anspielungen auf den fluchbeladenen Ring des Nibelungen, das Symbol höchster Macht an Josephs Hand zum segenspenden-den Zeichen werden läßt. Es gelingt dem Autor sogar, das tiefgründige Spiel seiner zahlreichen spiegelnden Umkehrungen noch um eine witzig-parodis-tische Variante zu mehren. Joseph hat Pharao so überzeugend dessen Träume gedeutet, daß der dekadente Gott-König vor erschöpftem Glück für eine Weile in ekstatische Absence verfällt. Dem Wiedererwachen folgt die Erhöhung des Traumdeuters. Aber Echnaton steckt Joseph nicht einfach als „Zeichen“ der „Vollmacht und Stellvertretung“ einen Ring mit der Königskartusche an die Hand. Vielmehr zerrt er zuvor „nervös mit Drehen und Ziehen“ diesen Ring „über den Knöchel [des] Fingers“ seiner königlichen Hand. Wer in Zukunft diesen Ring an Josephs Hand sehe, „der erbebe und wisse, daß jedes Wort, das du sprichst […], das sei wie mein eigen Wort“ (V, 1479). Im *Rheingold* zieht Wotan dem gräßlich aufschreienden Alberich „mit heftiger Gewalt“ den Ring vom Finger. Dann folgt Alberichs Fluch, daß der Ring jedem, der ihn trage, den Tod bringen soll.

Mit diesem signifikanten Beispiel sei ein letztes Mal angedeutet, wie dicht das Netz der gegenwendigen Korrespondenzen ist, durch das Thomas Manns *Opus magnum* mit jenem von Wagner verknüpft ist.

Hans Rudolf Vaget

Wagner in der deutschen Geschichte des zwanzigsten Jahrhunderts

Zu einer Debatte im amerikanischen Exil

Das weltweite Interesse an der enormen Wirkung Wagners, der umstrittensten Gestalt der deutschen Kulturgeschichte, verrät nicht nur keine Anzeichen des Nachlassens, sondern scheint sogar im Wachsen begriffen zu sein. Woran entzündet sich – 125 Jahre nach dem Tod des Komponisten – dieses außerordentliche, die Fachgrenzen von Musik und Literatur sprengende Interesse? Hier wäre eine Reihe von Faktoren anzuführen. In erster Linie natürlich der unerhörte, Geist und Sinne gleichermaßen ansprechende Charakter seiner musikdramatischen Schöpfungen. Sodann die Einrichtung von Festspielen, die ja nicht nur der Pflege seiner Opern dienen sollten, sondern der Erhaltung und Verbreitung des Geistes, in dem diese Werke geschaffen wurden. Hinzu kommt ein weiterer, sehr gewichtiger Grund, der zwar mit der Existenz der Festspiele zusammenhängt, doch keineswegs nur daraus zu erklären ist, nämlich Wagners Nimbus während der langen Inkubationszeit der deutschen Katastrophe, die nicht erst 1945 manifest wurde, wie Friedrich Meinecke glaubte,[1] sondern 1933, wenn nicht gar schon 1914. Sie brachte eine nicht für möglich gehaltene moralische Kompromittierung der deutschen Kultur mit sich, die uns seither zu schaffen macht. Noch heute ist jede Rede über Wagner mehr oder weniger direkt davon betroffen.

Um einem möglichen Missverständnis vorzubeugen: Ich werde in dem hier angedeuteten Zusammenhang nicht etwa den viel berufenen Wagner-Kult des deutschen Diktators betrachten – dies ist ein Kapitel für sich[2] –, sondern Wagners Breiten- und Tiefenwirkung.[3] Denn wenn es darum geht, seine politische

[1] Friedrich Meinecke: Die deutsche Katastrophe. Betrachtungen und Erinnerungen, 5. Aufl., Wiesbaden: Brockhaus 1955 (zuerst 1946).

[2] Vgl. George G. Windell: Hitler, National Socialism, and Richard Wagner, in: Journal of Central European Affairs, Bd. 22 (1963), S. 479–497; Saul Friedländer: Hitler und Wagner, in: Richard Wagner im Dritten Reich. Ein Schloss Elmau-Symposion, hrsg. von Saul Friedländer und Jörn Rüsen, München: Beck 2000 (= Beck'sche Reihe, Bd. 1356), S. 165–178; Hans Rudolf Vaget: Wagnerian Self-Fashioning. The Case of Adolf Hitler, in: New German Critique, Nr. 101 (Summer 2007), S. 95–114.

[3] Vgl. dazu Jörn Rüsen: „Wagner im Dritten Reich." Von den Schwierigkeiten, einen historischen Zusammenhang in den Blick zu nehmen, in: Richard Wagner im Dritten Reich (zit. Anm. 2), S. 15–23; Udo Bermbach: Liturgietransfer. Über einen Aspekt des Zusammenhangs von Richard

Wirkungsgeschichte zu klären, so ist es unumgänglich, den geistigen Habitus jener Deutschen unter die Lupe zu nehmen, denen Wagner wie selbstverständlich als metapolitische Orientierung diente und die sich zur Legitimierung ihres Einverständnisses mit dem neuen Deutschland von 1933 unbedenklich auf den Schöpfer der *Meistersinger* beriefen.[4] Die Rede ist also nicht von den überzeugten Nazis, sondern von den vermeintlich unpolitischen, auf ihre Kultur stolzen deutschen Bürgern, deren Denkmuster und Verhalten für die Akzeptanz der nationalsozialistischen Herrschaft ausschlaggebend waren. Das Selbstverständnis dieser Deutschen war mit der Fixierung auf Wagner als der echtesten deutschen Kulturikone auf eine abschüssige, regressive Bahn geraten und entfaltete alsbald eine eigene „Katastrophendynamik" (10.1, 438). Es wiederholte sich damit eine historische Entwicklung, deren Ursache im *Zauberberg* im Hinblick auf 1914 als „,Rückneigung' […] einer ganzen Gefühls- und Gesinnungswelt" (5.1, 989, 987) bezeichnet wird. Damit ist eine psychologische und mentale Anhänglichkeit an ein Deutschlandbild gemeint, in dem die deutsche Musik von Schubert bis Wagner zu einer emblematischen Bedeutung erhoben worden war und in dem sich zu dem berechtigten Stolz auf diese Kulturleistung nicht von ungefähr ein explosiver Superioritätswahn gesellte.

Zu Wagners politischer Wirkungsgeschichte in Deutschland gehört zudem der oft übersehene Umstand, dass es die Hüter seines Erbes waren, nämlich Houston Stewart Chamberlain sowie Siegfried und Winifred Wagner, die schon 1923 den noch unbekannten Adolf Hitler zum neuen Parsifal und politischen Heilsbringer kürten.[5] Bayreuth war die erste kulturelle Instanz, die Hitler, lange bevor ihm die Wähler zuströmten, zu legitimieren versuchte. Dass Bayreuth damit eine besondere historische Schuld und Verantwortung auf sich lud, ist unbestritten. Früher als die im Lande verbliebenen Volksgenossen waren sich die Exilanten, allen voran Thomas Mann, dieser schlimmen Zusammenhänge bewusst.[6] Was aber jene auffallende Voreiligkeit betrifft, mit

Wagner mit Hitler und dem Dritten Reich, ebd., S. 40–65; Reinhold Brinkmann: Wagners Aktualität für den Nationalsozialismus, ebd., S. 109–141.

[4] Vgl. dazu Hans Rudolf Vaget: Wagner-Kult und nationalsozialistische Herrschaft. Hitler, Wagner und die „nationale Erhebung", ebd., S. 264–282.

[5] Vgl. dazu die beiden offenen Briefe Chamberlains und Winifred Wagners vom 7. Oktober 1923 und 1. Januar 1924 in: Hartmut Zelinsky: Richard Wagner, ein deutsches Thema. Eine Dokumentation zur Wirkungsgeschichte Richard Wagners 1876–1976, Frankfurt/Main: Zweitausendeins 1976, S. 169.

[6] Vgl. dazu Horst Weber: Das Fremde im Eigenen. Zum Wandel des Wagnerbildes im Exil, in: Richard Wagner im Dritten Reich (zit. Anm. 2), S. 212–229, 229: „Emigranten waren notgedrungen die ersten, die den Zusammenhängen zwischen Wagner und dem ‚Dritten Reich' nachgingen – beileibe nicht alle […]." Weber, der sich gleichfalls mit der Abhandlung Joachim Radkaus (s. Anm. 7) auseinandersetzt, analysiert die Wagnerbilder Emil Ludwigs, Thomas Manns und Theodor Adornos.

der Bayreuth sich Hitler in die Arme warf, so hat sie ihr fatales Pendant in der Verschleppungstaktik bei der Aufarbeitung eben dieser Vergangenheit. Eine ebenso bezeichnende wie beschämende historische Symmetrie.

*

Angesichts der schweren Hypothek, die auf dem Namen Wagner lastete, ist es nun aber erstaunlich und der Erklärung bedürftig, dass sich nach 1945 das Interesse an Wagner so rasch und nachhaltig neu beleben ließ. Die gängige Erklärung dafür lautet, dass dies als das historische Verdienst Neu-Bayreuths zu verbuchen sei. Mit der Neueröffnung der Festspiele 1951, die fortan unter der Ägide der beiden Wagner-Enkel Wieland und Wolfgang standen, sei ein historischer Schnitt vollzogen worden, durch den Wagners Opern von ihrer ideologischen Verunstaltung befreit, aus ihrer politischen Indienstnahme entlassen und ihr überzeitlicher tiefenpsychologischer Gehalt endlich zur Geltung gebracht worden seien.

Zu dieser weit verbreiteten Sicht der Dinge hat der Bielefelder Historiker Joachim Radkau in einem materialreichen Aufsatz von 1985 eine wichtige Präzisierung vorgeschlagen. Den beiden Enkeln war es gelungen, so Radkau, an Wagner „ein neues Profil von geistiger Tragweite" herauszuarbeiten und somit den „Bayreuther Neuanfang [...] auf international überzeugende Art", will sagen: glaubwürdig auch außerhalb Deutschlands, in Szene zu setzen. Dies sei aber „offenkundig" zu einem beträchtlichen Teil das Verdienst von „zurückgekehrten Emigranten" gewesen, denn das Thema Wagner sei eines der „geistigen Leitmotive des Exils" gewesen.[7] So gelten ihm denn drei Remigranten – Ernst Bloch, Theodor Adorno und Hans Mayer – als die geistigen „Leitsterne der neuen Bayreuther Ära."[8]

Radkau betrachtet nun aber die intellektuelle Schützenhilfe der Emigranten für das epochale Umdenken in Sachen Wagner mit recht zwiespältigen Gefühlen. So sehr er bemüht ist, Bloch, Adorno und Hans Mayer gerecht zu werden, so streng beurteilt er das ideologiekritische Defizit in den Wagner-Deutungen dieser wie auch aller anderen Exilanten. Einerseits bezeugt er „Respekt und Sympathie" für ihre leidenschaftliche „Haßliebe", weil sie gleichermaßen Distanz hielten zu jenem „Wagnerianertum, das so tut, als sei nichts gewesen", aber auch zu jenem „Antiwagnerianertum, das so tut, als habe Wagner Auschwitz vorhersehen müssen."[9] Andererseits aber wirft Radkau den Exilanten genau das vor, was bereits der Titel seiner Abhandlung signalisiert: „Richard Wagners

---

[7] Joachim Radkau: Richard Wagners Erlösung vom Faschismus durch die Emigration, in: Exilforschung. Ein internationales Jahrbuch, Bd. 3 (1985), S. 71–105, 74.

[8] Ebd., S. 73.

[9] Ebd., S. 101.

Erlösung vom Faschismus durch die Emigration." Er argumentiert also, dass in den im Exil entstandenen Schriften über Wagner dessen Faschismus *avant la lettre*, zumal der Antisemitismus, bagatellisiert wurde und dass nach dem Krieg dieses beschönigende, aber durch die Exilerfahrung gleichsam nobilitierte Wagnerbild der Fortsetzung eines unkritischen Wagner-Kults Vorschub geleistet habe. Diese Nachsicht gegenüber Hitlers Idol rühre zu einem großen Teil aus der unwillkürlichen „Solidarität" her, die die Exilanten für Wagner empfanden, weil dieser selbst auch einst Exilant war.[10]

Unter den Autoren, die Radkau Revue passieren lässt, nimmt Thomas Mann, der nach Nietzsche bedeutendste Interpret und Kritiker Wagners, verständlicherweise eine Sonderstellung ein. Dabei kann man sich des Eindrucks nicht erwehren, dass Radkau sich von dem Titel eines bestimmten Essays hat verführen lassen, nicht nur dem *Faustus*-Autor, sondern auch der Mehrzahl der Exil-Wagnerianer eine apologetische, mehr oder weniger exkulpatorische Absicht zu unterstellen. Der betreffende Essay trägt den Titel *Zu Wagners Verteidigung*.[11] Neben den schon Genannten figurieren in Radkaus *tour d'horizon* auch Erich Kahler, Ferdinand Lion, Ludwig Marcuse und Annette Kolb; die Musikwissenschaftler Alfred Einstein, Willi Reich und Hanns Eisler; die Historiker Veit Valentin, Hans Kohn, George Mosse und Fritz Stern sowie die Hitler-Biographen Konrad Heiden und Hermann Rauschning.

Was es mit dem genannten und zu Unrecht vernachlässigten Wagner-Essay Thomas Manns auf sich hat, wird noch zu klären sein. Zunächst ist jedoch Radkaus methodologischer Standpunkt ins Auge zu fassen. Er ist geprägt von der Überzeugung, dass es irreführend und somit verwerflich sei, die Werke von den ideologischen Obsessionen ihres Schöpfers zu trennen und, anstatt strikt ideologiekritische, rein ästhetische Gesichtspunkte in Anschlag zu bringen. Diese Skepsis, wenn nicht Feindschaft gegenüber jeder ästhetischen Betrachtungsweise zielt in erster Linie auf Adorno, dessen *Versuch über Wagner* von 1952 im amerikanischen Exil konzipiert und begonnen wurde. Dieses Buch hat insofern Epoche gemacht, als Adorno mit bestechender Stringenz zu demonstrieren vermochte, dass die ideologische Physiognomie Wagners aus den ästhetischen Merkmalen seiner Werke eruierbar ist. Adornos Schrift hat denn auch auf Jahrzehnte hinaus der Wagnerkritik in der Musikwissenschaft und im Feuilleton die Stichworte geliefert. Angesichts von Radkaus Insistenz auf der Bedeutung von Ideologie nimmt es nun aber einigermaßen wunder, dass er der Wagner-Kritik des Frankfurter Philosophen mit beträchtlichem Vorbehalt

---

[10] Ebd., S. 96.
[11] Im Schatten Wagners. Thomas Mann über Richard Wagner. Texte und Zeugnisse 1895–1955, ausgewählt, kommentiert und mit einem Essay von Hans Rudolf Vaget, 2. Aufl., Frankfurt/Main: Fischer Taschenbuch 2005 (= Fischer Taschenbuch, Bd. 16634), S. 181–188.

begegnet. Weshalb? Weil Adornos Kritik, statt an den theoretischen Schriften, an der Musik festgemacht ist. Dies betrifft vor allem den Antisemitismus. Radkau bemängelt, dass der Musikphilosoph nicht den vermeintlich einfachen Weg von den Schriften zum musikdramatischen Werk gegangen sei, sondern Wagners Antisemitismus in den Opern dingfest zu machen versuche, nämlich in mutmaßlichen Judenkarikaturen wie Alberich, Mime und Beckmesser. Für einen soziologisch orientierten Historiker wie Radkau aber lauert in einem solchen Vorgehen allenthalben die Zweideutigkeit, der Vorbehalt und damit die ideologische Unzuverlässigkeit. In den Analysen Adornos erhalte Wagners Judenfeindschaft „etwas Mehrdeutiges, auch Vorläufiges" – den Anstrich einer „individuellen Idiosynkrasie", während es sich in Wirklichkeit doch um ein gesellschaftliches Phänomen handele. Es irritiert ihn offenbar, dass hier dem Antisemitismus nicht die alles dominierende Stellung zuerkannt wird, die ihm nach seiner Überzeugung zukommt, denn „Adornos Frotzeleien über die Wagnersche Judenhatz", so Radkau weiter, „sind am Ende bloßes Vorspiel zu der Schilderung des anderen, wahrhaft Erregenden der Wagnerschen Musik: der musikalischen Vorahnung vom Untergang der Bourgeoisie, vom Sich-Totlaufen des Imperialismus."[12]

Die Kehrseite dieser Kritik an Adorno ist Radkaus Nähe zu den extravaganten Thesen Hartmut Zelinskys, für den Wagner überhaupt nur von einem Thema – der schädlichen Wirkung der Juden auf die deutsche Kultur – besessen war, aber auch zu der Position Joachim Köhlers, der in Hitler den Vollstrecker von Wagners Willen sehen will.[13] Wir haben es hier unverkennbar mit einer Historiographie zu tun, die allen gegenteiligen Lippenbekenntnissen zum Trotz sich der Einbeziehung ästhetischer Phänomene letztlich verweigert, weil Ästhetik den nicht quantifizierbaren Raum bezeichnet, in dem Ambivalenzen und Äquivalenzen nicht nur gedeihen, sondern geradezu wuchern. Es ist daher wichtig, die Hauptsäule dieses Wissenschaftsverständnisses zu problematisieren, nämlich die herkömmliche Vorstellung von Einfluss – ein Phänomen, das auf dem Feld der Ideen vermeintlich leichter zu fassen ist als an den Gebilden der Kunst. Es handelt sich dabei jedoch um einen mechanischen, rezeptionsästhetisch nicht haltbaren Begriff, den Literaturwissenschaftler, die etwas auf sich halten, tunlichst vermeiden und nur behelfsmäßig im Munde führen. Was

---

[12] Radkau (zit. Anm. 7), S. 80.
[13] Radkau bezieht sich mehrmals und überwiegend in zustimmendem Sinn auf Zelinsky. Vgl. Hartmut Zelinsky: Richard Wagner und die Folgen, in: ders.: Richard Wagner, ein deutsches Thema (zit. Anm. 5), S. 6–22 und 278–284; ders.: Die „Feuerkur" des Richard Wagner oder die „neue Religion" der „Erlösung" durch „Vernichtung", in: Musik-Konzepte, Bd. 5: Richard Wagner. Wie antisemitisch darf ein Künstler sein?, München: Edition Text + Kritik 1978, S. 79–112; Joachim Köhler: Wagners Hitler. Der Prophet und sein Vollstrecker, München: Blessing 1997.

gemeinhin als Einfluss gehandelt wird, ist eine einigermaßen komplizierte Transaktion, bei der dem Empfänger ein weit größeres Gewicht zukommt als dem Sender, ist doch der Empfänger, recht besehen, jemand, der sich etwas aneignet – und zwar nach Maßgabe seiner eigenen Bedürfnisse. Nimmt man diesen Gesichtspunkt ernst, so verliert das alte Einfluss-Modell den Schein seiner Brauchbarkeit. Damit verliert aber auch so manches, was Radkau und andere Autoren dem Komponisten aufgebürdet haben, sein Gewicht.

Radkaus Skizze der deutschen Rezeption in der für das Nachleben Wagners entscheidenden Übergangsphase von dem Bayreuth der Nazizeit zu dem Bayreuth Wieland und Wolfgang Wagners ist gewiss nützlich. Diese Skizze ist aber, abgesehen von dem prinzipiellen Einwand gegen das darin manifeste Einflussdenken, in manch anderer Hinsicht korrekturbedürftig.[14]

Hier ist zunächst daran zu erinnern, dass Radkau von einer höchst zweifelhaften Voraussetzung ausgeht, nämlich der These, dass die Wiederaufnahme der Bayreuther Festspiele 1951 einen wirklichen Neuanfang bedeute; dass also im Nachleben Wagners das Jahr 1951 eine Art Stunde Null markiere. Das haben schon einige Zeitzeugen bestritten, und die Wagnerforschung hat die Berechtigung ihrer Kritik bestätigt. Hier ist in erster Linie Franz W. Beidler zu nennen, der erstgeborene, aber entrechtete Enkel Wagners, dessen Plan zu einer konsequenten Entnazifizierung und Neuorganisation der Festspiele an den Bestimmungen von Siegfried Wagners Testament scheiterte. In einem fulminanten Artikel äußerte Beidler seine „Bedenken gegen Bayreuth" und konstatierte mit einiger Bitterkeit, dass sich mit der Wiederaufnahme der Festspiele unter der Regie der beiden anderen Wagner-Enkel „ein hohes Maß geglückter Spekulation auf die Vergesslichkeit der Menschen unserer Zeit" manifestiere.[15] Man braucht nicht so weit zu gehen wie Erich Kuby, der das Neu-Bayreuth in der Ära Wieland Wagners als „eine der raffiniertesten deutschen Verdrängungspraktiken brandmarkte",[16] um zu sehen, dass die schlimme Vergangenheit Bayreuths über die Neuberufung der Protagonisten der Wagnerszene im Dritten Reich weit in die frühen Jahre von Neu-Bayreuth hineinragte. Schon die Teilnahme so prominenter Dirigenten wie

[14] Radkau (zit. Anm. 7, S. 75) irrt, wenn er dem englischen Wagner-Biographen Ernest Newman eine jüdische Identität zuschreibt. Der keineswegs typisch jüdische Name Newman war ein Pseudonym für William Roberts. Unhaltbar ist auch, was Radkau im Hinblick auf den „Protest der Richard-Wagner-Stadt München" gegen Thomas Mann nahelegt, nämlich, dass er „durch Missverständnisse bedingt worden" sei (ebd.). Die politische Denunziation Thomas Manns durch Hans Knappertsbusch und seine Mitverschworenen entsprang, wie heute allgemein bekannt, einem nur allzu genauen Verständnis von Thomas Manns Einstellung zu dem neuen Deutschland von 1933.

[15] Franz W. Beidler: Bedenken gegen Bayreuth. Eine kritische Jubiläumsbetrachtung, in: Cosima Wagner-Liszt. Der Weg zum Wagner Mythos. Ausgewählte Schriften des ersten Wagner-Enkels und sein unveröffentlichter Briefwechsel mit Thomas Mann, hrsg. und mit einem Nachwort versehen von Dieter Borchmeyer, Bielefeld: Pendragon 1997, S. 298–302.

[16] Erich Kuby in: Süddeutsche Zeitung, 18./19.9.1982, zitiert nach Radkau (s. Anm. 7), S. 101.

Hans Knappertsbusch, Wilhelm Furtwängler und Herbert von Karajan, die alle im Dritten Reich aktiv waren, lässt die These von dem historischen Schnitt zweifelhaft erscheinen, von der braunen Vergangenheit Wielands ganz zu schweigen. Wenn man sich darüber hinaus die Liste der Beiträger zu den tonangebenden Programmheften der Bayreuther Festspiele näher ansieht, wie es Udo Bermbach in einer aufschlussreichen Analyse jüngst getan hat,[17] so muss die Rede von einem Neuanfang als schlicht irreführend bezeichnet werden. Es ist hier auch an Joachim Kaisers „Bayreuther Tagebuch (1951)“ zu erinnern. Darin schrieb Kaiser: „Bayreuth 1951, das war ein nachdrücklicher Triumph der Tradition [...]. *In Bayreuth feierte 1951 der Romantizismus des wohlhabenden deutschen Bürgertums zusammen mit Wagner seine öffentliche Wiederauferstehung.*“[18]

Wie anderswo auch erfolgte die Entnazifizierung Bayreuths allmählich und über einen längeren Zeitraum hin. Wie in Bonn konnte und wollte man zunächst auch in Bayreuth nicht auf die Kräfte verzichten, die schon dem Dritten Reich gedient hatten. Somit erweisen sich die Bayreuther Festspiele als das genaue kulturelle Pendant zu der für die Adenauer-Ära konstitutiven „Vergangenheitspolitik“, wie Norbert Frei diesen unbedenklich pragmatischen Umgang mit der jüngsten Vergangenheit getauft hat.[19]

Wenn nun aber das Jahr 1951 für Bayreuth keinen radikalen Neuanfang bedeutete, so ist eine zentrale These Radkaus als fragwürdig zu betrachten – die These, dass Neu-Bayreuth erntete und vermarktete, was von den Wagnerianern im Exil gesät wurde: die Erlösung Wagners vom Faschismus. Der Neuanfang in Bayreuth war ein partieller und zögerlicher. Er manifestierte sich am entschiedensten in der Neuinszenierung des *Parsifal* durch Wieland Wagner, den künstlerisch bedeutendsten der Wagnernachfahren, der wohl nicht zufällig auch der am tiefsten verstrickte war. Wielands konsequente Umsetzung der zuvor verpönten Reformideen des Schweizer Theatertheoretikers Adolphe Appia[20] ist wohl als Flucht nach vorne vor der ihn verfolgenden Vergangenheit zu deuten. Im mystischen Abgrund des Festspielhauses hingegen herrschte noch lange die musikalische Ästhetik der Vorkriegszeit, nämlich die Gewohnheit, Wagner „exhibitionistisch, langsam, schwer und mit blechgepanzerter Schwülstigkeit zu zelebrieren“.[21]

---

[17] Udo Bermbach: Galt's hier der Kunst? Kontinuität und Neuanfang in den Bayreuther Programmheften, in: Bayreuther Festspielbuch 2006, S. 88–107.

[18] Siehe Joachim Kaiser: Leben mit Wagner, 3. Aufl., München: Knaus 1991, S. 219–230, 227 f.

[19] Norbert Frei: Vergangenheitspolitik. Die Anfänge der Bundesrepublik und die NS-Vergangenheit, München: Beck 1996.

[20] Vgl. dazu das Kapitel über Appia bei Patrick Carnegy: Wagner and the Art of the Theater, New Haven/London: Yale University Press 2006, S. 175–207.

[21] Wieland Wagner: Denkmalschutz für Wagner?, in: Richard Wagner und das neue Bayreuth, hrsg. von Wieland Wagner, München: List 1962 (= List-Bücher, Bd. 237), S. 231–235, 235.

Dass der viel berufene „Bayreuther Neuanfang" denn doch kein so glatter historischer Schnitt war, wie er über weite Strecken suggeriert, scheint Radkau im letzten Absatz seiner Abhandlung einzuräumen, wenn er schreibt, dass die „Exil-Tradition des ‚neuen Bayreuth' [...] kein Beweis für ‚Antifaschismus' oder für Immunität gegen Faschismus sei".[22] Eben diese Exiltradition der Wirkungsgeschichte Wagners wird jedoch an dieser Stelle noch einmal in ein schiefes Licht gerückt. Statt nämlich das problematische Verhältnis Neu-Bayreuths zu seiner Nazivergangenheit an den eklatanten personellen Kontinuitäten beziehungsweise an der Vergangenheitspolitik der Festspielleitung zu demonstrieren, lastet Radkau es ausgerechnet den Exilanten an, nicht entschieden genug antifaschistisch gedacht und argumentiert zu haben. Deren vielstimmige und leidenschaftliche Auseinandersetzung mit Wagner wird von dem Bielefelder Historiker als ein „breiter Strom nichtantifaschistischer Wagnerrezeption"[23] – man muss schon sagen: – diffamiert. Was Thomas Mann, Adorno, Bloch und andere in den dreißiger und vierziger Jahren über Wagner und sein „wehvolles Erbe" geschrieben haben, gilt Radkau also als nichtantifaschistisch. Und zwar einzig aufgrund der Tatsache, dass diese Autoren in ihren melancholischen Betrachtungen auch die Musik berücksichtigt haben, was nach Radkaus dunklem Verdacht die Anklage und Verurteilung Wagners nur abschwächen kann. Was Radkaus Verdacht gegen die Exilanten nährt, ist also ihre Anfälligkeit für die Musik Wagners, woraus er ihre Bereitschaft erklärt, um des Werkes willen Wagner seine Mitschuld an der deutschen Katastrophe nachzusehen.

Wie unangebracht diese Kritik im Falle Adornos ist, wurde bereits angedeutet.[24] Wie unhaltbar sie auch im Falle Thomas Manns ist, soll abschließend am Beispiel des bereits genannten Wagner-Texts von 1939 gezeigt werden.

*

Radkau befasst sich mit diesem Text recht einlässlich, ohne jedoch seiner Bedeutung für das Werk Thomas Manns oder für die Diskussion über die Ursachen der deutschen Katastrophe gerecht zu werden. Fatalerweise lässt er den nicht unwichtigen Umstand unerwähnt, dass der Titel dieses Essays, *Zu Wagners*

---

[22] Radkau (zit. Anm. 7), S. 100.

[23] Ebd.

[24] Keineswegs unberechtigt ist hingegen Radkaus kritische Feststellung, dass sich die Frankfurter Schule mit der Judenverfolgung merkwürdig zögerlich befasste, wie das Beispiel Max Horkheimer zeige, der 1939 „mit schneidender Schärfe" gegen die Exilanten polemisierte, „die ihre Empörung ganz auf die nationalsozialistische Judenverfolgung konzentrierten, anstatt sich selber als durchaus normale Opfer des Kapitalismus zu begreifen". (Radkau, zit. Anm. 7, S. 80 f.) Vgl. dazu Ehrhard Bahr: The Anti-Semitism Studies of the Frankfurt School. The Failure of Critical Theory, in: German Studies Review, Nr. 1 (1978), S. 125–138.

Verteidigung, gar nicht von Thomas Mann stammt, sondern vom Herausgeber der Wochenzeitung Common Sense, Alfred M. Bingham, der ihn gebeten hatte, zu einem Artikel über „Hitler and Richard Wagner" Stellung zu nehmen.[25] Bei diesem Artikel handelt es sich um das Kondensat der Harvard Magister-Arbeit des damals dreiundzwanzigjährigen Historikers Peter Viereck. Zwei Jahre später machte Viereck daraus ein Buch, dessen Titel *Metapolitics* er von dem von Wagner bewunderten Publizisten Constantin Frantz übernahm und das in Manns amerikanischem Verlag – bei Knopf – erschien. Das Buch war ein Bestseller und diente Generationen von jungen Amerikanern als Lehrbuch über die kulturellen Wurzeln des Nationalsozialismus. Bezeichnend die verschiedenen Untertitel von *Metapolitics*; der erste lautete: „From the Romantics to Hitler"; später wurde daraus „The Roots of the Nazi Mind"; die jüngste Auflage von 2004 hat den Untertitel: „From Wagner and the German Romantics to Hitler". Für die Erstausgabe schrieb Thomas Mann einen Waschzettel, in dem er *Metapolitics* als eines der besten politischen Bücher der letzten Jahre bezeichnete und weit über Hermann Rauschnings *Die Revolution des Nihilismus* stellte.[26]

Jener Initialartikel Vierecks in Common Sense breitet zwei damals aufsehenerregende Thesen aus: 1. Richard Wagner war der politisch einflussreichste Künstler der Moderne, und 2. Wagner war der Urquell der nationalsozialistischen Ideologie. Viereck bekundet seinen Respekt vor dem Hitler-Gegner Thomas Mann, dem „noblest and greatest of anti-Hitler Germans", merkt aber kritisch an, dass es für einen Gegner Hitlers in Anbetracht von dessen Wagner-Kult eigentlich inkonsequent sei, neben Wagner, dem Komponisten, auch Wagner, den Denker, zu bewundern. Offenbar war es dieses Argument, das Alfred Bingham auf den Gedanken brachte, Thomas Mann zu einem Beitrag aufzufordern, um diesen dann als Verteidigung Wagners gegen die Pauschalanschuldigung des Jungakademikers auszugeben. So kam Thomas Manns unbetitelter Brief-Essay im Erstdruck zu dem eigentlich irreführenden Titel *In Defense of Wagner. A Letter on the German Culture that Produced both Wagner and Hitler*. Die Frage ist also, ob Thomas Mann Wagner wirklich verteidigt, um so zu seiner „Erlösung vom Faschismus" beizutragen.

Offenbar war sich Thomas Mann nicht bewusst, dass es sich bei dem jungen Peter Viereck um den Sohn von George Sylvester Viereck (1884–1962) handelte, mit dem er von 1919 bis 1932 in einem sporadischen Briefwechsel gestanden hatte. Der ältere Viereck, eine höchst umstrittene Figur, hatte Kontakt zum Verfasser der *Betrachtungen eines Unpolitischen* gesucht und sandte ihm fortan seine Bücher. Sylvester Viereck betrachtete sich als von Kaiser Wil-

---

[25] Peter Viereck: Hitler and Richard Wagner, in: Common Sense, Jg. 8 (November 1939), S. 3–6.
[26] Brief an J.R. de la Torre-Bueno, 7.9.1941; Reg 41/362.

helm I. abstammend; sein Vater Louis Viereck, der nach Amerika auswanderte, war der Spross einer Liaison Wilhelms I. mit der Schauspielerin Edwina Viereck.[27] In Amerika galt Sylvester Viereck schon im ersten Weltkrieg als fanatischer Germanophile. In den folgenden Jahren entpuppte er sich als Nazisympathisant und Bewunderer Hitlers, den er bereits 1923 interviewte. 1941 wurde er wegen Geldwäsche im Auftrag der deutschen Botschaft zu Gunsten nazifreundlicher Organisationen in Amerika zu vier Jahren Gefängnis verurteilt, wodurch er vollends zur Unperson wurde.

Die Thesen des jungen Peter Viereck zu Hitler und Wagner sind ohne Kenntnis des historischen Gepäcks seiner Familiengeschichte nicht angemessen zu verstehen. Sein Studium der deutschen Geschichte in Harvard ist zweifellos Teil einer intellektuellen Emanzipation von seinem Vater, dessen notorische pro-deutsche Propaganda als gewaltiges Stigma auf ihm lastete. Indem der junge Viereck die Romantik und Wagner zu Vorläufern Hitlers erklärte – ein zu jenem Zeitpunkt verblüffender Beitrag zu der hitzigen Deutschland-Debatte in Amerika – unterzog er, im Lichte der jüngsten historischen Erfahrung, alles, wofür sein Vater mit blindem Eifer eingetreten war, einer radikalen Kritik. Dies machte aus Peter Viereck, dem eine distinguierte Karriere als Poet und politischer Philosoph beschieden war, mitnichten einen Deutschenfeind im Geiste des Vansittartismus. Sein Interesse an der deutschen Kultur hat sich am eindrucksvollsten in den Übersetzungen von Gedichten Georg Heyms, Stefan Georges und anderer deutscher Dichter niedergeschlagen. Entscheidend für seine Reputation in Amerika war jedoch sein Buch von 1949, *Conservatism Revisited*, ein Plädoyer für Edmund Burke und Fürst Metternich, mit dem er der in Roosevelts Amerika stark in Verruf geratenen politischen Philosophie des Konservatismus neues Leben einhauchte.[28] Peter Vierecks historisches Verdienst ist es, den Konservatismus in Amerika intellektuell wieder salonfähig gemacht zu haben. Er gilt als der erste *Neo-Conservative*, ein halbes Jahrhundert bevor es den jetzigen *Neo-Conservatives* gelang, diese politische Philosophie wieder in Verruf zu bringen.

Radkau spricht zu Recht von Vierecks „Kampf gegen das Wagnerianertum" und bemängelt, dass Thomas Mann sich zwar „behutsam", aber im Grunde doch entschieden von Viereck distanziere – im Endeffekt also Wagner verteidige. Der Sachverhalt ist jedoch um einiges komplizierter. Mann erklärt zunächst, dass er den Artikel Vierecks „mit fast unausgesetzter Zustimmung" gelesen habe

---

[27] Vgl. Tom Reiss: The First Conservative. How Peter Viereck inspired – and lost – a movement, in: The New Yorker, 25. Oktober 2005, S. 38–47, 40.

[28] Vgl. dazu den einführenden Essay von Claes G. Ryn zu der Neuauflage von Peter Viereck: Conservatism Revisited. The Revolt Against Ideology, New Brunswick: Transaction Publications 2005, S. 3–49.

und dass „zwischen der Wagner'schen Sphäre und dem nationalsozialistischen Unheil [...] unbestreitbar [...] Beziehungen" bestehen.[29] Damit weist er Vierecks Bemerkung zurück, er gehöre zu denen, die Wagners metapolitische Schriften bewunderten und ihren politischen Einfluss verkannten. Thomas Mann geht nun an dieser Stelle noch weiter: Wagners Werk im Ganzen, nicht nur seine Schriften, sondern auch die Musik hätten dem Nationalsozialismus vorgearbeitet. Schon Wagner sei „aus der bürgerlich-humanistischen Epoche auf dieselbe Art und Weise" herausgetreten „wie der Hitlerismus" und müsse deshalb als „die genaue geistige Vorform der ‚metapolitischen' Bewegung" angesehen werden, „die heute den Schrecken der Welt bildet".[30]

Solche Bemerkungen lassen sich beim besten Willen nicht als Verteidigung Wagners konstruieren. Vielmehr zeichnet sich hier eine Radikalisierung von Thomas Manns Wagner-Deutung ab. In welche Richtung diese Veränderung weist, geht aus dem Tagebucheintrag vom 5. November 1939 hervor: „Ich begann einen Brief an ‚Common Sense' über Wagner u. das Deutschtum." Zwei Monate nach Beginn des Krieges musste es ihm geboten erscheinen, Wagner nicht nur als ästhetisches und psychologisches Faszinosum zu kennzeichnen, sondern jene unheimlichen Beziehungen zwischen der heutigen Erscheinungsform Deutschlands und der Welt Wagners zu benennen.

Über das Verhältnis von Wagner und Deutschtum hatte sich Thomas Mann bereits in den *Betrachtungen* Gedanken gemacht. Zu Beginn des zweiten Weltkriegs trat dieses Nachdenken in ein neues Stadium und führte ihn zu Positionen, die für die Deutschland-Thematik des *Doktor Faustus* grundlegend wurden. Der Wagner-Essay von 1939 arbeitet denn auch weniger den Aspekt des Proto-Faschismus heraus als den einer profunden, unauflöslichen Ambivalenz. Bezeichnenderweise erinnert er gegen Viereck, dass er in dessen Artikel die Nuance der Liebe und des Betroffenseins vermisse. Eben dieser Doppelaspekt des zugleich Bewundernswerten und Verwerflichen, den Wagner aufs schlagendste exemplifiziere, wird ihm nun zum Angelpunkt seiner auf den *Doktor Faustus* vorausweisenden Interpretation Deutschlands als des zugleich bösen und guten.

Die Berechtigung zu diesem spekulativen Gedankenschritt von Wagner zur deutschen Geschichte bezieht Thomas Mann aus seiner persönlichen Erfahrung und seiner Zeitzeugenschaft. Er erinnert daran, dass es seine missliebige Wagner-Rede von 1933 war, die seine „Nicht-Rückkehr nach Deutschland" verursachte.[31] Und er bestätigt, dass Wagner in vieler Hinsicht als eine „Vorform" Hitlers zu betrachten sei – ein Begriff, der anstelle von Vierecks schlichtem

---

[29] Im Schatten Wagners (zit. Anm. 11), S. 181 f.
[30] Ebd., S. 187.
[31] Ebd., S. 184.

Modell eines direkten Einflusses das mentalitätsgeschichtlich differenziertere Modell der Antizipation setzt. Eben dieses Modell der Antizipation ist eine fundamentale Prämisse des *Doktor Faustus*, worin die politische Geschichte als von der Musikgeschichte antizipiert vorgestellt wird. Daraus folgt nun aber, dass so, wie es nur den einen Wagner gibt, es auch nur ein Deutschland gibt, und dass es in dem gegenwärtigen historischen Moment nicht möglich sei, zwischen einem guten und einem bösen Deutschland zu unterscheiden: „Deutschland nimmt sich heute fürchterlich aus. Es ist die Qual der Welt, – nicht weil es ‚böse‘, sondern gerade weil es zugleich auch ‚gut‘ ist […].“[32] Dieser der Reflexion auf Wagner abgewonnene Gedanke wird sechs Jahre später in der Washingtoner Rede vom Mai 1945, *Deutschland und die Deutschen*, breit ausgeführt; zu diesem Zeitpunkt aber war er bereits in die Konzeption des großen Musik- und Deutschlandromans eingegangen.

Damit lässt sich nun ein Fazit ziehen aus Thomas Manns erneuter Beschäftigung mit Wagner unmittelbar nach Beginn des zweiten Weltkriegs. Drei Erkenntnisse drängen sich auf:

1. Joachim Radkaus These, wonach die Exilanten im Allgemeinen und Thomas Mann im Besonderen der Erlösung Wagners vom Faschismus vorgearbeitet haben sollen, erweist sich bei näherer Betrachtung als unhaltbar.
2. Thomas Manns eigene, gern zitierte Aussage, dass seine „Redeweise über Wagner nichts mit Chronologie und Entwicklung“ zu tun habe, dass er mithin „heute so über ihn schreiben“ könne „und morgen so“, gilt keineswegs uneingeschränkt.[33] Der Essay von 1939 übernimmt zwar eine Reihe von Elementen aus früheren Schriften über Wagner, aber er enthält auch bedeutende, neue Einsichten, die ihm erst im Lichte der jüngsten historischen Erfahrung aufgehen konnten.[34]
3. Der Essay von 1939 zeigt, dass das Nachdenken über Wagner einerseits den historischen Grundriss des *Doktor Faustus* geprägt und andererseits Erkenntnisse gezeitigt hat, die in den Deutschland-Debatten der letzten fünfzig Jahre erst viel später Akzeptanz fanden. Dazu gehört die Erkenntnis, dass der Wagnerianer Adolf Hitler „kein Zufall“ der deutschen Geschichte war und dass der gegenwärtige Krieg gegen Hitler-Deutschland auf lange Sicht betrachtet „zu Deutschlands Gunsten“ geführt werde.

---

[32] Ebd., S. 188.
[33] Brief an Agnes E. Meyer, 18.2.1942, in: Im Schatten Wagners (zit. Anm. 11), S. 190.
[34] Vgl. dagegen Klaus Harpprecht: Thomas Mann. Eine Biographie, Reinbek bei Hamburg: Rowohlt 1995, S. 1121: „Für den Kenner seiner eigenen Studien über den Bayreuther ergab sich aus der Entgegnung an Peter Viereck nichts Neues.“

Wer wollte rückblickend auf die letzten sechs Dekaden deutscher Geschichte im Ernst bestreiten, dass Thomas Mann Recht behielt mit seiner Voraussage im Schlussteil seines Wagner-Essays von 1939, nämlich, dass das „vom Fluche der Machtpolitik" befreite Deutschland, wenn es sich auf die „gesellschafts-freundlichen Elemente" aus seinem eigenen Traditionsfundus besinnt, als fähig erweisen werde, „sich in die europäische Konföderation" einzugliedern, in eine „Staatengesellschaft [...], für die Europa reif ist".[35]

---

[35] Im Schatten Wagners (zit. Anm. 11), S. 188.

Heinrich Detering

Hexenmeister und Zauberlehrling

Thomas Mann und Ibsen

„‚uns Todten', wenn wir ‚erwachen'" – Ibsenclub und Frühlingssturm

Henrik Ibsen ist einer der wichtigsten Anreger des jungen Thomas Mann gewesen. Von der Lübecker Schulzeit bis in die zwanziger Jahre hinein gehören Ibsens Dramen und (notabene) Gedichte zu den literarischen Werken, mit denen er sich intensiv und kontinuierlich auseinandersetzt; an und aus ihm hat er wesentliche Züge seiner Poetik des modernen Dramas und Romans entwickelt; darüber hinaus reichen die Spuren dieser Auseinandersetzungen bis in die Tiefenstrukturen seiner Essays, Romane und Erzählungen hinein. Diese Feststellungen sollten unter Thomas-Mann-Forschern erhabene Banalitäten sein. Sie sind es nicht. Im Gegenteil stehen sie, scheint es, noch immer im Verdacht etwas exzentrischer Übertreibungen. In den wichtigsten Einführungen in Thomas Manns Werk, die in den vergangenen Jahren erschienen sind, wird der Name Ibsens allenfalls beiläufig, oft auch gar nicht erwähnt; den wichtigen Impulsen von Leonie Marx,[1] Klaus Matthias,[2] Anni Carlsson[3] sowie dem grundlegenden, buchstäblich neuen Grund legenden Aufsatz von Hans-Joachim Sandberg ist die Forschung kaum gefolgt.[4] Zu Thomas Manns eigenen Kenntnissen des Ibsenschen Werks und der Bedeutung, die es für ihn hatte, steht dieser Befund in einem umgekehrten Verhältnis.

Woran liegt das? *Erstens*, scheint mir, ergibt sich der eklatante Aufmerksamkeitsmangel (wie das in manchen Fällen als Motiv zu vermutende Misstrauen)

---

[1] Leonie Marx: Thomas Mann und die skandinavischen Literaturen, in: Thomas-Mann-Handbuch, hrsg. von Helmut Koopmann, 3., aktualisierte Aufl., Stuttgart: Kröner 2001, S. 164–199, zu Ibsen v.a. S. 170–178.

[2] Klaus Matthias: Thomas Mann und Skandinavien, mit 2 Aufsätzen von Thomas Mann und 4 Faksimile-Seiten, Lübeck: Schmidt-Römhild 1969.

[3] Anni Carlsson: Ibsenspuren im Werk Fontanes und Thomas Manns, in: Deutsche Vierteljahresschrift für Literaturwissenschaft und Geistesgeschichte, Jg. 43 (1969), H. 2, S. 289–296.

[4] Hans-Joachim Sandberg: Ibsen und Hamsun. Lückenbuße für einen ungeschriebenen Essay von Thomas Mann, in: TM Jb 12, 1999, 31–58. Auf die spannungsvollen Beziehungen Thomas Manns zu den *beiden* norwegischen Autoren, die er als Antipoden kennenlernte, kann hier nicht eingegangen werden. Festzuhalten ist aber, dass, wer immer sich hier und künftig mit Thomas Manns Ibsen-Rezeption auseinandersetzt, in Sandbergs Schuld steht.

aus einer Beiläufigkeit vieler Ibsen-Erwähnungen bei Thomas Mann, die gerade dem vertrauten Umgang geschuldet ist. In mehreren Fällen, in denen Ibsensche Prätexte für die Entfaltung eines Mannschen Textes eine Rolle gespielt haben, wissen wir davon nur durch zufällige Selbstkommentare. Der wichtigste und bekannteste dieser Selbstkommentare ist der so kurze wie gewichtige Essay *Ibsen und Wagner* von 1928, der vermutlich ebendieser Kürze wegen oft mit respektvoller Unterschätzung behandelt worden ist. *Zweitens* verfügt der junge Thomas Mann über eine breite Kenntnis des Ibsenschen Werks, die sich zunächst der zeitgenössischen, weltweit grassierenden Ibsenomanie verdankt, sich durch die exklusive Bevorzugung Ibsens (gegenüber seinem Antipoden Strindberg,[5] aber auch gegenüber skandinavischen Lieblingsschriftstellern des deutschen Lesepublikums wie Selma Lagerlöf) aber signifikant von dieser Mode abhebt – eine Kenntnis zudem, welche die Grenzen des heutigen Ibsen-Kanons bei weitem überschreitet. Welcher Leser oder Theatergänger wäre heute noch vertraut mit Dramen wie dem zweiteiligen *Kaiser und Galiläer*, den monumentalen *Kronprätendenten* oder dem als „dramatischer Epilog" publizierten letzten Schauspiel *Wenn wir Toten erwachen*? Es erscheint als ein vielsagender Lapsus, dass der sonst so gut informierte Kommentar Peter de Mendelssohns zur Ausgabe des Grautoff-Briefwechsels eine Anspielung Thomas Manns auf das Letztere nicht einmal als Anspielung identifiziert hat. Wenn Thomas Mann dort gegenüber dem Freund von „‚uns Todten'" spricht, „wenn wir ‚erwachen'", dann sucht man eine Erklärung dieser sonderbaren Wendung im Kommentar vergebens.[6] Das ist begreiflich. Denn das seinerzeit erst zwei Jahre junge, europaweit noch immer heftig diskutierte Stück gehört heute zu Ibsens in Vergessenheit geratenen Meisterwerken. Wo aber die selbstverständliche Textkenntnis verlorengegangen ist, ist auch die Empfänglichkeit für leise Winke und Weisungen verschwunden, die der Autor bei intendierten Lesern wie eben Otto Grautoff noch voraussetzen konnte.[7]

Mustert man, derart aufmerksam geworden, die Essays und Briefe des jungen Thomas Mann noch einmal auf die manchmal programmatischen, oft

---

[5] Unternähme man eine Gegenprobe etwa mit Thomas Manns Verhältnis zu Strindberg, so zeigte sich eine markante Differenz. Ihm, dem genialen Kontrahenten und in anderer Hinsicht doch auch Mitstreiter Ibsens, begegnet Thomas Mann von Beginn an zwar respektvoll, aber stets mit distanzierter Reserve. Für ihn ist Ibsen nicht einfach ein Protagonist der skandinavischen Moderne, sondern eine singuläre Gestalt.

[6] 20. Februar 1901, in Peter de Mendelssohns Ausgabe der *Briefe an Otto Grautoff 1894–1901 und Ida Boy-Ed 1903–1928* (Frankfurt/Main: S. Fischer 1975), auf S. 134. In 21, 610 ist die Anspielung aufgeschlüsselt.

[7] Nicht anders im Fall der 115. *Geist und Kunst*-Notiz, auf die Sandberg (zit. Anm. 4, S. 48) verweist und aus deren Bezügen zu Ibsens Gedichten sich weitreichende Folgen für das Verständnis eines ganzen Gedankenkomplexes zu „Skeptizismus" und „Größe" ergeben.

auch nur zufälligen und anlassgebundenen Bemerkungen und Anspielungen durch, dann zeigt sich eine kontinuierliche Präsenz des Ibsenschen Werkes seit der Schulzeit. (14.1, 19) Dafür einige Beispiele aus diesen für das Lebenswerk grundlegenden Jahren. Thomas Manns explizite Ibsen-Rezeption beginnt buchstäblich mit der ersten Veröffentlichung. Im heute verlorenen ersten Heft des *Frühlingssturm* stand im Mai 1893 Thomas Manns erste kritische Arbeit, ein Beitrag über den im Vorjahr uraufgeführten *Baumeister Solness*.[8] Auch in der ersten Theaterrezension vom Juni desselben Jahres, *Lübecker Theater*, erkennt der junge Rezensent in den Dialogen einer Millöcker-Operette Ibsen-Zitate („… mehr kann man doch nicht verlangen!"). (14.1, 24) Gegenüber Grautoff spricht er dann am 20. Februar 1901 von „„uns Todten', wenn wir ‚erwachen', d.i. wenn wir einmal Menschen sein möchten" (21, 157); einen trivialen Roman von Gabriele Reuter versucht er 1904 durch Hinweise auf eine vermeintlich Ibsensche Ironie zu retten (14.1, 71); gegenüber Heinrich Mann fällt ihm (am 18. Februar 1905) für das *Fiorenza*-Debakel als nächstliegende Metapher die vom „Solneß-Absturz" ein (21, 315) – was voraussetzt, dass auch dieser Angeredete, Heinrich, aufs Stichwort hin weiß, was gemeint ist. Und so fort.

Solche Erwähnungen gewinnen nun an spezifischem Gewicht, wenn man sie im Kontext liest, in dem sie im Lübeck des Jahres 1893 oder im München des Jahres 1895 gelesen wurden. Was sich europaweit als (mit George B. Shaws berühmter Wortprägung) „Ibsenism" artikulierte, das brachte während der *Frühlingssturm*-Jahre in Lübeck als der *Ibsen-Club* die rebellische Jugend zusammen. Hier wie an mehreren Orten Deutschlands hatte sich unter diesem Namen ein lockerer Kreis junger Leute konstituiert, in dem über die durch Ibsen auf die Weltbühne gebrachten Tabus debattiert wurde: überkommene Familienstrukturen und Frauenemanzipation, Volksaufklärung und Geistesaristokratie, freie Presse und freie Liebe. Franziska von Reventlow, die zu seinen bekanntesten Mitgliedern gehörte, hat leidenschaftlich geschildert, wie man im Lübecker Ibsen-Club ein Leben „in Freiheit und Wahrheit" nicht nur diskutiert, sondern auch praktiziert habe.[9] So unvorstellbar es ist, dass der Sohn des Senators Mann sich einem Club angeschlossen hätte, der ein solches „geradezu umstürzlerisches Programm" verfocht,[10] so undenkbar ist es auch, dass ihn dieser Zusammenschluss nicht interessiert haben sollte.

---

[8] Vgl. 14.1, 19.

[9] Dazu ausführlich und mit umfangreichen Verweisen auf Lübecker Quellen sowie auf die Briefe der Franziska von Reventlow: Alken Bruns: Kultfigur und Bürgerschreck. Ibsenrezeption in Lübeck um 1890, in: Der nahe Norden. Otto Oberholzer zum 65. Geburtstag. Eine Festschrift, hrsg. von Wolfgang Butt und Bernhard Glienke, Frankfurt am Main/Bern/New York: Lang 1985, S. 125–137. Für einschlägige Hinweise danke ich Manfred Eickhölter.

[10] Ebd., S. 126.

Denn die Aktivitäten des Ibsen-Clubs schlugen in Lübeck hohe Wellen. In der bildungsbürgerlichen Schillerstiftung hielt der literaturliebende Landrichter (und spätere Staatsanwalt) Johannes Benda,[11] ein einstiger Bekannter Geibels, 1891 und 1894 öffentliche Vorträge gegen die Ibsen-Wut der jungen Leute und gegen Ibsens Dramatik überhaupt – mit dem erklärten Ziel, „Protest zu erheben" gegen diese Ibsen-Verehrung, die „an Vergötterung streife". In den Lübeckischen Blättern wurden beide Vorträge 1892 und 1894 jeweils in Fortsetzungen abgedruckt. Dabei war es vor allem der erste, der als erklärte Kampfansage formuliert war: *Henrik Ibsen, ein Fanatiker der Wahrheit*; der zweite stellte Ibsen dann, modifizierend und moderierend, in einen weiteren literarischen Kontext (*Die Schicksals-Tragödie und das moderne realistische Drama*).[12] Bedenkt man diesen Kontext, dann gewinnen die nachdrücklichen Ibsen-Erwähnungen im Lübecker *Frühlingssturm* 1893, veröffentlicht genau auf dem Höhepunkt der Lübecker Auseinandersetzungen, an provokativem Gewicht. Ihr Autor bezieht damit, über das Gesagte hinaus, auch performativ Position in einem politisch wie literarisch verminten Feld.

Ungleich näher kommt er Ibsen dann zwei Jahre später in München (wo Ibsen ja jahrelang gelebt hat): „bei der ersten von ihm [dem Akademisch-Dramatischen Verein] veranstalteten und von E.[rnst] von Wolzogen inszenierten Münchener Aufführung der ‚Wildente' spielte ich, mit Wolzogens Pelz und Brille angetan, den alten Werle."[13] Bei dieser Aufführung, deren Zustandekommen in den Briefen an Grautoff kommentierend begleitet wird,[14] handelte es sich nicht etwa um irgendeine Liebhaberunternehmung, sondern um die deutsche Erstaufführung dieses Dramas, das zu Ibsens wichtigsten und bis heute meistgespielten zählt. Der Theaterzettel zu dieser Erstaufführung zeigt an erster Stelle den Namen des Schauspielers Thomas Mann.[15]

---

[11] Siehe dazu ebd., S. 127f.

[12] Detaillierte Nachweise gibt Bruns ebd., S. 136.

[13] *[Selbstbiographie IV]*, 1913. Siehe 14.1, 375–377, 376.

[14] 5. März 1895: „Kaum ist jetzt der Faschingstrubel überstanden, so steht schon wieder eine große Theateraufführung vor der Thür. Der ‚Akadem. dramat. Verein' veranstaltet nämlich jedes Halbjahr unter der Regie des Herrn Ernst von Wolzogen in einem hiesigen Theater die Aufführung eines modernen Stückes vor einem exquisiten Publikum, der Bluts-, Geld- und Geistesaristokratie Münchens. […] Diesmal haben wir [!] Ibsens grandiose ‚Wildente' gewählt, ein Stück, das ichselbst im Verein sehr warm befürwortet habe und worin ich den Großhändler Werle spielen werde. Paß auf, mein Ruhm soll durch alle Zeitungsblätter rauschen!" (21, 43) Die Aufführung wurde wegen der Semesterferien zunächst auf den Mai verschoben (vgl. Thomas Manns Brief an Grautoff vom 28.3.1895; 21,46), fand dann aber erst am 16. Juni 1895 statt „und hatte einen guten Erfolg. Auch mehrere Zeitungen brachten günstige Recensionen." (An Grautoff, 18.6.1895; 21, 60)

[15] Abbildung in: Thomas Mann. Ein Leben in Bildern, hrsg. von Hans Wysling und Yvonne Schmidlin, 2. Aufl., Zürich: Artemis 1994, S. 75. Zu Thomas Manns Lektüre des Dramentextes (einschließlich der Anstreichungen in seinem Exemplar) vgl. Marx (zit. Anm. 1), S. 173 und 175.

Gerichtstag über sich selbst – Poetik

Von diesen frühen Prägungen an, auf die Thomas Mann selbst rückblickend wiederholt hingewiesen hat und deren Auswirkungen sich, seinen eigenen Bekundungen zufolge, schon in den frühen Erzählungen und in der Konzeption der *Buddenbrooks* bemerkbar machen, bleibt Ibsen eine feste Bezugsgröße seines Schreibens und seiner Poetik. Fortan gehört er zu den Meistern, deren Leiden und Größe Thomas Mann verlässlich, wo immer sich die Gelegenheit bietet, mit dem größten rhetorischen Pomp beschwört. In seiner Grußadresse *[Tolstoi zum 80. Geburtstag]* etwa spricht er 1908 von einer Trias „Dostojewski, Ibsen und Nietzsche". Sie alle repräsentieren für ihn jenen „vornehmen, geistig reinen […] [Genietypus], dessen Darsteller die Wahrheit mehr lieben als sich selbst". Dieser Charakterisierung folgt die wirkungsvolle Pause eines Absatzes, dann der Schluss: „Seit Ibsens Tode lebt nur noch ein Großer in Europa. Beugen wir das Knie." (14.1, 200)

In der aufschlussreichen Aphorismen-Sammlung *Notizen [II]* (Ende 1909), die aus dem *Geist und Kunst*-Konvolut hervorgegangen ist, wird Ibsen mit einigen sehr grundsätzlichen Bemerkungen gegen Friedrich Lienhards „Heimatkunstbewegung" ins Feld geführt:

… mir scheint das Werk des späteren Ibsen, eine Sublimierung des bürgerlichen Dramas seinem Wesen nach, mit seinen symbolischen Zaubermitteln, seiner ethischen Hochspannung, noch immer das Höchste und Feierlichste zu sein, was unsere Zeit auf dem Gebiete des Schauspiels zu erreichen vermochte. Nichts als diese Erinnerung ist nötig, um mich gegen den sonnigen und freudigen *Al-fresco*-Stil des volkstümlichen Festspiels höchst kühl und abwartend zu stimmen. (14.1, 211)

Wenig später, in seinem großen Essay *Der alte Fontane* (1910), zählt Thomas Mann Ibsen zum „europäischen Heroengeschlecht" des 19. Jahrhunderts, neben Zola, Tolstoi und Richard Wagner. (14.1, 249) 1928 dann erscheint der Essay *Ibsen und Wagner*, der bekanntlich 1933 in die große Rede über *Leiden und Größe Richard Wagners* eingegangen ist. Darin attestiert Thomas Mann beiden

Größe, und zwar eine düstere, leidende, zugleich skeptische und wahrheitsbittere, wahrheitsfanatische Größe, welche im Augenblicksrausch hinschmelzender Schönheit ein kurzes, glaubensloses Glück zu finden weiß […]. Ein berühmter Bayreuther Dirigent, der in München zum ersten Male ein Stück von Ibsen sah, urteilte schließlich: ‚Das ist entweder lächerlich – oder es ist so groß wie Wagner.' Er war verwirrt genug, das erstere als theoretische Möglichkeit in Rechnung zu stellen, aber es ist ja klar, daß eine solche Alternative ihren negativen Wahlfall durch sich selbst ausschaltet, also keine ist. Lächerlich oder groß, das heißt: groß, groß wie Wagner, nämlich auf dieselbe ‚moderne', gewagte und ungeheuerlich interessante Art groß wie dieser. (X, 227)

Groß wie Wagner: höher als in dieser Formulierung vermochte Thomas Mann schwerlich zu greifen. Bedenkt man, was sich mit dem Namen Wagners für sein eigenes Werk verbindet – für seine theoretischen und programmatischen Kunst-auffassungen wie für sein Erzählen –, dann kann man es nicht dabei bewenden lassen, hier eine allgemeine ästhetische Hochschätzung zu konstatieren. Dann muss man weiterfragen nach den poetologischen Implikationen dieses Ver-gleichs, danach also, was hier im Blick auf Ibsen mit „modern", „gewagt" und „ungeheuerlich interessant" gemeint sein könnte. Und man muss fragen, wie das „wie" zu verstehen ist in der Formel „groß wie Wagner".

Zunehmend im Lauf der frühen Jahre scheint Thomas Mann das dramati-sche Werk Ibsens als eine Art Analogie-Opposition zum Wagnerschen Tempel-theater zu verstehen. Analog erscheint es ihm schon in einer Umfrageantwort aus dem Jahr 1904, die Verfahren wie leitmotivische Rückbezüge, „das Zusam-mentreten von höchster Deutlichkeit und höchster Bedeutsamkeit", „die sym-bolische Gehobenheit des Moments" als diese „wagnerischen und eminent nordischen Wirkungsmittel" wie selbstverständlich „auch bei Ibsen" erkennt und im selben Atemzug bemerkt, diese Wirkungsmittel seien „schon völlig Instinct bei mir geworden".[16] Beiläufig nennt er in einer Rundfrage-Antwort 1906 Wagners *Tristan* und Ibsens *Solness* in einem Atemzug. Dabei geht es um *[Dichterische Arbeit und Alkohol]* und die Notwendigkeit, nüchtern zu sein, während man über den Rausch schreibt –

Kann man sich Wagner im Weindunst denken, als er das rauschvollste und totseligste Werk, den Tristan, machte? Kann man sich Ibsen denken, am Solneß sinnend, ein wenig angekneipt? (14.1, 115 f.)

Auch die Grundspannung dessen, was er fortan immer wieder als Charakte-ristikum der künstlerischen Moderne begreifen wird, schreibt er beiden zu: das Ineinander eines skeptischen „Wahrheitsfanatismus" (14.1, 341), der alle traditionellen Gewissheiten aufs Spiel zu setzen bereit ist, und eines Kultes der künstlerischen Form, der diese Bindungsverluste ästhetisch zu kompen-sieren versucht im „Augenblicksrausch hinschmelzender Schönheit" (X, 227). Beide, Ibsen und Wagner, modernisieren mit diesen Spannungen Genre-Tra-ditionen, die sie vorgefunden haben: das bürgerliche Schauspiel und die große Oper, transformieren sie bis an den Rand der Auflösung und in einer im Laufe der jeweiligen Werkgeschichte zunehmenden Abstraktion der künstlerischen Mittel.

Innerhalb dieser beiden gemeinsamen epochalen Position erscheint Ibsens Werk Thomas Mann dann jedoch insofern als Opposition zu demjenigen

---

[16] [Der französische Einfluss]; 14.1, 73–75, 74.

Wagners, als es solche Spannungen nicht in eine triumphal inszenierte ‚Neue Mythologie' integriert, sondern in ironischer, auch selbstironischer Brechung und zugleich in strenger Askese der Ausdrucksmittel reflektiert. Im *Versuch über das Theater* (1908), seinem umfangreichsten frühen Essay überhaupt, kommt Thomas Mann im Zusammenhang mit dem Zeremoniellen des „Tempel-Theaters" auf Ibsen zu sprechen:

... im ‚Parsifal' ist der *Kultus* in Form von Taufe, Fußwaschung, Abendmahl und Monstranzenthüllung auf die Bühne zurückgekehrt. Das aber, was man heute unter ‚Handlung' versteht, schloß das antike Drama bekanntlich gerade aus, verlegte es vor den Anfang des Dramas oder hinter die Bühne, und was es eigentlich vorführte, war [...] die *Rede*. [...] Henrik Ibsens Wirkung ist gewiß nicht oratorischer Art, aber was war es, technisch genommen, was schon seinen ersten Verehrern, bei den ‚Gespenstern' etwa, bei ‚Rosmersholm', die Erinnerung an die antike Tragödie weckte? Seine analytische Technik, offenbar, und daß er gewissermaßen begann, wo die Handlung zu Ende war, daß er sehr die ‚Vorgeschichten' liebte – im Gegensatz hierin zu Richard Wagner, diesem fanatischen Szeniker, dem Vorgeschichten ersichtlich etwas schwer Erträgliches waren. (14.1, 151)[17]

Als der strenge Analytiker, der in der Darstellung entschieden, ja wie in *Gespenster* schockierend zeitgenössischer Sujets das griechische Drama und damit die Ursprünge des Trauerspiels in moderner Gestalt wieder aufleben lässt und eine Synthese aus Naturalismus und Symbolismus schafft, tritt Ibsen dem Szeniker Wagner gegenüber, dessen ästhetische Überwältigungsstrategien die romantische Kunstreligion fortsetzen. Gemeinsam ist beiden das genuine Gespür für das Wirkungspotential des Theaters. Unterschieden sind sie jedoch nach Art und Grad seines Einsatzes. Schon in der Vorstudie, dem Essay *Das Theater als Tempel* (1907) arbeitet Thomas Mann die spezifisch Ibsenschen Darstellungsmittel gegenüber denen Wagners deutlicher heraus – innerhalb jenes Interesses am ursprünglich Zeremoniellen der theatralischen Inszenierung, das er zunächst als beiden gemeinsam voraussetzt.[18] Aber deutlicher als dort deutet Thomas Mann hier, 1907, einen Zug an, der Ibsens dramaturgische Askese von Wagners kunstreligiösem Bühnenweihfestspiel unterscheidet:

... das theatralische ‚Handeln', alles echt theatralische ‚Tun' ist symbolisch. Stets hat mich die Flagge, jene berühmte Flagge im dritten Akt von Ibsens ‚Klein Eyolf' interessiert, die Borgheim im ersten Auftritt auf Halbmast hißt und die am Ende dann All-

---

[17] Im selben Essay bezweifelt er, „daß man Henrik Ibsen und unsere Hauptmann, Wedekind, Hofmannsthal nicht ebenso gut lesen als aufgeführt sehen könne, daß man in der Regel nicht *besser* tue, sie zu lesen". (14.1, 139)

[18] Dieser Gedanke wird ja noch im Essay *Ibsen und Wagner* (1928) (und danach in *Leiden und Größe Richard Wagners* [1933]) wieder aufgenommen und zwar als Doppelbewegung von Poetisierung des Intellekts und Intellektualisierung des poetisch Sinnlichen.

mers zur vollen Höhe hinaufzieht… Das ist alles, was in diesem Akte getan wird, – es ist der eigentliche ‚Akt'. Inmitten einer vollkommenen und äußersten Vergeistigung des Schauspiels bleibt als einziges naives, sinnliches und augenscheinliches Tun diese kleine, bedeutsame Zeremonie übrig, und sie ist mir *als* Zeremonie stets als theatralische ‚Handlung' *par excellence* erschienen. (14.1, 120)

Asketisch in der Strenge seiner analytischen Dramaturgie, sentimentalisch in seiner Selbstreflexion, vergeistigt in der Konzentration auf wenige symbolische Motive, Handlungen, Requisiten, erscheint das Ibsensche Drama zugleich als Analogon und Widerlager des Wagnerschen Musiktheaters. Der junge Thomas Mann begreift Ibsen damit als einen „Litteraten" *par excellence* – nur eben nicht in der Erzählkunst oder der Essayistik, an die er sonst im Zusammenhang mit diesem Begriff vor allem denkt, sondern im Drama, als dessen vollendeter moderner Repräsentant ihm Ibsen erscheint. Für die programmatische Selbstvergewisserung des modernen „Litteraten", die der Theater-Essay und die ihm benachbarten Entwürfe zu *Geist und Kunst* ja ganz wesentlich darstellen, bedeutet das nicht zuletzt auch eine Legitimierung des eigenen Schreibens.

Herrschaft sublimierender „Vergeistigung" über die ‚naive' künstlerische Sinnlichkeit, die dann freilich eben deshalb umso wirkungsvoller hervortreten kann, und „ethische Hochspannung": zu dieser gewissermaßen protestantischen Ästhetik, die Thomas Mann hier Ibsen entschiedener als Wagner zuschreibt, fügt sich ein weiteres Merkmal hinzu, das ebenfalls schon früh in Thomas Manns Notizen zu Ibsen auftaucht. Der Ausdruck „Ibsens bürgerliche Symbolik" ist als besonders gelungener, isolierter Formulierungseinfall zuerst im 9. Notizbuch festgehalten, nur diese drei Worte: „Ibsens bürgerliche Symbolik". (Notb II, 168) Er wird einige Seiten später wiederaufgenommen: „Das Größte, was heutzutage gemacht werden konnte, war die bürgerliche Symbolik Ibsens." (Notb II, 174) In den Notizen zu *Geist und Kunst* erscheinen wiederholt Ibsen und Wagner im selben Atemzug, etwa dort, wo es um die „*Intellektualität* des repräsentativen modernen Künstlers" geht.[19] Im *Versuch über das Theater* schließlich, in stichworthafter Abbreviatur: „Ibsen und seine bürgerliche Symbolik".[20] Eine Variante der Formel taucht 1904 im Essay über die Romane der *Gabriele Reuter* auf; dort ist von einer „bürgerliche[n] Ironie" des „Ibsen-Tone[s]" die Rede. (14.1, 71)

Wahrheitsfanatismus und Schönheitsrausch, bürgerliche Symbolik und Ironie, Vergeistigung versus Sinnlichkeit – immer deutlicher tritt hervor, wie sehr die Auseinandersetzung mit der Ibsen unterstellten Poetik Thomas Manns eigenes Schreiben angeht. Längst nicht mehr nur als interessierter Beobachter

---

[19] 13. Notiz in Hans Wyslings Edition in TMS I, 159.
[20] 14.1, 166 (in Opposition zu Wagner).

der zeitgenössischen Theaterszene schreibt er in den Notizen und Essays seit der Jahrhundertwende, sondern als neugieriger Zauberlehrling dessen, den er einen nordischen „Magier" und „Hexenmeister" nennt. (IX, 367) Das wird am deutlichsten sichtbar in der Aphorismenfolge *Notizen [II]*. Der Kontrastierung Ibsens und der „Heimatkunst" folgt dort ein Gedanke, der mehr als alles bislang aus diesem Kontext Herangezogene die Grundlagen dessen berührt, worum es im *Geist und Kunst*-Komplex geht. Er betrifft den Begriff der modernen Kunst *als* „Kritik", also einer selbstreflexiven, unvermeidlich (und deshalb tapfer bejaht) sentimentalischen Literatur: um *Literatur* im emphatischen Sinne, gegen den neuromantischen Begriff der ‚Dichtung'. Diese Reflexionen, so etwas wie das Herzstück seiner eigenen modernen Poetik dieser Jahre, resümieren die *Notizen* folgendermaßen:

Kritik, die nicht auch Bekenntnis ist, ist wertlos. Alle eigentlich tiefe und leidenschaftliche Kritik ist Dichtung im Sinne Ibsens: Gerichtstag über *sich selbst*. (14.1, 212)

Kunst als Kritik, die Selbstkritik einschließt, muss zur (mit Eckhard Heftrichs Formel) „radikalen Autobiographie" werden. Als eine solche ‚Dichtung im Sinne Ibsens' nun gibt Thomas Mann ausdrücklich jenen Novellenband zu erkennen, in dem er Kritik und daraus hervorgehendes Bekenntnis bis an den Rand der Selbstpreisgabe führt: *Tristan* (1903). Verweist der Titel dieses Bandes ironisch auf Wagner, so bezieht sein Motto sich explizit auf ebenjenes Ibsen-Wort, dessen Kenntnis die *Notizen* wie selbstverständlich voraussetzen. Den in deutscher Sprache verfassten Vierzeiler *Ein Vers*, der eine bereits in den siebziger Jahren entstandene und im November 1886 von Otto Brahm in der Deutschen Rundschau veröffentlichte Strophe variiert,[21] hatte Ibsen selbst der deutschen Ausgabe seiner Werke vorangestellt, deren nachgetragener erster Band im selben Jahr bei S. Fischer erschienen war. Er lautet in dieser berühmt gewordenen Fassung:

Leben heißt – dunkler Gewalten
Spuk bekämpfen in sich.
Dichten – Gerichtstag halten
Über sein eigenes Ich.

Thomas Mann macht sich das buchstäblich zu eigen: formuliert das Gedicht für seinen Prosaband prosaisch um zu dem apodiktischen Satz: „Dichten, das ist Gerichtstag über sich selbst halten." (2.2, 530)

Die Novellen, die er diesem Motto unterstellt, zeigen Künstlerfiguren, in denen schon der zeitgenössische Kritiker Oskar Wilda 1904 diejenigen des spä-

---

[21] Die erste Fassung lautete: „Leben, das heisst bekriegen / In Herz und Hirn die Gewalten; / Und dichten; über sich selber / Gerichtstag halten." Dazu Sandberg (zit. Anm. 4), S. 43.

ten Ibsen wiedererkannte, von Solness bis Rubek. Und in der Tat lassen sich hier bis in einzelne Textzüge hinein Analogien, Geistesverwandtschaften zeigen – etwa in der spezifischen Reflexion von Künstler- und Bürgerexistenz, Askese und Schönheitskult in *Hedda Gabler* und *Tonio Kröger* oder in Tonios Frage, ob der Künstler „überhaupt ein Mann" sei. (2.1, 271) Sie wiederholt (worauf Vaget, Marx und Sandberg bereits hingewiesen haben)[22] das handlungsbestimmende Problem Rubeks gegenüber Irene in *Wenn wir Toten erwachen*; und darauf spielt Wilda mit seinem Vergleich wohl vor allem an. Aber auch weit darüber hinaus beziehen sich Thomas Manns Reflexionen über wahre und vermeintliche „Größe" des Künstlertums weit enger auf die entsprechenden Reflexionen Ibsens, als man seinen Texten selbst zuweilen anmerken kann. „,Das Große – ist es wirklich groß?'", fragt er in der 115. Notiz zum *Geist und Kunst*-Komplex,[23] und im neunten Notizbuch vermerkt er 1907 die Einsicht: „,Der Mann der Idee, dem die Gelegenheit zum Hungern und zum Leiden fehlt, hat dadurch einen Weg weniger, der zur Größe führt.'" (Notb II, 171) In beiden Fällen hätte kein Leser daran gezweifelt, dass dies seine ganz eigenen Gedanken gewesen seien, hätte er nicht selbst die Hinweise „*Ibsen:*" und „(Ibsen)" hinzugefügt – die wiederum erst Sandberg als Verweis auf Ibsens großes Gedicht *Ballonbrief an eine schwedische Dame* und seinen Aufsatz *Die Theaterkrise* identifiziert hat, zwei grundlegende poetologische Stellungnahmen.[24]

Drei Jahre nach dem *Tonio Kröger*, in seinem für die Roman-Poetik grundlegenden poetologischen Essay *Bilse und ich* von 1906, erinnert Thomas Mann an das Ibsen-Motto des Erzählungsbandes und leitet daraus seine Poetik der „Beseelung" und „Emanation" ab, die das eigene Ich in die Figuren seiner Texte verwandelt – so wie er auch sein hier erläutertes Ethos des „Beobachtens" (es „zwingt dich der Dämon, zu ‚beobachten'") zumindest wiedererkennt in jenem Aperçu, das er sich in Ibsens *Nachgelassenen Schriften* angestrichen hat: „Dichten ist sehen".[25]

Was Kritik und Bekenntnis in diesen Texten am engsten verbindet – in genau derselben Weise, mit genau denselben Akzentuierungen wie in den spä-

---

[22] Hans Rudolf Vaget: Thomas Mann-Kommentar zu sämtlichen Erzählungen, München: Winkler 1984, S. 115; Marx (zit. Anm. 1), S. 177; Sandberg (zit. Anm. 4), S. 41.

[23] Zitiert nach Hans Wyslings Ausgabe in TMS I, 213.

[24] Sandberg (zit. Anm. 4), S. 48 f. und 33. Ibsens Aufsatz war ebenso wie der *Ballonbrief an eine schwedische Dame* 1903 im nachgetragenen ersten Band der deutschen Werkausgabe bei S. Fischer erschienen.

[25] Den Satz fand Thomas Mann in einem Zitat aus den 1907 bei Fischer erschienenen Erinnerungen John Paulsens an Gespräche mit Ibsen in der deutschen Übersetzung von Ibsens Nachlass: Henrik Ibsens sämtliche Werke in deutscher Sprache. Zweite Reihe: Nachgelassene Schriften in vier Bänden, hrsg. von Julius Elias und Halvdan Koht, Berlin: S. Fischer 1909, Bd. 4, S. 234. Dazu Sandberg (zit. Anm. 4), S. 33.

ten Künstlerdramen Ibsens –, ist jenes „Bekenntnis", das Thomas Mann selbst
später eine „Beichte des Werkmenschen" nennen wird. Wenn nun, im letzten
Teil, etwas ausführlicher von dieser thematischen Gemeinsamkeit zu sprechen
ist, dann auch deshalb, weil hier am deutlichsten gezeigt werden kann, wie die
jahrzehntelange Auseinandersetzung mit Ibsen nicht nur die poetologische
Reflexion Thomas Manns mitbestimmt, sondern auch in sein eigenes Erzählen
hineinwirkt. Um das zu erläutern, kehre ich wieder zu dem Essay von 1928
zurück, der rhetorisch pompösen, in der Sache aber gleichwohl sehr präzisen
Beschreibung dessen, wovon der junge Autor schon früh erklärt hatte, ihre
künstlerischen Wirkungsmittel seien schon längst „Instinct bei [ihm] geworden":

Ibsen und Wagner, im Gegensatz zu Goethe, waren Männer des Werkes ganz und gar,
Macht-, Welt- und Erfolgsmenschen durch und durch, politische Menschen in dieser
Bedeutung, und damit hängt die ungeheure Geschlossenheit, Sphärenrundheit, Rest-
losigkeit ihrer gewaltigen, jugendlich sozial-revolutionären und alternd ins Magisch-Ze-
remonielle verbleichenden Theaterlebenswerke zusammen. ‚Wenn wir Toten erwachen',
die schaurig gehauchte Beichte des Werkmenschen, der *bereut*, die späte, zu späte Lie-
beserklärung an das ‚Leben' – und ‚Parsifal', das Oratorium der ‚Erlösung' –, wie bin ich
gewohnt, sie in eins zu sehen, in eins zu empfinden, die beiden Abschiedsweihespiele
und ‚letzten Worte' vor ewigem Schweigen, die zelesten Greisenwerke großer Ehrgeizi-
ger in ihrer majestätisch-sklerotischen Müdigkeit, dem Schon-mechanisch-geworden-
Sein all ihrer Mittel, dem Spätgepräge von Resümee, Rückschau, Selbstzitat, Auflösung.
War nicht, was man ‚Fin de siècle' nannte, ein recht kläglicher Satyrspiel der kleinen Zeit
zu dem eigentlichen und verehrungswürdigen Ausklang des Jahrhunderts, der sich in den
Alterswerken der beiden großen Magier vollzog? Denn nordische Magier, schlimm ver-
schmitzte alte Hexenmeister waren sie beide [...], groß in der Organisation der Wirkung,
im Kultus des Kleinsten, in aller Doppelbodigkeit und Symbolbildung, in der Zelebration
des Einfalls, der Poetisierung des Intellekts — Musiker dazu [...]. (X, 228 f.)

Je länger er hier redet, desto deutlicher redet er auch von sich selbst, bis hin zur wiederholten Redensart von „meiner Musik", mit der Thomas Mann selbst von früh an
sein fiktionales Schreiben im Gegensatz zum essayistischen bezeichnet. Wie der von
ihm hier modellierte Werkmensch und Intellektualist Ibsen, so ist auch er selbst, als
Schriftsteller, „Musiker dazu". Wo immer in den frühen Jahren die Reflexion über
den Werkmenschen eingeht ins Werk selbst, ist mit subkutanen Ibsen-Reminiszenzen zu rechnen. Sandberg macht darauf aufmerksam, dass schon in der frühen
Novelle *Gefallen* von 1896 „der Tonfall der Repliken Ibsens", namentlich aus der
von ihrem Autor so hochgeschätzten *Wildente*, wiederzuerkennen ist.[26] Und Walter Pache ist zuerst den Spuren eines Ibsenschen Gedichts über Einsamkeit und
Glücksverzicht nachgegangen, das vermutlich aus den Lektüren und Notizen dieser

---

[26] Sandberg (zit. Anm. 4), S. 40. Vgl. 2.1, 14–49.

frühen Münchner Jahre in den *Doktor Faustus* eingegangen ist und dort Ines Rodde zugeschrieben wird und über dessen Bedeutung für die Konzeption des Romans Sandberg im Thomas Mann Jahrbuch 1999 weiter nachgedacht hat. Es trägt den (im Roman ausdrücklich genannten) Titel *Der Bergmann*; vier bedeutungsschwere Verse daraus werden zitiert.[27]

Nicht allein die Künstlerfiguren und Kunst-Konzeptionen der frühen Novellen verdanken Ibsen wesentliche Anregungen, zitieren ihn markiert oder unmarkiert, führen intertextuelle Gespräche mit seinem Werk. Auch über dieses Textcorpus hinaus wird dieser Dialog produktiv weitergeführt – wie drei größere Textbeispiele zeigen sollen.

Subkutane Rezeption –
Fiorenza, Königliche Hoheit, Der Zauberberg

In einem Artikel zu seinem schlecht aufgenommenen und darum einzigen Drama *Fiorenza* schreibt Thomas Mann 1912:

> Es hat niemals einen durchaus ‚naiven‘, niemals einen durchaus ‚sentimentalischen‘ Dichter gegeben [...]. Denn der Dichter ist die Synthese selbst. Er stellt sie dar, [...] die Versöhnung von Geist und Kunst, [...] Askese und Schönheit – das dritte Reich. (14.1, 348 f.)

Das bezieht Grundbegriffe aus *Geist und Kunst* auf den heute missverständlichen Zentralbegriff aus Ibsens „welthistorischem Drama" *Kaiser und Galiläer*. Und dass Thomas Mann in der Tat dieses Ibsensche Konzept im Sinn hat und nicht bloß irgendein Schlagwort, das zeigt die *Notiz über Heine* (1908) (und zeigt es gerade in ihrer Beiläufigkeit), die es Heines Suche nach einer Verbindung von „Spiritualismus" und „Griechentum" als einer „Aufgabe der gesamten europäischen Zivilisation" vor allem nachrühmt: Sie „antizipiert Ibsen und mehr als den". (14.1, 187) Nämlich, unter anderem, auch Thomas Manns eigenes Drama. Dieses Drama selbst führt auf weite Strecken eine – allerdings unmarkierte, darum heute leicht zu übersehende – Auseinandersetzung eben mit Ibsens *Kaiser und Galiläer*: in der Weise, in der ein ihn selbst umtreibender, gegenwärtiger Weltanschauungskonflikt projiziert wird auf

---

[27] Walter Pache: Ein Ibsen-Gedicht im „Doktor Faustus", in: Comparative Literature, Bd. 25 (summer 1973), Nr. 3, S. 212–220. Weiteres dazu bei Sandberg (zit. Anm. 4), S. 44 f. Im Kommentar der GKFA findet sich gleichwohl, die betrübliche Tradition der Vernachlässigung von Ibsen-Reminiszenzen fortsetzend, nur der karge Hinweis: „Eine Fremdquelle des Gedichttextes war nicht zu ermitteln." (10.2, 499 zu 10.1, 288)

eine entfernte historische Epoche, in der kontrastive Ideen allegorisch verkörpert werden, in der Verbindung von christlich-asketischem Ethos und heidnisch-sinnlicher Schönheit zu etwas, das hier wie dort als „drittes Reich" der Synthese erscheint.

Nicht anders die großartige Szene, in der im Roman *Königliche Hoheit* (1909) poetologische Selbstreflexion und Erzählung zu einer geistreichen *mise-en-abyme* verbunden werden. Wenn hier Klaus Heinrich, diese Künstlerfigur, die in einen nur in der schönen Repräsentation aufgehenden Fürsten verwandelt worden ist, dem Dichter Axel Martini begegnet, dann sehen sich für die Dauer eines unvergesslichen Dialogs gewissermaßen auch textexternes Modell und Protagonist des Textes gegenseitig an. Auf Ibsen – und zwar nun wiederum den Mann wie seine fiktiven Figuren – verweisen nicht nur die Gegensätze, die hier besprochen und gleichzeitig komisch exemplifiziert werden, die Spannungen eben von vitalistisch-ekstatischem Schönheitskult und kränklich-neurasthenischer Askese. Auf Ibsen verweist auch die Anlage der Szene selbst. Und auch hier bliebe die Quellenvermutung spekulativ, hätte nicht Thomas Mann selbst an seinen Bruder Heinrich in einem Brief vom 3. Juni 1909 ausdrücklich bemerkt, er habe sich für die

Martini-Scene […] [i]nnerlich […] immer auf Ibsen [berufen], der in den Kronprätendenten seinem Skule auch eine solche Scene mit einem Dichter giebt ‚(Die Gabe des Schmerzes') [sic]. (21, 418)[28]

Wieder handelt es sich nicht um irgendeine beiläufige Szene, sondern um jene Passage, die dem gesamten Band der Ibsen-Werkausgabe zugleich als poetologisches Motto vorangestellt ist. Im 3. Band von Thomas Manns im Nachlass erhaltenen Exemplar beginnt sie folgendermaßen:

König Skule[:] Sag' mir, Jatgejr, wie ging es zu, daß du Skalde wurdest? Von wem erlerntest Du die Skaldenkunst?
Jatgejr[:] Die Skaldenkunst erlernt man nicht.
König Skule[:] Erlernt man nicht? Wie ging es denn zu?
Jatgejr[:] Ich empfing die Gabe des Leids, und da ward ich Skalde.[29]

---

[28] Ganz ähnlich am 25. Juli 1909 an Hofmannsthal (21, 424); dazu Marx (zit. Anm. 1), S. 177f. Im übrigen dürften auch Ibsens späte Künstlerdramen, die ja zu den frühesten und nachhaltigsten Ibsen-Erlebnissen Thomas Manns gehörten, mit ihren Darstellungen scheiternder, vom ‚Leben' getrennter und vereinsamter Künstler zu jenem allgemeinen literarischen Hintergrund des Romans gehören, der seine Darstellung mitbestimmt, ohne freilich noch in irgendeinem Sinne als dessen ‚Quelle' gelten zu können.

[29] Henrik Ibsens sämtliche Werke in deutscher Sprache, durchgesehen und eingeleitet von Georg Brandes, Julius Elias und Paul Schlenther, vom Dichter autorisiert, Berlin: S. Fischer [1898], Bd. 3, vorangestelltes Motto aus *Die Kronprätendenten IV.*

In der Tat ist das nicht ganz weit entfernt von der funktional identischen poetologischen Unterredung zwischen der Selbstkarikatur des Dichters und seiner Königlichen Hoheit.

[Klaus Heinrich:] ‚Und seit wann leben Sie ausschließlich der Poesie, Herr Martini? Sie haben vorher studiert?'
[Axel Martini:] ‚Nicht regelrecht, Königliche Hoheit. [...] Der Lebensgenuß ist uns verwehrt, streng verwehrt [...].' (4.1, 194 f.)

Die fruchtbarsten und am sträflichsten vernachlässigten Beziehungen aber wären noch immer zu entdecken zwischen dem *Zauberberg* (1924) und jenem Drama, das Thomas Mann lebenslang neben die *Parsifal* gestellt und mit dessen Helden er sich schon 1901 identifiziert hatte, als er gegenüber Grautoff „von ‚uns Todten'" [sprach], wenn wir ‚erwachen'". (21, 157) An Wagners *Tannhäuser* erinnert jeder Thomas-Mann-Kommentar, an Ibsen hingegen nicht einmal derjenige der Neuausgabe in der Großen kommentierten Frankfurter Ausgabe.[30] Dabei scheinen die Bezüge ähnlich elementar und ähnlich bedeutsam. Freilich würde man verkehrt fragen, wollte man nach Detailanalogien suchen, nach Anspielungen, Zitaten, Verweisen.[31] Ibsens „dramatischer Epilog" von 1899 gehört seit Thomas Manns erster Lektüre um 1900 zu dem, was Hermann Kurzke und Stephan Stachorski den intertextuellen „Fundus" nennen.[32] Vergleicht man die poetischen Strategien des *Zauberberg*-Romans und des Ibsenschen Dramas, dann werden genau diejenigen Linien sichtbar, die Thomas Mann seit seinen ersten Texten immer wieder – und oft geradezu identifikatorisch – an Ibsens Dramaturgie hervorgehoben hat. Blicken wir auf *Szenerie und Genre*: Das bürgerliche

---

[30] Zwar erwähnt Michael Neumann in seinem im Thomas Mann Jahrbuch 2001 erschienenen Aufsatz *Die Irritationen des Janus oder „Der Zauberberg" im Feld der klassischen Moderne* in einer Fußnote mögliche Wirkungen des Ibsenschen Endspiels „auf die Konzeption der Zauberbergwelt" und fügt hinzu: „Wenngleich der Bezug im Roman, soweit ich sehe, durch keine eindeutigen Zitate ‚autorisiert' wird, sind die Analogien wohl für jeden Leser verblüffend, der vom *Zauberberg* zu *Når vi døde vågner* kommt." (TM Jb 14, 2001, 69–85, 71) Im Kommentar zu seiner *Zauberberg*-Ausgabe in der GKFA fehlt dann aber jeder Hinweis auf die verblüffenden Analogien. – Die Unterschätzung der Bedeutung Ibsens für Thomas Mann ist im übrigen nicht auf die deutschsprachige Forschung beschränkt; in dem sonst umsichtig und gründlich erarbeiteten Sammelband *A Companion to the Works of Thomas Mann*, den Herbert Lehnert und Eva Wessell 2004 bei Camden House herausgegeben haben, wird nicht einmal der Name erwähnt.
[31] Immerhin dürfte auch hier eine genauere Suche lohnen. So weist Sandberg beispielhaft auf Analogien zwischen der Figurenkonzeption der Frau Stöhr und derjenigen der Gina Ekdal aus Ibsens *Wildente* hin (Sandberg, zit. Anm. 4, S. 43) und gibt zu bedenken, dass sich in Thomas Manns Romanen und Erzählungen noch eine Vielzahl von derartigen „Einzelheiten, motivischen Anregungen, stilistischen Finessen, Charakterzügen, Redensarten, Redewendungen" finden lassen dürfte, die Ibsen-Kennern bekannt vorkommen müssten (ebd., S. 40 f.).
[32] Hermann Kurzke/Stephan Stachorski: Im Unterholz der Dichtung. Thomas Manns Essays und ihre Quellen, in: TM Jb 12, 1999, 9–29, 20 f.

Gesellschaftsstück, der (*sit venia verbo*) bürgerliche Gesellschaftsroman, wird schrittweise, und unter Wahrung der sinnlichen Anschaulichkeit, abstrahiert zum metaphysischen Drama – Roman über Leben und Tod, Zeit und Ewigkeit. In den *ästhetischen Verfahren* geht die Vergeistigung des Konkreten bis hin zur mythischen Überdetermination der Figuren und Schauplätze. Im Zentrum der Texte stehen antagonistische *ideologische Konzepte* von rauschhaft-ekstatischem Vitalismus und bürgerlicher Existenz. Repräsentiert werden sie durch genau antagonistische *Figurenpaare* in aufs Ganze gesehen schlichten und eben deshalb einprägsamen *Geschehensverläufen*: Die ersehnte und scheiternde Synthese der Gegensätze von Geistigkeit und Vitalismus, die in den Dialogen ausgiebig erörtert werden, wird veranschaulicht in der Liebe des an seiner Bürgerlichkeit irre werdenden Helden zu einer krankhaft-morbiden Frau, in der sich Eros und Thanatos verbinden. Die zugleich realistisch gezeichneten und allegorisch überhöhten *Schauplätze*, auf denen sich dieses Geschehen abspielt: Das ist bei Ibsen ein mondänes Sanatorium im eisigen Hochgebirge. Umgeben ist es von „weiten Todesfeldern"; in deren unendlichem Schnee glaubt der Held eine Vision von Heil und Erlösung zu erblicken, und in diesem Schnee geht er am Ende zugrunde.

Am bemerkenswertesten aber scheint mir das ebenso elementar verbindende und sehr spezifische Konzept von *Mythos und Psychologie*, das bei Ibsen mit jenem genialen Kunstgriff entwickelt wird, dem das Drama den Titel verdankt: der Grundeinfall nämlich, entschieden modern konzipierte Figuren der bürgerlichen Gesellschaft, mitsamt ihrem Triebleben und ihren Verdrängungen, agieren zu lassen als ein Ensemble lebender Toter im Hochgebirge. Das Sanatorium im Hochgebirge – es erscheint bei Ibsen als eine bloß realistisch drapierte Totenwelt. „Wenn wir Toten erwachen", sagt einer der Protagonisten schaudernd, „[dann] sehen wir, dass wir nie gelebt haben". Was Thomas Mann ein „Abschiedsweihespiel[ ] […] vor ewigem Schweigen" nennt (X, 228), das ist für Ibsens programmatisch so untertitelten „dramatischen Epilog" aus dem Jahr 1899 die Konstatierung eines Epochen-Endes; an seinem Ende steht die bange Frage nach dem Neuen, das da kommen mag.

Wenn Thomas Mann an Ibsens Schauspiel die durchgängige „Doppelbodigkeit und Symbolbildung" rühmt, die „Poetisierung des Intellekts" und den „Kultus des Kleinsten"; wenn er vom äußersten „Sublimierungsprozeß" spricht, dem hier das konventionelle „Gesellschaftsstück" unterworfen worden sei und der „aus dem Gegebenen" dieser Genretradition in einem „perfektionierend-übersteigernden Sinn […] das Neue und Ungeahnte" entwickle (X, 229): dann beschreibt er mit diesen ebenso pathetischen wie bei näherem Hinsehen recht präzisen Wendungen auch seinen jüngsten eigenen Roman.

Danach scheint Thomas Manns leidenschaftliche Anteilnahme an Ibsens

Werk allmählich nachzulassen. Der Essay von 1928 liest sich wie ein Rückblick auf eine Rezeptionsgeschichte, die im Lübecker Theater begonnen hat und mit dem *Zauberberg* an ihr Ende gekommen ist. Ibsens *Bergmann*-Gedicht im *Doktor Faustus* erinnert ein vielleicht letztes Mal an die frühen Münchner Jahre und ihre intensiven Auseinandersetzungen mit den Dramen und Gedichten des nordischen Magiers – in der Tat eher ein „Ausklang" als ein Neubeginn.[33]

Damit hat sich unsere Ausgangsthese bestätigt und differenziert. Thomas Mann, so hat sich gezeigt, bezieht sich auf Ibsen, vor allem das Werk des späteren Ibsen, in weit größerem Umfang und größerer Kontinuität, als sich bis heute herumgesprochen hat. ‚Ibsen' – verstanden als Name eines Werk-Komplexes wie als poetologische Chiffre – repräsentiert für ihn eine Analogie-Opposition zu Wagner und gerade damit ein Vor-Bild seiner selbst. Ibsens Kunst ist in den Essays, Erzählungen und Romanen des Lübecker Zauberlehrlings auf weite Strecken präsent als ein dominanter Hypotext, präsent wie das Wasserzeichen im Papier. Jedenfalls täten Thomas-Mann-Leser gut daran, jedes Blatt gegen das Licht zu halten und zu überprüfen, ob nicht auch hier die Physiognomie des Hexenmeisters sichtbar wird.

---

[33] So Sandberg (zit. Anm. 4), S. 45.

Elisabeth Galvan

Fiorenza – auf dem Theater und hinter den Kulissen

I. Auf dem Theater

Seit seinem erstmaligen Erscheinen im zweiten Halbjahresband der Neuen
Rundschau 1905 bezeichnete Thomas Mann das dreiaktige Drama *Fiorenza*
immer wieder als „Schmerzenskind" – hierin Goethe ähnlich, der denselben
Begriff auf seine *Iphigenie* angewandt hatte. Als *Fiorenza* bald nach der Publi-
kation in der Zeitschrift bei Fischer in Buchform erscheint, schickt Thomas
Mann im November 1905 ein Exemplar an Maximilian Harden, den Herausgeber der Zukunft, und bezeichnet in einem Begleitschreiben das neue Werk als
„mein Jüngstes, ein Schmerzenskind, lebensunfähig und mit schönen Augen".[1]
Wenig später wird Thomas Mann zu einem Vortragsabend nach Basel eingeladen, und bei dieser Gelegenheit möchte er aus *Fiorenza* vorlesen: „Mir liegt
gewissermaßen daran", schreibt er an den Organisator der Veranstaltung,
„für dieses Buch, das mein Schmerzenskind [...] ist, persönlich Propaganda
zu machen."[2] Daraus wird nichts, da man seitens der Organisatoren für die
Lesung lieber eine Auswahl aus den Erzähltexten möchte.

Wenig Glück hatte *Fiorenza* bereits bei einer viel früheren Gelegenheit, 1904
in Lübeck, wo der Autor am 2. Dezember aus dem noch im Entstehen begriff-
fenen Drama vorliest. Es ist dies der erste öffentliche Auftritt Thomas Manns
in seiner Vaterstadt. Einem zwei Tage später im Lübecker General-Anzeiger
erschienenen Bericht ist die wenig geneigte Stimmung, die man dem Autor
der *Buddenbrooks* entgegenbringt, deutlich anzumerken. Der Abend war aber
offenbar gut besucht und „der große Kasinosaal [...] bis auf den letzten Platz
gefüllt":

In weiten Kreisen unserer Bevölkerung hat der Autor [...] wenig Sympathien gefunden;
das hinderte natürlich nicht, ihn sich einmal anzusehen; denn auf die Vorlesung aus
eigenen Dichtungen legt man bekanntlich erst in zweiter Linie Gewicht; hauptsächlich
will man den Mann sehen; so geht es mit Thomas Mann, so mit anderen Berühmthei-
ten, zumal man ja aus Erfahrung weiß, daß ein guter Schriftsteller keineswegs auch ein
guter Vorleser ist. Zu den guten Vorlesern gehört Thomas Mann nun ganz gewiß nicht.
Der schlanke, 28jährige Herr las Bruchstücke aus einem noch unvollendeten Drama

---

[1] 25.11.1905; Br I, 60.
[2] 19.1.1906; 21, 345.

‚Fiorenza' und eine feine Humoreske ‚Das Wunderkind' vor. Letztere sprach sehr an, dagegen vermochte Herr Mann nicht mit den Szenen aus dem Drama ein größeres Interesse zu erwecken, wenn auch sein Vorlesen die Schuld tragen mag.[3]

1907 findet das „Schmerzenskind" *Fiorenza* den Weg zur Bühne. Der Autor steht seinem einzigen Drama Zeit seines Lebens mit Zweifeln gegenüber: Ist er sich einerseits der Schwierigkeiten bewusst, die notwendig bei einer Aufführung auftreten würden, verfolgt er andererseits die verschiedenen Inszenierungen mit großem und gelegentlich dankbarem Interesse. Vor allem aber ist er vom hohen literarischen Wert dieses Textes überzeugt. Dies jedoch hat keineswegs dazu geführt, *Fiorenza* vor einem Schicksal zu bewahren, welches es zum Stiefkind schlechthin unter den Werken Thomas Manns macht. Und es erscheint an der Zeit, das Drama, wenn nicht aus seinem Schmerzenskind-, so doch zumindest aus seinem Stiefkind-Dasein endlich zu befreien.

Der Zugang zu diesem Werk ist sicherlich nicht einfach. Als für das tiefere Verständnis ganz entscheidend erweist sich sein Kontext; denn mögen diese „Renaissance-Dialoge" auf den ersten Blick innerhalb des Mannschen Gesamtwerkes ebenso isoliert erscheinen wie in ihrem entstehungsgeschichtlichen Kontext – sie gründen trotzdem zutiefst sowohl in Thomas Manns Denken und Poetik, als auch in ihrem kulturgeschichtlichen Rahmen. Bevor uns also unsere Überlegungen sozusagen ‚hinter die Kulissen' von *Fiorenza* führen werden, um dort zumindest ansatzweise den entstehungs- und kulturgeschichtlichen Raum auszuleuchten, der die Voraussetzung des Dramas darstellt, sollen die Spuren ‚auf dem Theater' verfolgt und die wichtigsten Inszenierungen rekonstruiert werden.

Ende 1905 ist erstmals von der Möglichkeit einer *Fiorenza*-Aufführung die Rede: In einem Brief an den Bruder Heinrich berichtet Thomas Mann vom „letzten Münchener Ereignis" – nämlich der „Ernennung Hermann Bahrs zum Ober-Regisseur [...] des k. Schauspiels" und von dessen Vorhaben, Thomas Manns Theaterstück zu inszenieren. Bahr sei „inflammirt von Fiorenza", und es solle „eine seiner ersten Premièren werden".[4] Tatsächlich sollte Bahr die Leitung der Schauspielabteilung der Königlichen Theater Münchens übernehmen und Dramaturg am Hoftheater, Prinzregententheater und Residenztheater werden. Und in Bahrs Notizbuch von 1906 findet sich zweimal eine Erwähnung von „Fiorenza".[5] Der Plan wird jedoch durch politische Intrigen vereitelt, und anstatt nach München geht Bahr schließlich nach Berlin.

---

[3] Zit. in 21, 692 f.
[4] 5.12.1905; 21, 337.
[5] Hermann Bahr: Tagebücher, Skizzenbücher, Notizhefte, Bd. 5: 1906–1908, hrsg. von Moritz Csáky, Wien/Köln/Weimar: Böhlau 2003, S. 126–127.

Die Uraufführung findet demnach nicht in München, sondern am 11. Mai 1907 am Schauspielhaus in Frankfurt am Main statt. Regie führt Carl Heine, Dramaturg und Regisseur in Hamburg und Frankfurt und Oberspielleiter an Max Reinhardts Deutschem Theater in Berlin. Heine, der sich besonders für die Aufführung der Werke Ibsens einsetzte, gilt als der Entdecker Frank Wedekinds für das Theater und inszenierte 1898 die Uraufführung von *Erdgeist*. Thomas Mann sieht dem Vorhaben mit großer Skepsis entgegen. An Samuel Fischer schreibt er im Juli 1906, dass er bis zuletzt am Zustandekommen zweifeln werde, da er glaube, die Schauspieler würden nach den ersten Proben die Arme sinken lassen. Gleichzeitig aber kann er mit seiner Spannung schwer hinter dem Berg halten: „ [...] zur Aufführung fahre ich sicher. Ich muß das sehen [...]."[6] Thomas und Katia Mann wohnen nicht der Première am 11. Mai 1907 bei, sondern sehen am 24. Mai die letzte der insgesamt sechs Aufführungen. In einem Brief an Heinrich wird mit Genugtuung vom Gelingen des Unternehmens berichtet. Zwar sei die Aufführung zum großen Teil „unzulänglich" gewesen und der Darsteller des Lorenzo „miserabel", wodurch der dritte Akt, an und für sich bereits „eine harte Geduldsprobe", „arg beeinträchtigt" worden sei. Die Andacht des Publikums aber, das den Autor wiederholt auf die Bühne gerufen hatte, sei „rührend" gewesen.[7] Jedenfalls ist nun, mit der erstmaligen Inszenierung des Stücks, dessen Aufführbarkeit für Thomas Mann endgültig bewiesen: „... das Experiment", schreibt er an Philipp Witkop, „ist in einem erstaunlichen Grade gelungen [...]. Darob allgemeines Staunen. Aber ich habe es ganz im Stillen immer gewußt."[8]

Noch im selben Jahr kommt es zu einer erneuten Inszenierung von *Fiorenza*. Der Münchner „Akademisch-Dramatische Verein", 1892 gegründet und 1903 umbenannt in „Neuer Verein", bringt das Stück am 17. Dezember im Münchner Residenztheater zur Aufführung. Thomas Mann verfolgt die Vorbereitungen mit größter Aufmerksamkeit, wohnt den Proben bei und macht sich Sorgen über die Dauer des Abends[9] sowie den „experimentellen Charakter des Ganzen"[10]. Damit ist wohl hauptsächlich das Bühnenbild gemeint, mit welchem der Maler und Bildhauer Hans Schwegerle beauftragt wird, der Jahre später übrigens die Büsten von Thomas Mann und seiner Tochter Elisabeth anfertigen und dessen Hermes-Statue im Garten der Poschingerstraße stehen wird. Die Bühne soll der neuartigen Relief- bzw.

---

[6] 15.7.1906; 21, 369.
[7] 27.5.1907; 21, 374.
[8] Zit. in DüD I, 186. Offensichtlich aus Versehen ist der Brief auf den 21.4.1907 datiert; es kann sich jedoch nur um den 21.5.1907 handeln.
[9] 2.10.1907; BrHM, 129.
[10] 16.10.1907; BrHM, 129.

Reformbühne entsprechen, die um 1900 von den zunächst in München, später vorübergehend in der Künstlerkolonie Darmstadt tätigen Theaterreformern Georg Fuchs und Peter Behrens in bewusstem Kontrast zur Illusionsbühne entwickelt wird und mit den ästhetischen Theorien des Münchner Bildhauers Adolf Hildebrand in engem Zusammenhang steht.[11] Die Reliefbühne sieht eine breite Bühnenfläche mit geringer Tiefe vor, welche die Darsteller und Gegenstände nur reliefartig erscheinen lässt, wobei die Hauptwirkung beim gesprochenen Wort liegt. Sie eignet sich für viele aus dem Naturalismus fortstrebende Theaterexperimente, wie z. B. liturgische Inszenierungen sakraler Dichtungen oder desillusionierende Aufführungen kabarettistischer Texte. Weitere wichtige Prinzipien sind Symmetrie und Parallelismus in der Bewegung der einzelnen Schauspieler, die stets auf das Ensemble, das ‚Relief‘ abgestimmt sein müssen. Als erstes großes Haus verfügt das 1908 von Georg Fuchs begründete Münchner Künstlertheater über eine Reliefbühne. Wie verbreitet sie in der damaligen Zeit offenbar ist, bezeugt eine präzise Anweisung Frank Wedekinds, die er zur Inszenierung seines Dramas *König Nicolo* gibt

---

[11] Im Essay *Versuch über das Theater* von 1907 erwähnt Thomas Mann „das *reliefartige* Bühnenbild", das „bei den Japanern erhalten ist und dessen in Deutschland schon Goethe sich gelegentlich bedient hat" (14.1, 163). Unter den Materialien zu *Geist und Kunst* findet sich zudem ein Zeitungsartikel von Theodor Lessing über Peter Behrens und dessen Versuch mit der neuartigen Reliefbühne anlässlich der Eröffnung der Hagener Stadthalle: „Behrens verzichtete darauf, dem Zuschauer die Illusion imaginärer Räumlichkeiten zu geben. Er stellte sich vielmehr die Aufgabe, den gegebenen fünf Fuß tiefen Bühnenraum nach tektonischen Gesetzen augengerecht zu gestalten. Die Schauspieler waren angewiesen, alle ihre Bewegungen auf die Fläche zu projizieren. […] Die Anordnungen der Gruppen auf der Bühne stellten in ruhig bewegtem Flusse schöne Bilder dar […] Selbstverständlich waren alle Mittel des sogenannten Illusionstheaters, wie gemalte Kulissen, Prospekte, Soffiten u.s.w. verschmäht." (14.2, 207) – Zur zeitgenössischen Diskussion über die Reformbühne vgl. Friedrich Brandt: Schein und Wahrheit im Bühnenbild, in: Zeitschrift für Theaterwesen, Literatur und Kunst, Jg. 1, H. Oktober 1898–März 1899, S. 321–325; ders.: Die Reformbühne, in: ebd., Jg. 3, H. Oktober 1900–März 1901, S. 311–318; Adolf Hildebrand: Bühne und bildende Kunst, in: Der Kunstwart, Jg. 20, H. August 1907, S. 514–516; Paul Marsop: Weshalb brauchen wir die Reformbühne? Ein Versuch, München/Leipzig: Müller 1907, S. 5–31; Georg Fuchs: Das Kulturproblem der Schaubühne, in: Nord und Süd, Jg. 32, H. 1907/1908, S. 435–444; ders.: Die Revolution des Theaters. Ergebnisse aus dem Münchener Künstler-Theater, München/Leipzig: Müller 1909, S. 94–99; Ernst Schur: Peter Behrens und die Reform der Bühne, in: Kunstgewerbeblatt, Neue Folge, Jg. 22, H. 3 (Dez. 1910), S. 42–44. – Aus theatergeschichtlicher Perspektive siehe Walter Grohmann: Das Münchner Künstlertheater in der Bewegung der Szenen- und Theaterreformen, Berlin: Gesellschaft für Theatergeschichte 1935 (= Schriften der Gesellschaft für Theatergeschichte, Bd. 47); Lenz Prütting: Die Revolution des Theaters. Studien über Georg Fuchs, München: Kitzinger 1972 (= Münchener Beiträge zur Theaterwissenschaft, Bd. 2), S. 173–190; Hans-Ulrich Simon: Sezessionismus. Kunstgewerbe in literarischer und bildender Kunst, Stuttgart: Metzler 1976 (= Metzler Studienausgabe), S. 124–127; Manfred Brauneck: Theater im 20. Jahrhundert. Programmschriften, Stilperioden, Reformmodelle, Reinbek bei Hamburg: Rowohlt 1982, S. 70–78; Uta Grund: Zwischen den Künsten. Edward Gordon Craig und das Bildertheater um 1900, Berlin: Akademie-Verlag 2002, S. 26–47.

und derzufolge die Bühne „als Reliefbühne hergerichtet" werden solle, „ähnlich wie im Münchner Künstlertheater".[12]

Im Falle von *Fiorenza* wird das bühnenreformerische Experiment vom Publikum recht geteilt aufgenommen. Die Rezensionen bezeugen eine besondere Aufmerksamkeit für das neuartige, offenbar recht minimalistische Bühnenbild, doch ist man überwiegend perplex: „Die neuen Dekorationen […] beflissen sich einer stilisierten Einfachheit im modernsten Sinne, sie wirkten damit […] aber auch – namentlich in der Gartenszene – steifer und dürftiger, als es nach den Angaben des Buches in der […] Absicht des Dichters gelegen zu haben scheint".[13] Zu besagter Szene gibt Thomas Mann am Anfang des zweiten Aktes folgende Anweisung:

Garten. Im Prospekt der Palast, hinter dem sich die offene Campagna, mit Zypressen, Pinien und Oliven bewachsen, in graugrünen Tönen zum welligen Horizont verliert. Ein breiter Mittelweg, von welchem nach rechts und links ein Seitenpfad abzweigt, führt, von Hermen und Topfgewächsen flankiert, vom Hause nach vorn, wo er sich zu einem freien Platze öffnet. In der Mitte dieses Rondells ein Springbrunnenbassin, auf dessen Spiegel Wasserrosen schwimmen. Rechts und links im Vordergrunde Marmorbänke, von flachen Lauben baldachinartig überschattet. (VIII, 987)

Von diesem bis ins kleinste Detail literarisch ausgeführten Bild, das von der Tiefenillusion geradezu lebt, ist auf Schwegerles Bühne offenbar kaum etwas übrig geblieben, denn „er verbaute dem Zuschauer einfach die Aussicht mit einer stilisierten dunkelgrünen Hecke, auf die mit Goldpapier Orangen geklebt waren".[14] Zwar finden sich auch Pressestimmen, die der Aufführung bescheini-

---

[12] Frank Wedekind: Werke, Darmstadt: Häusser 1994 (= Kritische Studienausgabe, Bd. 4), S. 230. Vgl. dazu Georg Fuchs: Die Revolution des Theaters (zit. Anm. 11), S. 94: „Das Künstlertheater hat eine ‚Reliefbühne'. Es ist so vergnüglich als erschrecklich, aus den Erörterungen, welche dieses Wort ‚Reliefbühne' ausgelöst hat, zu entnehmen, wie sehr wir uns entwöhnt haben, das Theater als künstlerische Raum- und Zweckform zu betrachten. Denn sonst wäre es doch sicherlich nicht möglich gewesen, daß der Begriff ‚Reliefbühne' immerzu als ein technischer Begriff genommen worden wäre in dem Sinne der ‚Drehbühne' etwa oder eines Motors oder einer Maschine. Die ‚Reliefbühne' ist selbstverständlich *kein* technischer Begriff, sondern ein *stilistischer* Begriff."

[13] Hanns von Gumppenberg: Fiorenza. Von Thomas Mann (Erste Aufführung durch den Neuen Verein im Residenztheater), in: Münchner Neueste Nachrichten, 19.12.1907.

[14] Edgar Steiger: „Fiorenza". Aufgeführt vom Neuen Verein im Münchener Residenztheater, in: Der Tag, Berlin, 20.12.1907. Vgl. auch die Rezension von M. G. C. [Michael Georg Conrad] in: Tägliche Rundschau, Berlin, 21.12.1907 [als Zeitungsausschnitt ohne Titel im TMA, Signatur: ZH 91]: „Man sah ganz von den Ausstattungsvorschriften des Dichters im Buche ab und ließ sich von einem jungen Maler (Herrn Hans Schwegerle) eine ‚Phantasie-Bühne' mit sehr vereinfachten und stilisierten Dekorationen bauen. In der Hauptsache war das ein Vorhang mit einigen Statuen, Stühlen und Tischen davor, ein andermal eine ziemlich dürftige Gartendekoration, ganz auf farbige Stimmung berechnet. Mit dieser Ausstattungs-Beschränkung harmonierten wenig die reichen Renaissance-Gewänder, die ihren Prunk und Entwurf von Botticelli-Gemälden borgten."

gen, „nicht ohne Glück die Prinzipien der Bühnenreformer" berücksichtigt zu haben,[15] doch stellen sie eine Minderheit dar.

Regie führt übrigens der damals berühmte Schauspieler und Regisseur Albert Heine, später Direktor des Wiener Burgtheaters. Heine spielt auch den Lorenzo, mit großem Erfolg, wie sowohl aus den Rezensionen als auch aus brieflichen Äußerungen Thomas Manns hervorgeht. Erhebliche Schwierigkeiten hat man offenbar mit der einzigen weiblichen Figur, Fiore, die „förmlich gespenstergleich durch die Szenen" schreite und überhaupt jeder schärferen Charakterzeichnung entbehre.[16] Dieses „blutleere Symbol für Florenz"[17] entzieht sich dem unmittelbaren Verständnis, ja erscheint einigen Rezensenten geradezu als überflüssig – bei den späteren Aufführungen wird es kaum anders sein. Kein Wunder: Fiore ist eine lebendige Allegorie, und darin liegt der Grund für ihre ‚Blutleere', für ihre automatenhafte Leblosigkeit und Symmetrie.

Nach diesen ersten beiden Aufführungen in Frankfurt und München wird es still um *Fiorenza*. Umso bedeutsamer erscheint es, dass sich in dieser Stille eine Stimme erhebt, die in Theaterfragen eine unangefochtene Autorität besitzt: Frank Wedekind plädiert in seinem 1910 erschienenen Band *Schauspielkunst. Ein Glossarium* leidenschaftlich und ohne Vorbehalt für eine erneute Inszenierung des Stücks von Thomas Mann, welches „in seiner letzten Szene, dem Dialog zwischen Savonarola und dem sterbenden Lorenzo [...], das Erhabenste, Geistvollste und dramatisch Wirksamste enthält, was je in deutscher Sprache für die Bühne geschrieben wurde". *Fiorenza*, so Wedekind, müsste längst an jeder Bühne Repertoirestück sein, und jeder ernst zu nehmende Regisseur müsste im Kopf „seine eigne Inszenierung der ‚Fiorenza' fix und fertig haben [...]."[18]

Anfang 1913 ist es dann so weit: In Max Reinhardts Kammerspielen des Deutschen Theaters Berlin wird am 3. Januar *Fiorenza* zum dritten Mal aufgeführt. Regie führt der Schauspieler, gelegentlich auch Regisseur, Eduard von Winterstein, worüber Thomas Mann wenig glücklich ist, da er gehofft hatte,

---

[15] Theater und Musik. „Fiorenza" von Thomas Mann, in: Leipziger Neueste Nachrichten, 20.12.1907 [Zeitungsausschnitt ohne Autorangabe im TMA, Signatur: ZH 86].

[16] Augsburger Abendzeitung, 19.12.1907 [Zeitungsausschnitt ohne Autorangabe und Titel im TMA, Signatur: ZH 82].

[17] Theater und Musik (zit. Anm. 15).

[18] Frank Wedekind: Gesammelte Werke, Bd. 7, München: Müller 1920, S. 316. Artur Kutscher erwähnt in seiner Wedekind-Biographie ein Antwortschreiben Thomas Manns vom 21.6.1910 an Wedekind folgenden Inhalts: „Als Dernburg den alten Fontane im Berliner Tageblatt den größten lebenden deutschen Dichter genannt hatte, schrieb der so gefeierte an einen Freund: ‚Was soll ich denn nun tun. Danke ich ihm nicht, so ist es beinahe ungezogen, und danke ich ihm, so ist es beinahe albern.' In einer ähnlichen Lage befinde ich mich heute Ihnen gegenüber." (Artur Kutscher: Frank Wedekind. Sein Leben und seine Werke, Band 3, München: Müller 1931, S. 32.) Vgl. dazu Reg IV, N 10/3.

Max Reinhardt selbst würde die Inszenierung übernehmen. In seinen Memoiren erinnert sich Winterstein an die Aufführung und meint, sie habe „an der allzu kargen, die Renaissance nur andeutenden Ausstattung" gekrankt.[19] An ihr allein kann es aber nicht gelegen haben, wenn die Berliner *Fiorenza* wenig Erfolg und eine schlechte Presse hat. Thomas Mann selbst hält die Aufführung rückblickend für „grundfalsch", „schleppend, realistisch-langwierig, mit kümmerlicher Besetzung [...] und Strichen, die den Sinn so gut wie auslöschten".[20] Übrigens hatte er es vorausgesehen; denn nachdem er eigens zu einer der Proben nach Berlin gefahren war, schreibt er lapidar an Maximilian Harden: „Schön wird es nicht. Winterstein, der Regisseur, [...] reicht geistig nicht aus".[21] Unter den negativen Pressestimmen nimmt der berühmt-berüchtigte Verriss Alfred Kerrs aufgrund seines unsachlichen und gehässigen Tons eine Sonderstellung ein – Thomas Mann ist denn auch von dieser Kritik sehr getroffen. Eine ebensolche Sonderstellung aber nimmt auf der entgegengesetzten Seite eine im Mailänder Corriere della sera erschienene, sehr ausführliche Rezension ein, die von einem überraschend tiefen Verständnis des Dramas zeugt und seinem Autor eine umfassende Kenntnis der gestalteten Thematik bescheinigt.[22]

Erneut vergehen sechs Jahre, bis *Fiorenza* wieder auf dem Theater zu sehen ist, diesmal in Wien, dank der Initiative der Wiener Schriftsteller- und Journalistenvereinigung „Concordia", die 1919 ihr 60jähriges Bestehen feiert. Der Erfolg, zu dem die Aufführung im Akademietheater mit einem eigens aus dem Burg- und dem Volkstheater zusammengestellten Ensemble wird, verdankt sich ohne Zweifel hauptsächlich dem Wiener Dramaturgen und Regisseur Friedrich Rosenthal, der sich mit der nötigen Kompetenz und großem Engagement dem Stück widmet. Thomas Mann trifft einige Tage vor der am 6. Dezember stattfindenden Premiere in Wien ein, um den Proben beizuwohnen. Gemeinsam mit Rosenthal unternimmt er wiederholt Textstreichungen, denn die „Länge droht katastrophal zu werden", und somit das Fiasko unausbleiblich. (Tb, 4.12.1919) Auch taucht das leidige Problem Fiore wieder auf, denn: „Die Wagner [Fiore-Darstellerin] weiß mit dem Symbol der Fiore nichts anzufangen, wobei ich ein schlechtes Gewissen habe." (Ebd.) Dennoch reagiert dann das Publikum mit Begeisterung, wie das Tagebuch am Abend der Erstaufführung vermerkt:

Vorzügliche Aufführung mit unruhigem 1. Akt, weil Viele zu spät kamen. Entgegenkommendste Stimmung des Publikums, sodaß ich schon nach dem 2. Akt verlangt

---

[19] Eduard von Winterstein: Mein Leben und meine Zeit. Ein halbes Jahrhundert deutscher Theatergeschichte, Berlin: Henschel 1951, S. 469.
[20] 16.1.1913; BrHM, 165.
[21] 29.12.1912; 21, 503.
[22] A. Morandotti: Fiorenza, in: Corriere della sera, 23.1.1913.

wurde und nur sitzen blieb, weil ich den Weg zur Bühne nicht wußte. Am Schluß voller, warmer Erfolg mit vielen Hervorrufen, mit den Schauspielern u. allein. Hochstimmung, Glückwünsche. Dank an die Darsteller. [...] Am Schluß des II. Aktes, der sehr schön herauskam, dachte ich lebhaft an Utting, vor meiner Verlobung, wo ich, allein mit Mama, die letzte Szene schrieb und das Ende so gut fand, daß ich es besonders im Tagebuch mitteilte, lila Tinte. (Tb, 6.12.1919)

Auch die Pressestimmen sind vorwiegend positiv. Von diesem Erfolg ermutigt, erwägt Thomas Mann sogar gemeinsam mit Rosenthal den Plan, eine gekürzte Bühnenfassung herauszugeben. (Tb, 10.12.1919) Mit keinem anderen *Fiorenza*-Regisseur hat Mann solch einen geistigen Austausch gehabt wie mit dem Wiener Dramaturgen, der 1938 aufgrund seiner jüdischen Herkunft Österreich verlassen muss und 1940 in Marseille nach einer Razzia verschollen ist. Mit Rosenthal, der ihm „außerordentlich sympathisch" ist (Tb, 9.12.1919), unterhält er sich nicht nur über das Theater, sondern „auch über Dinge, die Zukunft haben, wie Astrologie, Physiognomik, Graphologie". (Tb, 7.12.1919)[23]

Wie intensiv sich Rosenthal auch nach der Aufführung mit dem Drama auseinandersetzt, zeigt ein Aufsatz über *Fiorenza*, den er 1921 in den Weimarer Blättern veröffentlicht und in dem er u. a. das Stück stark gegen Gobineaus *Renaissance*-Szenen abgrenzt, die im Vergleich zu *Fiorenza* lediglich „ästhetische Spielereien" seien.[24]

---

[23] Im August 1920 kommt es in München zu einer erneuten Begegnung (siehe Tb, 1.8. und 2.8.1920).

[24] Friedrich Rosenthal: Thomas Manns ‚Fiorenza', in: Weimarer Blätter, Zeitschrift des Deutschen Nationaltheaters in Weimar, Februar 1921, S. 79–82, 80. Thomas Mann liest den Aufsatz offenbar gleich nach seinem Erscheinen und vermerkt im Tagebuch: „In den ‚Weimarer Blättern' schöner Aufsatz von Fr. Rosenthal über ‚Fiorenza'." (Tb, 9.2.1921) Zur künstlerischen Persönlichkeit Rosenthals vgl. Walter Boris Fischer: Friedrich Rosenthal. Regisseur, Programmatiker und Wanderbühnenleiter, Wien Phil. Diss. 1965. Im Hinblick auf Rosenthals *Fiorenza*-Inszenierung erscheinen folgende Ausführungen Fischers besonders aufschlussreich: „Friedrich Rosenthals Verhältnis zum dramatischen Dichtwerk, sei es jetzt als Dramaturg oder als Spielleiter, läßt sich am besten mit den Eigenschaften ‚pietätvoll' und ‚respektvoll' bezeichnen; eine Einstellung, welche ihn in manchen Fällen davon abhalten ließ, straffend in zu lange Texte einzugreifen. Dieses Bekenntnis des Regisseurs zu einer manchmal fast übertriebenen Werktreue verrät den gewissenhaften Philologen und Theaterhistoriker, der sich sehr wohl bewußt war, daß breit angelegte Monologe und Dialoge oft den spezifischen Stil einer bestimmten Epoche und die Lebensanschauung ihrer Menschen festzulegen helfen. Aber auch als Regisseur war es Rosenthal ein Anliegen, Stil und Lebensanschauung, denen der Dramatiker verpflichtet war, reproduktiv auf die Bühne zu bringen. Daß diese Texttreue in manchen Fällen die novellistische Breite mancher episch angelegter Stücke beibehielt oder sogar noch unterstrich und dadurch als retardierendes Element empfunden und kritisiert werden mußte, darüber informieren viele Besprechungen in den verschiedensten Zeitungen sowohl aus der Volkstheater- als auch aus der Burgtheaterzeit des Regisseurs. In sonst vorbehaltlos positiven Rezensionen sahen sich die Verfasser oftmals gezwungen, eine die Bearbeitung betreffende Einschränkung zu machen." (S. 160 f.)

1925 inszeniert Friedrich Rosenthal zum 50. Geburtstag Thomas Manns das Stück erneut mit Erfolg, diesmal am Wiener Volkstheater, in der nahezu unveränderten Besetzung von 1919. Wieder ist Thomas Mann selbst anwesend, und die Presse widmet dem Ereignis, in dessen Mittelpunkt der nunmehr hochberühmte Autor des kurz vorher erschienenen *Zauberberg* steht, breiten Raum.[25]

II. Hinter den Kulissen

In den Vorarbeiten zu *Fiorenza* findet sich eine Notiz, die zunächst wegen ihrer scheinbaren Zusammenhangslosigkeit überrascht. Neben einem Exzerpt aus Burckhardts *Cultur der Renaissance in Italien* zum Thema „Künstlervereinswesen" und „Kunst im Handwerk" findet sich unvermittelt der Vermerk: „Riemerschmidt. Künstlertypus Stuck, Knözinger, Putz. – Festkünstler. – Kunststicker (Obrist). Stucks römische Villa."[26] Bei genauerer Prüfung entpuppt sich die stichwortartige Notiz als höchst aufschlussreicher Kommentar Thomas Manns zu Burckhardt, genauer: Burckhardts kulturgeschichtliche Informationen zur Kunstszene im mediceischen Florenz werden unmittelbar übersetzt, übertragen auf das zeitgenössische München um 1900. Richard Riemerschmid ist ein damals allseits bekannter Architekt, Erbauer des Münchner Schauspielhauses und 1898 Mitbegründer der nach dem Modell von William Morris' „Arts-and-Crafts-Movement" geschaffenen Münchner „Vereinigten Werkstätten", eine der im damaligen München überaus zahlreichen Künstlervereinigungen. Der Maler Franz von Stuck, mit Franz von Lenbach und Friedrich August von Kaulbach zu den Münchner Künstlerfürsten gehörend, ist Mitbegründer der Münchner Sezession und um 1900 eine Kunstinstanz; seine als Gesamtkunstwerk konzipierte, im römisch-klassizistischen Stil erbaute Villa in der Prinzregentenstraße ist, ebenso wie die im Renaissance-Stil gehaltene Villa Lenbach, Repräsentationsobjekt und für seine Künstlerfeste berühmter, glanzvoller gesellschaftlicher Mittelpunkt. Künstlerfeste sind seit der zweiten Hälfte des 19. Jahrhunderts fester Bestandteil des Münchner Gesellschaftslebens; sie bringen einen ganz spezifischen Künstlertypus hervor – eben den von Thomas Mann vermerkten Festkünstler, dessen Tätigkeitsfeld von der dekora-

---

[25] Zu Manns Wiener Aufenthalten anlässlich der *Fiorenza*-Aufführungen siehe Franz Zeders Untersuchung: Thomas Mann in Österreich, Siegen: Böschen 2001, S. 44–60 und 81–84, deren Wert weniger in den literaturkritischen Passagen liegt als in der übersichtlichen Zusammenstellung der die beiden Aufenthalte begleitenden Umstände bzw. Ereignisse.

[26] TMA, Mp XI 13b, Mat 41b, Blattfolge „Allgemeines".

tiven Ausstattung der Festräume bis zur Kostümausstattung der Masken- und Faschingsfeste und zur Herausgabe von Witz- und Karikaturblättern reicht. Der ebenfalls in der Notiz erwähnte Kunststicker Hermann Obrist schließlich leitet 1896 in München mit einer vielbeachteten, später nach Berlin und London wandernden Ausstellung seiner Stickereien die neue angewandte Kunst ein.

Thomas Mann ist also offensichtlich genauestens über die Münchner Kunstszene seiner Zeit im Bilde. Zumindest zwei seiner Werke haben sie ausdrücklich zum Gegenstand: *Fiorenza* und die damit aufs Engste verknüpfte, 1901 entstandene Erzählung *Gladius Dei*. Beide können ohne genaue Berücksichtigung ihres gemeinsamen kunst- und kulturgeschichtlichen Hintergrundes überhaupt nicht angemessen entschlüsselt werden. Und dies müsste eigentlich schon genügen, die vielzitierte Rede vom ‚Ohrenmenschen‘ einer gründlichen Revidierung zu unterziehen und zu erkennen, wie sehr Thomas Mann *auch* ‚Augenmensch‘ gewesen ist und welch überragende Rolle die bildende Kunst in seinem Werk einnimmt. In *Fiorenza* ist sie auf einer zweifachen Ebene präsent: im Diskurs über die italienische Renaissance, welche jedoch ihrerseits nur ein Spiegel ist, in dem sich der aktuelle Kunstdiskurs reflektiert. Die gesamte Münchner Kunststadtdebatte ab Ludwig I. ist demnach der Hintergrund, vor dem *Fiorenza* gesehen werden muss. Denn auf Ludwig I. und seine Nachfolger geht der Kunststadtentwurf und der damit aufkommende Historismus zurück. München sollte ein „Isar-Athen" werden. Eher ist es – infolge der Proklamation der sogenannten ‚Deutschen Renaissance‘ als künstlerischer Ausdruck des neuen Kaiserreiches – zur Kopie einer wirklichen Kunststadt geworden, nämlich von Florenz zur Zeit des Quattrocento. Feldherrnhalle und Residenz sind Beispiele dafür – ebenso die bereits erwähnte Villa Lenbach oder das Palais Pringsheim, welches wir allerdings nur mehr aus Fotografien kennen. Auch in der Inneneinrichtung dominiert der Renaissance-Stil, wie man heute noch einer Besichtigung der Wohnräume Lenbachs und Stucks entnehmen kann.[27] Als 1886 die Regentschaft des für geisteskrank erklärten Ludwig II. auf seinen Onkel, den Prinzregenten Luitpold, übergeht, ändert sich wenig in Sachen Kunst: von Luitpold, der den direkten Kontakt zu den Künstlerpersönlichkeiten sucht, begünstigt und gefördert, spielt die Kunst auch weiterhin eine hervorragende Rolle im Leben und im Selbstverständnis der Stadt – darin dem mediceischen Florenz durchaus ähnlich. In der bis 1912 dauernden Prinzregentenzeit herrscht überdies ein ausgesprochener Stilpluralismus, der im Stadtbild von der Renaissance zum Klassizismus, von der Neugotik zum Jugendstil

---

[27] So publiziert 1880 etwa der Münchner Verleger Georg Hirth – 16 Jahre später Herausgeber der für die Verbreitung des Jugendstils ausschlaggebenden Zeitschrift Jugend – das Werk *Das deutsche Zimmer der Renaissance*, das bis 1899 vier Auflagen erreicht.

reicht. Die Münchner Kunst jener Zeit, bestimmt durch Nachahmung sowie eine neue, unmittelbare Erotik, wie sie besonders in den Bildern Franz von Stucks zur Darstellung gelangt, ist demnach Ausdruck einer Spät- bzw. Verfallszeit, was übrigens auch die 1901 einsetzende Debatte über „Münchens Niedergang als Kunststadt" beweist.[28] Und auch dies verbindet es mit dem Florenz Lorenzo des Prächtigen, welches alle Merkmale einer überfeinerten Spätkultur aufweist. Diesem Alten und Überreifen stellt sich im florentinischen Quattrocento der Mönch Savonarola entgegen, der Umkehr, Bildersturm und Askese predigt und eine ‚geistige' Kunst fordert. Sein Bruder – nicht nur im Geiste, sondern auch im Namen – ist bekanntlich der Jüngling Hieronymus, der 1901 in *Gladius Dei* mit der ganz auf sinnliche Üppigkeit ausgerichteten Münchner Kunst seiner Zeit ins Gericht geht und die Strafe Gottes über die verkommene Stadt herbeifleht. Nun, dazu ist es denn doch nicht gekommen. Was sich aber tatsächlich vollzieht – und hier muss man Thomas Mann eine frappierende Hellsichtigkeit in Sachen Kunst bescheinigen –, ist der Niedergang der Münchner Kunst der Prinzregentenzeit, betrieben von Vertretern einer neuen Kunst, die wieder den Vorzug des Geistigen gegenüber dem Sinnlichen betonen und wenige Jahre später genau in München bei Kandinsky und dem Blauen Reiter schließlich zur Abstraktion führen wird.

Fiorenza ist aber nicht nur in der Münchner Kunstszene zu Hause. Ebenso eng sind die Verbindungen zur damaligen Theaterszene. Nach eigener Aussage ist Thomas Mann nicht lediglich ein begeisterter Theaterbesucher, sondern er versucht sich auch selbst als Schauspieler: Im Juni 1895 spielt er im „Akademisch-Dramatischen Verein" den Großhändler Werle in Ibsens *Wildente*. Diesem 1891 von Studenten und einigen Schriftstellern ins Leben gerufenen Verein – einem der vielen, die mit dem Auftreten der ‚Moderne' im damaligen München gegründet werden – verdanken sich zahlreiche Ur- und Erstaufführungen der damals wichtigsten Autoren, darunter Ibsen und Strindberg, Wedekind und Halbe, Keyserling und Panizza, Wilde und d'Annunzio. Ab 1903 gehört Thomas Mann dem Vorstand der mittlerweile in „Neuen Verein"

---

[28] Im April 1901 veröffentlicht der Kunstkritiker Hans Rosenhagen in der Berliner Zeitung Tag eine zweiteilige Artikelfolge mit dem provozierenden Titel *Münchens Niedergang als Kunststadt* und leitet somit die sogenannte Kunststadt-Debatte ein. Rosenhagen wirft der bayerischen Kunstpolitik u. a. vor, die Künstler der Sezession nicht genügend unterstützt zu haben; deshalb seien z. B. Künstler wie Lovis Corinth und Max Slevogt nach Berlin abgewandert. Als aufschlussreicher Beitrag zur Debatte darf die in Buchform veröffentlichte Rundfrage von Eduard Engels gelten, die mit dem Vorspann beginnt: „Seit Monaten ‚streiten sich die Leut' herum', ob nun wirklich, wie in den Zeitungen zu lesen, Münchens Stellung als führende deutsche Kunststadt erschüttert sei oder nicht. Um der Sache auf den Grund zu kommen, habe ich sie einem Schiedsgericht von Künstlern und Kunstgelehrten unterbreitet, die sich in der folgenden Weise geäußert haben" (Eduard Engels: Münchens „Niedergang als Kunststadt". Eine Rundfrage, München: Bruckmann 1902, S. 1).

umbenannten dramatischen Gesellschaft an, der sich die bereits besprochene Münchner *Fiorenza*-Aufführung von 1907 verdankt. Erich Mühsam erinnert sich: „Da gab es den ‚Neuen Verein', einen Nachkommen des Akademisch-Dramatischen Vereins der Neunziger Jahre. Ein Experimentier-Institut für moderne, gefährliche, dem Zensor unsympathische Aufführungen. Jede Veranstaltung dieses Vereins war ein Kulturereignis für München."[29]

Einen ebenso wichtigen Platz in der Theaterszene, oder genauer: Kleinkunstszene, nimmt das 1901 gegründete erste Münchner Kabarett „Die elf Scharfrichter" ein. Zusammen mit Ernst von Wolzogens „Überbrettl" (Berlin) und Max Reinhardts „Schall und Rauch" (Berlin) gehört es zum frühesten Deutschen Kabarett. Ein ehemaliger Fechtraum in der Türkenstraße in Schwabing (Thomas Mann wohnt ganz in der Nähe) wird in eine moderne Kleinkunstbühne umgewandelt. Die finanziellen Mittel für das Unternehmen stammen aus dem Startkapital, welches zahlreiche Notabeln der Stadt – unter ihnen Alfred Pringsheim – zur Verfügung stellen. Ziel der „Elf Scharfrichter" ist die Bekämpfung von Zensur und Klerikalismus, namentlich des „Sittlichkeitsgesetzes" ‚Lex Heinze', im Namen der künstlerischen Freiheit. In diesem Kabarett soll nicht nur eine „gewisse unmoderne" Weltanschauung verhöhnt, sondern vielmehr von den „Elf Scharfrichtern" „exekutiert" werden, weshalb sie denn auch bei der Eröffnungsvorstellung als solche verkleidet, ausgestattet mit einem großen Henkersbeil, auf der Bühne erscheinen. Zum Repertoire gehören Satiren und Parodien, Einakter, Schattentheater, Puppenspiele und Tanzgrotesken. Zur besonderen Attraktion werden die Auftritte Frank Wedekinds als ‚Bänkelsänger' eigener Chansons und die einzige Frau in dieser reinen Männerrunde: Marya Delvard, Sängerin aus Elsass-Lothringen, mit schlanker Figur, schwarzem enganliegendem Kleid, weißgeschminktem Gesicht und grellrotem Mund – ein früher „Vamp" der deutschen Bühnengeschichte.

Elf Männer und eine Frau – dies ist nicht nur die personelle Besetzung des Kabaretts der „Elf Scharfrichter", sondern ebenso die Konstellation am Anfang des zweiten Akts von *Fiorenza*. Hier sind es elf Künstler, wie von Thomas Mann ausdrücklich vermerkt, welche in ihrer Runde Fiore empfangen. Diese trägt zwar kein schwarzes Kleid, widmet sich jedoch einer ausgiebigen Schönheitspflege und einem Make-up, das die Haut ihres Gesichts „wie poliert" erscheinen lässt (VIII, 991). Nicht genug: In den Vorarbeiten wird ausdrücklich festgehalten, dass Fiore über ein „Arsenal von Schönheitswassern, Teigpflastern, Schminken für jeden einzelnen Theil des Gesichts, selbst für Augenlider u. Zähne" verfügt.[30] Darüber hinaus weist sie auch das Stilett, das sie immer im

---

[29] Zit. in Hermann Wilhelm: Die Münchner Bohème. Von der Jahrhundertwende bis zum Ersten Weltkrieg, München: Buchendorfer 1993, S. 36.

[30] TMA, Mp XI 13b, Mat 43.

Mieder trägt, als einen ins Quattrocento versetzten „Vamp" aus. Ebenso aber ist sie – setzt man sie mit dem europäischen literarischen Kontext der Jahrhundertwende in Beziehung – eine Salome, die ganz wie bei Oscar Wilde zwischen alter, nur aufs Sinnliche gerichteter heidnischer Spätkultur und neuem, aufkommendem christlich-spirituellem Weltbild steht.[31]

Denn ebenso wenig wie das Drama *Fiorenza* seines kunst- und theatergeschichtlichen Hintergrunds beraubt werden darf, kann es aus seinem literarischen Kontext gerissen werden. Auch dieser ist wiederum hauptsächlich durch die unmittelbare Gegenwart bestimmt, d. h. durch die Literatur des *Fin de Siècle*. Eines ihrer wesentlichen Merkmale ist, auch hier wieder, die Renaissance-Mode, der Renaissancismus, der häufig in der dramatischen Form zum Ausdruck kommt.[32] So evident auch die Zugehörigkeit *Fiorenzas* zu dieser Strömung sein mag: Die Wurzeln dieses Werks sind viel weitverzweigter und tiefer und speisen sich aus der zeitgenössischen dramatischen Literatur Ibsens, Wedekinds, Panizzas, d'Annunzios, Maeterlincks, Wildes und anderer. Dies macht *Fiorenza* zu einem Drama der Moderne und Thomas Mann zu einem europäischen Autor, der wie ein Seismograph die aktuellsten literarischen Tendenzen seiner Zeit registriert und verarbeitet – aller noch so sehr der Tradition verpflichteten äußeren Form zum Trotz und jeglichen ‚Realismus' und ‚Naturalismus' bereits sehr früh weit hinter sich lassend.

---

[31] Aus den im Deutschen Theatermuseum München aufbewahrten Dokumenten (Konvolut DTM 4° 2574) geht hervor, dass Wildes *Salome* am 4. März 1901 vom „Akademisch-Dramatischen Verein" im Schauspielhaus München uraufgeführt worden ist. Michael Georg Conrad nennt Fiore in der oben erwähnten Rezension (zit. Anm. 14) ausdrücklich einen „modernen Salome-Typus".

[32] Vgl. Gerd Uekermann: Renaissancismus und Fin de Siècle. Die italienische Renaissance in der deutschen Dramatik der letzten Jahrhundertwende, Berlin/New York: de Gruyter 1985 (= Quellen und Forschungen zur Sprach- und Kulturgeschichte der germanischen Völker, Bd. 208 = N. F. 84).

Andrea Bartl

Auf der Suche nach der „neuen Bühne"

Thomas Mann, Artur Kutscher und die Münchner Theateravantgarde

München mit seiner artifiziellen Architektur, den Schwabinger Künstlerkolonien und dem ausdifferenzierten kunstgewerblichen Warenhandel – somit der spezifischen Trias von städtebaulichem „Kunstwerk, Künstlerstadt und Kunstmarkt"[1] – bietet zu Beginn des 20. Jahrhunderts den idealen Nährboden für progressive Theaterexperimente[2] und theatertheoretische Diskussionen. Trotz der Theaterreformbestrebungen auch in anderen deutschen Städten, allen voran natürlich Berlin, erkennen aktuelle theatergeschichtliche Studien – etwa Manfred Braunecks und Christopher Balmes – München geradezu eine „Vorreiterrolle"[3] zu. Thomas Mann lernt hier eine Theateravantgarde von großer Innovations- und Provokationskraft kennen. Er ist ihrer gewahr, mehr noch: Er setzt sich mit ihren Thesen detailliert auseinander und nimmt an einer damals hochaktuellen theatertheoretischen Diskussion teil.

Thomas Manns an Nietzsche geschulte Theaterschelte im Ohr, gerät diese andere Seite seines Verhältnisses zum zeitgenössischen Münchner Theater leicht

---

[1] Wolfgang Frühwald: Kunststadt München. Von der Entstehung und der Dauerhaftigkeit eines romantisch-literarischen Mythos, in: Echoes and influences of German romanticism. Essays in honour of Hans Eichner, hrsg. von Michael S. Batts u. a., New York/Bern/Frankfurt am Main: Lang 1987, S. 271–286, 277.

[2] Die Münchner Theateravantgarde zu Beginn des 20. Jahrhunderts bläst zum „Angriff gegen die verflachten Schemata des bürgerlichen Literatur- und Konversationstheaters" und verweigert sich dessen inszenierter Intimität (man denke nur an die bürgerlichen Innenwelten im Theater des 18. und 19. Jahrhunderts und des Naturalismus). Daraus entsteht, wie gleich noch zu entwickeln sein wird, eine neue Theatralität, die auch das Interesse an Volkskultur einschließt: an modernen Formen der Massenunterhaltung wie Varieté oder Zirkus ebenso wie an bäuerlichem Brauchtum wie dem Oberammergauer Passionsspiel. Vgl. Christopher B. Balme: Modernität und Theatralität. Zur Theaterkultur in München um 1900, in: Munich 1900 site de la modernité. München 1900 als Ort der Moderne, hrsg. von Gilbert Merlio und Nicole Pelletier, Bern/Berlin/Frankfurt am Main: Lang 1998 (= Jahrbuch für Internationale Germanistik, Reihe A: Kongressberichte, Bd. 47), S. 99–115, 103.

[3] Balme, Modernität und Theatralität (zit. Anm. 2), S. 99 und 112. Manfred Brauneck: Die Welt als Bühne. Geschichte des europäischen Theaters, 6 Bde., Stuttgart/Weimar: Metzler 1993–2007, Bd. 3, S. 638 ff.; Bd. 4, S. 326 f. und S. 340 ff. Eine Aufstellung der wichtigsten Theaterereignisse in München findet sich in: Hans Wagner: 200 Jahre Münchner Theaterchronik 1750–1950. Theatergründungen, Ur- und Erstaufführungen, berühmte Gastspiele und andere Ereignisse und Kuriosa aus dem Bühnenleben, München: Lerche 1958.

aus dem Blick. So besucht Thomas Mann nicht nur regelmäßig unterschiedliche Theateraufführungen, sondern äußert Sympathien selbst für manche radikalen Bühnenprojekte. Umgekehrt nimmt zumindest die sich formierende Theaterwissenschaft Thomas Manns theatertheoretische Schriften aufmerksam wahr. Das lässt sich ideal anhand eines implizit wie explizit geführten Gedankenaustausches zeigen, der zwischen Thomas Mann und dem geistigen Mittelpunkt der süddeutschen Theateravantgarde stattfindet: Artur Kutscher. Das Zwiegespräch mit Kutscher wirft ein bislang unbekanntes Schlaglicht auf Thomas Manns Theaterkontakte und macht darüber hinaus paradigmatische Züge der theatertheoretischen Debatten am Beginn des 20. Jahrhunderts sichtbar. Zudem hält der Vergleich der Kutscherschen und Mannschen Positionen bemerkenswerte Impulse für gegenwärtige theatertheoretische Diskussionen bereit.

Wechselseitige „Beachtung" und „Berichtigung"
Thomas Mann und Artur Kutscher

Artur Kutscher (1878–1960) ist einer der Begründer der Theaterwissenschaft, der Biograph Frank Wedekinds[4] und der Lehrer Bertolt Brechts. Trotz dieser bedeutenden Funktionen ist Kutscher heute, 50 Jahre nach seinem Tod, in Vergessenheit geraten. In der Wedekind-, Brecht- oder theatergeschichtlichen Forschungsliteratur wird Kutschers umfassende Tätigkeit stets nur erwähnt und auf die genannten Schlagwörter reduziert. Seit zwei Festschriften, die noch zu Lebzeiten Artur Kutschers 1938 und 1953 erschienen und in denen Gerhart Hauptmann, Kurt Martens, Eugen Roth, Walter von Molo und andere Kutscher würdigen,[5] ist keine größere Abhandlung mehr publiziert worden. Weder von literatur-, noch von theaterwissenschaftlicher Seite ist Artur Kutschers Werk erschlossen. Seine Schriften sind zudem, wenn überhaupt, nur antiquarisch zu erhalten. Artur Kutscher wiederzuentdecken, lohnt sich jedoch. Er pflegte Kontakte mit so unterschiedlichen Dramatikern und Theaterschaffenden wie Arno Holz, Hugo von Hofmannsthal, Arthur Schnitzler oder Karl Valentin. Auch mit Thomas Mann entspann sich im Hinblick auf das Theater ein reizvoller Dialog.

---

[4] Vgl. Artur Kutscher: Frank Wedekind. Sein Leben und seine Werke, 3 Bde., München: Müller 1922–1931 sowie die von Artur Kutscher herausgegebene Wedekind-Ausgabe *Gesammelte Werke* (erschienen ab 1919 bei Müller). Vgl. zu diesen Publikationen: Artur Kutscher: Der Theaterprofessor. Ein Leben für die Wissenschaft vom Theater, München: Ehrenwirth 1960, S. 139 ff.
[5] Für Artur Kutscher. Ein Buch des Dankes, hrsg. von Herbert Günther, Düsseldorf: Pflugschar 1938; Erfülltes Leben. Festschrift für Artur Kutscher zu seinem 75. Geburtstage, hrsg. von Herbert Günther, Bremen-Horn: Dorn 1953.

Kutscher wird 1908 Privatdozent, 1915 außerordentlicher Professor für Neuere deutsche Literatur bzw. Literaturgeschichte an der Universität München. Ab 1909 versammelt er regelmäßig Studenten (und auch schon früh Studentinnen) zu Seminaren und erteilt damit erstmals überhaupt an einer deutschen Universität theaterwissenschaftlichen Fachunterricht.[6] Kutscher lehrt bis ins hohe Alter beeindruckende 102 Semester lang an der Ludwig-Maximilians-Universität in München.

Neben seiner theaterwissenschaftlichen Pionierarbeit sind für Münchens Literatur- und Theaterszene vor allem Artur Kutschers Seminare interessant. Begleitend zu den Vorlesungen über Theorie und Geschichte des Theaters finden regelmäßig Seminare und Theater-Exkursionen zu Inszenierungen in ganz Europa statt. Allein in den Jahren von 1910 bis 1938 führt Kutscher 138 Exkursionen[7] zu allen maßgeblichen europäischen Bühnen durch. Sein besonderes Interesse gilt zudem dem „Naturtheater" und anderen archaisch-volkstümlichen Theaterformen wie den Passionsspielen in Oberammergau und in Tirol sowie bayerischen und österreichischen Mundartbühnen.[8] Der Kutscher-Kreis inszeniert selbst Stücke, wobei Kutscher programmatisch ältere, vergessene Dramen auf den Spielplan nimmt und versuchsweise in einen naturnahen Bühnenraum stellt. So lässt er Schäferspiele Gellerts von Studenten im Nymphenburger Schlosspark aufführen.[9] Kutschers Theaterexperimente mit Naturräumen sind eine von mehreren Reibungsflächen mit dem Theaterverständnis Thomas Manns.

Biographische Berührungspunkte zwischen Mann und Kutscher bieten hingegen die Autorenabende des Kutscher-Seminars. Bis zum Ersten Weltkrieg lesen dort Johannes R. Becher, Ludwig Ganghofer, Heinrich und Thomas

---

[6] Hier soll und kann nicht abschließend geklärt werden, wer der Begründer der deutschen akademischen Theaterwissenschaft ist: Artur Kutscher in München, Max Herrmann in Berlin, Carl Niessen in Köln oder andere (Wilhelm Creizenach, Hugo Dinger, Eugen Wolff, Bertold Litzmann, Julius Petersen, Max Martersteig), Kutscher gehört jedoch nachweislich zu ihren ersten Vertretern. Auch ist seine theaterwissenschaftliche Pionierarbeit bis heute wissenschaftsgeschichtlich nicht aufgearbeitet und in der theaterwissenschaftlichen Fachwelt unterschätzt. Vgl. Theo Girshausen: Zur Geschichte des Fachs, in: Theaterwissenschaft heute. Eine Einführung, hrsg. von Renate Möhrmann, Berlin: Reimer 1990, S. 21–37, 22. Christopher B. Balme: Einführung in die Theaterwissenschaft, 3., durchgesehene Aufl., Berlin: Schmidt 2003, S. 13 ff.

[7] Vgl. Günther, Für Artur Kutscher (zit. Anm. 5), S. 24; Kutscher, Der Theaterprofessor (zit. Anm. 4), S. 155 ff. Vgl. auch die Liste aller Exkursionen des Kutscher-Seminars ab 1936 in: Günther, Erfülltes Leben (zit. Anm. 5), S. 216.

[8] Vgl. Artur Kutscher: Stilkunde des Theaters. Grundriß der Theaterwissenschaft, Bd. 2, Düsseldorf: Pflugschar 1936, S. 216 f.; Kutscher, Der Theaterprofessor (zit. Anm. 4), S. 86 ff.; Günther, Für Artur Kutscher (zit. Anm. 5), S. 24. Kutscher war zu dieser Zeit auch Präsident des „Verbandes Bayerischer Theatervereine ‚Volksspielkunst'".

[9] Vgl. auch die Liste aller Aufführungen des Kutscher-Kreises ab 1938 in: Günther, Erfülltes Leben (zit. Anm. 5), S. 215.

Mann, Kurt Martens, Walter von Molo, Erich Mühsam, Frank Wedekind, „der seit 1911 in jedem Semester [erscheint]", Stefan Zweig und viele mehr.[10] Als Studenten sind – um nur die Bekanntesten zu nennen – Bertolt Brecht,[11] Ernst Toller und Erwin Piscator anwesend.

Thomas Manns Freund Kurt Martens und auch Ernst Toller, den Thomas Mann bei Artur Kutscher kennen lernt, berichten in ihren Autobiographien über diese pädagogische Praxis:[12] Einmal wöchentlich treffen sich nach einer Seminarstunde die Studierenden zumeist im Hotel Union in der Barerstraße. Dorthin bittet Kutscher einen Gegenwartsautor zur Lesung, der sich eine Diskussion anschließt. In den nächsten Seminarstunden wird weiter über das Gehörte wissenschaftlich diskutiert.

Thomas Mann ist, so Kurt Martens in seiner *Schonungslosen Lebens-chronik*, Stamm-Autor bei den Leseabenden des Kutscher-Seminars.[13] Er sagt zu, im Februar 1917 vor Kutschers Studenten aus den *Betrachtungen eines Unpolitischen* zu lesen (Reg 17/1). Auch beschreibt Thomas Mann im Tagebucheintrag vom 2. Juli 1919 ausführlich, wie er im Münchner „Neuen Theater" bei einem Autorenabend Artur Kutschers unter „herzlich[em] [...] Beifall" und „légèrement" das Jagdkapitel aus *Herr und Hund* vortrug. In den Notaten zu *Geist und Kunst* ist von diesen und weiteren Autoren-Aben-

---

[10] Kutscher, Der Theaterprofessor (zit. Anm. 4), S. 81 (dort eine vollständige Liste). Vgl. zu den Autorenabenden ebd., S. 80 ff. – Zu Kutschers Kontakt mit Heinrich Mann und weiteren Mitgliedern der Mann-Familie vgl. den aufschlussreichen Briefwechsel zwischen Heinrich Mann und Artur Kutscher, erhalten im Deutschen Literaturarchiv Marbach, Autographensammlung Kutscher (A: Kutscher), Signaturen 57.4903–57.4913. Dort werden mehrfach (beispielsweise für Mai 1912, Dezember 1916, Mai 1917, Juni 1927 etc.) Lesungstermine vereinbart. Auch bittet Heinrich Mann Kutscher (21. Januar 1917, 57.4905) um Vermittlung von Studenten als Kleindarsteller für die Premiere von *Madame Legros* an den Kammerspielen oder um eine Gerichtsaussage als Sachverständiger im Prozess um Heinrich Manns Novelle *Pippo Spano* (57.4909). Ein undatierter Brief Erika Manns an Artur Kutscher ist ebenfalls in Marbach einzusehen (57.4902), der den Dank für einen von Kutscher erhaltenen Beitrag mit der Sendung eines anderen Beitrages (evtl. von Thomas Mann?) an Kutscher verbindet. Welche Schrift Kutscher an die Familie Mann schickte und auch welchen Text er im Gegenzug erhielt, ist derzeit nicht bekannt.

[11] Vgl. Kutscher, Der Theaterprofessor (zit. Anm. 4), S. 73. Zu Kutschers universitärer Lehre vgl. die Zusammenstellung aller von ihm betreuten Dissertationen ebd., S. 262–266.

[12] Vgl. zu allem Folgenden: Kurt Martens: Schonungslose Lebenschronik, Bd. 2: 1901–1923, Wien/Berlin/Leipzig: Rikola 1924, S. 130. Vgl. den faksimilierten Abdruck von Kurt Martens' Eintrag 1914 in Artur Kutschers Gästebuch in: Kutscher, Der Theaterprofessor (zit. Anm. 4), S. 16. Ernst Toller erinnert sich in seiner Autobiographie: „Einmal in der Woche lädt Kutscher die Studenten in ein Gasthaus. Thomas Mann, Karl Henckell, Max Halbe lesen aus ihren Werken, Frank Wedekind singt im harten Stakkato seine herrlichen diabolischen Balladen" (Ernst Toller: Eine Jugend in Deutschland, Reinbek bei Hamburg: Rowohlt 1963, S. 55). Der Kontakt zwischen Ernst Toller und Thomas Mann entsteht im Sommer 1917 in einem Seminar Artur Kutschers (BrAu, 419; Tb, 9.4.1919).

[13] Martens, Schonungslose Lebenschronik (zit. Anm. 12), S. 130 f. Zu diesbezüglichen Terminvereinbarungen zwischen Mann und Kutscher vgl. Tb, 2.7.1919; 21, 514; Reg 11/24; Reg 19/63.

den lobend die Rede.[14] Von ihnen zeugen Thomas Manns Einträge in Kutschers Gästebüchern. Dort finden sich beispielsweise auf einer Doppelseite neben Notizen diverser Studierender die Unterschriften der Autoren Klabund, Theodor Däubler, Erich Mühsam, Wilhelm Schmidtbonn und Thomas Mann.[15]

Auch außerhalb der Seminare berühren sich Thomas Manns und Artur Kutschers Wege in München immer wieder. In den Kutscher-Nachlass-Beständen des Deutschen Literaturarchivs Marbach sind 14 bislang nur teilweise veröffentlichte Briefe Thomas Manns an Artur Kutscher erhalten, die einen guten Einblick in die technische Seite der Bekanntschaft geben: So lädt Thomas Mann Artur Kutscher in Briefen vom April 1908 und November 1910 zum wiederholten Male zum Gespräch zu sich nach Hause ein oder bittet ihn im November 1912, ihm bei einer Theater-Aufführung des Kutscher-Kreises gute Plätze reservieren zu lassen. Außerdem bedankt er sich am 10. Februar 1908 und 24. November 1910 für gedruckte Schriften Artur Kutschers[16] – in einer Phase, in der Thomas Mann und Artur Kutscher intensiv über das Theater nachdenken. Was Kutscher Thomas Mann schickt, ist nicht belegt.[17] In der Nachlassbibliothek Thomas Manns im Züricher Thomas-Mann-Archiv ist kein Werk Artur Kutschers enthalten, freilich ging gerade die Bibliothek der Münchner Jahre zum größten Teil verloren. Noch vorhanden ist in Thomas Manns Nachlassbibliothek allerdings die Festschrift, die Artur Kutscher zu seinem 75. Geburtstag im Jahr 1953 überreicht wurde.[18]

In den Jahren 1903–1914, insbesondere 1907–1910, kommt es nachweislich zu einem Gedankenaustausch zwischen Artur Kutscher und Thomas Mann über das Theater. Zu dieser Zeit entwickeln beide Autoren essayistisch die Grundlagen ihres Theaterverständnisses. Thomas Manns *Versuch über*

[14] „Kein Verständiger wird den intimen Reiz leugnen, den die Wiedergabe einer Dichtung durch ihren Autor haben kann, und der lebhafte Zuspruch, den heute überall die Autoren-Abende finden, beweist, daß auch weitere Kreise diesen Reiz zu würdigen wissen." (TMS I, 189)

[15] Vgl. den faksimilierten Abdruck von Thomas Manns Eintrag, einer Passage aus *Fiorenza* (II. Akt, 8. Szene, Dialog Piero und Fiore; VIII, 1018), in Artur Kutschers Gästebuch: Kutscher, Der Theaterprofessor (zit. Anm. 4), nach S. 56 und S. 59.

[16] Vgl. die Briefe Thomas Manns an Artur Kutscher im Deutschen Literaturarchiv Marbach am Neckar: Autographensammlung Kutscher (A: Kutscher): [München], 10.2.1908 (57.4914); [München], 29.4.1908 (57.4915); [München], 24.11.1910 (57.4916); München, 7.11.1912 (57.4919). Vgl. auch Reg 08/12; 22, 31 f.; Reg 08/23; Reg 10/100; Tb, 28.6.1919.

[17] Es kommen Kutschers Dissertation über *Das Naturgefühl in Goethes Lyrik* von 1906, seine Habilitationsschrift *Friedrich Hebbel als Kritiker des Dramas* von 1907 oder die Essays *Die Kunst und unser Leben* bzw. *Schiller und wir*, beide 1909, und *Die Ausdruckskunst der Bühne*, 1910, in Betracht.

[18] Günther, Erfülltes Leben (zit. Anm. 5). Vgl. die Signatur dieser Festschrift (bzw. eines Auszugs daraus) in der Nachlassbibliothek Thomas Manns: Thomas Mann 3673.

das Theater erscheint erstmals vollständig 1908 in zwei Heften der Zeitschrift Nord und Süd. 1910 bringt Artur Kutscher seinen heute zu Unrecht vergessenen Essay *Die Ausdruckskunst der Bühne* heraus. Das zweite Kapitel beginnt mit den Worten:

> Thomas Mann hat in einem längeren Aufsatze, der in den Wintermonaten 1908 in der Zeitschrift ‚Nord und Süd‘ erschienen ist, das Verhältnis von Theater und Dichtung beleuchtet. Seine Ausführungen verdienen in mehreren Punkten Beachtung, weil sie Charakterzüge des Theaters, und insbesondere unseres Theaters treffend zeichnen. Andere Punkte aber bedürfen wohl der Berichtigung.[19]

Nun folgt eine fast 200 Seiten starke Auseinandersetzung mit Thomas Manns *Versuch über das Theater*. Kutscher geht viele Aspekte aus Thomas Manns Essay durch und schärft dadurch – mit dem *Versuch über das Theater* als Reibungsfläche – die eigene theatertheoretische Position. Thomas Manns Essay wird also, noch dazu von einem bald führenden Theatertheoretiker, stark rezipiert. Übrigens kommt Kutscher noch spät – 1949 in der zweiten, überarbeiteten Auflage seines *Grundrisses der Theaterwissenschaft* und 1951 in *Stilkunde der deutschen Dichtung* – erneut auf Thomas Manns *Versuch über das Theater* zu sprechen. Die Lektüre wird für ihn folglich zu einem zum Teil identifikatorischen, zum Teil kritischen, in jedem Falle aber maßgeblichen Erlebnis bei der Ausbildung seiner eigenen Theatertheorie.

Neben den Lesungen Thomas Manns im Kutscher-Kreis und privaten Gesprächen bietet der Münchner „Akademisch-dramatische Verein" und später der „Neue Verein", in denen Thomas Mann und Artur Kutscher in führender Position Mitglied sind, vielfältige Gelegenheit zur gemeinsamen Arbeit am Theater. Der „Akademisch-Dramatische Verein" wird 1890 von Studenten gegründet und avanciert schnell zur skandalträchtigen Laien-Bühne. Studentische Mitglieder wie Otto Falckenberg, Leo Greiner, Philipp Witkop, aber auch Artur Kutscher und ab 1895 Thomas Mann realisieren in wechselnder Besetzung zum Teil heftig diskutierte Aufführungen.[20] Thomas Mann spielt in einer der ersten deutschen Inszenierungen von Ibsens *Wildente* die Rolle des Großhändlers Werle.[21] Auch lernt er im Münchner „Akademisch-Drama-

---

[19] Artur Kutscher: Die Ausdruckskunst der Bühne. Grundriß und Bausteine zum neuen Theater, Leipzig: Eckardt 1910, S. 10.

[20] Zu den Ehrenmitgliedern zählen Ernst von Wolzogen und Max Halbe, zum Umkreis gehören Georg Hirschfeld und Franziska von Reventlow. Artur Kutscher wird schnell Mitglied des Vereins und ist später dessen Vorsitzender. Aufsehen erregt die deutsche „Uraufführung von Ibsens ‚Nora‘ in Anwesenheit des Dichters". Vgl. zum Folgenden: Martens, Schonungslose Lebenschronik (zit. Anm. 12), S. 32; Kutscher, Der Theaterprofessor (zit. Anm. 4), S. 24 ff.; Günther, Für Artur Kutscher (zit. Anm. 5), S. 17.

[21] Vgl. XI, 102 f.; 14.1, 375 f. Siehe die Reproduktion des Theater-Zettels in: Jürgen Kolbe (Mit-

tischen Verein" den jungen, noch recht unbekannten Max Reinhardt kennen, der dort im Beisein Thomas Manns eine „Don Carlos-Parodie" improvisiert (X, 492).

Der „Akademisch-dramatische Verein" wird aufgrund einiger provozierender Inszenierungen, v. a. einer Aufführung von Schnitzlers *Reigen*, vom Senat der Universität aufgelöst und am 11. Dezember 1903 als „Neuer Verein" wieder gegründet. Thomas Mann und Artur Kutscher gehören zusammen dem künstlerischen Beirat an und betätigen sich eine Zeit lang aktiv an der Programmgestaltung.[22] Thomas Manns Hochachtung für den „Neuen Verein" als „der größten und vornehmsten Münchener litterarischen Vereinigung" (Reg 08/32) wandelt sich jedoch. Er erklärt Artur Kutscher und Kurt Martens gegenüber in langen Briefen aus den Jahren 1911 und 1914, nicht mehr als künstlerischer Beirat tätig sein zu wollen. Er sei dafür zu wenig „Vereinsmensch".[23] 1914 bittet Kutscher Thomas Mann erneut um Beteiligung, Thomas Mann reagiert mit enerviert klingenden Absagebriefen.[24] Den Vorsitz des „Neuen Vereins" übernimmt 1914 – auch auf Vermittlung Thomas Manns – schließlich Kurt Martens, der schon bald wieder zurücktritt: „ich hatte bereits ein vielversprechendes Programm ausgearbeitet, als die August-Patrioten in ihrem überströmenden Opfersinn

arbeit: Karl Heinz Bittel): Heller Zauber. Thomas Mann in München 1894–1933, Berlin: Siedler 1987 (= Erkundungen, Bd. 6), S. 58. Thomas Mann liest dort auch am 18.11.1901 das Schulkapitel aus den *Buddenbrooks* und die Erzählung *Gladius Dei*. (Ebd., S. 58)

[22] Zur Tätigkeit Thomas Manns im künstlerischen Beirat vgl. Reg 08/11 (Vortragseinladung für Georg Brandes); Reg 08/32 (Bitte um Vortragsmöglichkeit für Heinrich Mann). Insbesondere in der Hauptentstehungsphase von *Fiorenza* steht er im Briefkontakt z. B. mit Philipp Witkop (21, 379 f.). – Kutscher wirkt selbst in über 50 Aufführungen als Schauspieler, oft unter der Regie von Otto Falckenberg, mit. Vgl. Kutscher, Der Theaterprofessor (zit. Anm. 4), S. 61 ff.; Günther, Für Artur Kutscher (zit. Anm. 5), S. 17. Vgl. außerdem die unveröffentlichten Briefe Artur Kutschers an den „Neuen Verein", v. a. an dessen Vorsitzenden Wilhelm Rosenthal (Münchner Stadtbibliothek Monacensia. Literaturarchiv und Bibliothek, Neuer Verein/Kutscher, Artur: 4 Briefe, 3 Karten) aus den Jahren 1909–1911, die Kutschers programmplanerische Arbeit belegen. – Die Leitung des „Neuen Vereins" übernehmen Joseph Ruederer, Otto Falckenberg und Philipp Witkop unter Vorsitz des Rechtsanwaltes Dr. Wilhelm Rosenthal. Thomas Mann steht mit diesen Personen ebenso in Briefkontakt wie Artur Kutscher. Reg 03/41. Vgl. TMS I, 193 f. Ruederer verfasst übrigens einige Satiren auf die Münchner Kunst- und insbesondere Theaterszene. Vgl. Joseph Ruederer: Münchener Satiren, 2. Aufl., München/Leipzig: Müller 1907, insbesondere das Stück *Auf drehbarer Bühne*, das zur Einweihung des Münchner Prinzregenten-Theaters entsteht. Vgl. auch: Joseph Ruederer: München. Bierheim und Isar-Athen. Satiren und Erzählungen, hrsg. von Hans-Reinhard Müller, München: Süddeutscher Verlag 1987 (= Werkausgabe in fünf Bänden, Bd. 4), hier insbesondere die Szene „Das Theater", S. 57–71.

[23] Vgl. Deutsches Literaturarchiv Marbach, Autographensammlung Kutscher (A: Kutscher), 57.4918, bzw. Reg 11/34.

[24] Vgl. mehrere Briefe dazu an Artur Kutscher vom Mai 1914: Deutsches Literaturarchiv Marbach, Autographensammlung Kutscher (A: Kutscher), 57.4921 (22. Mai 1914), 57.4922 (26. Mai 1914), 57.4923 (28. Mai 1914); vgl. auch 22, 31 f.

das gesamte Vereinsvermögen dem ‚Roten Kreuz' stifteten".[25] Thomas Mann gedenkt daraufhin gemeinsam mit Kurt Martens auszutreten, beschließt dann aber doch abzuwarten: Es sei ohnehin *„künstlerisch nichts zu verantworten"*, der „Neue Verein" komme sich selbst im Grunde „unnütz" vor. „Vielleicht entschläft der Verein überhaupt, und dann wäre unser Austritt erst recht eine überflüssige Geste gewesen. Kurz, ich rate ab."[26] Martens legt im Sommer 1914 – kurz vor der Vereinsauflösung – den Vorsitz nieder und zieht später in seiner Autobiographie *Schonungslose Lebenschronik* eine nüchterne Bilanz: „Als erste der zahllosen Kulturhekatomben, die noch folgen sollten, ward er [der „Neue Verein"] dem Kriegsgotte zwecklos hingeschlachtet."[27]

1914 deuten sich zwischen Artur Kutscher und Thomas Mann also erste Verstimmungen an, die im Februar 1920 kulminieren. Kutscher rezensiert am 20. Februar 1920 in den Münchner Neuesten Nachrichten Thomas Manns Idyllen *Herr und Hund* und *Gesang vom Kindchen*. Während, so Kutscher, *Herr und Hund* von epischer „Meisterschaft" zeuge, sei *Gesang vom Kindchen* stilistisch missglückt: „Es wird vielen kaum verständlich sein, wie dieser in seiner Prosa höchst musikalische Dichter kein Ohr hat für metrisch-rhythmische Werte, wie er, der in Prosa über feine und stark geprägte Rhythmen verfügt, keine in eigener Rhythmik stehenden Verse bauen kann." Die Versifikation sei holprig und „ungeschickt".[28]

Erneut kommt es zu einem impliziten Dialog zwischen Kutscher und Mann in den Essays. Setzt sich Kutschers *Die Ausdruckskunst der Bühne* mit Thomas Manns *Versuch über das Theater* auseinander, so antwortet Thomas Mann Kutschers Rezension nicht nur in den Tagebüchern, wo er sie als „lange, öde" kritisiert (Kutscher „[s]chulmeistert mich wegen des Kindchens, daß es ein Graus ist").[29] Vielmehr sind in die ‚Selbstverteidigungsschrift' *Über den „Gesang vom Kindchen"* (geschrieben im März 1921) implizite Repliken auf Kutscher eingearbeitet:

---

[25] Martens, Schonungslose Lebenschronik (zit. Anm. 12), S. 32.

[26] An Kurt Martens (23. August 1914); TM Jb 4, 1991, 207.

[27] Martens, Schonungslose Lebenschronik (zit. Anm. 12), S. 32.

[28] Im *Gesang vom Kindchen* habe sich ein Epiker vergeblich am Vers versucht: „es geht nicht ohne Rumpeln, es fehlt die Notwendigkeit und Selbstverständlichkeit", die missglückte Form wirke „stilunsicher". Siehe Artur Kutscher: Idyllen von Thomas Mann [Rezension von: Thomas Mann: Herr und Hund. Gesang vom Kindchen. Zwei Idyllen. Berlin: S. Fischer 1919], in: Münchner Neueste Nachrichten, Jg. 73, H. 76 (20. Februar 1920), S. 1.

[29] Die Episode wirft ein bezeichnendes Schlaglicht auf Thomas Manns ambivalente Einschätzung Artur Kutschers in diesen Jahren: Huldigt ihm Kutscher wie bei der Autorenlesung im Juli 1919, fühlt sich Thomas Mann in seinem Kreis durchaus wohl. Kritisiert ihn Kutscher wie in der *Idyllen*-Rezension vom Februar 1920, empfindet er ihn als schulmeisterlich und langweilig (Tb, 20.2.1920). – Kutscher veröffentlichte bereits vorher essayistische Arbeiten und Rezensionen zu Thomas Manns Werk; vgl. Kutscher, Der Theaterprofessor (zit. Anm. 4), S. 46 f.

Es kam mir mehr darauf an, den Hexameter zu markieren und seinen Geist, der der Geist des Gegenstandes war, spüren zu lassen, als darauf, schulgerechte Verse zu schreiben, von denen übrigens eine nicht geringe Anzahl, willkommen geheißen, wenn sie ganz leicht und von ungefähr sich einstellten, in dem Gedicht zu finden ist. Die in Kritiken viel erwähnte Holprigkeit der Verse ist meinem besseren Wissen zufolge nur scheinbar. Liest man die Rhythmen nicht als Hexameter, sondern frei, so lesen sie sich gut, wie sprachlich feinfühlige Leute mir bestätigt haben. (15.1, 352)

Die wechselseitige Auseinandersetzung mit dem anderen wird durch Thomas Manns Exil unterbrochen, nach dem Zweiten Weltkrieg jedoch wieder aufgenommen. Dass Artur Kutscher trotz Entnazifizierungsbestrebungen weiterhin an der Münchner Universität unterrichten kann, ist zum Teil Thomas Manns Verdienst.[30] Kutscher wird von den amerikanischen Besatzungsbehörden im November 1946 zum zweiten Mal[31] nach Kriegsende des Lehramtes enthoben, da er ab 1942 der NSDAP angehörte. Daraufhin bittet Kutscher in einem Rundbrief vom 12.12.1946[32] zahlreiche Persönlichkeiten des öffentlich-künstlerischen Lebens, durch eine Petition an die amerikanische Militärregierung oder anderweitige Unterstützung seine Wiedereinsetzung zu befürworten. Über 60 Autoren, Theaterkünstler und auch NS-Opfer (politisch Verfolgte und Sympathisanten der Weißen Rose) unterzeichnen die Bittschrift auf Rehabilitierung Artur Kutschers. An Thomas Mann ist Kutschers Rundbrief ebenfalls gerichtet, stößt dort aber nicht sofort auf Unterstützung; das Tagebuch vom 21. Januar 1947 verzeichnet: „Brief-Diktate u. -Besprechungen mit K.[atia]. Hilfe für Prof. Kutscher, halb abgeneigt." (Tb, 21.1.1947) Nach anfänglichem Zögern schreibt Thomas Mann Kutscher dann doch am 24. Januar 1947 einen wohlwollenden Brief, der Kutscher von jedem Ideologieverdacht freispricht

---

[30] Auch weitere direkte wie indirekte Verbindungslinien eröffnen sich: 1947 korrespondiert Artur Kutscher über Thomas Mann mit dem gemeinsamen Bekannten Gottfried Kölwel (Brief vom 13. September 1947, Nachlass Gottfried Kölwel, Monacensia). Zudem bittet Kutscher Thomas Mann 1948 offensichtlich um Übersendung von *Mario und der Zauberer* und *Doktor Faustus* (Reg 48/548). 1949 schreibt der junge Dramatiker Peter Hacks im Seminar Artur Kutschers in München eine Arbeit über Thomas Manns *Lotte in Weimar*, die Hacks an Thomas Mann schickt und die dieser kommentiert. Kutscher hatte Hacks' Arbeit als „unmöglich" abgelehnt, Thomas Mann würdigt sie als „so ziemlich das Gescheiteste [...], was mir über das Buch vor Augen gekommen" (Reg 49/106). Eine der letzten Erwähnungen Kutschers durch Thomas Mann erfolgt in einem Brief an Tilly Wedekind; Thomas Mann empfiehlt ihr Artur Kutscher für die Herausgabe einer großen Werkausgabe Frank Wedekinds (Reg 53/253). Vgl. im selben Jahr die indirekte Replik Tilly Wedekinds: Sie wünscht sich von Artur Kutscher zu dessen 75. Geburtstag ein eigenes Werk, ebenso wie ihr Thomas Mann „zu seinem 50. seine Buddenbrocks [sic] geschenkt" habe (Günther, Erfülltes Leben [zit. Anm. 5], S. 190).
[31] Kutscher durfte bereits vom 20.12.1945 bis zum 15.03.1946 nicht unterrichten. Vgl. Günther, Für Artur Kutscher (zit. Anm. 5), S. 52.
[32] Im Literaturarchiv der Monacensia ist dieser Rundbrief mehrfach erhalten, etwa in den Nachlässen Waldemar Bonsels und Gottfried Kölwels.

und eine kritische Prüfung der Amtsenthebung anregt.[33] Dieser Brief wird, wohl auf Bestreben Kutschers, in einem Artikel über Kutschers Amtsenthebung und die Petition in der Süddeutschen Zeitung vom 15.2.1947 öffentlich zitiert.[34] Kutscher wird daraufhin vollständig rehabilitiert und im August 1947 von seiner Entlassung befreit; ab dem Wintersemester 1947/48 kann er neuerlich unterrichten.

Noch in seinen letzten Veröffentlichungen beschäftigt sich Artur Kutscher mit Thomas Mann, und die folgenden Äußerungen repräsentieren die wechselhafte Wirkung Manns auf Kutscher. In der Erstausgabe des ersten Teils von Kutschers *Grundriß der Theaterwissenschaft* – publiziert im Jahr 1932, als Thomas Mann noch in München wohnt, – fehlt eine Passage, die in der zweiten, überarbeiteten Auflage von 1949 eingefügt ist und die mit Thomas Manns *Versuch über das Theater* hart ins Gericht geht:

Gibt es doch Dichter genug, denen das Drama als eine Erniedrigung ihrer Kunst erscheint. Heine meinte, die Bühne sei der Tod des Dichters; Thomas Mann entrüstete sich über die Roheit und Unzulänglichkeit der Bühne: das Rampenlicht morde das künstlerische (literarische) Werk. Natürlich ist das vom Standpunkte der Stilkunde aus falsch. Der Nur-Dichter erfährt auf dem Theater das Stillose seiner Bemühungen. Ein richtiges Drama dagegen mitsamt seiner Poesie lebt überhaupt erst auf im Theater, sein höchster Ausdruck, seine reinste Form besteht im lebendig-gegenwärtigen Spiel.[35]

Kutscher bezieht sich hier höchstwahrscheinlich auf eine Passage zu Beginn von Thomas Manns *Versuch über das Theater*, in der versteckte Kritik an dem gemeinsamen Bekannten Kurt Martens geäußert wird:

Herr M. hatte seinem Namen durch eine Reihe distinguierter Romane und Novellen literarischen Ruf verschafft. Dieser Ruf genügte ihm nicht; das Rampenlicht, die plumpe Öffentlichkeit, der sinnfällige Ruhm des Theaters verlockte ihn, und er schrieb ein Stück, in welchem er allen sich darbietenden dichterischen Wirkungsmöglichkeiten fast heldenmütig entsagte, sich mit zusammengebissenen Zähnen den Bedürfnissen der Kulisse bequemte. (14.1, 124)

---

[33] Original bislang unveröffentlicht im Deutschen Literaturarchiv Marbach am Neckar, Autographensammlung Kutscher (A: Kutscher): Pacific Palisades, California, 24.1.1947 (57.4927); auszugsweise zitiert in dem Kommentar von Inge Jens zu Tb, 21.1.1947. Vgl. auch Reg 47/33.

[34] Abgedruckt in: Günther, Erfülltes Leben (zit. Anm. 5), S. 52 f. Ob Thomas Mann die Petition direkt unterschreibt oder ‚nur' durch den Brief an Kutscher seine Loyalität bekundet, lässt sich ohne Einsichtnahme des Original-Dokuments nicht gesichert eruieren. Günther nennt Thomas Manns Namen nicht unter den Unterzeichnern (Günther, Für Artur Kutscher [zit. Anm. 5], S. 52), Kutscher selbst zählt Thomas Mann in seiner Autobiographie zu den „Treuebekennern" (Kutscher, Der Theaterprofessor [zit. Anm. 4], S. 238 f.).

[35] Vgl. Artur Kutscher: Die Elemente des Theaters. Grundriß der Theaterwissenschaft, Bd. 1, Düsseldorf: Pflugschar 1932, S. 135. Zitat: Artur Kutscher: Grundriß der Theaterwissenschaft, 2., überarbeitete Aufl., München: Desch 1949, S. 159.

Neben dieser späten kritischen Replik auf Thomas Manns frühe Theaterschrift findet sich eine weitere, freilich deutlich anders gefärbte: Im ersten, allgemeinen Teil von Kutschers *Stilkunde der deutschen Dichtung* (1951) beruft sich Kutscher auf Thomas Mann als Stilideal und Bündnispartner, wenn es um den Vorrang der künstlerisch-stilistischen Gestaltung vor dem Stoff geht („Mann spricht hier natürlich pro domo, aber er hat ganz recht").[36] Kutscher stützt sich – neben der Erzählung *Herr und Hund*, die ihm immer noch als episches Stil-Ideal gilt[37] – insbesondere auf die frühen Essays Thomas Manns, etwa *Bilse und ich*, was einmal mehr zeigt, wie stark und positiv Kutscher Manns theoretische Schriften in der gemeinsamen Münchner Zeit wahrnimmt.

„Wie wird sie aussehen, diese neue Bühne?" Thomas Manns und Artur Kutschers theatertheoretische Positionen im Vergleich

In den Münchner Jahren Thomas Manns ist folglich von einem recht regen Kontakt mit dem Theaterwissenschaftler Artur Kutscher auszugehen, der in direkten Gesprächen stattfindet, aber sich auch wechselseitig in den Essays niederschlägt. Insofern lohnt sich der vergleichende Blick auf Thomas Manns und Artur Kutschers theatertheoretische Schriften der Münchner Zeit, fördert er doch überraschende Parallelen und bezeichnende Unterschiede zutage. Sicherlich ist Thomas Manns Bild des Theaters stark von Nietzsche und Wagner geprägt, auch gibt es zahlreiche andere Prätexte für Artur Kutschers Schriften jenseits der Thomas Mannschen Essays. Und doch: Liest man beider Schriften zum Theater, insbesondere aus den Jahren 1907–1910, ergibt sich gleichsam ein virtueller Dialog, worin Themen und Positionen der Theaterreformbewegung zu Beginn des 20. Jahrhunderts aufscheinen. Neuralgische Punkte sind dabei das Verhältnis von Drama und Theater sowie konkrete Vorschläge zur ästhetischen Erneuerung des Theaters.

---

[36] Artur Kutscher: Stilkunde der deutschen Dichtung. Allgemeiner Teil, Bremen-Horn: Dorn 1951, S. 75. Vgl. ebd., S. 201 (Kutscher zitiert erneut lange aus *Bilse und ich* mit dem Vermerk: „Thomas Mann hat dazu treffend geschrieben").

[37] Kutscher, Stilkunde der deutschen Dichtung (zit. Anm. 36), S. 75 und S. 261. Noch spät ergibt sich eine weitere inhaltliche Nähe: Kutscher gibt zusammen mit Matthias Insam ein Josephspiel aus dem Jahre 1677 heraus: Ein altes deutsches Josephspiel von den zwölf Söhnen Jakobs des Patriarchen. Nach der Axamer Handschrift von 1678 ergänzt von Anton Dörrer, hrsg. von Artur Kutscher und Matthias Insam, Emsdetten (Westfalen): Lechte 1954 (= Die Schaubühne. Quellen und Forschungen zur Theatergeschichte, Bd. 45).

Text oder Mimus?
Zum Verhältnis von Drama und Theater

Sowohl Thomas Mann als auch Artur Kutscher sprechen sich vehement für eine terminologische und zeichentheoretische Scheidung von Drama (literarischem Text) und Theater (Inszenierung) aus. Beide beziehen sich dabei grundlegend auf Hebbel.[38] Die existentielle Differenz von Drama und Theater geht, so Thomas Mann, auf Kosten der Literatur.[39] Die Mimik und Gestik der Schauspieler, ihre Bewegungen im Raum überlagern bei einer Inszenierung den Text (X, 288); die Illusion, ein einziger Autor sei für das Bühnenwerk verantwortlich, wird im Zuge arbeitsteiliger theatraler Produktionsprozesse dekonstruiert (14.1, 131).

Für den Literaten – und von dieser Warte schreibt Thomas Mann im Gegensatz zu Artur Kutscher, der die Position des Theatermannes einnimmt, – folgt daraus, entweder reine Lesedramen ohne jede Inszenierbarkeit zu verfassen (wie Thomas Mann das mit *Fiorenza* verwirklicht) oder jede Lesbarkeit aufzugeben und nur für die spätere Inszenierung zu schreiben (14.1, 139; 143). Beide Dramentypen sind für Thomas Mann ästhetisch gleichberechtigt. Ein dritter Typus, die enge Verzahnung dramatischer und inszenatorischer Produktion beispielsweise durch einen Bühnendichter wie Frank Wedekind, der zugleich Schauspieler ist, kann in Einzelfällen zu Erfolg führen (14.1, 149).

Artur Kutscher plädiert ebenfalls mit Hebbel für eine klare Scheidung von Drama und Theater, verwirft aber die Idee einer prinzipiellen Gleichrangigkeit von Lesedrama und Inszenierungsdrama, die Thomas Mann mit Hebbel teilt. Dass sich der junge Hebbel 1837/38 dezidiert für die Gattung des Lesedramas aussprach, sei „mehr einer frühen ungeheuren Reizbarkeit zu[zu]-schreiben, als einem dichterischen oder ästhetischen Feingefühl. Hebbel war

---

[38] 14.1, 123–127, 146 und 168. Vgl. auch X, 287. Hebbel wird mehrfach in den Notaten zu *Geist und Kunst* als theatertheoretische Instanz und Wagner-Kritiker erwähnt: TMS I, 177 f. und öfter. Thomas Manns Hebbel-Lektüre im Kontext seiner theatertheoretischen Schriften ist durch direkte Übernahmen (vgl. z. B. 14.2, 200) und Anstreichungen in seinen Exemplaren der *Sämtlichen Werke* (hrsg. von Richard Maria Werner, Berlin: Behr 1903–1907) belegt. Artur Kutscher benutzte dieselbe Ausgabe; Arthur [sic] Kutscher: Friedrich Hebbel als Kritiker des Dramas. Seine Kritik und ihre Bedeutung, Hildesheim: Gerstenberg 1978 [Nachdruck der Ausgabe: Berlin 1907] (= Hebbel-Forschungen, Bd. 1), S. XI. Thomas Manns Hebbel-Bild könnte daher in Bezug auf das Theater auch von Kutschers Hebbel-Schriften gefärbt sein.

[39] „Das ‚Buch‘ verhält sich zur ‚Aufführung‘ schlechterdings nicht, wie die Partitur zur Symphonie, sondern vielmehr wie das Libretto zur Oper. Die ‚Aufführung‘ ist das Kunstwerk, der Text ist nur eine Unterlage." (14.1, 144; vgl. ebd., S. 124) Das geht bis zur Literaturfeindlichkeit des Wagnerschen Musiktheaters (TMS I, 166). Über „das Mißverständnis, die Zwietracht, die zwischen Dichtertum und Theater besteht" (14.1, 143), vgl. ebd., S. 123 und X, 283.

noch unreif."[40] In direktem Bezug auf Thomas Manns *Versuch über das Theater* höhnt Kutscher: „Thomas Mann läßt […] die Arme sinken und rät, man soll Dichtungen dem Theater überhaupt nicht ausliefern, man soll sie lesen."[41] Kutscher identifiziert sich stattdessen mit späteren Äußerungen Hebbels, die die Frage der Inszenierbarkeit ausdrücklich in den dichterischen Produktionsprozess einbeziehen („Dichte, Dichter, nur halte dich in den Grenzen der Bühne!").[42] Somit errichtet Kutscher eine andere Hierarchie der Künste als die, die in Thomas Manns Theaterschriften aufscheint. Nicht das Drama (der Text) ist die Grundlage des Theaters (der Inszenierung), jenes hat vielmehr eine eigene Qualität, den „mimischen Ausdruck". Die Aufwertung der Inszenierung stellt die logische Folge zweier für Kutscher wichtiger Aspekte dar: der Idee vom Mimus als Urtheater und des Wunsches, die Theaterwissenschaft als eigene Disziplin zu etablieren.

Für Thomas Mann besteht der Ursprung des Theaters, mit Nietzsche gesehen, bekanntlich im Ritus, im religiösen Mysterienspiel (14.1, 121; 134). Der Ausgangspunkt liegt (sowohl kulturgeschichtlich in den Frühphasen der Menschheitsevolution als auch anthropologisch in der Jugendphase der individuellen psychischen Entwicklung) jeweils im kindlich-archaischen Wunsch zum darstellenden Spiel, in dem sich abstrakte Zusammenhänge visualisieren lassen (14.1, 135). Daran knüpft Thomas Mann eigene Kindheits- und Jugenderinnerungen, nicht zuletzt an Lübecker Theatererlebnisse (14.1, 137) und – auf den Spuren Goethes – Erlebnisse im Puppentheater (X, 286).[43]

[40] Kutscher, Friedrich Hebbel als Kritiker des Dramas (zit. Anm. 17), S. 164. Vgl. Artur Kutscher: Hebbel und Grabbe, München/Berlin: Bachmaier 1913, S. 34 ff.; Kutscher, Die Elemente des Theaters (zit. Anm. 35), S. 55 und 115 f.

[41] Kutscher, Die Ausdruckskunst der Bühne (zit. Anm. 19), S. 17. Vgl. Kutscher, Die Elemente des Theaters (zit. Anm. 35), S. 123. Der deutlichste Unterschied in den Theaterkonzeptionen Artur Kutschers und Thomas Manns ergibt sich aus der grundlegend anderen Einschätzung des Verhältnisses von Epik und Dramatik. Während Thomas Mann die seit der Antike diskutierte Hierarchie von Dramatik und Epik provokant zugunsten der Epik umkehrt, ja den Roman als – an der Romantik und Goethes *Wilhelm Meister* orientierte – Synthese von Lyrik, Epik und Dramatik aufwertet (14.1, 128 ff.), polemisiert Artur Kutscher gegen eine solche Bevorzugung der Prosa: „Lyrik und Epik haben als Gattung mit dem Drama gar nichts zu tun. […] Eine Begabung auf lyrischem oder epischem Gebiete läßt noch keinerlei Schluß auf dramatische Fähigkeit zu, ja das Werk eines solchen Autors kann dramatisch völlig unzulänglich sein. Es läßt sich sogar von vornherein behaupten, daß besonders ausgeprägte *Lyriker* besonders ungeeignet zum Drama sind. […] Der Ehrgeiz des Durchschnittsliteraten, sich in möglichst allen Gattungen der Dichtung zu betätigen, ist künstlerisch verheerend. Die Literaturgeschichte hat für ungemäße dramatische Bemühungen von Poeten den Ausdruck ‚Lesedrama' erfunden" – zur Entschuldigung „im Falle völligen Versagens auf dem Theater" (Kutscher, Die Elemente des Theaters, S. 114 f.).

[42] Kutscher, Friedrich Hebbel als Kritiker des Dramas (zit. Anm. 17), S. 168.

[43] Vgl. dazu Albert Ettinger: Der Epiker als Theatraliker. Thomas Manns Beziehungen zum Theater in seinem Leben und Werk, Frankfurt am Main/Bern/New York: Lang 1988 (= Trierer Studien zur Literatur, Bd. 15), S. 2–14.

Kutscher stellt dazu eine Gegenhypothese auf: Der Ausgangspunkt des Theaters ist in allen Kulturen und Epochen die *„Ausdruckskunst des Körpers"*: *„Mimik* ist die [...] einfachste, älteste Form des Theaters und Dramas". Kutscher versteht darunter neben der Mimik im engeren Sinne die expressive Bewegung im Raum,[44] wobei der Mimus die spezifische und ureigenste Ausdrucksform des Menschen sei. Das zeigt die anthropologische Fundierung von Kutschers Theatertheorie. Der Anfang der Kunst liegt daher (und hier sind sich Thomas Mann und Artur Kutscher gedanklich erneut sehr nahe! Vgl. 14.1, 135), individualpsychologisch betrachtet, im Kinderspiel der Jüngsten und, kulturtheoretisch betrachtet, in den mimischen Darstellungsweisen und Tänzen der Naturvölker, der *„Primitiven"*.[45] Überhaupt stellt der non-verbale Tanz für Kutscher „die Urzelle des Mimus und des Dramas" und damit „die Urzelle des Theaters [dar], er ist seine einfachste und älteste Form".[46] Die Hypothese, das Drama sei aus dem Kultus, aus Mysterienspielen, entstanden, verwirft Kutscher dagegen als Folge einer „monströse[n] theaterwissenschaftliche[n] Mythenbildung".[47] Obwohl Thomas Mann eher der von Kutscher abgelehnten These vom Kultus als Keimzelle des Theaters zugeneigt ist, ist im *Versuch über das Theater* dennoch von der Dominanz des Mimus im Theater ausdrücklich die Rede.[48]

Die Hypothesen vom Ursprung des Theaters im Kultus und Mimus wirken sich auf die unterschiedliche Bewertung von Drama und Theater aus. Überspitzt gesagt, ist die literarische Vorlage für Kutscher „nur äußerer Anlaß" des Theaters.[49] Das Primäre einer Theateraufführung ist nicht der gesprochene Text, sondern das Mimische, die *„Körpersprache"*.[50] Ein professioneller Schauspieler ist für Kutscher daher nicht nur ein reproduzierender Künstler oder gar ein Instrument des Dramatikers, sondern dem Dichter an Produktivität mindestens gleichgestellt.[51] Welch Kontrast zu Thomas Manns Einschätzung des Schauspielers!

Im Zuge dieser Frage erörtern Mann wie Kutscher gleichfalls Fragen der Professionalisierung von Schauspielern (beispielsweise in Bezug auf die Freilufttheaterbewegung) und sprechen sich unisono dafür aus, dass künstlerisch hochwertiges Theater nur von gut ausgebildeten Berufsschauspielern zu betrei-

---

[44] Kutscher, Die Elemente des Theaters (zit. Anm. 35), S. 7 und 120.

[45] Ebd., S. 12 f.

[46] Ebd., S. 12 und 38 f.

[47] Zitiert in: Günther, Für Artur Kutscher (zit. Anm. 5), S. 59.

[48] Unter Mimus versteht Thomas Mann wie Artur Kutscher die nonverbalen Zeichen der Gestik, Mimik und Bewegung im Raum („Mienenspiel, Gestenspiel, pittoreske Sichtbarkeit", v. a. die „Präzision des Gesichtes"; 14.1, 128).

[49] Kutscher, Die Elemente des Theaters (zit. Anm. 35), S. 43. Hier wird bewusst aus der Erstausgabe zitiert, die noch während Thomas Manns Münchner Zeit erschien.

[50] Ebd., S. 61.

[51] Ebd., S. 54 f.

ben sei.[52] Daneben könne, so Kutscher, die kunstgewerbliche Bühnenkultur mit Laien, insbesondere das volkstümliche Laienspiel Bayerns und Österreichs, ein wichtiger kultur- und theatertheoretischer Untersuchungsgegenstand für die beginnende Theaterwissenschaft sein. Auch ambitionierten Theaterprojekten von „Edel-Laien"[53] (wie seinen Studenten oder auch Thomas Manns Darstellung im Rahmen des „Akademisch-Dramatischen Vereins"?) spricht Kutscher Berechtigung zu, selbst wenn sie keine dramatische Kunst, sondern „Vorbedingungen nur zu künstlerischem Schaffen"[54] darstellen.

Trotz prinzipieller Einigkeit in Bezug auf die Professionalisierung des Schauspielers widerspricht der literaturinteressierte Theaterwissenschaftler Artur Kutscher dem theaterinteressierten Literaten Thomas Mann, was die Wertigkeit von Drama und Theater angeht. Hier kommt der zweite Aspekt ins Spiel: Begreift man Theater ursprünglich vom Mimus und nicht von der Literatur her, lässt sich diese Kunstform auch nicht philologisch erschließen, sondern verlangt nach neuen methodischen Zugängen. Kutscher fordert und praktiziert zeit seines Lebens eine Theaterwissenschaft, die zwar literaturwissenschaftliche Kompetenz aufweist, aber als eigene Disziplin ernst genommen werden will.[55] Methodisch beschreitet Kutscher dezidiert kulturwissenschaftliche Pfade, wenn er sich zum Beispiel ethnologisch dem Theater nähert. Thomas Manns und Artur Kutschers virtuelle Debatte um das Verhältnis von Drama und Theater macht damit wichtige Modernisierungsprozesse ihrer Zeit deutlich und bietet für Diskussionen der gegenwärtig zumeist kulturwissenschaftlich orientierten Theaterwissenschaft reizvolle Vergleichspunkte.

Die Trennung von Drama und Theater, wie sie Thomas Mann und Artur Kutscher vornehmen, ist geradezu programmatisch für die Gründungsphase der deutschen Theaterwissenschaft, die sich, in Abgrenzung von der Literaturwissenschaft, nicht mit einer philologischen Erschließung von Dramatik und Dramaturgie, sondern mit einer frühsemiotisch-ethnologischen Betrachtung der nonverbalen Zeichenprozesse auf der Bühne befassen will.[56] Kut-

---

[52] Ebd., S. 52 und 40 f.

[53] Ebd., S. 48 (dort gesperrt gedruckt) und 41 f. Vgl. zum Folgenden ebd., S. 48 ff.

[54] Ebd., S. 51.

[55] Ebd., S. 122.

[56] Vgl. Christopher B. Balme: Theaterwissenschaft, in: Reallexikon der deutschen Literaturwissenschaft. Neubearbeitung des Reallexikons der deutschen Literaturgeschichte, Bd. 3, hrsg. von Jan-Dirk Müller, Berlin/New York: de Gruyter 2003, S. 629–632. Eine terminologische Trennung von Drama und Theater findet sich auch in anderen Pionierarbeiten der Theaterwissenschaft wie in Max Herrmanns *Forschungen zur deutschen Theatergeschichte des Mittelalters und der Renaissance* (1914). Das zeigt, wie hochaktuell die Debatte ist, an der Kutscher und Thomas Mann teilhaben. – Noch in späteren Schriften wird Kutscher den Begriff des Dramas ähnlich definieren, vgl. Kutscher, Die Elemente des Theaters (zit. Anm. 35), S. 112 f.; Artur Kutscher: Drama und Theater, München: Drei-Fichten-Verlag 1946 (= Geistiges München. Kulturelle und akademische Schriften, Bd. 5).

schers Idee des Mimus und Tanzes sowie Thomas Manns Idee des Ritus als Ursprung des Theaters zeigen zudem in Bezug auf die Theatertheorie, was für die Theaterpraxis jener Jahre gleichermaßen gilt: Die Krise der Repräsentation um 1900 (der existentielle Riss in der Bindung von Zeichen und Bezeichnetem, von Kunst und Objektwelt, wie er sich in Texten wie Hugo von Hofmannsthals Chandos-Brief manifestiert) führt zu einer bewussten Rückbindung des Theaters an Ritual, Zirkus, Fest und Jahrmarkt. Hier ergibt sich zu Beginn des 20. Jahrhunderts übrigens eine doppelte Bewegung: Während sich das Theater in andere „cultural performances", in Zirkus oder Fest, verwandelt, nähern sich solche (wie sportliche oder politische Veranstaltungen) dem Theatralischen an. Mit Erika Fischer-Lichte gesprochen, schuf die Jahrhundertwende um 1900 damit ein Konzept der Theatralität, das für die moderne Kulturwissenschaft eines der wichtigsten Paradigmen wurde.[57] Eine Debatte darüber, ob die sprachlichen Zeichen für die Inszenierung die primären seien oder ob der theatralische Code einer Aufführung eher auf der Vielzahl von gestischen, proxemischen, mimischen beruhe,[58] greift zudem weit in Themenfelder der Theatersemiotik aus den 1980er und 1990er Jahren voraus.

Vielleicht noch interessanter und theatergeschichtlich belegbar ist überdies eine Verknüpfung mit der Debatte um das postdramatische Theater, die um 1987 zunächst im Zuge der Postmoderne – etwa mit den Arbeiten von Andrzej Wirth und mit Blick auf Robert Wilson, Pina Bausch, George Tabori und andere, die mit nonverbalen Theaterprojekten improvisierten – begann und um

[57] Erika Fischer-Lichte, Einleitung, in: Theatralität und die Krisen der Repräsentation, hrsg. von Erika Fischer-Lichte, Stuttgart/Weimar: Metzler 2001 (= Germanistische Symposien-Berichtsbände, Bd. 22), S. 1–19, 12 f. Mit Blick auf die Münchner Theaterszene vgl. Balme, Modernität und Theatralität (zit. Anm. 2), S. 99–101. – Wird Theatralität als „die Gesamtheit aller Materialien bzw. Zeichensysteme, die in einer Aufführung Verwendung finden und ihre Eigenart als Theateraufführung ausmachen", verstanden, wird das Theater als wichtiges „kulturelles Modell" sichtbar und lässt sich (in einer Definition des russischen Theatertheoretikers Nikolaj Evreinov aus dem Jahr 1915) als „allgemein verbindliche[s] Gesetz der schöpferischen Transformation der von uns wahrgenommenen Welt" auf die Kunst, mehr noch: auf jeden kulturerzeugenden Akt übertragen. Vgl. Fischer-Lichte, Einleitung, S. 2; Matthias Warstat: Theatralität der Macht – Macht der Inszenierung. Bemerkungen zum Diskussionsverlauf im 20. Jahrhundert, in: Diskurse des Theatralen, hrsg. von Erika Fischer-Lichte u. a., Tübingen/Basel: Francke 2005 (= Theatralität, Bd. 7), S. 171–190, 173. In Bezug auf Performance, Inszenierung, Korporalität und Wahrnehmung wird eine Verwandtschaft von Theatralität und politischer Macht erkennbar (siehe ebd., S. 180 ff.).
[58] Hinzu kommen die Zeichen der Masken, Frisuren, Kostüme, Requisiten, Beleuchtung etc. Zu dieser Zeichentypologie vgl. Erika Fischer-Lichte: Das System der theatralischen Zeichen, 3. Aufl., Tübingen: Narr 1994 (= Semiotik des Theaters. Eine Einführung, Bd. 1); Martin Esslin: Die Zeichen des Dramas. Theater, Film, Fernsehen, aus dem Englischen von Cornelia Schramm, Reinbek bei Hamburg: Rowohlt 1987 (= Rowohlts Enzyklopädie, Bd. 502); Patrice Pavis: Semiotik der Theaterrezeption, Tübingen: Narr 1988 (= Acta Romanica. Kieler Publikationen zur Romanischen Philologie, Bd. 6).

2000, vor allem durch Hans-Thies Lehmanns viel diskutierten Essay *Postdramatisches Theater*,[59] kulminierte. Lehmann interpretiert die Theatergeschichte des 20. Jahrhunderts als zunehmenden Entfremdungs- und Emanzipationsprozess des Theaters vom Drama, der Inszenierung vom literarischen Text. Der Text ist als einzelner „Bestandteil eines gestischen, musikalischen, visuellen usw. Gesamtzusammenhangs" ausschließlich ein Rohstoff unter mehreren. Er steht gleichberechtigt neben anderen Materialien wie dem Körper der Schauspieler, Raum, Licht etc., mehr noch: „Es gibt Theater ohne Drama."[60]

Löst sich das Theater des 20. Jahrhunderts zunehmend und kontinuierlich von der Dominanz des Dramas und findet zu künstlerischer Autonomie, so folgt dem im Drama ein analoger Prozess. Es entsteht eine neue Dramenliteratur, die auf die Abkehr des Theaters vom Text reagiert und diese beeinflusst. Dramatiker wie Elfriede Jelinek, Heiner Müller, Albert Ostermaier und Werner Schwab überwinden in ihren Theatertexten ein reines Sprechtheater und experimentieren mit ‚postdramatischen' Formen. Auf der Bühne und im Textbuch zeigt sich ein Weg, der das Dialogische verlässt und das Diskursive ansteuert.[61]

Mit der Diagnose des postdramatischen Theaters sind bei Lehmann neuerlich die Fragen nach dem Ursprung und der Geschichte des Theaters verbunden. Dabei bildet Lehmanns Argumentation unwissentlich gleichsam die Synthese der Positionen Thomas Manns und Artur Kutschers. Lehmann führt als Beleg für seine These von der Dominanz des Theaters vor dem Drama an, dass das Theater kulturgeschichtlich älter als das Drama sei. Der Ursprung des Theaters liege im ritualisierten Tanz.[62] Geschichtlich entwickelt sich das postdramatische Theater in Deutschland ab den 1970er Jahren, Lehmann billigt aber der Avantgarde im frühen 20. Jahrhundert – auch der Münchner Thea-

---

[59] Hans-Thies Lehmann: Postdramatisches Theater, 2. Aufl., Frankfurt/Main: Verlag der Autoren 2001. Vgl. zur Debatte um das postdramatische Theater: Christel Weiler: Postdramatisches Theater, in: Metzler Lexikon Theatertheorie, hrsg. von Erika Fischer-Lichte, Stuttgart/Weimar: Metzler 2005, S. 245–248; Nikolaus Frei: Die Rückkehr der Helden. Deutsches Drama der Jahrhundertwende (1994–2001), Tübingen: Narr 2006 (= Forum modernes Theater, Bd. 35); Matthias Müller: Zwischen Theater und Literatur. Notizen zur Lage einer heiklen Gattung, in: Das deutsche Drama der 80er Jahre, hrsg. von Manfred Weber, Frankfurt/Main: Suhrkamp 1992, S. 399–430; Gerda Poschmann: Der nicht mehr dramatische Theatertext. Aktuelle Bühnenstücke und ihre dramaturgische Analyse, Tübingen: Niemeyer 1997 (= Theatron, Bd. 22); Franziska Schößler: Augen-Blicke. Erinnerung, Zeit und Geschichte in Dramen der neunziger Jahre, Tübingen: Narr 2004 (= Forum Modernes Theater. Schriftenreihe, Bd. 33); Birgit Haas: Plädoyer für ein dramatisches Drama, Wien: Passagen 2007 (= Passagen Literaturtheorie).

[60] Lehmann, Postdramatisches Theater, S. 44 und 73. Vgl. Weiler, Postdramatisches Theater, S. 246. (Beide zit. Anm. 59.)

[61] Lehmann, Postdramatisches Theater, S. 25. Weiler, Postdramatisches Theater, S. 246.

[62] Lehmann, Postdramatisches Theater, S. 74.

terszene – eine gewisse Vordenkerrolle zu.[63] Gerade eine theatertheoretische Diskussion wie die, in die Thomas Mann und Artur Kutscher eingreifen, zeigt jedoch, dass der Phase vor dem Ersten Weltkrieg eine weit wichtigere Stellung gebührt. Hier wird das theatertheoretisch grundgelegt und auf den Bühnen praktiziert, was Lehmann das „postdramatische Theater" nennt: Ausgehend von einer strengen Trennung von Theater und Drama (wie sie beispielsweise Edward Gordon Craig in *Über die Kunst des Theaters* von 1905 und Pirandello fordern),[64] kommt es zu einer programmatischen Re-Theatralisierung des Theaters, die mit der Ent-Literarisierung, das heißt: einer Abkehr von textorientierten, episierenden Formen des Theaters (wie im 19. Jahrhundert, siehe noch Tschechow) verbunden ist. Das Theater etabliert sich selbstbewusst als autonome Kunstform jenseits des Dramentextes.

Die Autoren zu Beginn des 20. Jahrhunderts reagieren unterschiedlich auf die ersten Ansätze einer Ent-Literarisierung des Theaters. Viele Dramatiker suchen die Nähe zum Ritual oder beziehen Tanz, Bühnenraum, Licht, Klang, Farbe in ihr Schreiben ein (und betonen damit die Gleichwertigkeit von verbalen und non-verbalen theatralischen Zeichen). Das Illusionstheater wird durchbrochen und das Theater schafft seine eigenen Raum-, Zeit- und Körperkonzepte, die nur bedingt auf eine außertheatrale Wirklichkeit verweisen, hingegen das eigene Spiel selbstreflexiv aufdecken.[65] Im Zentrum des Theaters steht der Körper, was Thomas Mann als starke Sinnlichkeit des modernen Theaters wahrnimmt und als Dekonstruktion des Autors auf dem Theater kritisiert. Frank Wedekind und später Antonin Artaud vertreten aus literarischer, Artur Kutscher aus theatertheoretischer Perspektive diese Position. Noch eine zweite, alternative Reaktion der Autoren auf die Abkehr des Theaters vom Drama zeigt sich: Repräsentativ dafür setzt sich Thomas Mann – auch in der Theaterpraxis mit *Fiorenza* – für eine Episierung des Theaters ein.

Maske, Chor, Tanz
Vorschläge zur ästhetischen Erneuerung des Theaters

Die Jahre, in denen Thomas Manns und Artur Kutschers theatertheoretische Essays entstehen, sind also eine wichtige Umbruchphase in der Theatertheorie und

---

[63] Ebd., S. 33 und 85. Dabei kann freilich kritisch angemerkt werden, dass gerade das Theater der Jahrtausendwende und des frühen 21. Jahrhunderts sich wieder auf die Literatur besinnt und postdramatischen Tendenzen zum Teil neue Dramatisierungsversuche entgegenstellt. Vgl. Weiler, Postdramatisches Theater (zit. Anm. 59), S. 248.

[64] Kutscher beruft sich dezidiert darauf: Die Ausdruckskunst der Bühne (zit. Anm. 17), S. 13.

[65] Lehmann, Postdramatisches Theater (zit. Anm. 59), S. 82 und 285 ff.

Theaterästhetik, was zur Gründung der Theaterwissenschaft beiträgt. Zeitgleich findet eine wirtschaftliche, institutionelle und rechtliche Theater-Reform-Bewegung statt. Eine Flut von Theatergründungen, ausgelöst durch die Einführung der Gewerbefreiheit im Jahr 1869, die wachsende Anzahl von Kinos als Konkurrenz zu den Bühnen[66] und die kulturpolitische Idee eines deutschen Nationaltheaters entfachen die Diskussion um eine Verbesserung der Arbeitsbedingungen von Schauspielern und eine Kommunalisierung bzw. stärkere staatliche Subventionierung von Theatern (forensisch festgelegt in einem neugestalteten „Reichstheatergesetz", das 1911 als Gesetzesvorlage vorbereitet wird, jedoch durch den Kriegsausbruch 1914 nicht mehr im Reichstag verhandelt werden kann).[67]

Nicht nur juristisch, auch ästhetisch ist man auf der Suche nach der ‚neuen Bühne'. Thomas Mann und Artur Kutscher machen wie manche andere konkrete Vorschläge für die „neuesten theatralischen Reformbestrebungen" (14.1, 159), wobei Thomas Mann die Innovationsleistung der Münchner Theaterszene richtig einschätzt, wenn er diagnostiziert, dass die nachhaltigen Erneuerungen dabei weniger von den Dramatikern als vielmehr von den Theaterpraktikern, „von Künstlern, Architekten, Maschinisten und Regisseuren" (14.1, 166f.), ausgehen. Dennoch gedenken auch ein Autor wie Thomas Mann und ein Theaterwissenschaftler wie Artur Kutscher, durch die Beantwortung der Frage „Wie wird sie aussehen, diese neue Bühne?" (14.1, 163) den sich neu strukturierenden Theaterdiskurs konstruktiv zu verändern.

War Hebbel für beide der gedankliche Ausgangspunkt bei der Unterscheidung von Drama und Theater, findet sich eine gemeinsame argumentative Basis für Thomas Manns und Artur Kutschers Beschäftigung mit der ‚neuen Bühne': die Kritik an einer illusionistischen Inszenierungspraxis der Gegenwart, die – sei es im Naturalismus, sei es im Musiktheater der Zeit, sei es durch die Meininger Schule[68] – mit aufwendiger Bühnenausstattung versucht, eine angebliche Wirklichkeit auf der Bühne detailgetreu abzubilden.

---

[66] In der Spielzeit 1913/14 gibt es im deutschen Reich – je nach Zählung – mindestens 460, wahrscheinlich sogar mehr als 600 Theater. Dem Theater-*Boom* steht eine große Zahl von Kino-Neugründungen zur Seite; 1900 existieren im Kaiserreich etwa 30, 1910 bereits 480 Kinos. Vgl. Brauneck, Die Welt als Bühne (zit. Anm. 3), Bd. 4, S. 242 und 248. Eine treffende Schilderung der theatersoziologischen Veränderungen findet sich auch bei Kutscher, Die Ausdruckskunst der Bühne (zit. Anm. 17), S. 19ff.

[67] Brauneck, Die Welt als Bühne (zit. Anm. 3), Bd. 3, S. 642ff.

[68] Thomas Mann nimmt die Querelen der Ensemblemitglieder am Bayerischen Staatsschauspiel wahr: die textgetreu-realistische Inszenierungspraxis der Meininger Gruppe (einer Abspaltung der Theaterreform des Hoftheaters Meiningen unter Leitung von Georg Herzog II. von Sachsen-Meiningen, der eine historisierend-werkgetreue, illusionistische Inszenierungspraxis vertritt) und einer Avantgardebewegung, den „Modernen" – beide am Münchner Prinzregenten- und Residenztheater. Vgl. *[Was dünkt Euch um unser Bayerisches Staatstheater?]*, 15.1, 295–298. Auch Artur Kutscher äußert sich über die Meininger: Die Ausdruckskunst der Bühne (zit. Anm. 17), S. 34ff.

Ein beeindruckendes Theatererlebnis sei, so Thomas Mann, unter diesen Bedingungen nur dann möglich, wenn der Zuschauer mit großer Anstrengung die groteske Mimikry der Bühnenkulissen – beispielsweise den künstlichen Moosteppich – verdränge und sich den eigenen Phantasiebildern – des Waldes – überlasse (14.1, 140 f.). Einem pseudo-illusionistischen, insbesondere naturalistischen Detailrealismus setzen Mann und Kutscher dieselbe, an Schiller geschulte, Polemik entgegen, indem sie ironisch eine Art olfaktorisches Theater entwerfen: Kutscher schlägt vor, den Zuschauerraum mit „[f]rischen Zwiebeln" auszustatten;[69] Thomas Mann fordert: „Gorkis ‚Nachtasyl‘ müßte stinken" (14.1, 161).

Statt eines solchen etwas eigenwilligen ‚Theaters der Sinne‘ macht Thomas Mann auch ernst gemeinte Vorschläge für eine Reform des Theaters. Er entwickelt sozusagen einen Drei-Punkte-Plan: 1) De-Sakralisierung des Theaters, 2) Rückführung des Theaters zu seinen Ursprüngen, 3) idealisierende Stilisierung.

Das Theater ist durch pseudoromantische Sakralisierung zu einem „Haus der Mysterien" (14.1, 117) geworden, das es zu entzaubern gilt. Neben der Inszenierungspraxis des zeitgenössischen Musiktheaters, etwa der Wagner-Aufführungen, kritisiert Thomas Mann in Bezug auf das Schauspiel v. a. das Münchner Künstlertheater von Georg Fuchs. Georg Fuchs gehört zu den schillerndsten Theaterreformern des 20. Jahrhunderts.[70] Neben einer bahnbrechenden Ästhetik der Theaterraumgestaltung steht eine problematische Kollektiv-Ideologie, die ihn später in die Arme des Nationalsozialismus führen wird. Mit kulturkritischem Blick auf die eigene Gegenwart fordert Fuchs, den mediokren Alltag des Menschen im Theater kultisch zu überhöhen. Zur Durchsetzung dieser Forderung gründet Fuchs mithilfe des „Vereins Münchner Künstler-Theater" und aus Anlass der Ausstellung „München 1908" ein neues Schauspielhaus, das der Stararchitekt Max Littmann, selbst erklärtes Mitglied der Theaterreformbewegung, nach Fuchs' Vorstellungen plant: das Münchner Künstlertheater auf der Theresienhöhe. Am 16. Mai 1908 wird es mit Goethes *Faust* eröffnet, schon bald, 1909, wegen der Auflösung des Vereins, jedoch an Max Reinhardt verpachtet, als dessen Dramaturg Fuchs fortan häufig arbeitet.[71] Fuchs' Avant-

---

[69] Kutscher, Friedrich Hebbel als Kritiker des Dramas (zit. Anm. 17), S. 102 f. Zu Kutschers ambivalenter Haltung gegenüber dem Naturalismus vgl. Artur Kutscher: Ueber den Naturalismus und Gerhart Hauptmanns Entwicklung, in: Gerhart Hauptmann. Kritische Studien, hrsg. von Otto Reier, Hirschberg: Schlesische Druck- und Verlagsanstalt 1909 (= Schlesische Heimatblätter, Sonderheft), S. 1–7.

[70] Zum Folgenden vgl. Brauneck, Die Welt als Bühne (zit. Anm. 3), Bd. 3, S. 638 ff. und 652 ff.

[71] Theatergeschichtlich noch zu wenig erarbeitet ist der große Einfluss, den Fuchs' Konzept des Theaterfestspiels im Sinne eines Massentheaters und ‚Volkstheaters‘ *en pleine air* auf Max Reinhardts monumentales „Theater der Fünftausend" gehabt haben könnte. Vgl. Kutscher, Die Ausdruckskunst der Bühne (zit. Anm. 17), S. 85. – Kutscher diskutiert dort die *Faust*-Aufführung detailliert: ebd., S. 94 ff.

garde-Projekt des Künstlertheaters besteht daher nur für kurze Zeit, hat aber große Wirkung.

Fuchs' Theaterreform-Ideen spiegeln sich idealtypisch in der Theaterarchitektur. Fuchs entwirft in den Schriften *Die Schaubühne – ein Fest des Lebens* (1899), *Die Schaubühne der Zukunft* (1905) und *Die Revolution des Theaters* (1909) die Utopie, eine Festspielbühne für das Volk zu schaffen, in dem sich die Zuschauer „als rhythmisch bewegte [völkische] Rausch-Gemeinschaft"[72] erleben. Littmann plant analog dazu ein Arenatheater mit einem am antiken Amphitheater orientierten Zuschauerraum, in dem ein Gemeinschaftsgefühl der Zuschauer unterstützt wird. Die Bühnenrampe wird abgeschafft, dafür der Orchestergraben versenkt, was gleichermaßen ein ekstatisches Einheitserlebnis des Publikums mit dem ‚kultischen' Bühnengeschehen unterstützen und eine emotionale Interaktion von Bühne und Zuschauerraum ermöglichen soll. Darüber hinaus geht es Fuchs, wie Littmann, um eine Demokratisierung des Theaters. Das Künstlertheater erhält 642 Plätze, die allen Zuschauern eine gleich gute, ja perspektivisch geradezu zwingende Sicht zur Bühne garantieren.[73] Auf hierarchisch gestaltete Ränge, Logen und Repräsentativdekors wird möglichst verzichtet. Die Folge ist ein vergleichsweise günstiger Theaterbau, der – zusätzlich zu bewusst billigen Inszenierungen – niedrige Eintrittspreise gestattet und dadurch zur Demokratisierung des Theaters beiträgt. Fuchs' Theaterreformideen fußen, wie unschwer zu erkennen ist, auf der zeitgenössischen architekturtheoretischen Diskussion der Theater-Reformbewegung um 1900[74] ebenso wie auf der Auseinandersetzung mit Richard Wagners Bayreuth-Projekt.

[72] Lenz Prütting: Die Revolution des Theaters. Studien über Georg Fuchs, München: Kitzinger 1971 (= Münchener Beiträge zur Theaterwissenschaft, Bd. 2), S. 150.

[73] Vgl. die detaillierte Beschreibung in: Kutscher, Die Ausdruckskunst der Bühne (zit. Anm. 17), S. 85 f. Kutschers Schriften bieten theatergeschichtlich höchst interessante, da stimmige Schilderungen der zeitgenössischen Theaterlandschaft ebenso wie innovative Stellungnahmen zu theatertheoretischen Debatten. Kutschers Äußerungen zum Spielleiter im Kontext des damals sich langsam etablierenden Regietheaters sind ein treffendes Beispiel dafür (ebd., S. 114ff.). – Das Münchner Künstlertheater wurde 1944 zerstört. Zur Zusammenarbeit von Fuchs und Littmann vgl. auch den von beiden gemeinsam entwickelten „Querschnitt eines Volks-Festspielhauses" in: Georg Fuchs: Die Sezession in der dramatischen Kunst und das Volksfestspiel. Mit einem Rückblick auf die Passion von Oberammergau, München: Müller 1911, S. 80; Brauneck, Die Welt als Bühne (zit. Anm. 3), Bd. 3, S. 639; Erika Fischer-Lichte: Kurze Geschichte des deutschen Theaters, Tübingen/Basel: Francke 1993 (= Uni-Taschenbücher, Bd. 1667), S. 264.

[74] Rund um den Bau von Littmanns Münchner Prinzregententheater entzündet sich beispielsweise eine reformorientierte Debatte. Littmann plante das Prinzregententheater zwar durchaus vor dem Hintergrund von aktuellen Reformtheater-Theorien und wollte ein modernes Festspieltheater entwerfen, in dem Wagners Werk Wagners Theaterreform gemäß gespielt werden konnte. Der Architekt konnte aber aus kulturpolitischen Gründen und aus Rücksichtnahme auf den aufstrebenden Tourismus nicht – wie im Künstlertheater – ganz auf Logen und repräsentative Dekors verzichten, was in München durchaus kritisch diskutiert wurde. Brauneck, Die Welt als Bühne (zit. Anm. 3), Bd. 3, S. 637 f. und 646 ff.

Bahnbrechend und noch innovativer als eine Adaption Wagnerscher Theaterpläne ist Fuchs' Reform des Bühnenraums, das Konzept der „Reliefbühne". Sie verzichtet auf illusionistisch gemalte Kulissen, Schnürboden, Oberbühne und aufwendige Dekorationen. Stattdessen setzt Fuchs in geringer Bühnentiefe (die Bühne des Künstlertheaters misst nur 8,70 Meter in der Tiefe und 10 Meter in der Breite!)[75] auf eine stilisierte, flächige Bühnenbildmalerei. Architektonisch klar und an die plakative Malerei des Jugendstils angelehnt, skizziert sie einen Schauplatz, ohne ihn auszuführen, ja entrückt ihn in eine sphärisch anmutende Ferne (so TMS I, 179). Die Reliefbühne bedient sich des antirealistischen Illusionsbruchs und stellt ein Theater der Andeutung dar, was Artur Kutscher präzise erfasst: „Alle Dekoration [in Fuchs' Künstlertheater] hat nur den Zweck, anzudeuten, ein Zeichen für die Bedeutung zu geben."[76]

So ausgefeilt Fuchs' Konzept des Bühnenraums ist, so wenig findet sich in seinen Schriften zu einer Reform der Dramaturgie, Regie und Schauspielkunst. Fuchs betont höchstens das Tänzerische und Rhythmische in der Darstellung und fordert vom Schauspieler, sich in ein tranceartiges Rauschempfinden zu versetzen und so in seinem Spiel Zonen des Unbewussten zu erreichen.[77] Der Körper des Schauspielers steht dabei beinahe kultisch im Mittelpunkt.

Zusammenfassend fordert Fuchs programmatisch eine Retheatralisierung des Theaters,[78] was in einem weiteren Schritt zur Theatralisierung des Lebens führen soll. Eine Theaterreform bereitet eine Lebensreform hin zum Rauschhaften, Völkisch-Kollektiven und Kultischen vor, was neuerlich Fuchs' Vorwegnahme einer faschistischen Theatralik und Ideologie bezeugt.[79] Diese Seite ist Thomas Mann an Georg Fuchs' Theaterreform suspekt, so kritisiert er Fuchs als einen an Wagner orientierten, ironielosen ‚Kunstgewerbler'. Die Kulisse sei bei Fuchs wichtiger als das Schauspiel – was in der Tat nicht ganz von der Hand zu weisen ist. Fuchs' Forderung an den Schauspieler, den Tanz und Bewegungsrhythmus des Körpers zu betonen, rügt Thomas Mann als „schauspielerische Nacktkultur" und unstatthafte „Verherrlichung des Leibes" (TMS I, 181; 189). Fuchs' Inszenierungspraxis stellt eine jener zeitgenös-

---

[75] Kutscher, Die Ausdruckskunst der Bühne (zit. Anm. 17), S. 82.

[76] Artur Kutscher beschreibt die Reliefbühne des Künstlertheaters wie folgt: „Die ganze Szene also mit Ausnahme der Hintergründe besteht aus plastischem Material und geht jeder Tiefenillusion aus dem Wege, vermeidet also die künstliche Perspektive. Der Schauplatz erscheint nie größer als er ist. Versatzstücke und Requisiten bestehen aus echtem Material und nicht aus Pappe und Flitter." (Ebd., S. 84.)

[77] Brauneck, Die Welt als Bühne (zit. Anm. 3), Bd. 3, S. 640.

[78] Vgl. Fuchs' Motto „Rethéâtraliser le théâtre" zu seiner 1905 erschienenen Schrift *Die Schaubühne der Zukunft*, wiederaufgenommen 1909 in *Die Revolution des Theaters*.

[79] Balme, Modernität und Theatralität (zit. Anm. 2), S. 110; Fischer-Lichte, Kurze Geschichte des deutschen Theaters (zit. Anm. 73), S. 261 ff.

sischen Sakralisierungen des Theaters dar, die, so Thomas Mann, entzaubert werden müsse.

Neben der De-Sakralisierung fordert Thomas Mann eine Rückbesinnung des Theaters auf seine Herkunft, die im Ritus, in der Zeremonie und im Mysterienspiel liegt. Dabei geht es nicht um eine erneute Mystifizierung. Mann macht vielmehr konkrete und sehr pragmatische Vorschläge wie die Auflösung der drei Einheiten hin zu einer Fülle von Handlungssträngen (14.1, 161 ff.) sowie das Experimentieren mit alternativen Spielstätten und Zeitkonzepten. Man könne beispielsweise mehrtägige Aufführungen unter freiem Himmel veranstalten, bei denen das Publikum wie im alten Mysterienspiel fluktuiert (14.1, 135). Thomas Mann spricht sich hier für Theaterspiel *en pleine air* als avantgardistisches Kunstprojekt aus, nimmt aber Abstand von der zeitgenössischen Laienbewegung des Freilicht-Theater-Spiels. Diese sei „[e]xtatischer Dilettantismus" (TMS I, 199)[80] und nur in professionalisierter Form akzeptabel – eine Einschätzung, die Artur Kutscher mit ähnlich großem Interesse für professionelles Volkstheater unter freiem Himmel teilt.

Ähnlich wie Kutscher und andere Theaterreformer zu Beginn des 20. Jahrhunderts beschäftigt sich Mann mit dem Medium des Volkstheaters. Rückkehr des Theaters zu seinem Ursprung heißt für Thomas Mann auch Rückkehr zum Volkstümlichen, freilich nicht im Sinne von Wagners Bayreuther Reform des Musiktheaters,[81] sondern als „volkstümliche Reform der [...] *Schauspiel-*bühne" (14.1, 159), die auf eine „Naivisierung und Simplifizierung, eine poetische *Verkindlichung* des Theaters" (14.1, 167) ausgerichtet ist.[82] Dahinter steht

---

[80] Vgl. auch die Ablehnung einer öffentlichen Stellungnahme dazu aus dem Jahr 1909: *[Die künstlerischen und kulturellen Möglichkeiten des Freilichttheaters]*, 14.1, 201. Vertreter der Freilichttheater-Bewegung – etwa Friedrich Lienhard, dessen Artikel *Sommerfestspiele* im Periodikum Die Freilicht-Bühne. Zeitschrift für Naturtheater- und Bühnenreform-Bestrebungen vom 15. Mai 1909 Thomas Mann nachweislich kannte – beriefen sich Anfang des 20. Jahrhunderts häufig auf die Oberammergauer Passionsspiele als Vorbild und forderten eine in den Naturraum integrierte Bühne. Auch Lienhard lehnte übrigens den Dilettantismus von Schauspielern und Dichtern der Freilichtbühnen ab und forderte deren Professionalisierung, was Thomas Mann in den Notizen zu *Geist und Kunst* lobend erwähnt (TMS I, 198 ff.).

[81] Thomas Manns Forderung nach neuer Volkstümlichkeit im Sprechtheater darf nicht absolut gesetzt werden. In den Notaten zu *Geist und Kunst* wird auch erhebliche Kritik an einer übersteigerten Volkstümlichkeit – an einem Populismus Richard Wagners, Gerhart Hauptmanns und Heinrich Manns – laut (TMS I, 175, 195, 184 etc.). Vgl. ebd., S. 161: Volkstümlichkeit sei eine „romantische Velleität", die „den Mittelstand mit dem Volk ver[]wechselt". Solche Kritik ist bei Thomas Mann zumeist auch Selbstkritik, gerade im Hinblick auf den „Drang nach Popularität" (ebd., S. 133 und 162): „Manches im Grunde Selbstkritik. Viele der kritisierten Tendenzen auch in mir. Damit, daß ich sie klarstelle, verneine ich sie noch nicht. [...] Gegen sichselbst [sic] sprechen, polemisieren."

[82] Vgl. in Bezug auf die Münchner Theaterszene auch *München als Kulturzentrum* (1926), in: X, 223.

eine Spielart des Primitivismus („Die Besten flüchten sich zu den ganz primitiven Formen des Theaters zurück", 14.1, 160), genauer: die „Bemühungen von heute um das Puppen-, das Krippen-, das Schattenspiel" (14.1, 167), wie sie Mann auf Münchner Bühnen beobachtet.

An die Forderungen der De-Sakralisierung des Theaters und der Rückführung des Theaters zu seinen Ursprüngen, auch in die Volkstümlichkeit, schließt sich konsequent die 3. Forderung nach Stilisierung und Idealisierung des Theaters an. Statt eines Ausstattungstheaters plädiert Thomas Mann, ein Wort Richard Wagners uminterpretierend, für ein Theater der „Andeutung" (14.1, 160). Durch wenige, gezielt platzierte Requisiten und Kulissen wird ein Schauplatz nur symbolisch umrissen und eine Wirklichkeitsmimikry negiert (ebd.). Mit dem Ziel des antinaturalistischen Illusionsbruchs zeigt sich Thomas Mann offen für ungewöhnliche Versuche mit alternativen Bühnenräumen – im Sinne von einem *reliefartige[n]* Bühnenbild", einem „alten, nach allen Seiten offenen Schauplatz" oder Spielstätten außerhalb des Theaters (14.1, 163). Hier wird die neuartige Reliefbühne des – ansonsten von Thomas Mann kritisierten – Georg Fuchs ebenso vorbildhaft wie Max Reinhardts Münchner Gastspiele in Freiluft-Arenen und in Fuchs' Künstlertheater auf der Theresienhöhe.[83] Trotz Fuchs' ,Körperkult' reduziert ein seiner Reliefbühne verwandtes Bühnenbild des symbolischen Andeutens selbst die von Thomas Mann wiederholt beanstandete allzu dominante Sinnlichkeit des Theaters und aktiviert die Phantasie des Zuschauers (14.1, 163 und 142).

Neben Fuchs' Reliefbühne und Max Reinhardts Gastspielen erwähnt Thomas Mann die Schwabinger Schattenspiele von Alexander von Bernus und Will Vesper (14.1, 160) sowie das Krippenspiel des Münchner Regietalents Otto Falckenberg als vorbildhaft für ein Theater der Andeutung, das zu den Ursprüngen des Theaters zurückkehrt und zugleich eine antiillusionistische, idealisierende Stilisierung verwirklicht.

Die 1907 gegründeten Schwabinger Schattenspiele verstehen sich als Avantgardetheater von Münchner Autoren, Schauspielern, Musikern und bilden-

---

[83] Max Reinhardt inszeniert 1910–1912 antike Dramen in einer Zirkusarena (15.1, 373; 15.2, 255) sowie jeweils im Sommer 1909–1912 bei den Münchner Festspielen auf der Reliefbühne des Künstlertheaters (TMS I, 131 f., 179 und 207). Thomas Mann interpretiert Max Reinhardts Theaterkonzept geradezu als Gegenbild des Wagnerschen. Gemeinsamkeiten wie eine Ästhetik der Langsamkeit, die epische Handlungsführung, Detailreichtum und Volkstümlichkeit verlaufen in Reinhardts Produktionen – im Gegensatz zum Werk Richard Wagners – konstruktiv: TMS I, 206 sowie 226 f. (Reinhardt) und 167 (Wagner). Bezug nehmend auf die interessante These Deterings und Stachorskis, in Thomas Manns Reinhardt-Porträt sei ein Selbstbild eingeschrieben (14.2, 303 ff.), liegt die Aschenbach-Parallele (und damit die Nähe zu einem weiteren Selbstbild Thomas Manns) auf der Hand, wenn Thomas Mann Reinhardts künstlerisches Produzieren mit „Zähigkeit, Arbeit, Willensdauer" beschreibt (TMS I, 206).

den Künstlern. Auch sie sind auf der Ausstellung „München 1908" mit einem eigenen Theater vertreten und spielen an 156 Tagen weit über 400 Vorstellungen.[84] Otto Falckenbergs *Deutsches Weihnachtsspiel* wird im Dezember 1906 im Münchner Alten Rathaus aufgeführt (14.1, 162). Unter den Zuschauern befindet sich neben Thomas Mann wahrscheinlich Artur Kutscher. Kutscher wird Falckenbergs *Deutsches Weihnachtsspiel* in seiner Aufführungsgeschichte fortan begleiten und selbst bei dessen Inszenierung mitwirken; mindestens eine Aufführung unter Leitung und Beteiligung Artur Kutschers im Dezember 1916 ist belegt.[85]

Thomas Manns Interesse für diese Theaterformen zeigt seine Idee einer neuen antiillusionistischen Theaterästhetik, die Sinnlichkeit und Geistigkeit, archaische Naivität und Intellekt harmonisch verbindet (14.1, 160f.) sowie zu einer eigenen „Veredelung, Entrückung, Vergeistigung, Stilisierung" findet (14.1, 165). Ihr Inbegriff ist für Thomas Mann die Maske des antiken Theaters und französischen Klassizismus, deren erneuten Einsatz auf zeitgenössischen Bühnen er anregt (ebd.). Eine Maske, die traditionellerweise Mund und Augen ausspart und alle anderen Zonen des Gesichts mit hauchdünnem, künstlerisch gestaltetem Material bedeckt, betont und abstrahiert die Mimik des Schauspielers. Ähnliches geschieht in Bezug auf die Gestik durch Chor- und Tanz-Elemente, für die Thomas Mann später, 1929 in der *Rede über das Theater*, ebenfalls plädiert (X, 298; TMS I, 200).

Obwohl Thomas Mann immer wieder Theaterschelte betreibt[86] und sich selbst als Romancier und nicht als Dramatiker oder Theaterpraktiker versteht, wird in seinen Vorschlägen zur Erneuerung des Theaters ein Ideal sichtbar, das Thomas Mann Ende 1912 in einer Schrift *Zu „Fiorenza"* als „das dritte Reich" der All-Synthese entwirft (14.1, 348f.). In ihm sind die Antithesen naiv und sentimentalisch, „Geist und Kunst", „Erkenntnis und Schöpfertum, Intellektualismus und Einfalt, Vernunft und Dämonie, Askese und Schönheit" versöhnlich verschmolzen: „Denn der Dichter ist die Synthese selbst" (14.1, 349) – natürlich der Romancier, aber im Hinblick auf eine ‚neue Bühne' gilt das auch für den Theaterkünstler. In den 1920er Jahren verstärkt sich diese These Thomas Manns noch: Seine Diagnose der Gegenwart als „Zeit des Überganges, der Analyse, der Auflösung" mit ihrer Suche nach Vereinigung von Kunst und

---

[84] Schwabing. Kunst und Leben um 1900 [Katalog zur Ausstellung im Münchner Stadtmuseum], hrsg. von Helmut Bauer, München: Münchner Stadtmuseum 1998, S. 158–163.

[85] Kutscher, Der Theaterprofessor (zit. Anm. 4), S. 135.

[86] Freilich betont Thomas Mann desgleichen seine „lebenslange, nie ermüdete, aus jeder Sättigung oder Enttäuschung sich in ursprünglicher Frische wiederherstellende sinnlich-geistige Liebesneigung" zum Theater (X, 285). Das Theater bleibt für ihn „ein menschliches Urphänomen, unentbehrlich, unzerstörbar" (X, 920).

Leben, ihrem „Einheits"-Willen, arbeitet dem zu. Theater erhält nun hohes, aktuelles Utopiepotential, wenngleich für Thomas Mann nach wie vor der Roman die adäquate Gattung der Gegenwart ist.[87]

Auch Artur Kutscher ist auf der Suche nach der ‚neuen Bühne'; die Inszenierungspraxis der Gegenwart sei dringend reformbedürftig.[88] Kutscher versteht sich selbst als Vertreter der Münchner Theaterreformbewegungen jener Phase[89] und spricht sich dezidiert für eine De-Sakralisierung des Theaters, eine Rückführung zu seinen Ursprüngen und eine Stilisierung aus. Kutscher interpretiert einige dieser Aspekte zwar anders als Thomas Mann, greift aber auf dieselben Beispiele der Münchner Theaterszene zurück: Georg Fuchs' Künstlertheater, die Gastspiele Max Reinhardts, die Schwabinger Schattenspiele, Otto Falckenbergs Weihnachtsspiel. Eine Theaterform rückt dabei noch stärker in den Blickpunkt als bei Thomas Mann: das Tanztheater.

Auch Kutscher will das Theater zu seinen Ursprüngen zurückführen, nur liegen diese andernorts, als Thomas Mann sie vermutet: im Mimus und im Tanz. Deshalb würdigt Kutscher alle Gattungen des zeitgenössischen Theaters, die auf den Mimus verweisen, wie Tanz, Pantomime und die volkstümlichen Elemente der *Commedia dell'Arte*-Tradition, mit denen Max Reinhardt experimentiert.[90] Trotz der Besinnung auf die mimischen Wurzeln des Theaters in Reinhardts Regiearbeiten wertet Kutscher Reinhardts Münchner Produktionen aber als vereinseitigend ab. Kutscher rügt daran einen „Mangel an Sprechkultur"[91] und entwirft damit – wie in seiner Hebbel-Habilitation und wie Thomas Mann in *Zu „Fiorenza"* – ein Ideal der Mitte: Die ideale Inszenierung verbinde den Mimus mit der „Sprache des dramatischen Dichters".[92]

Kutscher beobachtet zudem, wie Thomas Mann, schon früh die Hinwendung der Avantgarde zum Puppentheater und Schattenspiel. In diesen Theater-Formen spielt freilich der Mimus eine untergeordnete Rolle, was Kutscher

---

[87] Vgl. dazu die *Rede über das Theater* (X, 296 ff. und 293); noch in *Ich glaube an das Theater* (1938) betont Thomas Mann die Verbindung von Sinnlichkeit und Geistigkeit im Bühnengeschehen (X, 920).

[88] Kutscher, Ueber den Naturalismus und Gerhart Hauptmanns Entwicklung (zit. Anm. 69), S. 7.

[89] Kutscher, Der Theaterprofessor (zit. Anm. 4), S. 79.

[90] Kutscher, Die Elemente des Theaters (zit. Anm. 35), S. 123. Zu Max Reinhardt als Theaterreformer vgl. ebd., S. 92 f. und Kutscher, Die Ausdruckskunst der Bühne (zit. Anm. 17), S. 42 ff. Vgl. auch bereits Artur Kutscher: Über Zweck und Stil des alten Spiels von „Jedermann", in: Jedermann am Münchener Hof- und Nationaltheater, hrsg. von Gerhard Amundsen, München: Delphin [1912] (= Beiträge zur Theatergeschichte), S. 5–8, 7; Artur Kutscher: Die comédia dell'arte und Deutschland, Emsdetten (Westfalen): Lechte 1955 (= Die Schaubühne. Quellen und Forschungen zur Theatergeschichte, Bd. 43).

[91] Kutscher, Die Ausdruckskunst der Bühne (zit. Anm. 17), S. 52.

[92] Kutscher, Die Elemente des Theaters (zit. Anm. 35), S. 123.

aus seinem Verständnis des Dramas heraus kritisiert.[93] Deshalb spricht sich Kutscher gegen Thomas Manns Forderung aus, auf der Bühne wieder Masken „nach Art der Griechen" einzusetzen:

> Schon Sebastian Mercier in seinem ‚Essay sur l'art dramatique', den Heinrich Leopold Wagner 1776 übersetzte, handelt davon, und neuerdings hat auch Thomas Mann diesen Vorschlag allen Ernstes wieder gemacht. Er will, daß die Züge des Darzustellenden stilisiert auf diese Maske gemalt werden, und daß der Schauspieler also nur mit der Stimme und Gebärde handle.[94]

Die Maske widerspricht Kutschers Idee des Mimus: „Die Maske einführen hieße, sich der Ausdrucksmöglichkeit des Gesichts berauben".[95] Zur erforderlichen Stilisierung trage die Mimik des Schauspielers wie die Schminke genügend bei und bedürfe keiner Verstärkung durch Masken.

Interessanter als Schatten- oder Maskenspiel findet Kutscher daher das zeitgenössische Tanztheater, insbesondere den Münchner Autor und Theaterreformer Hans Brandenburg mit seinem Projekt eines „Wort- und Tanzspiels" sowie die Schwabinger Ausdruckstänzerin Mary Wigman, die zusammen mit Rudolf von Laban in München und im Sommer auch in Monte Verità am Lago Maggiore eine ganzheitliche, individualistische Tanzkunst jenseits normierter Choreographien entwickelt.[96]

Neben der De-Sakralisierung und Rückführung des Theaters auf seinen Ursprung (bei Kutscher auf den Mimus und Tanz) spielt – unter Bezugnahme auf Thomas Mann? – eine antiillusionistische Stilisierung in Kutschers Theaterreformplänen eine große Rolle.[97] Um das zu erläutern, bezieht sich Kutscher in *Die Ausdruckskunst der Bühne* wie Thomas Mann in seinem *Versuch über das Theater* auf Rodin, der das Abbild der Natur in seiner Kunst leicht übersteigere und dadurch stilisiere („In diesem Sinne ist das Kunstwerk erhöhtes, potenziertes Leben"),[98] – wobei Kutscher, erneut in deutlicher Auseinandersetzung mit Thomas Mann, Stilisierung nicht mit Idealisierung verwechselt haben möchte.[99]

---

[93] Kutscher, Stilkunde des Theaters (zit. Anm. 8), S. 123 und 132.
[94] Kutscher, Die Ausdruckskunst der Bühne (zit. Anm. 17), S. 212.
[95] Ebd., S. 212 f.
[96] Vgl. den Prospekt für Labans „Schule für die Kunst" in Ascona bzw. Monte Verità. Zitiert nach: Bauer, Schwabing (zit. Anm. 84), S. 155. Vgl. zum Folgenden ebd., S. 154–157; Kutscher, Die Elemente des Theaters (zit. Anm. 35), S. 123 f.
[97] Vgl. zum Folgenden Kutscher, Der Theaterprofessor (zit. Anm. 4), S. 77 f.; Kutscher, Die Ausdruckskunst der Bühne (zit. Anm. 17), S. 149 ff.
[98] Kutscher, Die Ausdruckskunst der Bühne, S. 155.
[99] Ebd., S. 156 f.

Insbesondere Georg Fuchs' Münchner Künstlertheater, das sich im Bühnenbild so dezidiert gegen die „Dekorations- und Illusionsbühne des 19. Jahrhunderts" wendet, wird von Kutscher bejaht. Fuchs' antirealistische visuelle Stilisierung in der Reliefbühne macht ihn für Kutscher zum Wegbereiter einer neuen Theaterästhetik.[100] Ähnlich wie Thomas Mann kritisiert Kutscher jedoch, dass Fuchs seiner Reform von Bühnenbild und Theaterarchitektur keinen Entwurf für Regie und Schauspielkunst folgen ließ.[101] – Ein anderes BühnenraumKonzept, das Kutscher favorisiert, trifft sich ebenfalls mit Thomas Manns Interessen: das professionalisierte „Naturtheater", Theaterspiel unter freiem Himmel unter Einbeziehung „der umgebenden Naturszenerie".[102] Kutscher sammelt mit seinem Kreis selbst Inszenierungserfahrungen mit dem Naturtheater,[103] was Thomas Mann sicherlich bekannt ist.

Kutschers Motivation für diese Reformvorschläge ist unter anderem ein ähnliches Ideal der Mitte und Synthese, wie es auch Thomas Mann für den Theaterschaffenden reklamieren wird. Mit Friedrich Hebbel geht Kutscher von der geistigen *„Idee"* als *„Grundbedingung"* der Kunst, als wichtiges Abstraktionsund Reflexionsmoment aus.[104] Um sie hervorzuheben, gibt es unterschiedliche dramatische Mittel. Kutscher bespricht (mit Hebbel) aber nur eines genauer: den Chor der antiken Tragödie, dessen Verlust in der modernen Dramatik nicht nur Kutscher, sondern auch Thomas Mann bedauert.[105] Zur Relevanz der Idee kommt ein zweites Charakteristikum des Theaters hinzu: das „Lebendige und Sinnliche".[106] In Abgrenzung von Positionen, wie sie Thomas Mann vertritt, fordert Kutscher in seinem Münchner Vortrag *Die Kunst und unser Leben* (1909 veröffentlicht), die Idee nicht über die Sinnlichkeit des Theaters zu stellen: „Der Reichtum und die Fülle der Lebenskräfte ist die Grundvoraussetzung zum künstlerischen Schaffen überhaupt."[107] Damit tut sich zwar eine deutliche Differenz zu Thomas Manns Kritik an der überbordenden Sinnlichkeit des Theaters auf,[108]

---

[100] Ebd., S. 87, 166ff. und 218.

[101] „[D]ie Regie ließ manches, die Schauspielkunst sozusagen alles zu wünschen übrig". (Ebd., S. 55.)

[102] Artur Kutscher: Das Naturtheater. Seine Geschichte und sein Stil, in: Die Ernte. Abhandlungen zur Literaturwissenschaft. Franz Muncker zu seinem 70. Geburtstage, hrsg. von Fritz Strich und Hans Heinrich Borcherdt, Halle an der Saale: Niemeyer 1926, S. 325–337, 327.

[103] Kutscher, Das Naturtheater (zit. Anm. 102), S. 327 und S. 334f.

[104] Kutscher, Friedrich Hebbel als Kritiker des Dramas (zit. Anm. 17), S. 96 und 99.

[105] Ebd., S. 99.

[106] Ebd., S. 104ff., Zitat S. 104.

[107] Artur Kutscher, Die Kunst und unser Leben (zit. Anm. 17), S. 10f. Vgl. Kutscher, Friedrich Hebbel als Kritiker des Dramas (zit. ebd.), S. 188f.

[108] Auch in anderem Zusammenhang kritisiert Kutscher den „differenzierten Nervenmenschen" und das körperfeindliche „Aesthetentum" des *Fin de Siècle*, dem er eine Lebensideologie entgegenstellt, die an Heinrich Mann und Frank Wedekind erinnert: Kutscher, Die Kunst und unser Leben (zit. Anm. 17), S. 44. Vgl. noch Kutscher, Die Elemente des Theaters (zit. Anm. 35), S. 13.

Kutscher geht grundsätzlich aber von einem ähnlichen (und sowohl bei Thomas Mann als auch bei Artur Kutscher an Hebbel und Goethe[109] geschulten) Ideal der Mitte aus, das eine Balance oder Vereinigung von abstrakter Idee und konkreter Sinnlichkeit im Theater aufruft. Es geht Kutscher – in den Worten Hebbels – um „die schöne Mittelstufe, auf der die Erscheinung sich in ihrem vollen Rechte behauptet, ohne das Gesetz, aus dem sie hervorging, darum zu verdunkeln oder gar zu ersticken".[110] Auch darstellungstechnisch vertreten Thomas Mann und Kutscher ein Ideal der „Mitte zwischen Idealismus und Naturalismus".[111]

⁎

In den Fragen nach dem Ursprung des Theaters, der Abgrenzung von Drama und Theater, den Kommentaren zur Münchner Theaterszene und den konkreten Vorschlägen zur Reform der Bühne wird ein wechselseitiger Austausch Artur Kutschers und Thomas Manns über das Theater sichtbar. Thomas Mann nimmt die eigenwilligen Formexperimente der Münchner Theaterszene interessiert und detailliert wahr.[112] Mehr noch: Der *Versuch über das Theater* besticht trotz der bekannten Theaterschelte Thomas Manns mit einem hochaktuellen Kenntnisstand und einer erstaunlichen Offenheit für die zeitgenössische Theateravantgarde. Auch bleibt Thomas Manns Essay für diese Theateravantgarde nicht wirkungslos. Mindestens[113] Artur Kutscher nimmt ihn intensiv zur Kenntnis und nutzt ihn als Identifikationsgrundlage wie als Reibungsfläche zur Entwicklung der eigenen theatertheoretischen Positionen. Sein Essay *Die Ausdruckskunst der Bühne* von 1910 ist dabei nicht irgendeine Nebenarbeit, sondern stellt eine der ersten Schriften der deutschen Theaterwissenschaft dar. Es wäre natürlich vermessen zu behaupten, diese Disziplin sei in ihren Anfängen maßgeblich durch Thomas Mann geprägt worden – auch würde das die innovative Leistung Artur Kutschers auf unzutreffende Weise schmälern. Aber

---

[109] In *Die Kunst und unser Leben* traut Kutscher mit Goethe der Kunst zu, „eine Synthese von Welt und Geist" zu erzielen, Einheit zu stiften, eine von konkreten gesellschaftlichen Systemen unabhängige Ethik zu realisieren, in der das Lebensvoll-Sinnliche seinen Platz hat. Kutscher, Die Kunst und unser Leben (zit. Anm. 17), S. 24 f.

[110] Kutscher, Friedrich Hebbel als Kritiker des Dramas (zit. Anm. 17), S. 109. Dort kursiv.

[111] Ebd., S. 110. Vgl. Kutscher, Die Kunst und unser Leben (zit. Anm. 17), S. 28.

[112] Ettinger stellt umfassend zusammen, wie häufig Thomas Mann in den Münchner Jahren im Theater war (Ettinger, Der Epiker als Theatraliker [zit. Anm. 43], S. 38 ff.).

[113] Weitere theatertheoretische Schriften aus dem Münchner Umkreis wären für einen Vergleich mit Thomas Manns Theater-Essays interessant, neben Schriften Georg Fuchs', Otto Falckenbergs und Max Reinhardts für *Geist und Kunst* vor allem Karl Wolfskehls *Über das Drama*, erschienen in den Blättern für die Kunst, Karl Schefflers *Bühnenreform, Festspielhaus, Unterhaltungsthea-ter*, erschienen in Bühne und Welt, und Richard Dehmels Essay *Theaterreform*, erschienen in der Neuen Rundschau. Die Texte werden von Thomas Mann selbst erwähnt (TMS I, 170 und 189).

Thomas Manns *Versuch über das Theater* trägt nachweislich und nennenswert zur Schärfung wichtiger theaterwissenschaftlicher Positionen zu Beginn des 20. Jahrhunderts bei.

Die Zeit, in der Kutscher und Mann in München implizit wie explizit über das Theater diskutieren, ist zudem eine der interessantesten Phasen der deutschen Theatergeschichte, findet doch geradezu ein Paradigmenwechsel statt. Er äußert sich in der Theaterreformbewegung der Volkstheater-Architektur, des antiillusionistischen Bühnenbildes, des aufkommenden Regietheaters und der neuen körperbetonten Schauspielkunst. Eine moderne und noch heute bemerkenswerte Form der Theatralität etabliert sich, vor allem aber ist jene Phase die Geburtsstunde des „postdramatischen Theaters". Artur Kutscher erkennt das sehr genau, wenn er schreibt: „Der Sturz des alten, der Bau des neuen Theaters bereitet sich vor. [...] [N]ie ist das ‚Theater' der Dichtung so gefährlich gewesen wie in unserer Zeit." Eine „*alte*" dramen-, sprich: literaturlastige Inszenierungspraxis wandle sich zur neuen Bühne, die das Theater mit „*rein mimischer Auffassung*" betreibe.[114] Hier deutet sich eine Re-Theatralisierung und damit Ent-Literarisierung des Theaters an, mit der eine Theatralisierung außerliterarischer Diskurse – wie Sport oder Politik – korrespondiert. Auch in diesem Aspekt wird in Thomas Manns und Artur Kutschers Essays über das Theater Charakteristisches für ihre Zeit und Inspirierendes für theatertheoretische Fragen selbst unserer Gegenwart sichtbar.

---

[114] Kutscher, Die Ausdruckskunst der Bühne (zit. Anm. 17), S. 217, 17 und 23 f.

Hans Wißkirchen

„Er wird wachsen mit der Zeit ..."

Zur Aktualität des *Buddenbrooks*-Romans

Vorab sei die Bemerkung erlaubt, dass der Titel dieses Beitrags sehr bewusst gewählt wurde. In einer Zeit, in der die großen deutschen Staats- und Stadttheater Thomas Manns *Buddenbrooks* als einen der Saisonschwerpunkte auf ihre Spielpläne nehmen, in der – wie in diesem Jahr in Lübeck – große Teile der inzwischen vierten Verfilmung in Deutschland umgesetzt worden sind, in so einer Zeit muss man vom *Buddenbrooks*-Roman sprechen, wenn man sich dem Werk philologisch nähert. Das meint im Umkehrschluss: Das *Buddenbrooks*-Drama, der *Buddenbrooks*-Film oder sonstige Adaptionen des Romans werden in den folgenden Ausführungen keine große Rolle spielen.

Zur Erklärung der erstaunlichen Karriere des Romans hilft ein Blick auf seine Anfänge. Die waren schwierig. Nicht nur, dass der Verleger Samuel Fischer den Roman erst nur unter der aus heutiger Sicht geradezu banausischen Prämisse veröffentlichen wollte, dass der junge Autor ihn um die Hälfte kürzte, auch der Großteil der ersten Kritiken wusste nichts mit dem Buch anzufangen. Mit einer Ausnahme. Im Berliner Tageblatt schrieb Samuel Lublinski 1902 die folgenden zum damaligen Zeitpunkt noch prophetischen Sätze:

Er wird wachsen mit der Zeit und noch von vielen Generationen gelesen werden: eines jener Kunstwerke, die wirklich über den Tag und das Zeitalter erhaben sind, die nicht im Sturm mit sich fortreißen, aber mit sanfter Überredung allmälig und unwiderstehlich überwältigen.[1]

Dieser interpretatorische Zugriff hat Epoche gemacht, nicht nur bei Thomas Mann, sondern auch bei anderen Lesern. So etwa bei Franz Werfel, der am 9. Januar 1944 in einem Brief an Thomas Mann schrieb:

Wahrlich, die Buddenbrooks sind unsterblich. Sie haben die herrliche Eigenschaft organischer Substanz, mit der Zeit zu wachsen. Von Welken ist nichts zu spüren. Ich habe diesem Buch vier *volle* Tage zu verdanken, die es der Leere meines gegenwärtigen Daseins geschenkt hat. (BrAu, 518)

---

[1] Samuel Lublinski: Thomas Mann. Die Buddenbrooks, in: Berliner Tageblatt, Jg. 31, H. 466, 13.9.1902.

Auch hier, wie fast 50 Jahre zuvor, wird die Wachstumsmetapher benutzt, ein von heute aus gesehen romantisch-konservativer Begriff, der aber den Grund des Erfolges der *Buddenbrooks* durchaus angemessen benennt.

Denn was durch modischen Zugriff von außen in seiner Zeit oft sehr schnell aktuell wird, das wird wohl selten bleiben – zumindest nicht die gut einhundert Jahre, die die *Buddenbrooks* nun schon im Bewusstsein der Leser geblieben sind. Dieses Buch ist dauerhaft, bleibend, ein Klassiker – so sollen wir die beiden Lobesäußerungen wohl lesen, weil keine Zuschreibungen von außen ihm einen fremden Sinn zugeteilt haben, sondern weil die Eigengesetzlichkeit des Werkes über nun beinahe elf Jahrzehnte in der Lage war, sich jede Gegenwart auf eine vom Roman definierte Art und Weise zu eigen zu machen. Dem Buch wuchsen die Bedeutungen zu, die eine aktuelle Lesergeneration in ihm finden konnte. Dass diese aktuellen Bedeutungen offenbar stets zu finden waren und dass man auch heute immer noch Neues finden kann, das macht das Bleibende und die Aktualität der *Buddenbrooks* aus. Wie also sieht diese Aktualität bei der heutigen Lektüre des Romans aus?

Die Anschlussfähigkeit von *Buddenbrooks* für den aktuellen Leser ist von einer enormen Bandbreite. Da wäre zum einen sicherlich das Familienthema, das momentan die Politik auf eine Art dominiert, die man sich vor einigen Jahren noch nicht vorstellen konnte.[2] Das Bruderthema ist zweifelsohne ebenfalls eines mit Ewigkeitsgarantie. Im Folgenden soll jedoch ein anderer Grund für die Aktualität von *Buddenbrooks* beleuchtet werden: Das Thema *Bürgerlichkeit*.

Der Begriff hat insbesondere in den letzten Jahren durch die Debatte um die sogenannte ‚Neue Bürgerlichkeit‘ für Aufsehen gesorgt. Fragt man nach der Bürgerlichkeit von *Buddenbrooks*, dann wird man zuallererst auf eine zentrale Debatte der Forschungsgeschichte rekurrieren müssen, die ihren Ausgang in der berühmten Selbstinterpretation Thomas Manns in seinen *Betrachtungen eines Unpolitischen* nimmt. Dort spricht er davon, dass er die Entwicklung des deutschen *Bürgers*, der bis zur Reichsgründung 1871 dominierte, zum *Bourgeois*, dem harten Kapitalisten, der sich unter dem wirtschaftlichen Aufschwung in Deutschland im letzten Drittel des 19. Jahrhunderts zunehmend herausbildete, „ein wenig verschlafen" habe. Er kenne nur den ersten Typus, den ihm das abseitige Lübeck in aller Ausführlichkeit gleichsam zur Beobachtung in der eigenen Familiengeschichte bereitgestellt habe. (XII, 141 ff.) Den Verfall einer Kaufmannsfamilie und die damit einhergehende Entwicklung vom Bürger zum Künstler, das habe er darstellen wollen, „und wenn ich neben

---

[2] Vgl. hierzu aktuell: Heide Lutosch: Ende der Familie – Ende der Geschichte. Zum Familienroman bei Thomas Mann, Gabriel García Márquez und Michel Houellebecq, Bielefeld: Aisthesis 2007.

den Verfallsbürger den Aufstiegsbürger, den Neuankömmling, Aufkäufer und
Nachfolger stellte, so geschah es flüchtig und ohne daß ich an diesem Gegentyp
in irgendeinem Sinne sonderlich teilgenommen hätte". (XII, 140)

Hier ist von den Hagenströms, den großen Rivalen der Buddenbrooks, die
Rede, und es war Georg Lukács, der gegen diese Deutung Einspruch erhoben
und das Buch gegen die Selbstinterpretation des Autors in Schutz genommen
hat. Hagenström, so Lukács, sei die Inkarnation des *Bourgeois*, und die gesamte
zweite Hälfte der *Buddenbrooks* drehe sich doch letztlich nur um die Frage,
wer die wirklichen Bürger seien, die Buddenbrooks oder die Hagenströms.[3]
Dieser Ansicht ist gefolgt, aber auch widersprochen worden.[4] Insbesondere
Jürgen Kuczynski, der Doyen der marxistischen Wirtschaftsgeschichte, hat
kategorisch erklärt, dass die Geschichte der Familie Buddenbrook keinerlei
Anspruch erheben könne, „ein Stück Seelengeschichte des europäischen Bürgertums überhaupt" zu sein, wie Thomas Mann es in seiner Rede *Lübeck als
geistige Lebensform* behauptet hatte. (XI, 383) Er spricht dem Buch in Fragen
der Bürgerlichkeit jegliche Repräsentativität ab. Die entscheidenden Arbeiten
der neueren Forschung sind ihm hierin gefolgt. Sie haben damit freilich das
Kind mit dem Bade ausgeschüttet. Denn auch wenn Kuczynski im Recht ist,
und ich bestreite das ausdrücklich nicht, hätte man fragen müssen: Unter welchen Voraussetzungen ist dem Buch eine solche Repräsentativität abzuspre-
chen?

Kuczynski selbst erläutert diese Voraussetzungen folgendermaßen: „Das
Buch ist für die Geschichte des Bürgertums absolut uncharakteristisch und
untypisch, wenn wir unter der Geschichte einer Klasse einen sozialökonomi-
schen Prozeß verstehen."[5] Das aber verstand Thomas Mann fraglos nicht unter
dem Bürgertum, und auch in weiten Teilen der aktuellen soziologischen und
historischen Diskussion ist dieses Verständnis nicht mehr aktuell.

Dass der Roman in dieser Hinsicht ein wachsendes Potential aufweist, dass
er seinem Interpreten dergestalt voraus ist, dass er Formen der bürgerlichen
Ökonomie und deren Bewältigung durch den Einzelnen in den Blick nimmt,
die heute aktueller denn je sind, das zeigt sich etwa an der folgenden Roman-
stelle, die Kuczynski als Beleg für das Unbürgerliche der Haltung von Thomas
Buddenbrook deutet. Thomas Buddenbrook erklärt seiner Schwester Tony,

---

[3] Georg Lukács: Auf der Suche nach dem Bürger, in: ders.: Thomas Mann, Berlin: Aufbau 1953,
S. 17.

[4] Inge Diersen und Hans Mayer etwa vertreten in ihren Interpretationen eine ähnliche Meinung,
Eckhard Heftrich dagegen verweist auf die Willkür, mit der die Buddenbrooks „von Lukács in das
Korsett seiner marxistischen Observanz eingeschnürt wurde[n]". (1.2, 216)

[5] Jürgen Kuczynski: Thomas Mann. Drei Studien über die Entwicklung des historischen
Bewusstseins eines Humanisten des deutschen Bürgertums, in: ders.: Gestalten und Werke. Sozio-
logische Studien zur deutschen Literatur, Berlin/Weimar: Aufbau 1969, S. 268.

dass er eine Partie Roggen sehr unvorteilhaft verkauft habe. Wie immer reagiert Tony aufmunternd:

,Oh, das kommt vor, Tom! Das passiert heute, und morgen bringst du's wieder ein. Sich dadurch gleich die Stimmung verderben zu lassen ...'
    ,Falsch, Tony', sagte er und schüttelte den Kopf. ,Meine Stimmung ist nicht unter Null, weil ich Mißerfolg habe. *Umgekehrt*. Das ist mein Glaube, und darum trifft es auch zu.' (1.1, 472)

Dass die innere Stimmung, also der Überbau, die ökonomische Basis bestimmen kann, ist für den Marxisten Kuczynski natürlich nicht vorstellbar. In der Welt des Romans wird aber gerade diese Wechselwirkung überzeugend dargestellt. So steigt Thomas Buddenbrooks Stimmung immens, als er den Kauf der Pöppenrader Ernte abgewickelt hat und er – in seinem Enthusiasmus über diesen *Coup* – den Konkurrenten Hagenström in der Bürgerschaft glatt an die Wand redet. Was hier im Roman so überzeugend dargestellt wird, entspricht dabei durchaus der Realität. So weiß jeder, der sich mit der aktuellen Wirtschaftsentwicklung beschäftigt, dass die Psychologie, dass die sogenannten Stimmungen der Märkte, einen ganz wesentlichen Faktor der wirtschaftlichen Entwicklung darstellen. Hier wächst dem Roman aus dem Heute eine aktuelle Bedeutung zu, die als ein Potential in ihm angelegt war. Hier behält er im Nachhinein Recht gegen eine Interpretation, über die die Zeit im wahrsten Sinne des Wortes hinweggegangen ist.
    Wir müssen also neu ansetzen, wenn wir nach der Bürgerlichkeit des Romans fragen, und können uns nicht mit den alten Antworten, die vor allem auf dem Ökonomischen basieren, zufrieden geben. Es muss stattdessen mit anderen Kategorien argumentiert werden, die sich freilich ebenfalls auf Thomas Mann berufen können, der nämlich in den *Betrachtungen* die bürgerliche Repräsentativität seines Buches trotz aller Schläfrigkeit gerettet hatte. Er hatte, durch die Lektüre von Werner Sombart und Max Weber aufmerksam geworden, das Problem des Leistungsethikers als zentrales Element der modernen Bürgerlichkeit Thomas Buddenbrooks und damit seines Romans ausgemacht. Allerdings ergänzt er, dass er das von den beiden Soziologen Erforschte ohne dessen Kenntnis in seinem Werk *vorweggenommen* habe, und er benennt auch seinen *Cicerone*, der ihm diesen Weg gewiesen habe: Friedrich Nietzsche. Damit ist eine Spur gelegt, der es zu folgen lohnt.
    Schon sehr früh, im Jahr 1895, hatte Thomas Mann die Roman-Geschichte erstmals *in nuce* als eine Familien- und Verfallsgeschichte konzipiert. Von Politik und gesellschaftlicher Relevanz war damals noch keine Rede. Doch hatte der gerade Zwanzigjährige schon eine Haltung zu seinem Stoff. So heißt es

am Ende der ersten Romankonzeption: „Das nennt man Degeneration. Aber ich finde es verteufelt nett.“ (1.2, 16) Schon hier kann man erkennen – und Eckhard Heftrich hat darauf hingewiesen, dass sich die große und anhaltende Bedeutung Thomas Manns auch daraus speist –, dass Thomas Mann ganz klar einen Unterschied erkannte, den viele seiner Zeitgenossen nur vernebelt wahrnahmen und den heute immer weniger Menschen überhaupt als einen Gegensatz in den Blick nehmen, da er von den Medien zunehmend eingeebnet wird: Den Unterschied zwischen Leben und Kunst, zwischen Wirklichkeit und Gestaltung. Die Degeneration – oder wie man damals schöner sagte: die Dekadenz – bejahte Thomas Mann als ästhetisches Phänomen. Als Lebensphänomen lehnte er sie für sich ab und verwirklichte den Aufstieg zum weltberühmten Schriftsteller. In der Kunst verhielt er sich jedoch streng nach dem Diktum, das schon die Romantiker kannten und das auch heute noch, von der Fernsehästhetik bis zur Lokalzeitung, seine Gültigkeit hat: Das Verstörende, Regellose und Krankhafte, das Skandalöse und Normwidrige, das Schlimme und Traurige, eignet sich wesentlich besser zur Erzählung als das Gesunde, dem oft etwas Langweiliges innewohnt.

Die *Buddenbrooks* sind ohne Nietzsche nicht zu verstehen. „Verfall einer Familie“ lautet der Untertitel und „Abwärts“ hatte gar der Arbeitstitel für den entstehenden Roman gelautet. Näher kann man an die Dekadenztheorie Nietzsches nicht herankommen. Bei diesem heißt es:

Wir sehen heute Nichts, das grösser werden will, wir ahnen, dass es immer noch abwärts, abwärts geht, in's Dünnere, Gutmüthigere, Klügere, Behaglichere, Mittelmässigere, Gleichgültigere, Chinesischere, Christlichere [...].[6]

Gegen dieses Abwärts leben die Buddenbrooks an. Ihre zentralen Abwehrmittel sind „Stil“ und „Vornehmheit“ als die Insignien ihrer Bürgerlichkeit. Sie basieren auf dem „Pathos der Distanz“, das Nietzsche als zentrales Element der Vornehmheit ausgemacht hatte. In *Jenseits von Gut und Böse* findet sich ein ganzes Kapitel über die Vornehmheit. Thomas Mann kannte es. Schon im Notizbuch von 1895 sind Exzerpte aus diesem Nietzsche-Text verzeichnet.[7] Diese Distanz ist der Familie Buddenbrook von Beginn an eigen. Sie macht sich nicht mit den anderen gemein. Vor allem Tony Buddenbrook zieht hier immer wieder die Grenzen. Vornehmheit ist dabei für sie eine zentrale Kategorie. Schon zu Beginn des Romans, als ihre Pensionatszeit bei Sesemi Weich-

---

[6] Friedrich Nietzsche: Zur Genealogie der Moral, in: ders.: Sämtliche Werke. Kritische Studienausgabe in 15 Bänden, hrsg. von Giorgio Colli und Mazzino Montinari, München/Berlin: Deutscher Taschenbuch Verlag/de Gruyter 1980, Bd. 5, S. 278.

[7] Vgl. 1.2, 28.

brodt geschildert wird, weist der Erzähler mit Nachdruck darauf hin, wenn er von der Bewunderung spricht, die Tony Armgard von Schilling gegenüber aufbringt:

Von Schilling zu heißen, welch ein Glück! Die Eltern hatten das schönste alte Haus der Stadt, und die Großeltern waren vornehme Leute; aber sie hießen doch ganz einfach ,Buddenbrook' und ,Kröger', und das war außerordentlich schade. Die Enkelin des noblen Lebrecht Kröger erglühte in Bewunderung für Armgards Adel, und im Geheimen dachte sie manchmal, daß für sie selbst dieses prächtige ,von' eigentlich viel besser gepaßt haben würde, – denn Armgard […] dachte gar nicht daran; sie war durchaus nicht vornehm, sie machte nicht den geringsten Anspruch darauf, sie hatte keinen Sinn für Vornehmheit. Dieses Wort ,Vornehm' saß erstaunlich fest in Tonys Köpfchen, und sie wandte es mit anerkennendem Nachdruck auf Gerda Arnoldsen an. (1.1, 95)

Die Vornehmheit wird dann im Verlauf der Geschichte auch immer wieder zum Ausdruck gebracht, wenn das Besondere, das Ausgezeichnete der Buddenbrooks herausgestellt werden soll. So etwa, wenn Tony zu Thomas in das neue Haus in der Beckergrube kommt und sich vom Glanze des Interieurs bezaubern lässt:

Aber sie schritt zuvor noch am Comptoireingang vorbei, ein wenig nach rechts, dorthin, wo über ihr das kolossale Treppenhaus sich aufthat, dieses Treppenhaus, das im ersten Stockwerk von der Fortsetzung des gußeisernen Treppengeländers gebildet ward, in der Höhe der zweiten Etage aber zu einer weiten Säulengalerie in Weiß und Gold wurde, während von der schwindelnden Höhe des ,einfallenden Lichtes' ein mächtiger, goldblanker Lustre herniederschwebte … ,Vornehm!' sagte Frau Permaneder leise und befriedigt, indem sie in diese offene und helle Pracht hineinblickte, die ihr ganz einfach die Macht, den Glanz und Triumph der Buddenbrooks bedeutete. (1.1, 469)

Die Distanzierung ist eine spezielle Eigenart der Buddenbrooks, die jedoch von anderen durchaus kritisch wahrgenommen wird. „,Finden sie nicht, Liebe, daß die Buddenbrooks ein bißchen allzu exklusiv sind?'", fragt etwa Frau Hagenström die Senatorin Möllendorpf nach einem Zusammentreffen mit Tony Buddenbrook und Morten Schwarzkopf am Strand von Travemünde. (1.1, 144) Dabei ist es eine der Pointen des Romans, dass es fast ausschließlich Tony ist, der man zweifelsohne keine Nietzsche-Lektüre nachsagen kann, die den Begriff des Stils und der Vornehmheit mit aller Naivität, die ihr eigen ist, ganz im Sinne Nietzsches anwendet. Als geheime Kennerin Nietzsches stellt Tony den Sinn der Vornehmheit her. Für Nietzsche sind in der Moderne diejenigen vornehm, die das Schicksal begünstigt hat oder die sich um Stil bemühen. Die Vornehmen im Sinne Nietzsches bewahren nach dem Ende der aristokratischen Gesellschaft den „letzte[n] Edelsinn".[8] Von daher ist es möglich, mit Stil und intellektuellem Ansehen ein fehlendes Adelsprädikat leichthin wieder aufzuwiegen – viel eher und viel leichter als durch Reichtum. Das sind für Nietzsche – und man kann sagen auch für den Thomas Mann der *Buddenbrooks* – die wahren Insignien der Bürgerlichkeit.

Das zeigt sich insbesondere am Ende des Romans. Als es mit Thomas Buddenbrooks Gesundheit bergab geht, verordnet ihm Doktor Langhals im Herbst einige Wochen Aufenthalt in Travemünde. Christian begleitet ihn. Das Wetter ist schlecht und regnerisch und die Stimmung traurig und bedrückt. Gelegentlich bekommt Thomas Buddenbrook Besuch aus der Stadt, etwa von Senator Doktor Gieseke, einem Schulkameraden Christians, und von Konsul Peter Döhlmann. An einem besonders trüben Nachmittag sitzen die vier Herren zusammen und diskutieren die aktuellen Stadtereignisse. So auch die Wahl von Alfred Lauritzen, „in firma Stürmann & Lauritzen, Colonialwaren en gros & en détail" zum Senator. Thomas Buddenbrook ist mit dieser Wahl gar nicht einverstanden. Lauritzen sei ohne Frage ein guter Kaufmann, so lautet seine Argumentation, aber das allein genüge nicht:

,Aber das Niveau sinkt, ja, das gesellschaftliche Niveau des Senats ist im Sinken begriffen, der Senat wird demokratisiert, lieber Gieseke, und das ist nicht gut. Kaufmännische Tüchtigkeit thut es doch nicht so ganz, meiner Meinung nach sollte man nicht aufhören, ein wenig mehr zu verlangen. Alfred Lauritzen mit seinen großen Füßen und seinem Bootsmannsgesicht im Ratssaal zu denken, beleidigt mich ... ich weiß nicht, was in mir. Es ist gegen alles Stilgefühl, kurzum, eine Geschmacklosigkeit.' (1.1, 735)

Thomas Buddenbrook verlässt hier die rein ökonomische Argumentationsebene, er verlässt damit auch die Welt der Hagenströms und der anderen kaufmännisch weitaus erfolgreicheren Lübecker Kaufleute. Er argumentiert mit rein ästhetischen Nietzsche-Kategorien wie „Stil" und „Geschmack". Damit ist ein Begriff vom Bürger ins Spiel gebracht, der durchaus aktuelle Anknüpfungspunkte bietet. Das sehr deutsche Wort „Bürger" hat im Grunde immer eine Doppelbedeutung, die in den französischen Begriffen *Bourgeois* und *Citoyen* zum Ausdruck kommt. Da ist zum einen der über die Ökonomie definierte Bürger, der in freier Selbstverantwortung sein Geschäft betrieb, Gewinne machte, aber auch das Risiko dieser wirtschaftlichen Tätigkeit zu tragen hatte. Und dann gab es den politischen Bürger, der als vollberechtigtes Mitglied einer politischen Gemeinschaft Verantwortung zu tragen hatte. Beide Bürgerbegriffe waren oft nicht deckungsgleich und standen in der Geschichte häufig in einem

---

[8] Friedrich Nietzsche: Die fröhliche Wissenschaft, in: ders.: Sämtliche Werke (zit. Anm. 6), Bd. 3, S. 417.

Spannungsverhältnis. Schon vor diesem Hintergrund ist eine rein ökonomische Ableitung des Bürgerbegriffes, wie Kuczynski sie vornimmt, unzureichend.

Im Lübeck des Romans, in der Figur eines Thomas Buddenbrook, sind beide Begriffe über weite Strecken deckungsgleich. Nur der wirtschaftlich erfolgreich Tätige konnte in Lübeck am politischen Leben teilnehmen. Es ist daher kein Zufall, dass Thomas Buddenbrook am Ende des Romans einen dritten, einen anderen Blick auf das Bürgertum wirft. Er tut dies zu einem Zeitpunkt, als die wirtschaftliche Erfolgslosigkeit auch den politischen Bürger immer stärker tangiert. In der Not bleibt nur die Kunst, die auf Nietzsche basierende Stilkritik. Doch dabei bleibt es nicht. Diese Stilkritik bietet eine Aktualisierung im Hinblick auf die gegenwärtigen Debatten um die Neue Bürgerlichkeit.

So konstatiert etwa der Historiker Paul Nolte in seinen jüngsten Arbeiten ein strukturell nicht ganz unähnliches Phänomen. Er schildert den Niedergang der bürgerlichen Mitte, den wir im neuen Jahrtausend beobachten können. In einem Gespräch mit Ralf Dahrendorf spricht er von einer neuen Bürgerlichkeit, die jenseits von *Bourgeois* und *Citoyen* aus dem Niedergang der bürgerlichen Mitte resultiert:

Schon vor 1969 haben sich Ralf Dahrendorf und andere mit einer Entbürgerlichung auseinandergesetzt. Bürgerlichkeit war etwas Kleinbürgerliches geworden, emblematisch verdichtet beispielsweise im ‚gutbürgerlichen Essen‘. Dieser Prozess setzte sich fort hin zu einer starken Mitte in Deutschland, die aber gegenwärtig immer stärker entbürgerlicht ist. Diese Mitte war zunächst kleinbürgerlich, heute eher diffus antibürgerlich, manchmal sogar neoproletarisch. Im Extremfall gehören zu dieser Mitte auch Verhaltensphänomene einer neuen Unterschicht. Und weil diese Mitte in ihrem Habitus – hierarchisch formuliert – nach unten durchgereicht worden ist, taucht als Gegenbewegung die Neubetonung des Bürgertums wieder auf; man will es, kritisch-selbstkritisch gesprochen, wieder elitärer profilieren. Diese Kontroverse haben wir im Moment: Wie elitär oder wie inklusiv wollen wir das Bürgerliche?[9]

Es ist eine durchaus zulässige Zuspitzung, wenn man behauptet: Thomas Buddenbrook steht mit seiner kontroversen Äußerung über den Niveauverlust des Lübecker Senats am Anfang dieser Traditionslinie, die bürgerliche Werte eben nicht mehr nur über die Ökonomie und die Politik definiert, sondern darin eine *Lebenshaltung* fasst, die auch jenseits dieser beiden Bereiche gründet.

Stellt man die Frage nach der Bürgerlichkeit der Buddenbrooks, muss natürlich auch die Familie Hagenström näher betrachtet werden. Über sie hat die Forschung ein eindeutiges Urteil gesprochen – was in einem eigenartigen

---

[9] Ralf Dahrendorf/Paul Nolte: Bürgerlichkeit in Deutschland. Ein Gespräch über die bürgerliche Gesellschaft, Religion, engagierte Intellektuelle und Generationserfahrungen nach 1945, in: Vorgänge. Zeitschrift für Bürgerrechte und Gesellschaftspolitik, Jg. 44, H. 2 (Juni 2005), S. 3–20.

Gegensatz zu der Tatsache steht, dass es nur ganz wenige Arbeiten gibt, die sich intensiv mit dieser großen Gegenfamilie des Romans auseinandersetzen. Ohne Frage drückt sich in ihrer Beschreibung der Antisemitismus des jungen Thomas Mann aus und natürlich gibt es Wagner-Anklänge. Doch damit ist die Bedeutung dieser Familie noch nicht ausreichend erfasst. Abschließend sei daher versucht, einen neuen Blick auf die Hagenströms in ersten Umrissen zu skizzieren.

Die Mitglieder der Familie Hagenström sind durchaus auch Lübecker Bürger und keine Manchesterkapitalisten der Gründergeneration, wie es sie zeitgleich in Berlin und anderen Großstädten gab, also nicht die Vertreter der *Bourgeoisie*, die Lukács in ihnen sah. Ihre Bedeutung geht aber weit über das hinaus, was man – den Selbstäußerungen Thomas Manns folgend, der ihre Marginalität ja behauptet hatte – bisher konstatiert hat. Bei näherer Betrachtung wird deutlich, dass die Hagenströms als Kontrastfolie vom Beginn des Romans an immer präsent sind. Keines der einschneidenden Familienereignisse der Buddenbrooks – Tonys Schulbesuch, ihre Liebe zu Morten, ihre beiden Ehen, der Kauf des neuen Hauses, der Versuch, mit dem Kauf der Pöppenrader Ernte auf dem Halm die alte Stärke zurückzugewinnen und natürlich der Kulminationspunkt der Senatorenwahl, um nur einige zu nennen – kommt ohne den Verweis auf die Hagenströms aus. Der Glanz der Buddenbrooks, er scheint erst vor diesem Hintergrund in seiner ganzen Strahlkraft.[10]

Dabei werden die Hagenströms nicht ausschließlich negativ geschildert. Die Ablehnung der Familie wird vor allem von Tony transportiert, die seit dem erzwungenen Kuss von Hermann Hagenström und der fürchterlichen Zitronensemmel, die dabei eine entscheidende Rolle spielte, ihren Hass auf die Familie Hagenström kultiviert. Sie ist sich darin einig mit dem Großvater. Die späteren Buddenbrooks sind weniger radikal und erkennen die Leistung der Hagenströms durchaus an, wie übrigens auch der Erzähler. Dabei werden jedoch die Unterschiede fein markiert. Es sind Unterschiede des Bürgersinns, die auch heute noch, vielleicht gerade wieder, die Modernität der Bürgerlichkeit von *Buddenbrooks* abermals belegen, denn sie äußern sich in zwei Formen des Engagements, die auch die heutige Debatte prägen.

Hermann Hagenström ist ein praktischer Mensch. Er bewohnt keines der alten Patrizierhäuser, diese Raumverschwendung lehnt er ab. Sein Haus ist „neu" und jedes „steifen Stils bar". Und der Erzähler ergänzt:

---

[10] Vgl. dazu Ernest M. Wolf: Hagenströms. The Rival Family, in: ders.: Magnum Opus. Studies in the Narrative Fiction of Thomas Mann, New York/Bern/Frankfurt am Main: Lang 1989, S. 3–27.

Das Neuartige und damit Reizvolle seiner Persönlichkeit [...] war der liberale und tolerante Grundzug seines Wesens. Die legere und großzügige Art, mit der er Geld verdiente und verausgabte, war etwas anderes als die zähe, geduldige und von streng überlieferten Prinzipien geleitete Arbeit seiner kaufmännischen Mitbürger. Dieser Mann stand frei von den hemmenden Fesseln der Tradition und Pietät auf eigenen Füßen, und alles Altmodische war ihm fremd. (1.1, 450)

Zur Restaurierung mittelalterlicher Bausubstanz Geld in der Bürgerschaft zu bewilligen, das ist nicht seine Sache, aber die erste Gasbeleuchtung im Haus, die stammt von ihm. Es ist kein schlechtes Bild, das hier von Hermann Hagenström gezeichnet wird, aber dennoch gehören die Sympathien des Erzählers Thomas Buddenbrook. Sein Prestige – so heißt es im Roman – ist „anderer Art":

Er war nicht nur er selbst; man ehrte in ihm noch die unvergessenen Persönlichkeiten seines Vaters, Großvaters und Urgroßvaters, und abgesehen von seinen eigenen geschäftlichen und öffentlichen Erfolgen war er der Träger eines hundertjährigen Bürgerruhmes. (1.1, 451)

Hagenström hat keinen Großvater, die Familie taucht plötzlich auf, wie aus dem Nichts. Sie hat keine Tradition, sondern nur die eigene Leistung. Auch dieser Unterschied wird im Roman zum Ausdruck gebracht, ebenso wie der Stil und die intellektuelle Leistung im Sinne Nietzsches der Bürgergründung der Buddenbrooks hinzugefügt werden. Denn es ist die „leichte, geschmackvolle und bezwingend liebenswürdige Art" (1.1, 451), in der Thomas Buddenbrook den Bürgerruhm der Familie repräsentiert, die als der entscheidende Grund seines Erfolges genannt wird. Wir sprechen heute mehr denn je von der Bürgergesellschaft, von der Tatsache, dass sich der Einzelne für das Gemeinwohl engagieren muss, weil der Staat allein dazu nicht mehr in der Lage ist. Wie eine solche Bürgerlichkeit aussehen kann, auch das zeigen *Buddenbrooks*, auch das lebt Thomas Buddenbrook gleichsam vor. Und darin wird schließlich deutlich, dass die Bürgerlichkeit Thomas Buddenbrooks ihren Ausgang zwar bei Nietzsche nimmt, aber nicht dort verharrt, sondern mit ihren sozialen Aspekten darüber hinaus reicht. Stil, Intelligenz und Tradition gehen hier eine ganz eigene Verbindung ein.

Doch auch die Familie Hagenström ist nicht nur neu, modern und liberal. Bei aller Modernität der Lebensführung kann auch sie auf das Ansehen, den Glanz nicht ganz verzichten. Dass die Vornehmheit der Buddenbrooks, die ihrer Bürgerlichkeit Halt gibt, Züge des Adels aufweist, das hatte Thomas Mann bei Nietzsche lesen können. Und abermals ist Tony die naive Propagandistin dieser Lehre im Roman, die noch dadurch erhöht wird, dass Tony selbst ihre unerfüllte Liebe, Morten Schwarzkopf, in dem folgenden Zitat als

Kronzeugen ihres aristokratischen Selbstverständnisses anführt. Im großen Gespräch mit dem Bruder Thomas nach der Rückkehr aus München und vor der zweiten Scheidung von Alois Permaneder kommt sie, wie so oft, auf das Besondere der Buddenbrooks zu sprechen:

,Ihr habt euch zuweilen über meine Vorliebe für den Adel moquiert … ja, ich habe in diesen Jahren oft an einige Worte gedacht, die mir vor längerer Zeit einmal Jemand gesagt hat, ein gescheuter Mensch. ,Sie haben Sympathie für die Adligen…' sagte er, ,soll ich Ihnen sagen, warum? Weil Sie selbst eine Adlige sind! Ihr Vater ist ein großer Herr und Sie sind eine Prinzeß. Ein Abgrund trennt Sie von uns Anderen, die wir nicht zu Ihrem Kreise von herrschenden Familien gehören…' Ja, Tom, wir fühlen uns als Adel und fühlen einen Abstand […].' (1.1, 425)

Dass die Manns und die Buddenbrooks die deutschen *Royals* sind, bleibt natürlich eine maßlose Übertreibung der Boulevardpresse. Und dennoch: Das Faszinierende der Buddenbrookschen Bürgerlichkeit liegt nicht zuletzt auch darin begründet, dass sie Züge des Adels tragen, dass sie eine Sehnsucht befriedigen, die bis heute in unserer so entzauberten Welt virulent ist. Tony als Prinzessin – das ist sicher einer der Gründe für den andauernden Erfolg des Romans, und es ist ein Grund, der mit der Romangenese, seiner Gründung bei Nietzsche, auf das Engste verbunden ist. Es ist mithin eine Aktualisierung, die sich ohne jede Einschränkung auf die Logik der Dichtung berufen darf.

Davon kann sich auch der so traditionslose Hermann Hagenström nicht frei machen. Auch wenn er noch so oft betont, dass es rein praktische Überlegungen sind, die ihn das Haus in der Mengstraße kaufen lassen – „,Raum! Mehr Raum!' sagte er" (1.1, 663) –, ist das Urteil schon im dritten Notizbuch Thomas Manns gesprochen: „Hagenström kauft das B.'sche Haus aus denselben Gründen, aus denen ein Banquier einen Adelssitz zulegt." (Notb I, 155) Und Thomas Buddenbrook durchschaut den anderen Bürger sehr genau, wenn er der empörten und wütenden Tony erläutert, warum Hermann Hagenström das Haus kaufen muss:

,Die Leute sind emporgekommen, ihre Familie wächst, sie sind mit Möllendorpfs verschwägert, und an Geld und Ansehen den Ersten gleich. Aber es fehlt ihnen etwas, etwas Äußerliches, worauf sie bislang mit Überlegenheit und Vorurteilslosigkeit verzichtet haben … Die historische Weihe, sozusagen, das Legitime … Sie scheinen jetzt Appetit danach bekommen zu haben, und sie verschaffen sich etwas davon, indem sie ein Haus beziehen wie dieses hier …' (1.1, 660)

Rein gar nichts werde Hagenström im Haus ändern, beruhigt Thomas die Schwester. Und so kommt es auch: Der Rivale bezieht „das Vorderhaus, indem er dort nach Möglichkeit Alles beim Alten beließ, vorbehaltlich kleiner gelegentlicher Renovierungen". (1.1, 670) Mit dem schon vom Verfall gezeichneten Hinterhaus verfährt er freilich anders:

Schon aber war das Rückgebäude vom Boden verschwunden, und an seiner Statt stieg ein neues empor, ein schmucker und luftiger Bau, dessen Front der Bäckergrube zugekehrt war und der für Magazine und Läden hohe und weite Räume bot. (1.1, 670 f.)

Tony lehnt es ab, die bald auf das Vorteilhafteste vermieteten Läden nur zu betreten. Sie lehnt es ab, ohne Protest an der Fassade vorbeizugehen, wo unter dem *Dominus providebit* nun der Name Hagenström zu lesen war. Sie weint vielmehr, ohne Rücksicht auf alle Konventionen, ihr „unbedenkliches, erquickendes Kinderweinen". (1.1, 671)

Am Ende des Romans ist der Sieg der Hagenströms perfekt und der Abstieg der Buddenbrooks nahezu vollständig vollzogen. Der Tod des Senators ist nur noch ein nachzuholender Aktschluss und der Tod Hannos das folgerichtige Ende der Geschichte. Was das Thema Bürgerlichkeit betrifft, so darf man freilich nicht einseitig die Perspektive Tonys gegenüber den Hagenströms einnehmen, und Thomas liegt zwar richtig, wenn er den Hauskauf der Familie Hagenström als deren Adelung interpretiert, doch auch er blickt zu kurz. Was Thomas Buddenbrook als Romanfigur nicht erkennt, der Roman als Ganzes aber sehr wohl veranschaulicht, ist das Neue in der Bürgerlichkeit eines Hermann Hagenström. Er ist kein *Bourgeois*, sondern fügt sich nun in die ersten Familien der Stadt ein – durch seine Heirat, seine Ämter, seinen Reichtum und sein neues altes Haus. Er orientiert sich folglich an den von der Bürgerstadt vorgegebenen Werten. Und mehr noch: Er schafft es, das Alte mit dem Neuen zu verbinden. Ihm gelingt das, was Thomas Buddenbrook nicht zustande bringt. Und es wäre von daher eine nicht gegen den Roman gerichtete, sondern nur sehr pointierte Lesart, wenn die Forschung die Hagenströms in dieser Geschichte wichtiger nähme, als das bisher der Fall war. Denn auch deren Bürgerlichkeit ist für den Roman von Bedeutung, sie ergänzt diejenige der Buddenbrooks. Hier wird ein Weg aufgezeigt, das Alte mit dem Neuen zu verbinden – ein Weg, den Thomas Mann selbst schließlich beschritten hat. Und es ist kein Zufall, sondern Programm, dass er einem seiner zentralen Essaybände einen entsprechenden Titel gegeben hat. Mit einem Wort: Es ist mehr Hagenström in den *Buddenbrooks* als bisher gesehen. Erst beide Familien *zusammen*, ihre Rivalität, ihre Kämpfe, ihre extreme Bezogenheit aufeinander erschließen den Sinn des Romans – zumindest im Hinblick auf das Thema Bürgerlichkeit. Die Bürgerlichkeit von *Buddenbrooks* ist folglich keine des tragischen Verfalls und keine des naiven Aufstiegs alleine, es ist vielmehr eine Bürgerlichkeit, die von beiden Seiten weiß und sich darüber definiert.

Ursula Amrein

„Es ist etwas paradox, daß meine ‚persönliche Geschichte' sich vor allem mit Politik befassen wird"

Erika Mann zwischen Familie und Öffentlichkeit

„Fortsetzung und Wiederbeginn meinerselbst" – Erwartungen an die Tochter

Erika Mann kommt am 9. November 1905 als erstes Kind von Thomas und Katia Mann in München zur Welt. Zehn Tage später schreibt der Vater an seinen Bruder Heinrich Mann:

> Es ist also ein Mädchen: eine Enttäuschung für mich, wie ich unter uns zugeben will, denn ich hatte mir sehr einen Sohn gewünscht und höre nicht auf, es zu thun. Warum? ist schwer zu sagen. Ich empfinde einen Sohn als poesievoller, mehr als Fortsetzung und Wiederbeginn meinerselbst unter neuen Bedingungen. (21, 332; 20.11.1905)

Und die Mutter wird fast siebzig Jahre später in ihren *Ungeschriebenen Memoiren* zu Protokoll geben:

> Es war also ein Mädchen, Erika. Ich war sehr verärgert. Ich war immer verärgert, wenn ich ein Mädchen bekam, warum, weiß ich nicht. Wir hatten ja im ganzen drei Buben und drei Mädchen, dadurch war Gleichgewicht. Wenn es vier Mädchen und zwei Buben gewesen wären, wäre ich außer mich geraten.[1]

Die schonungslose Offenheit, mit der die Eltern die Geburt ihres ersten Kindes kommentieren und ihrer Enttäuschung darüber Ausdruck geben, dass es ‚nur' ein Mädchen ist, frappiert. Nicht der Sohn, nicht der männliche Erbe, sondern eine Tochter ist es, die die Elternschaft des eben erst seit neun Monaten verheirateten Paars begründet. Insbesondere für Thomas Mann, der sich Ehe und Familie als eine Form der Disziplinierung auferlegt hatte, scheint diese Konstellation prekär. Die Tochter konfrontiert ihn mit der Unaufhebbarkeit seiner neuen Existenz und durchkreuzt die hochfliegenden Pläne, denn

---

[1] Katia Mann: Meine ungeschriebenen Memoiren, hrsg. von Elisabeth Plessen und Michael Mann, 8. Aufl., Frankfurt/Main: Fischer Taschenbuch 2004 (= Fischer Taschenbuch, Bd. 14673), S. 33.

sie gilt zu wenig, als dass sie den projektiven Erwartungen genügen und die von ihm erträumte Verlängerung seiner Existenz über die Generationengrenze hinweg garantieren könnte. Dieses genealogische Muster wird von der Mutter bestätigt, erfährt seitens des Vaters aber auch eine Umdeutung, wenn er seine älteste Tochter später zur „Kronprinzessin" (Br I, 293) erklärt und ihr als „Tochter-Adjutantin" (Tb, 1.2.1948) eine Rolle offeriert, die effektiv seiner „Fortsetzung" dient. Erika Mann, die sich in den Zwanzigerjahren in Berlin zur Schauspielerin ausbilden ließ und während des Dritten Reichs als Autorin, Kabarettistin und vielgefragte Referentin tätig war, wird nach dem Krieg zur engsten Mitarbeiterin ihres Vaters. Sie ist Sekretärin, redigiert seine Texte, setzt sich für die Verfilmung der Romane ein, schreibt an den Drehbüchern mit, betreut schließlich seinen Nachlass und ist Herausgeberin der ersten Briefedition.[2]

Die eingangs zitierten Äußerungen werfen ein Schlaglicht auf die Beziehung der Eltern zu ihrer ältesten Tochter, artikulieren aber nicht bloß private Befindlichkeit, sondern spiegeln auch ein gesellschaftlich Imaginäres. In der Rede über die Tochter wird sichtbar, was sonst der Tabuisierung unterliegt. Dass gerade Thomas Mann eine Meisterschaft darin besitzt, das Unausgesprochene, das Tabuisierte, das sich den bürgerlichen Wertvorstellungen Widersetzende darzustellen, attestiert ihm sein Sohn Klaus, der festhält, Thomas Mann sei der „ironische Analytiker komplexer Emotionen".[3] Als Ironiker entzieht er sich einer vereindeutigenden Festlegung, lässt es bei anspielungsreichen Formulierungen und einer vieldeutigen Ambivalenz bewenden, meint das Eigene und doch etwas Anderes, spricht von sich versteckt in der Rede über scheinbar Fremdes. Dieser Eindruck bestätigt sich, wenn man bedenkt, dass es sich bei den zitierten Äußerungen nicht um private Notizen, sondern um Texte handelt, die sich an ein Gegenüber adressieren. Sie überschreiten die Grenze zwischen Intimität und Öffentlichkeit, sprechen von der Tochter und sind zugleich auf die Inszenierung der eigenen Person hin angelegt. Warum etwa, so fragt man sich, offenbart Thomas Mann seine Enttäuschung über die Tochter dem älteren Bruder und damit ausgerechnet jener Person, an die ihn eine lebenslange Rivalität bindet? Spielt er auf seine Homosexualität an, wenn er seiner Enttäuschung im Brief an den Bruder den Wunsch nachschiebt, die Tochter könnte ihn vielleicht „innerlich in ein näheres Verhältnis zum ‚anderen' Geschlecht [bringen],

---

[2] Bezüglich Einzelheiten zur Biographie von Erika Mann vgl. Irmela von der Lühe: Erika Mann. Eine Biographie, überarbeitete Ausgabe, 2. Aufl., Frankfurt/Main: Fischer Taschenbuch 2002 (= Fischer Taschenbuch, Bd. 12598).

[3] Klaus Mann: Der Wendepunkt. Ein Lebensbericht, 18. Aufl., Reinbek bei Hamburg: Rowohlt 2006 (= rororo, Bd. 15325), S. 82; der Titel der engl. Originalausgabe von 1942 lautet *The Turning Point. Thirty-Five Years in This Century*.

von dem ich eigentlich, obgleich nun Ehemann, noch immer nichts weiß". (21, 333; 20.11.1905) Und, so lässt sich weiter fragen, was bedeutet es, dass er die Nachricht von seiner Vaterschaft effektiv nur benutzt, um von etwas anderem, seiner Novelle *Wälsungenblut*, zu sprechen? Explizit hält er fest, Erika lasse „ein klein bischen Judenthum durchblicken" und mit dem „Judenthum" sei er zugleich beim „Hauptpunkt" dieses Briefes, der Novelle „‚Wälsungenblut', eine Judengeschichte". (Ebd.)

Spätestens an dieser Stelle wird evident, dass Homosexualität und Judentum den Subtext zu jener Geschichte bilden, die Thomas Mann von seiner Vaterschaft erzählt. Der zitierte Brief macht darüber hinaus deutlich, dass Literatur und Leben in der Familie Mann vielfach vermittelt sind. Die Vermittlung ist dabei eine doppelte. Sie betrifft zum einen die Literarisierung des Lebens, zum anderen die Übertragung literarischer Fiktion in die Darstellung biographischer Fakten. Diese in zwei Richtungen verlaufende Transformation lässt sich am Beispiel der bereits erwähnten Novelle *Wälsungenblut* exemplarisch illustrieren. Thomas Mann beschreibt hier ein aus einem reichen jüdischen Elternhaus stammendes Zwillingspaar, das den nicht-jüdischen Verlobten der Schwester am Vorabend der Heirat im Inzest betrügt und sich in diesem Akt zugleich seiner exklusiven Abgeschlossenheit versichert. Es lag nahe, diese von Thomas Mann kurz nach seiner Hochzeit verfasste Novelle auf ihn selbst, seine Frau und deren Zwillingsbruder Klaus Pringsheim zu beziehen. Da der Schwiegervater eine rufschädigende Darstellung seiner Familie befürchtete, musste Thomas Mann die bereits für den Druck angekündigte Novelle zurückziehen. Der Skandal indes war nicht aus der Welt zu schaffen und übertrug sich nach der Veröffentlichung 1921 auf seine beiden ältesten Kinder. Erika und ihr um ein Jahr jüngerer Bruder Klaus, benannt nach dem Zwillingsbruder der Mutter, wurden nachträglich mit dem inzestuösen Geschwisterpaar identifiziert, wobei sich diese Identifikation bis in die Akten des amerikanischen Geheimdienstes hinein verfolgen lässt. Wenn die Geschwister hier der „sexual perversions" bezichtigt werden und unter dem Datum des 15. Dezember 1941 weiter festgehalten wird, „that Klaus and Erica Mann were having affairs together", sogar ihr Vater spreche in einem seiner Bücher darüber, dann erscheint literarische Fiktion definitiv in Realität umgemünzt.[4]

Die biographische Rekonstruktion erweist sich vor diesem Hintergrund als riskantes Unterfangen. Nicht nur, dass Fakten und Fiktion in der Rede über die Manns oft kaum zu unterscheiden sind. Der familieninterne Diskurs selbst bildet ein kaum entwirrbares Netz wechselseitiger Kommentierungen, die für

---

[4] Zu den über die Familie Mann angelegten Akten vgl. Alexander Stephan: Im Visier des FBI. Deutsche Exilschriftsteller in den Akten des amerikanischen Geheimdienstes, Stuttgart/Weimar: Metzler 1995, S. 92–193, 188.

Außenstehende oft kaum zu entschlüsseln sind und die im Registerwechsel zwischen literarischer und biographischer Schreibweise Spielraum lassen für ganz unterschiedliche Lektüren und Deutungsmöglichkeiten. Hinzu kommt, dass das überlieferte Material zur Geschichte der Familie Mann sämtliche Ingredienzien enthält, die sich zu skandalträchtigen *Storys* verwerten lassen.[5]

Erika Mann zeigt sich dabei in wechselnder Beleuchtung. Sie wird zur „Amazone" stilisiert und als „Pallas Athene" zur Kopfgeburt ihres Vaters erklärt,[6] Klaus Mann sieht in ihr einen jener „Kobolde, die sich nach Belieben verwandeln und mit fremden Zungen reden können",[7] die jüngeren Geschwister erleben sie als herrisch, launisch und arrogant, ihr wird vorgehalten, sie verhalte sich als anpasserische „Gefall-Tochter"[8] und verdränge ihre jüdische Herkunft,[9] sie selbst beschreibt sich als der „große Aff'", als Hofnarr ihres Vaters,[10] während sie von der in Zürich erscheinenden Die TAT auf der Frontseite vom 10. Januar 1959 ganz einfach zur „unberühmten Tochter eines berühmten Dichters" erklärt und nur über ihren Vornamen angesprochen wird.[11] Auf diese Provokation reagierte Erika Mann umgehend. Chefredaktor Erwin Jaeckle musste eine Woche später ihre Erwiderung unter dem Titel *Erika – Mann antwortet* abdrucken, in der sie erklärt: „Ihr Leitartikel […] bedeutet viel Ehr' für ‚die unberühmte Tochter eines berühmten Dichters'. Und um so schmeichelhafter deucht mich dies aufgeregte Stück Prosa, als ich in der Ueberschrift beim bloßen Vornamen genannt werde, ganz, als sei ich etwa ‚Marlene' (Dietrich) oder ‚Rosemarie', die kriminelle, wenngleich meuchlerisch ermordete Nitribit."[12]

Erika Mann auf ihre Existenz als Tochter zu reduzieren, bildet das wohl beliebteste Narrativ in der Darstellung ihrer Biographie. Nicht immer geschieht dies in polemischer Absicht wie im genannten Beispiel. Das Narrativ ‚Tochter' begründet eine Form des biographischen Erzählens, die sich vergleichsweise

[5] Vgl. Hans Wißkirchen: Die Windsors der Deutschen – Bemerkungen zur Popularität der Familie Mann, in: TMS XXXVII, 153–170.

[6] Manfred Koch: Die Amazone des Zauberers. Neuerscheinungen zu Erika Manns 100. Geburtstag, in: Neue Zürcher Zeitung, 5.11.2005.

[7] Klaus Mann, Der Wendepunkt (zit. Anm. 3), S. 132f.

[8] Astrid Lange-Kirchheim: ‚Gefall-Tochter'? ‚Leistungs-Tochter'? ‚Trotz-Tochter'? Überlegungen zu Erika Mann, in: TM Jb 17, 2004, 45–69.

[9] Viola Roggenkamp: Erika Mann. Eine jüdische Tochter. Über Erlesenes und Verleugnetes in der Frauengenealogie der Familie Mann-Pringsheim, Zürich: Arche 2005.

[10] Mein Vater Thomas Mann. Erika Mann im Gespräch mit Roswitha Schmalenbach [1968], in: Erika Mann: Mein Vater, der Zauberer, hrsg. von Irmela von der Lühe und Uwe Naumann, 2. Aufl., Reinbek bei Hamburg: Rowohlt 2005 (= rororo, Bd. 22282), S. 11–60, 18f.

[11] Erwin Jaeckle: Erika und die „Katastrophe" Pasternak, in: Die TAT, 10.1.1959, S. 1f. – Zum politischen Kontext der Auseinandersetzung um Boris Pasternak vgl. von der Lühe, Erika Mann (zit. Anm. 2), S. 361f.

[12] Erika Mann: Erika – Mann antwortet, in: Die TAT, 17.1.1959.

einfach handhaben und zugleich in unterschiedlichen Varianten durchspielen lässt. In seiner Eindimensionalität indes wirkt dieses Narrativ wie ein Filter. Es selektioniert und organisiert das Quellenmaterial mit dem Effekt, dass die Tochter an den Vater zurückgebunden, ihre Geschichte privatisiert und auch „verklatscht"[13] wird.

Das autobiographische Fragment *I Of All People* (1943)

Erika Mann selbst schrieb ganz entschieden gegen dieses Muster an, wenn sie ihr Leben bilanziert und dabei zeigt, wie ihre Identität mit den großen Katastrophen und Umbrüchen des 20. Jahrhunderts verbunden ist. Als eine solche Bilanz ist ihre 1943 geplante, aber Fragment gebliebene Autobiographie *Ausgerechnet Ich* angelegt.[14] Einleitend hält sie hier fest: „Es ist etwas paradox, daß meine ‚persönliche Geschichte' sich vor allem mit Politik befassen wird, obwohl die Politik keinesfalls mein Hauptinteresse ist."[15] Diesen Widerspruch klärt sie im Verweis auf das Dritte Reich. Die zurückliegenden zehn Jahre, so die Autorin, hätte sie sich einer einzigen Aufgabe gewidmet, nämlich auf die „eigene bescheidene Weise die Mächte des Bösen zu bekämpfen – am krassesten verkörpert vom finsteren Phänomen des Nazismus".[16]

Die Position, von der aus sie spricht, umreißt sie dabei im Begriff des „Idealismus",[17] und erklärend führt sie aus, ihre „Sicht der entscheidenden Themen der modernen Gesellschaft" sei emotional und instinktiv, nicht intellektuell; menschlich und nicht dogmatisch.[18] Es sind unverkennbar Topoi des Geschlechterdiskurses, die Erika Mann hier aufruft, um ihren Gegendiskurs zur Macht zu behaupten, ihn zu legitimieren und auch zu authentisieren. Aus dieser Position bekämpft sich nicht allein das Dritte Reich, sondern auch eine Politik, die sich abwartend und letztlich anpasserisch gegenüber Hitler verhält. Was sie postuliere, möge zwar „wie ein ziemlich kindisches Credo" klingen, doch sei

---

[13] Erika Mann verwendet diese Formulierung in einem Brief vom 19.6.1949 an Ludwig Marcuse und kritisiert damit dessen Nachruf auf Klaus Mann; vgl. Erika Mann: Briefe und Antworten, Bd. 1: 1922–1950, hrsg. von Anna Zanco Prestel, München: edition spangenberg 1984, S. 262.

[14] Der in englischer Sprache verfasste und unveröffentlicht gebliebene Text erschien in deutscher Übersetzung unter dem Titel *Ausgerechnet Ich* als Erstdruck in: Erika Mann: Blitze überm Ozean. Aufsätze, Reden, Reportagen, hrsg. von Irmela von der Lühe und Uwe Naumann, Reinbek bei Hamburg: Rowohlt 2001 (rororo, Bd. 23107), S. 11–51.

[15] Ebd., S. 12.

[16] Ebd., S. 13.

[17] Ebd., S. 12.

[18] Ebd.

es, und damit spitzt sie ihre Beglaubigungsrhetorik zu, gerade das Kind, das sich „instinktiv gewisser moralischer Grundsätze bewußt" sei, das zwischen „gut und böse" zu unterscheiden vermöge.[19] Der Grundsatz, so ihre Folgerung, „daß Zynismus sich nicht auszahlt und Idealismus resolut, kompromißlos, sogar militant sein muß, damit er nicht untergeht – wird das Hauptthema, der Leitgedanke meiner Geschichte sein. Ich werde versuchen, diesen Gedanken zu beweisen und zu veranschaulichen – indem ich einfach meine persönlichen Erfahrungen und die einiger meiner Mitstreiter darstelle".[20]

Aus dieser Perspektive organisiert sich Erika Manns autobiographisches Fragment, und auch in späteren Texten hält sie an diesem Muster fest. Ereignisse, die vor dem Dritten Reich liegen, werden einer Vorzeit subsumiert, auf die sie eher beiläufig zu sprechen kommt. Sie verweist auf ihre privilegierte Kindheit und Jugend in München, gibt sich als Schauspielerin, die bestenfalls als Tochter ihres Vaters bekannt war, eine Etikettierung, die sie für ihre Interessen immer auch gezielt einzusetzen wusste, sie spricht von ihren vielfältigen Aktivitäten und davon, dass sie zwar auf die Bühne wollte, aber „auch schreiben und an Autorennen teilnehmen und die Welt sehen und Reporterin sein".[21] In diese Welt bricht – für sie unvermittelt – der Nationalsozialismus ein. Als sie im Januar 1932 als Schauspielerin an einer pazifistischen Kundgebung teilnimmt, wird sie von Nationalsozialisten angegriffen und im Völkischen Beobachter verhöhnt. Die erlebte Gewalt und die brutalen Drohungen fordern sie heraus. Das autobiographische Fragment schreibt dem Ereignis rückblickend den Charakter einer Wende zu, inszeniert es als Gründungsmythos ihrer Politisierung.

„Hitler sprach, wir spielten gegen ihn an" – Triumphe mit der „Pfeffermühle"

Noch im selben Jahr erfolgte die Gründung des literarischen Kabaretts „Die Pfeffermühle".[22] Der Anstoß dazu kam im Herbst 1932 vom Pianisten Klaus Henning, Thomas Mann gab dem Unternehmen den Namen. Zum Ensemble

---

[19] Ebd.
[20] Ebd., S. 13.
[21] Ebd., S. 36. – Anders als seine Schwester hat Klaus Mann in seiner Autobiographie *Der Wendepunkt* die Kinder- und Jugendjahre in München und Berlin eingehend beschrieben und vermittelt aus seiner Sicht dabei auch einen wichtigen Einblick in die Biographie Erika Manns.
[22] Zur Geschichte der „Pfeffermühle" vgl. Helga Keiser-Hayne: Beteiligt euch, es geht um eure Erde. Erika Mann und ihr politisches Kabarett die „Pfeffermühle" 1933–1937, München: edition spangenberg 1990, sowie von der Lühe, Erika Mann (zit. Anm. 2), S. 95–103, 113–149, 165–171.

gehörte mit Therese Giehse der Star des Münchner Theaters, die Texte stammten von Autoren wie Klaus Mann, Walter Mehring und Wolfgang Koeppen. Erika Mann selbst übernahm die Aufgabe der Managerin, schrieb Texte, trat als Schauspielerin auf und begeisterte vor allem in ihrer Rolle als *Conférencière*.

Am 1. Januar 1933 zeigte „Die Pfeffermühle" ihr erstes Programm im direkt neben dem Hofbräuhaus in München gelegenen Revuetheater „Bonbonnière". Nach dem überwältigenden Erfolg konnte die zweite Aufführung bereits am 1. Februar über die Bühne gehen. „Die Pfeffermühle" spielte an diesem Abend nur durch eine Wand getrennt von Hitler, der nach der Machtergreifung vom 30. Januar im benachbarten Hofbräuhaus die Antrittsrede als Reichskanzler in München hielt. Erika Mann kam auf diese Gleichzeitigkeit immer wieder zu sprechen, wobei sie die topographische Szene zu einer Allegorie verdichtet, die zeigt, wie sich ihr kleines Unternehmen gegen die Übermacht der Nationalsozialisten behauptet. „Hitler sprach, wir spielten gegen ihn an, und Herr Frick (Reichsinnenminister) hatte sich verkniffen, seinen Führer anzuhören, saß bei uns in der ‚Pfeffermühle' und fertigte ‚Schwarze Listen' an […]."[23] Bereits die dritte Aufführung aber muss abgesagt werden. Nach dem Wahlsieg der Nationalsozialisten in Bayern flieht Erika Mann am 13. März nach Zürich, wo sie „Die Pfeffermühle" im Herbst 1933 neu eröffnet. Hier spielt sie, bis die politischen Verhältnisse sie zur Aufgabe zwingen.

Die Zürcher Premiere lässt davon noch nichts ahnen. Publikum und Presse zeigen sich begeistert. Ein Jahr später aber kommt es zum Eklat. Die rechtsradikale Front attackiert „Die Pfeffermühle" als „jüdisches Emigrantenkabarett", das „alles Nationale und Vaterländische in den Schmutz" ziehe, und droht mit der Störung von Aufführungen.[24] Erika Mann vermutet hinter der Aktion eine private Intrige, angestiftet von der mit Hitler sympathisierenden Mutter ihrer Freundin Annemarie Schwarzenbach.[25] Die Vehemenz der Attacke lässt sich aus dem Motiv der privaten Abrechnung allein indes nicht erklären. Die Angriffe betreffen mit der „Pfeffermühle" auch das Schauspiel-

---

[23] Zitiert nach Keiser-Hayne, Beteiligt euch (zit. Anm. 22), S. 47.

[24] Flugblatt der Nationalen Front „Gegen die Wühlerei der Emigranten!", Aufruf zur öffentlichen Kundgebung vom 21.11.1934, abgedruckt in Keiser-Hayne, Beteiligt euch (zit. Anm. 22), S. 114.

[25] Thomas Mann teilt diese Einschätzung, wenn er in seinem Tagebuch notiert: „Nach E's Überzeugung steht im Hintergrund die alte Schwarzenbach, ihre Hysterie und ihr kapitalistischer Angsthaß." (Tb, 12.11.1934) Am folgenden Tag hält er fest: „… Heimkehr Erikas von der Vorstellung, bei der von der Schwarzenbach bezahlte Rowdys Skandal gemacht hatten. Erzählung und Beratung." (Tb, 13.11.1934) – Zu den Wortführern der Störaktion gehörte mit James Schwarzenbach der Cousin der mit Klaus und Erika Mann befreundeten Annemarie Schwarzenbach aus der reichen und einflussreichen Industriellenfamilie Schwarzenbach-Wille; zur Familie Schwarzenbach, insbesondere der Mutter Annemarie Schwarzenbachs, vgl. Alexis Schwarzenbach: Die Geborene. Renée Schwarzenbach-Wille und ihre Familie, Zürich: Scheidegger & Spiess 2005.

haus, das sich 1933 als politisches Theater der Emigration formiert hatte und im Herbst 1934 Friedrich Wolfs Stück *Professor Mannheim* zeigte, ein „Drama aus dem heutigen Deutschland", wie der Untertitel erläutert. Die Stadt stellte beide Veranstaltungen unter Polizeischutz, die öffentliche Stimmung indes richtete sich gegen die Emigration.[26] Aufsehen erregte insbesondere ein Artikel in der Neuen Zürcher Zeitung, der, nur mit dem Kürzel der Redaktion gezeichnet, vom einflussreichen Feuilletonchef Eduard Korrodi persönlich stammte. Unter dem Titel *Mehr Takt!* verlangte dieser von den Emigrantinnen und Emigranten Zurückhaltung in der Kommentierung politischer Ereignisse, was faktisch einem Redeverbot über das Dritte Reich gleichkam.[27]

Obwohl Erika Mann weiterhin die Erlaubnis für Auftritte erhielt, hatte ihr die Kampagne erheblich geschadet. Davos etwa verweigerte die Bewilligung für ein Gastspiel mit der Begründung, man schulde „der Familie Thomas Mann keine besondere Dankespflicht [...], da dessen ‚Zauberberg' durch die darin enthaltene tendenziöse Schilderung des Kurlebens zweifellos eine Schädigung des Kurortes zur Folge gehabt habe",[28] und Ernst von Weizsäcker hielt als deutscher Gesandter in Bern das Auswärtige Amt in Berlin über „Die Pfeffermühle" auf dem Laufenden, versuchte auch, die Aufführungen zu verhindern, blieb damit aber erfolglos.[29] Im Juni 1935 verliert Erika Mann die deutsche Staatsbürgerschaft, ihr „im Ausland umherziehendes Kabarett"[30] liefert die Begründung für die Ausbürgerung. Nach Tourneen in der Schweiz, der Tschechoslowakei, Holland, Belgien und Luxemburg entschließt sie sich im Sommer 1936, „Die Pfeffermühle" in Amerika neu aufzubauen. Sie hat zu diesem Zeitpunkt 1034 Vorstellungen gegeben.[31] Ihre Pläne indes kann sie nicht realisieren, und sie löst das Kabarett 1937 auf. Den Platz der „Pfeffermühle" nahm in Zürich das „Cabaret Cornichon" ein, das die „Pfeffermühle" bereits

---

[26] Zum Kontext der Auseinandersetzungen um das Zürcher Schauspielhaus und „Die Pfeffermühle" vgl. Ursula Amrein: „Los von Berlin!" Die Literatur- und Theaterpolitik der Schweiz und das „Dritte Reich", Zürich: Chronos 2004, S. 404–432.

[27] Mehr Takt!, in: Neue Zürcher Zeitung, 19.11.1934.

[28] Deutsche Gesandtschaft Bern an das Auswärtige Amt Berlin, 4.1.1935, Politisches Archiv des Auswärtigen Amtes Berlin.

[29] Vgl. Amrein, „Los von Berlin!" (zit. Anm. 26), S. 430–432, sowie Stephan Schwarz: Ernst Freiherr von Weizsäckers Beziehungen zur Schweiz (1933–1945). Ein Beitrag zur Geschichte der Diplomatie, Bern/Berlin/Bruxelles: Lang 2007 (= Geist und Werk der Zeiten. Arbeiten aus dem Historischen Seminar der Universität Zürich, Bd. 101), S. 259–264.

[30] Zitiert nach Keiser-Hayne, Beteiligt euch (zit. Anm. 22), S. 117. – Um die britische Staatsbürgerschaft zu erlangen, heiratete Erika Mann am 15. Juni 1935 den homosexuellen Lyriker Wystan Hugh Auden, den sie zuvor nie gesehen hatte; ihre Freundin Therese Giehse heiratete am 20. Mai 1936 aus demselben Grund den homosexuellen englischen Schriftsteller John Hampson-Simpson.

[31] Erika Mann: Gastgeber Amerika, in: dies., Blitze (zit. Anm. 14), S. 198–211, 204.

1934 aus ihrem Lokal am Hirschenplatz im Niederdorf verdrängt und zum großen Ärger von Erika Mann ihr Erfolgsrezept kopiert hatte.[32]

Ein Blick in Thomas Manns Tagebücher zeigt, dass dieser das Engagement seiner Tochter aus nächster Nähe und vor allem mit großer Anteilnahme verfolgte. Seine entsprechenden Notizen fügen sich zu einer kleinen Geschichte des Kabaretts, wobei er insbesondere die Ereignisse in der Schweiz ausführlicher kommentiert und sich zunehmend skeptisch zeigt in Bezug auf die politische und mentale Verfassung des Landes. Anlässlich der Premiere vom 30. September 1933 notierte er:

Nach 8 fuhren wir, K.[atia], Golo u. ich, nach Zürich, wo wir in dem überfüllten Lokal am Hirschenplatz der Première von Eris Cabaret beiwohnten. Ein entgegenkommendes Publikum bereitete ihr zu unserer Freude einen fast stürmischen Erfolg, und es gab viele Hervorrufe und Blumen. Erikas geistige und organisatorische Leistung bewundernswert. [...] Nervöse Rührung ergriff mich oft bei ihren Vorträgen. Das verschleiert Schmerzliche und Zarte, das den Hintergrund bildet, ließ mehrfach meine Augen naß werden. (Tb, 30.9.1933)

Immer wieder ist im Tagebuch von „herzlicher Freude" (Tb, 4.10.1933), von Ergriffenheit (Tb, 31.10.1933) und Rührung (Tb, 1.1., 22.9., 17.10.1934) die Rede. „Erikas Produktion flößte mir wieder die väterlich-befangene Ergriffenheit ein, die ich kenne" (Tb, 22.3.1934), heißt es, später spricht Thomas Mann vom großen Erfolg, der ihn „liebevoll erschüttert", und er hält fest: „Merkwürdig, dies außer einem Wirken eines Kindes, Geist und Fleisch vom eigenen, selbsttätig geworden" (Tb, 3.11.1934). Zugleich registriert er die Bedrohung, der sich Erika Mann aussetzt, und er zeigt sich tief beunruhigt über die Versuche, die Auftritte der „Pfeffermühle" zu verhindern. Als er das Deutsche Konsulat in Zürich in einer Passangelegenheit aufsuchen muss, wird ihm das Missfallen an der „Pfeffermühle" deutlich zu verstehen gegeben. Er notiert: „Der Consul nahm mich dann aus Dummheit Erikas und ihrer ‚Unvorsichtigkeit' wegen ins Gebet. Ich hatte Mühe, nicht deutlicher zu werden als ich wurde ... ‚Deutscher Gruß' des Unterbeamten. Unheimliche Sphäre." (Tb, 15.2.1934) Weiter beschreibt er die Angriffe gegen „Die Pfeffermühle" und hält

---

[32] Erika Mann kommentierte den Vorgang wie folgt: „Ja, die ganze Cornichon-Sache ist schlichthin ekelerregend und dass es, wie die Zitig (Zeitung) meint, typische Cornichon-Technik ist, nach harmlosem, bis lyrischem Anfang, politisch zu werden, ist sehr gelungen, zum Schießen und zum Totlachen. Aber, was will man machen, wir sind nun einmal arme Heimatlose, und der Nationalismus ist groß an allen Enden. Schweizerisch bleibt schweizerisch und wenn es zehnmal ein so freches wie schwaches Plagiat von Ausländischem darstellt. Ich muß mich damit trösten, daß unsere Sache, wie unsere Darsteller einfach viel viel besser und eigener *sind*, – und ganz der Hoffnung leben, daß dies strichweise auch von anderen erkannt werde." Zitiert nach Keiser-Hayne, Beteiligt euch (zit. Anm. 22), S. 112.

fest: „Die Geschehnisse gehen mir sehr nahe. Das Spiel der ‚Pf.' soll unter poli-
zeilicher Bewachung während der noch ausstehenden Tage fortgesetzt werden." (Tb, 17.11.1934) Mit Entsetzen registriert er die Tatsache, dass sich seine
Tochter nur noch unter Polizeischutz bewegen kann, da von einer Entführung
nach Deutschland die Rede ist (Tb, 25.11., 26.11.1934). Im Kontext der fron-
tistischen Angriffe und der Pressekampagne gegen die literarische Emigration
protokolliert er: „Nachmittags schlief ich ein und träumte, daß ich Erika küßte
und zu ihr sagte: ‚Gott segne dich!'" (Tb, 24.11.1934) Konsterniert spricht er
vom „üblen Artikel der N.Z.Z. gegen ‚Prof. Mannheim'" (Tb, 18.11.1934) und
stellt sich so hinter eine Aufführung, mit der er sich anlässlich seines Premieren-
besuches keineswegs einverstanden erklären konnte – trotz „vorzüglicher
Aufführung" sei das „Sittenbild aus Nazi-Deutschland" in seiner „agitatori-
schen Primitivität" für ihn „quälend", das „Publikum" hingegen lasse sich in
„begeisterte Empörung" versetzen (Tb, 8.11.1934). Schließlich kommentiert er
die von ihm als „Schweizer politische Schwierigkeiten" apostrophierten Auseinandersetzungen um „Die Pfeffermühle" dahingehend: „Man steht z. Z. gut
mit Deutschland und weniger gut mit Frankreich, das verdirbt den Charakter."
(Tb, 26.9.1934)

Die zitierten Passagen zeigen, dass Thomas Mann an seiner Tochter etwas
bewundert, was ihm Respekt abverlangt und für ihn zur Herausforderung
wird. Die als losgelöster Teil des Eigenen beschriebene Tochter figuriert als
veräußerlichtes Spiegelbild seiner selbst und hält ihm überzeugend eine Form
des Widerstands vor Augen, zu der er sich zu diesem Zeitpunkt weder ent-
schließen kann noch will. Während er die Vertreibung aus Deutschland als
„schweren Stil- und Schicksalsfehler" erlebt, sich aber nicht in das „Märtyrer-
tum" (Tb, 14.3.1934), nicht in die Rolle des Emigranten, des Opfers und des
Vertriebenen drängen lassen will, sondern alles unternimmt, um die Kontinuität des bisherigen Lebensstils zu wahren, wird für Erika Mann das Dritte Reich
zur künstlerischen und politischen Herausforderung.

Mit der „Pfeffermühle" vertrat sie dabei eine Form des Widerstands, die mit
genuin literarischen Mitteln arbeitet, auf die indirekte Kommentierung und die
Anspielung setzt. Ihre Aufführungen versteht sie als „Appell an die menschliche
Solidarität gegen die unmenschlichen Mächte der Dunkelheit und der Zerstö-
rung".[33] Die erfolgreichsten Nummern ihres Kabaretts – darunter *Die Dummheit, Kälte* oder *Schönheitskönigin* – typisieren und abstrahieren, sie inszenieren
das Böse in unterschiedlichen Maskeraden, stellen dieses bloß, führen es *ad absur-
dum* und evozieren eine Zukunft, in der der Krieg durch den Frieden, die Kälte
durch die Wärme, die Dunkelheit durch das Licht, das Unmenschliche durch das

---

[33] Erika Mann, Ausgerechnet Ich (zit. Anm. 14), S. 13.

Menschliche abgelöst ist. Es sind Bilder, die auf den Gegensatz von Humanität und Barbarei zielen und darin einem Programm vorarbeiten, das Thomas Mann später seiner offen formulierten Ablehnung des Nationalsozialismus zugrunde legt. An der „Pfeffermühle" schätzt er dabei das Künstlerische, das er *per se* als Form des Widerstands begreift, und er zeigt sich regelmäßig verärgert über ein Publikum, das für den ästhetischen Ausdruck kein Sensorium besitzt und einzig der politischen Aussage applaudiert (Tb, 22.3.1934).

Literatur und/oder Politik? – Schreibweisen im Exil, Familienzwist und Thomas Manns Bekenntnis zur Emigration

Wie Erika Mann verschrieb sich auch Klaus Mann dem Kampf gegen das Dritte Reich. Anders als die Schwester vertrat er innerhalb der Emigration indes eine Position, zu der Thomas Mann auf Distanz ging. Letzteres wiederum brachte Erika Mann in einen folgenschweren Konflikt. Die Differenzen zwischen Vater und Sohn betrafen in erster Linie Klaus Manns publizistisches Engagement. Erschwerend kam seine Orientierung an Heinrich Mann hinzu, der zu den führenden Literaten des Widerstands gehörte und dessen Literatur für den Neffen Vorbildfunktion besaß. Basierend auf der Vorlage von Heinrich Manns gesellschaftskritischer Satire *Der Untertan* (1918) schrieb Klaus Mann sein Buch *Mephisto. Roman einer Karriere* (1936). Im Mittelpunkt dieses Romans steht der Emporkömmling Hendrik Höfgen, der als Opportunist im Dritten Reich Karriere macht. Obwohl Klaus Mann das Exemplarische dieser Figur herausstrich und sich entschieden gegen eine Lektüre richtete, die den Roman als Schlüsselroman verstand, ist die Figur des Hendrik Höfgen unverkennbar dem Schauspieler und Intendanten Gustaf Gründgens nachgebildet, mit dem Erika Mann von 1926 bis 1929 verheiratet war. Als Barbara Bruckner lässt Klaus Mann die Schwester in *Mephisto* als Ehefrau und Gegenspielerin Höfgens agieren. Ein weiterer Roman mit dem Titel *Der Vulkan. Roman unter Emigranten* (1939) spielt an verschiedenen Schauplätzen des Exils, darunter auch Zürich. Erika Mann wird hier erneut porträtiert. Sie figuriert als Marion von Kammer und erscheint wie schon in *Mephisto* als eine zentrale und vielfach umworbene Figur der literarischen Emigration. Der Bruder zeichnet sie als Schauspielerin von „unruhigem Ehrgeiz", die Männer und Frauen gleichermaßen in ihren Bann zu ziehen vermag, er attestiert ihr einen „vehementen, aggressiven Charme, […] begabte Nervosität, […] Unrast, […] Eigensinn", ihre „fremdartigen Qualitäten" machen sie zu einem „kompliziert zusammengesetzten und fast beunruhigend reizbegnadeten biologischen Phänomen" mit „hohen und schmalen Beinen" und einem „gescheiten, manchmal grüblerisch sich verdunkelnden Blick".[34]

Während sein literarisches Werk erst spät entdeckt wurde – *Mephisto* aus Gründen des Persönlichkeitsschutzes überdies erst zu Beginn der achtziger Jahre in der Bundesrepublik verlegt werden konnte[35] –, war der Publizist Klaus Mann in der zeitgenössischen Öffentlichkeit äußerst präsent.[36] Gehässige Reaktionen auf seine Interventionen blieben auch in der Schweiz nicht aus und belasteten die familieninternen Beziehungen bis zur Zerreißprobe. Am 7. September 1933 rezensierte Eduard Korrodi in der Neuen Zürcher Zeitung die erste Nummer der Exilzeitschrift „Die Sammlung". Herausgeber dieser ersten Literaturzeitschrift im Exil überhaupt war Klaus Mann, Heinrich Mann beteiligte sich als Mitglied des Patronats, Annemarie Schwarzenbach leistete finanzielle Unterstützung. In perfider Verdrehung der antisemitischen Ausgrenzungslogik strich Korrodi in seiner Kritik heraus, dass sich in der neuen Zeitschrift das „internationale" Literatentum vorwiegend „jüdischen Urspungs" in der „Hybris" gefalle, die „wahre deutsche Literatur" zu repräsentieren, mit der Präferenz für einen „Geist- und Arttypus" faktisch aber „unbewusst für Rassentheorien" demonstriere.[37] Statt sich auf die „Polemiken" eines Heinrich Mann einzulassen, hätte „Die Sammlung" besser auf die „dichterische Leistung" eines Thomas Mann gesetzt.[38] Süffisant wärmte Korrodi mit dieser Bemerkung den nur mühsam überwundenen Streit der Brüder auf. Er inszenierte diese als Repräsentanten des Gegensatzes von ‚wahrer Dichtung' und ‚entartetem Literatentum' und spielte über diese Lagerbildung Thomas Mann

---

[34] Klaus Mann: Der Vulkan. Roman unter Emigranten, 16. Aufl., Reinbek bei Hamburg: Rowohlt 2002 (= rororo, Bd. 22591), S. 64.

[35] Zur Veröffentlichungsgeschichte des *Mephisto* sowie zu Erika Manns Bemühungen um dieses Werk ihres Bruders vgl. von der Lühe, Erika Mann (zit. Anm. 2), S. 354–358.

[36] Exemplarisch ist seine hellsichtige Kritik am Arzt und expressionistischen Lyriker Gottfried Benn, der bei der Gleichschaltung der Sektion Dichtkunst an der Preußischen Akademie der Künste im Frühjahr 1933 eine zentrale Rolle spielte. Von den Vorgängen insbesondere betroffen waren Heinrich Mann als Präsident der Sektion, der sich bereits am 15. Februar 1933 zur Demission gezwungen sah, sowie Thomas Mann, der die renommierte Sektion wenig später verließ. Im Ausland wurden diese Vorgänge genauestens registriert. Eduard Korrodi kommentierte die Gleichschaltung in der Neuen Zürcher Zeitung vom 8. Mai 1933 zustimmend, vgl. Amrein, „Los von Berlin!" (zit. Anm. 26), S. 45–47, spezifisch zu Klaus Manns Engagement vgl. Ursula Amrein: Das „Jüdische" als Faszinosum und Tabu. Else Lasker-Schüler und Thomas Mann im Schweizer Exil, in: dies.: Phantasma Moderne. Die literarische Schweiz 1880 bis 1950, Zürich: Chronos 2007, S. 125–147, 134f.

[37] Eduard Korrodi: „Die Sammlung", in: Neue Zürcher Zeitung, 7.9.1933, zitiert nach ders.: Ausgewählte Feuilletons, hrsg. von Helen Münch-Küng, Bern/Stuttgart/Wien: Haupt 1995 (= Schweizer Texte, Neue Folge, Bd. 4), S. 181f.

[38] Ebd.

gegen eine literarische Moderne aus, die von den Nationalsozialisten als ‚Zivilisationsliteratur' verfolgt und mithin über genau jene Vokabel diffamiert wurde, die er im Streit mit dem Bruder einst selbst geprägt hatte.[39] Auf Betreiben seines Verlegers Gottfried Bermann Fischer zog Thomas Mann in der Folge die Zusage zu seiner Mitarbeit an der Sammlung zurück. Erika Mann hielt ihrem Vater die „Unverschämtheit" Bermanns vor und ärgerte sich, dass ihr dieser „Schleimfrosch" zu „so ernsthaftem Kummer" Anlass gäbe.[40] Noch Jahre später zeigte sie sich unversöhnlich und ließ Thomas Mann wissen, er hätte Klaus „mehr damit verdorben [...], als je ein Nazi [...] es konnte".[41]

Vor dem Hintergrund dieser familienintern und politisch doppelt brisanten Konstellation kommt es 1936 zu jenem berühmten Streit, in dessen Verlauf Thomas Mann sich zum Exil bekennen wird. Erika Mann hatte an dieser Entscheidung wesentlichen Anteil. Auslöser des Streits war Leopold Schwarzschild, Herausgeber der Exilzeitschrift Das neue Tage-Buch. Er hielt Thomas Mann vor, seine Werke in Deutschland beim S. Fischer Verlag, dem „Schutzjuden des nationalsozialistischen Verlagsbuchhandels", zu veröffentlichen.[42] Thomas Mann reagierte empört, stellte sich hinter seinen Verleger und antwortete mit einem *Protest* in der Neuen Zürcher Zeitung.[43] Dieser Schritt ging Erika Mann entschieden zu weit. Auch sie teilte die Auffassung, dass Bermann Fischer von Propagandaminister Goebbels gedeckt werde, und ließ den Vater wissen:

... daß Dein ‚Protest' in der N.Z.Z. mir traurig und schrecklich vorkommen mußte, hast Du natürlich gewußt, – falls Du einen Gedanken in dieser Richtung gedacht haben solltest. Ich meinerseits weiß immer, daß ich kein Recht habe, Dir ‚Vorhaltungen zu machen' und mich sonstwie ‚einzumischen'. Immerhin möchte ich Dir erklären, warum Deine Handlungsweise mir dermaßen traurig und schrecklich vorkommt, daß es mir schwierig scheint, Dir in näherer Zukunft überhaupt unter die Augen zu treten.[44]

Als „Resümee" ihrer Anklage hält sie angriffig und analytisch pointiert fest: „das erste Wort ‚für' aus Deinem Munde fällt für Doktor Bermann, – das erste Wort ‚gegen', – Dein erster offizieller ‚Protest' seit Beginn des dritten Reiches richtet sich gegen Schwarzschild und das ‚Tagebuch' (in der N.Z.Z.!!!)."[45] Sie fährt fort:

---

[39] Vgl. Thomas Mann: Betrachtungen eines Unpolitischen [1918], hier insbesondere das Kapitel „Der Zivilisationsliterat" (XII, 53–68).

[40] Erika Mann an Thomas Mann, 28.9.1933, in: Erika Mann, Mein Vater (zit. Anm. 10), S. 84.

[41] Erika Mann an Thomas Mann, 26.1.1936, in: Erika Mann, Briefe (zit. Anm. 13), S. 88.

[42] Leopold Schwarzschild: Samuel Fischer's Erbe, in: Das neue Tage-Buch, 11.1.1936, S. 30–31.

[43] Thomas Mann/Hermann Hesse/Annette Kolb: Ein Protest, in: Neue Zürcher Zeitung, 18.1.1936.

[44] Erika Mann an Thomas Mann, 19.1.1936, in: Erika Mann, Briefe (zit. Anm. 13), S. 72.

[45] Ebd., S. 73.

[Bermann] bringt es nun zum zweiten Male fertig (das erste Mal anläßlich des ‚Eröffnungsheftes' der ‚Sammlung'), daß Du der gesamten Emigration und ihren Bemühungen in den Rücken fällst, – ich kanns nicht anders sagen.

Du wirst mir diesen Brief wahrscheinlich sehr übel nehmen, – ich bin darauf gefaßt und weiß, was ich tue. Diese freundliche Zeit ist so sehr geeignet, Menschen auseinanderzubringen – in wievielen Fällen hat sie es schon getan. Deine Beziehung zu Doktor Bermann und seinem Haus ist unverwüstlich, – Du scheinst bereit, ihr alle Opfer zu bringen. Falls es ein Opfer für Dich bedeutet, daß ich Dir, mählich, aber sicher, abhanden komme, –: leg es zu dem übrigen. Für mich ist es traurig und schrecklich.[46]

Während Katia Mann die Tochter umgehend maßregelt, ließ sich Thomas Mann zwei Tage Zeit für eine Antwort und schrieb ihr dann:

Dein Kummer über mein Gesamtverhalten […] [ist] wieder einmal zum Ausbruch gekommen und hat mir Deinen Brief eingetragen mit seinen dunklen Drohungen, Du werdest mir noch Deine Liebe entziehen. Ich bin deswegen ziemlich getrost. Zum Sichüberwerfen gehören gewissermaßen Zwei, und mir scheint, mein Gefühl für Dich läßt dergleichen garnicht zu. […] Du bist viel zu sehr mein Kind Eri, auch noch in Deinem Zorn auf mich, als daß […] [deine Ankündigung] sich so recht erfüllen könnte. Meine Ergriffenheit bei Deiner Pfeffermühlen-Produktion beruht immer zum guten Teil auf dem väterlichen Gefühl, daß das Alles eine kindliche Verlängerung meines eigenen Wesens ist, – ich bin es nicht gerade selbst, es ist nicht meine Sache, das zu machen, aber es kommt von mir her. Es kommt im Grunde auch Dein Zorn auf mich kindlich von mir her; er ist sozusagen die Objektivierung meiner eigenen Skrupel und Zweifel.[47]

Der Brief ist bezeichnend für Thomas Manns Umgang mit seiner Tochter: Er wehrt den Konflikt im Gestus der Aneignung ab, reaktiviert das Bild von der Tochter als projektiver Verlängerung seiner selbst und spricht ihr selbständiges Handeln und Eigenverantwortung ab, indem er als Vater gleichsam die Urheberschaft über ihr Denken und Tun beansprucht. Widerspruch akzeptiert er nicht, sondern deutet diesen als Teil seiner selbst, integriert ihn mithin seinem Selbstbild. Das sind die Bedingungen, unter denen es ihm überhaupt möglich ist, ihr zu antworten und ihr – unter Wahrung der Hierarchie – insgeheim Recht zu geben.

Der zunächst auf privater Ebene ausgetragene Konflikt gewinnt eine zusätzliche Dynamik, als sich Eduard Korrodi in der Neuen Zürcher Zeitung nun seinerseits in die Debatte einmischt und Thomas Mann erneut gegen eine Exilliteratur ausspielt, die er als jüdische „Romanindustrie" und als eine von Hassgefühlen durchsetzte politische Tendenzliteratur abqualifiziert.[48] Klaus

---

[46] Ebd., S. 73 f.

[47] Thomas Mann an Erika Mann, 23.1.1936, in: Erika Mann, Briefe (zit. Anm. 13), S. 83.

[48] Eduard Korrodi: Deutsche Literatur im Emigrantenspiegel, in: Neue Zürcher Zeitung, 26.1.1936, zitiert nach Korrodi, Ausgewählte Feuilletons (zit. Anm. 37), S. 192 f. – Zur Auseinan-

Mann fordert den Vater telegraphisch zu einer Stellungnahme auf, Erika Mann insistiert brieflich und Katia Mann entwirft ein Antwortschreiben, zu dem die Tochter Anregungen und Argumente liefert. Am 3. Februar 1936 veröffentlicht die Neue Zürcher Zeitung Thomas Manns als *Offene Antwort* formulierte Stellungnahme. Er bekennt sich zur Emigration und benennt auch die unüberbrückbare Kluft, die ihn von einem Deutschland trennt, das jegliche „zivilisatorische Bindungen" abgeworfen hat. (Br I, 413) Der Bruch war damit vollzogen. Erika Mann telegraphiert dem Vater aus Prag: „dank glueckwunsch segenswunsch / kind e."[49] Deutschland reagierte erwartungsgemäß mit der Ausbürgerung.

Das zuletzt von Korrodi provozierte Bekenntnis zum Exil verbindet Vater und Tochter, stiftet ein geheimes Bündnis, das den Zweiten Weltkrieg und die Nachkriegszeit überdauert. Die Auseinandersetzungen um „Die Pfeffermühle" mochten Thomas Mann auf den Bruch mit Deutschland vorbereitet haben, den ihm die Tochter abverlangte. Zugleich hielt sie ihm den Anschluss an die literarische Emigration offen und ermöglichte ihm, über den eigenen Schatten zu springen, denn das Bekenntnis zur Emigration bedeutete für ihn auch, sich auf die Seite des Bruders zu stellen, den er als Zivilisationsliteraten attackiert hatte. Es ist die Tochter, der er mitteilt, die Sache sei für ihn nicht einfach, da auch von dem „Bruderproblem" betroffen.[50] Und ihr erklärte er auch: „Eines der Hauptmerkmale für die idiotische Roheit des gegenwärtigen Deutschtums war für mich von Anfang an, schon vor seiner ‚Machtergreifung', sein Verhältnis – nicht zu mir, sondern zu meinen Kindern, zu Dir und Klaus."[51]

Rückte Thomas Mann 1936 von der Auffassung ab, es könnte unter den Bedingungen des Nationalsozialismus eine politisch unabhängige Literatur in Deutschland geben, hielt Korrodi an dieser Auffassung fest und insistierte auf der geschichtlichen Verbundenheit der deutschsprachigen Schweiz mit Deutschland.[52] Eine solche Haltung war entschieden naiv, wie der Gang in die Archive heute zeigt. Die Deutsche Gesandtschaft in Bern lobte gegenüber Berlin ausdrücklich die Entschiedenheit, mit der Korrodi sich von der Emigration distanziere und so ein „Einverständnis" in „zukünftigen Tagen wieder erleichtern könne".[53] Gleichzeitig nutzte das Propagandaministerium bestehende

---

dersetzung zwischen Thomas Mann und Eduard Korrodi vgl. auch Thomas Sprecher: Thomas Mann in Zürich, Zürich: Verlag Neue Zürcher Zeitung 1992, S. 168–182, sowie Amrein, Das „Jüdische" (zit. Anm. 36).

[49] Erika Mann an Thomas Mann, 6.2.1936, in: Erika Mann, Mein Vater (zit. Anm. 10), S. 109.

[50] Thomas Mann an Erika Mann, 23.1.1936, in: Erika Mann, Briefe (zit. Anm. 13), S. 84.

[51] Ebd., S. 80.

[52] Vgl. Amrein, Das „Jüdische" (zit. Anm. 36), S. 126–129.

[53] Deutsche Gesandtschaft Bern an das Auswärtige Amt Berlin, 10.2.1936, Politisches Archiv des Auswärtigen Amtes Berlin.

Kontakte zur Schweiz, um über den kulturellen Austausch die politische Gleichschaltung vorzubereiten. Als Drehscheibe figurierte das Stadttheater, das heutige Opernhaus, wo 1937 erfolgreich auch gegen eine Einladung von Thomas Mann zu einem Vortrag über Richard Wagner interveniert wurde.[54]

Das ‚andere‘ Deutschland – Zweites Exil in Amerika

1938 gibt die Familie Mann ihre Wohnung in Küsnacht auf. Es folgt das zweite Exil in Amerika. Erika Mann ist den Eltern vorausgegangen, und wie schon 1933 bei der Übersiedlung in die Schweiz wird sie auch jetzt zur unentbehrlichen Stütze. Sie plant und organisiert, lernt rasch Englisch und hilft damit vor allem dem Vater, sich in Amerika zurechtzufinden. Amerika war für sie kein Neuland. Bereits in den Zwanzigerjahren hatte sie die Vereinigten Staaten mit ihrem Bruder Klaus bereist. Die Geschwister, die ihre Reise mit Lesungen und Vorträgen finanzieren wollten, wussten sich dabei werbewirksam als „literary Mann twins"[55] in Szene zu setzen. Auch jetzt ist sie ausgestattet mit dem Prestige des Vaters, muss zuerst aber den Misserfolg mit der „Pfeffermühle" verkraften. In New York, das von den Vorgängen in Deutschland vorerst nur indirekt betroffen war, blieb das Echo auf ihre Aufführungen aus.

Gerade das Nicht-Wissen aber ist es, wogegen sie ankämpft. Sie will aufklären, als Reporterin, als Autorin und als „lecturer". Diese zuletzt genannte Tätigkeit beschreibt sie als eine spezifisch amerikanische „Beschäftigung", mit der man „seinen Unterhalt dadurch verdienen kann, daß man herumreist und Reden hält".[56] Die Auftragsvermittlung läuft über einen Agenten, der, so Erika Mann, „‚prominente Redner'" oder „‚Persönlichkeitsredner'" bucht, Personen mithin, die aufgrund ihrer „persönlichen Geschichte" ausgewiesen sind, „mit einer gewissen Autorität über verschiedenste Themen zu sprechen".[57] Genau dieses Profil konnte sie bestens erfüllen. Als Schauspielerin besaß sie die erforderliche Auftrittskompetenz, als Tochter des exilierten Nobelpreisträgers war sie autorisiert und authentisiert. Noch aus Zürich gratuliert Thomas Mann mit einem Telegramm zum ersten großen Auftritt – am 15. März 1937 sprach sie in New York auf dem *American Jewish Congress* vor 20.000 Zuhörern – und schreibt: „Du sprichst dort als selbständige Persönlichkeit zugleich aber tust

---

[54] Vgl. Amrein, „Los von Berlin!" (zit. Anm. 26), S. 58, 489 f.

[55] Klaus Mann, Der Wendepunkt (zit. Anm. 3), S. 251.

[56] Erika Mann: Aus dem Leben einer Vortragsreisenden [1945], in: dies., Blitze (zit. Anm. 14), S. 266–276, 266.

[57] Ebd.

Du es gewissermaßen an meiner Statt als meine Tochter und als meines Geistes Kind". (Br II, 17) Sie ist nicht mehr das verleugnete Spiegelbild, sondern das Medium, das seiner Botschaft die Stimme gibt.

Erika Mann hält Vorträge über *Hitler als Gefahr für den Weltfrieden*, sie ruft auf zum *Boykott deutscher Waren* und will Amerika nach 1939 dazu bringen, in den Krieg gegen Deutschland und dessen Verbündete einzutreten.[58] In sieben Jahren hält sie nach eigener Aussage „etwa vierhundert Vorträge", ist dafür „140.000 Meilen gereist", hat vor etwa „200.000 Menschen" gesprochen, bezeichnet ihren Agenten, der etwa die „Hälfte des Honorars" für sich verbucht, als „Sklaventreiber" und kennt nur noch ein Zuhause, den Hotelzug, mit dem sie quer durch Amerika reist.[59] Dieser Bahn hat sie unter dem Titel *Mein Vaterland, der Pullman-Wagen* einen eigenen Text gewidmet.[60]

Gleichzeitig schreibt sie Bücher, die gegenüber den Vorträgen weitergehende Analysen und Kommentare enthalten. Als erstes erscheint 1937 *School for barbarians*, ein Jahr später folgt bei Querido die deutsche Übersetzung *Zehn Millionen Kinder. Die Erziehung der Jugend im Dritten Reich*. Gestützt auf umfangreiche Recherchen und einschlägige Quellenkenntnis weist Erika Mann noch vor Beginn des Zweiten Weltkriegs nach, wie die Erziehung in Deutschland versteckt, darin aber umso wirkungsvoller, der nationalsozialistischen Weltanschauung dienstbar gemacht wird. Sie zitiert aus Hitlers *Mein Kampf*, Erlassen des Reichserziehungsministeriums und aktuellen Lehrplänen. Von den Aufsatzthemen im Deutschunterricht, den Anwendungsbeispielen in der Physik und der emotionalen Abhärtung arischer Kinder gegenüber den von den Spielplätzen und Mittagstischen verbannten jüdischen Kindern bis hin zum Lagerleben, dem Wehrsport und den Jugendverbänden deckt sie das Kalkül hinter den Programmen und Botschaften der Nationalsozialisten auf. Thomas Mann schreibt für die deutsche Ausgabe ein Geleitwort und konstatiert, die Erziehung lasse „kein menschliches Reservat" frei, fanatisch ziele der Hitler-Staat darauf, das „geistige und seelische Gesamtleben der Nation" in „Beziehung zur fixen Idee kriegerischer Tüchtigkeit und nationalen Vorranges" zu setzen.[61]

1939 gibt sie das mit Klaus Mann verfasste Buch *Escape to life* heraus, 1991 in deutscher Übersetzung unter dem Titel *Deutsche Kultur im Exil* erschienen.

---

[58] Eine Auswahl der Vorträge ist abgedruckt in der Textsammlung *Blitze überm Ozean* (zit. Anm. 14).

[59] Erika Mann, Aus dem Leben einer Vortragsreisenden (zit. Anm. 56), S. 266f.

[60] Erika Mann: Mein Vaterland, der Pullman-Wagen [um 1942], in: dies., Blitze (zit. Anm. 14), S. 261–265.

[61] Geleitwort von Thomas Mann, in: Erika Mann: Zehn Millionen Kinder. Die Erziehung der Jugend im Dritten Reich, 4. Aufl., Reinbek bei Hamburg: Rowohlt 2002 (= rororo, Bd. 22169), S. 7–11, 8.

Auch dieses Buch ist einem dokumentarischen Anspruch verpflichtet. Es beinhaltet eine Bestandesaufnahme der künstlerischen Emigration, porträtiert aber auch Autoren, die sich in den Dienst des Dritten Reichs gestellt hatten. Das von Erika und Klaus Mann zusammengetragene Wissen wird nach 1945 zur Grundlage der Exilforschung. Mit ihrem Buch hatten sie sich zum Ziel gesetzt, den Amerikanern zu erklären, „was wir sind; was wir können; was wir wollen"; zugleich sollte der Nachweis erbracht werden, dass nicht einzelne Personen, sondern die „wahre deutsche Kultur" insgesamt von einem verbrecherischen Regime vertrieben worden war.[62] Mit dieser Feststellung referieren die Autoren auf die für die Identitätsbildung im Exil zentrale Denkfigur vom ‚anderen' Deutschland. Diese Denkfigur, die die Trennung zwischen politischem und kulturellem Deutschland postuliert, erlaubte es der Emigration insgesamt, sich als Teil des ‚anderen' und besseren Deutschland zu verstehen. Thomas Mann konnte gemäß dieser Konzeption behaupten: „Where I am, there is Germany."[63] Ein weiteres Buch der Geschwister rekonstruiert die Ideengeschichte dieser Trennung von Politik und Kultur; es erschien 1940 unter dem Titel *The other Germany*, eine Übersetzung ins Deutsche steht noch aus.

Für das ebenfalls 1940 veröffentlichte Buch *The lights go down* zeichnet Erika Mann wieder allein; eine deutsche Ausgabe ist seit 2005 unter dem Titel *Wenn die Lichter ausgehen. Geschichten aus dem Dritten Reich* erhältlich. Von den vorangehenden Publikationen unterscheidet sich dieses Buch dadurch, dass es die Realität des Dritten Reichs nicht dokumentarisch, sondern in der Fiktion zu fassen sucht. Die Autorin erfindet als Schauplatz eine in Süddeutschland gelegene Universitätsstadt; hier spielen ihre Geschichten, die beispielhaft Einblick geben in das von Unwahrheiten und perfiden Abhängigkeitsbeziehungen geprägte Alltagsleben nach 1933.

Auch wenn Erika Mann sich mit dieser Arbeit wieder der Literatur annähert, so sieht sie sich nicht als Schriftstellerin, literarischen Ruhm sucht sie nicht, sondern es geht ihr um die Aussage, die Botschaft, den Appell. Die „Wahrheit und nichts als die Wahrheit zu sagen", sei ihr Anliegen, beteuert sie denn auch programmatisch und in bewusster Anspielung auf die Schwurformel.[64] Die Wahrheit ist für sie gleichbedeutend mit der Wahrheit über Hitler, und um diese sichtbar zu machen, nutzt sie unterschiedliche Schreibweisen, Erzähltechniken, Darstellungsformen und Medien. Die Hartnäckigkeit, mit der sie

---

[62] Erika Mann/Klaus Mann: Escape to life – Deutsche Kultur im Exil, hrsg. von Heribert Hoven, 2. Aufl., Reinbek bei Hamburg: Rowohlt 2001 (= rororo, Bd. 13992), S. 10 f.

[63] So Thomas Mann anlässlich seiner Ankunft in Amerika im Interview mit der New York Times vom 22. Februar 1938.

[64] Erika Mann: Hitler. Eine Gefahr für den Weltfrieden, in: dies., Blitze (zit. Anm. 14), S. 118–124, 119.

auf dem Unrecht insistiert, die Genauigkeit, mit der sie dieses benennt, und die Schärfe, mit der sie Machthaber und Mitläufer attackiert, bilden das besondere Verdienst ihrer literarischen und publizistischen Arbeiten. Aus heutiger Sicht widerlegen diese Arbeiten zudem eindrücklich den Topos vom Nicht-Wissen, um den sich die Erinnerung der Nachkriegszeit organisiert.

Isolation und die „Qual des unvermittelbaren Wissens"

Dass ihr Wissen vielfach unerwünscht war, darüber machte sich Erika Mann keine Illusionen. Dass es ihr aber nicht gelang, auch Personen zu überzeugen, die ihr nahe standen, war für sie eine verletzende Erfahrung. Sie gestaltet dieses Problem der Adressierung und der Zurückweisung in einer Szene ihrer Autobiographie, die ich hier deshalb nenne, weil sie auch vorausweist auf die Schwierigkeiten, mit denen Erika Mann nach 1945 zu kämpfen hatte.

Die Szene ist mit „Alptraum" überschrieben und beginnt mit der Beschreibung einer Radtour, die sie als Vierzehnjährige mit ihrem Bruder Klaus in den Dolomiten unternommen hat. Die Geschwister befinden sich auf einer Passhöhe und freuen sich auf die Abfahrt. Klaus fährt los, Erika folgt, verliert in einer Kurve die Kontrolle über ihr Rad, stürzt und bleibt, von ihm unbemerkt, bewusstlos liegen. Als Klaus sie fast zwei Stunden später findet, sitzt sie benommen am Straßenrand. Weil ihr das Erlebte nicht anzusehen ist, den Sturz hat sie äußerlich unverletzt überstanden, glaubt er an einen Scherz, meint, sie spiele Theater, lacht sie aus und gibt sich, nachdem sie auf der Authentizität des Erlebten beharrt, herablassend mitleidig. „Sein hochmütiges Mitgefühl, sein skeptisches Wohlwollen verletzten und beleidigten mich maßlos. Etwas Furchtbares war passiert – etwas, das ich nicht hatte verhindern können, obwohl ich es hatte kommen sehen."[65] Wie schon den Sturz erlebt sie auch diese Reaktion als Schock, vergleichbar einer sekundären Traumatisierung. Die Tatsache, dass ihr Gegenüber sich weigert, ein Wissen zu teilen, das ihrer eigenen Erfahrung entspringt, lässt sie isoliert und mit einem Gefühl zurück, das sie als die „Qual des unvermittelbaren Wissens"[66] beschreibt.

Dieses auf das Exemplarische zugespitzte Kindheitserlebnis nun überblendet Erika Mann mit einem späteren Ereignis. Wieder geht es um eine Passfahrt – die Wiederholung verdeutlicht die Parallelisierung der Szenen

---

[65] Erika Mann, Ausgerechnet Ich (zit. Anm. 14), S. 21.
[66] Ebd., S. 22.

und macht darin die bewusst gehandhabte Konstruiertheit des Erzählten sichtbar –, doch dieses Mal handelt es sich nicht um einen Ferienausflug, sondern um ihre Flucht aus Deutschland am 13. März 1933. Die Fahrt im Auto und den Grenzübergang bringt sie unerwartet problemlos hinter sich, „leicht betäubt" kommt sie in Zürich an, weiß nicht, wohin sie sich wenden soll, geht schließlich in „die Bar eines eleganten Hotels in der Bahnhofstrasse" und trifft dort auf einen Bekannten, den sie als Herrn B. einführt. „Herr B.", so erzählt sie weiter, „war ein eleganter Knabe, sehr reich, Mitglied einer der besten Familien der Schweiz und ein Liebhaber der Künste".[67] Er verwickelt sie in ein Gespräch über die neue Regierung in Deutschland, sieht sie nach einer Weile missbilligend an und fragt: „[Sie sind doch nicht etwa] weggelaufen [...]! Sie sind doch keine Kommunistin, oder?"[68] Die sich daran anschließende Diskussion gibt die Erzählerin aus ihrer Sicht wieder:

Was folgte, war die erste Ausgabe der alptraumhaften Unterhaltung, die sich noch Hunderte von Malen und an Hunderten von Orten wiederholen sollte, in vielen Sprachen und über eine Dauer von vielen Jahren. Nur war ich in diesem Augenblick eine Anfängerin – ein Amateur des Leidens, kindisch unwissend, ungeduldig wie ein Narr. Herr B., versuchte ich mich zu trösten, war eine Ausnahme; natürlich war er das – eine jener wohlbehüteten Elfenbeinturmexistenzen, denen egal ist, was um sie herum passiert, solange ihr eigenes Leben und ihre Hobbies scheinbar unbetroffen bleiben. Aber da er ein Mann mit Geld und Einfluß war, mußte er aufgeklärt werden. Ich redete, ich argumentierte. Zum ersten Mal legte ich meinen Fall, unseren Fall, DEN Fall vor der Welt dar. Unnötig zu sagen, daß ich überhaupt nichts erreichte. Weit davon entfernt, meinen Gesprächspartner zu überzeugen, schadete ich mir nur selbst in seinen Augen. Ganz offensichtlich wurde ich ihm verdächtig. [...] Ich sei ziemlich aufgewühlt, entschied er, eine Künstlerin, ans Übertreiben gewöhnt, eine Schauspielerin, die sich in den Kopf gesetzt hatte, das Leben zu dramatisieren.[69]

Wohlerzogen und höflich zieht Herr B. sich zurück, peinlich berührt, dass mit ihr irgend etwas nicht in Ordnung ist, wünscht ihr gute Erholung in der Bergluft, in ein paar Wochen werde sie als ein anderer Mensch heimfahren. Sie fühlt sich wie in einem „bösen Traum", die Erinnerung an den längst vergessenen Ausflug mit Klaus überfällt sie, und sie sieht zwischen sich und den anderen den „Abgrund", die Kluft des „nicht vermittelbaren Wissens".[70]

---

[67] Ebd., S. 25.
[68] Ebd., S. 26.
[69] Ebd.
[70] Ebd., S. 27. – Dieses Verfahren der Parallelisierung und Überblendung ist konstitutiv für das Genre der Autobiographie. Kindheitserlebnisse werden hier vielfach als Urszenen inszeniert, die dazu dienen, spätere Ereignisse zu kommentieren und zu deuten. Diesen narratologischen Aspekt übergeht Lange-Kirchheim (‚Gefall-Tochter' [zit. Anm. 8], S. 64 f.) in ihrer Lektüre der zitierten Szene, wenn sie die Differenz mit dem Bruder als Artikulation eines „Beziehungstraumas" bzw.

Das Nicht-Verstandensein, das Erika Mann hier thematisiert, lässt sie nicht zur Ruhe kommen. Die „Qual des unvermittelbaren Wissens" treibt sie an, sie will am Beispiel ihrer eigenen Geschichte aufklären, mit ihrer Person für das erlittene Unrecht einstehen und erfährt, wie sie ins Leere läuft, als Sprechende entwertet, herabgesetzt, für überreizt, gar für krank erklärt wird. Diese Erfahrung formuliert sie im Rückblick auf die zehn Jahre, die seit der Machtergreifung vergangen sind. Zugleich gibt sie zwei Jahre vor Kriegsende einer Befürchtung Ausdruck, die sich nach 1945 bestätigen sollte. Nur in Ausnahmefällen war es der literarischen Emigration gelungen, außerhalb des deutschen Sprachraums ein Publikum zu finden, und viele hofften jetzt auf die Rückkehr, um sich am kulturellen Wiederaufbau in ihrer Heimat zu beteiligen. In den meisten Fällen jedoch stießen die Rückkehrer auf Ablehnung, ihnen wurde vorgehalten, sich den Problemen in Deutschland nicht gestellt, sich durch die Flucht entzogen zu haben.

„Sekretärin, Biographin, Nachlaßhüterin, Tochter-Adjutantin" – Rückkehr nach Europa

Die Schweiz bildet hier keine Ausnahme. Selbst das Zürcher Schauspielhaus, das sich als wichtigstes Theater der Emigration profiliert hatte, suchte nach dem Krieg den Austausch mit Deutschland und beschäftigte Schauspieler und Regisseure, die im Dritten Reich Karriere gemacht hatten. Künstler wie der Schauspieler Fritz Kortner oder der Regisseur Erwin Piscator hingegen, die beide aus Amerika zurückkehrten, bemühten sich vergeblich um eine Anstellung. Und Walter Lesch, Gründer und Leiter des „Cabaret Cornichon", das Erika Manns „Pfeffermühle" imitiert und aus ihrem Lokal im Zürcher Niederdorf verdrängt hatte, ließ die Eidgenössische Fremdenpolizei wissen, der kulturelle Austausch mit Deutschland sei ein zentrales Anliegen der Schweizer

als Ausdruck einer regressiv-harmoniesüchtigen Phantasie deutet und dahinter ein sprachlich nicht einzuholendes „Grundtrauma" vermutet, das seinerseits die Behauptung begründen soll, Erika Mann leide an einer „Traumasucht" bzw. einer Risikosucht. Eine solche Interpretation läuft nicht nur Gefahr, die Autorin zu pathologisieren, sondern führt auch zu einer bedenklichen Verharmlosung ihrer Flucht aus Deutschland, denn die Wirklichkeit des Dritten Reichs bleibt aus dieser Darstellung, die Szene einzig als Schauplatz psychischen Erlebens deutet, ausgeblendet. Unberücksichtigt bleibt außerdem, dass Erika Mann in ihrer Autobiographie eine Authentisierungsstrategie verfolgt, die zum Ziel hat, die Brutalität des Dritten Reichs am Beispiel ihrer eigenen Biographie aufzuzeigen und zu belegen. Mit dem Hinweis auf die „Qual des unvermittelbaren Wissens" benennt sie dabei ein Problem, das für das Schreiben im Exil und in der Nachkriegszeit von zentraler Bedeutung ist.

Autoren, hielt aber gleichzeitig fest, eine Zusammenarbeit mit der Emigration käme nicht in Frage, weil „diese Menschen alle irgendwie krank sind und nichts Positives mehr leisten können".[71]

Erika Mann, die als Offizierin der amerikanischen Armee seit 1943 Kriegs-schauplätze in Afrika und im Nahen Osten bereist und Reportagen geschrie-ben hat, kehrt in dieser Funktion im Sommer 1945 in das zerstörte Deutschland zurück. Sie nimmt als Journalistin am Nürnberger Kriegsverbrecherprozess teil und zeigt sich entsetzt darüber, dass es mit Ausnahme der Nazi-Prominenz in Deutschland keine Täter und keine Verantwortlichen, keine Opposition und keinen Widerstand gegen die Politik der Verdrängung gibt. Sie schaut auf die Deutschen, so in einem Brief an Lotte Walter, „wie auf die eigene, teuf-lisch mißratene und entgleiste Familie", auf ein „garstiges, unseliges Volk", auf Leute voll „triefendem Mitleid mit sich selbst, das der Leiden anderer schon deshalb niemals gedenkt, weil solche Leiden von jemandem verschuldet sein müssen, weil dieser jemand am Ende Deutschland heißt".[72] Aus diesem Grund distanziert sie sich entschieden von Autoren der „Inneren Emigration", denen sie vorhält, Deutschland pathetisch zum Opfer einer „Schicksalstragödie'" zu verklären und dadurch jede Verantwortung für eine Schuld zurückzuweisen.[73] Werner Bergengruen etwa hält sie vor, in seinem 1945 im Zürcher Arche Verlag erschienenen Gedichtband *Dies irae* Deutschland als „auserwähltes Land" zu inszenieren, das „gewissermaßen vom Schicksal für Prüfungen nie dagewesener Bitternis auserkoren wurde", und so „jegliche deutsche Schuld in einem Meer menschlicher Sündhaftigkeit aufzulösen".[74] Auch protestiert sie öffentlich dagegen, dass mit Wilhelm Furtwängler ein Dirigent aus dem Dritten Reich seine Karriere nach 1945 fortsetzen kann, indem die politische Instrumenta-lisierung der Kunst im Nationalsozialismus nachträglich im Beharren auf die Autonomie des Ästhetischen geleugnet wird.[75]

Nach Deutschland zurückkehren will sie unter diesen Bedingungen nicht und lehnt es strikte ab, die Eltern auf der Vortragsreise zum Goethe-Jahr 1949 nach Frankfurt und Weimar zu begleiten. Im gleichen Jahr nimmt sich Klaus Mann das Leben. Mit ihm verliert sie den Bruder, von dem sie sagt, sie sei

---

[71] Heinrich Rothmund: Besuch Dr. Walter Lesch, 5.9.1944, Bundesarchiv Bern, Handakten Heinrich Rothmund.

[72] Erika Mann an Lotte Walter, 3.2.1946, Briefe (zit. Anm. 13), S. 215.

[73] Erika Mann: Die „Innere Emigration" [unveröffentlichtes Typoskript von 1946], in: dies., Blitze (zit. Anm. 14), S. 382–387, 385.

[74] Ebd., S. 383, 386. Vergleichbar äußert sie sich im zitierten Brief an Lotte Walter über die Auto-ren der inneren Emigration (zit. Anm. 72).

[75] Erika Mann: Die Ovationen für Furtwängler [Leserbrief in der New York Herald Tribune vom 13.6.1947], in: dies., Blitze (zit. Anm. 14), S. 387–389.

„doch gar nicht zu denken, ohne ihn".[76] Ein Jahr später zieht sie ihren Antrag zur Erlangung der amerikanischen Staatsbürgerschaft zurück, nachdem sie in der McCarthy-Ära zur Stalinistin erklärt und privat verunglimpft worden war.[77] Nach der Vertreibung aus München, dem Exil in der Schweiz und in Amerika sieht sie sich erneut als *persona non grata* abgestempelt.

Ihr festes Domizil hatte sie bislang bei den Eltern, und das bleibt auch in ihrem letzten Lebensabschnitt so. Mit den Eltern kehrt die mittlerweile 45-Jährige in die Schweiz zurück. Im Klima der Nachkriegszeit stößt sie auf Ablehnung und gerät in eine Isolation, die sie mit Drogen und einer hektischen Arbeitsweise überdeckt. Katia Mann konstatiert: „Es ist schlimm, daß sich bei ihr der Gram in eine maßlose zerstörerische Bitterkeit umsetzt, von der sie wahrscheinlich nur eine wirklich befriedigende, ihren Gaben entsprechende Tätigkeit befreien könnte."[78]

Noch in Amerika hatte Erika Mann die Rolle des weiblichen „Eckermann" übernommen und zum Beruf gemacht, was ihr der Vater später explizit offerierte, nämlich „Sekretärin, Biographin, Nachlaßhüterin, Tochter-Adjutantin" zu sein. (Tb, 1.2.1948) Sie steht damit an der heiklen Schnittstelle zwischen Privatem und Öffentlichem, exponiert sich noch zu Lebzeiten Thomas Manns mit der Aufgabe, seinen Namen unantastbar zu machen. Sein Lebenswerk wird schließlich zu ihrem eigenen. Sie beansprucht die Deutungsmacht, will diese nach außen und nach innen, gegenüber der Öffentlichkeit und der eigenen Familie durchsetzen. Ein Beispiel dafür ist ihr Buch *Das letzte Jahr. Bericht über meinen Vater*, das sie 1956 zeitgleich mit Monika Manns Autobiographie *Vergangenes und Gegenwärtiges* veröffentlicht. Bei Erika Mann erscheint der Vater überhöht, hagiographisch verklärt, er zeigt sich in seinem „Ernte- und Todesjahr", so eine leitmotivisch verwendete Formulierung, dem Irdischen bereits entrückt; die vielfach verwendeten Vokabeln Gnade, Erfüllung und Licht unterstreichen diese Inszenierung. Im Familienkreis hatte sie zu seinem 80. Geburtstag noch einen respektlosen Sketch geliefert, offen von seiner Homosexualität gesprochen und sich über ein ignorantes Publikum mokiert.[79] Davon dringt nichts nach außen, den kritischen Bericht ihrer Schwester versuchte sie erfolglos zu verhindern.

Am 27. August 1969 stirbt Erika Mann im Zürcher Universitätsspital an einem Hirntumor. Ein Jahr zuvor hatte sie sich in einem Interview als „gebrann-

---

[76] Erika Mann an Pamela Wedekind, 16.6.1949, in: Erika Mann, Briefe (zit. Anm. 13), S. 260.

[77] Stephan, Im Visier (zit. Anm. 4), S. 174–193.

[78] Katia Mann an Martin Gumpert, 8.7.1949, zitiert nach von der Lühe, Erika Mann (zit. Anm. 2), S. 309.

[79] Erika Mann: Das Wort im Gebirge. Ein Sketch zum achtzigsten Geburtstag Thomas Manns, in: dies., Mein Vater (zit. Anm. 10), S. 280–289.

tes Kind" bezeichnet und auf die Frage, warum sie in der Öffentlichkeit kaum noch präsent sei, geantwortet, es sei eine „traurige Wahrheit", dass sie nach ihrer Jugend in Deutschland, dem Exil in der Schweiz und in Amerika nicht noch ein viertes Mal hätte von vorne anfangen können.[80]

---

[80] Zitiert nach von der Lühe, Erika Mann (zit. Anm. 2), S. 359.

Wolfgang Clemens

Elisabeth Mann Borgese – Dichterkindchen und Weltbürgerin

I. Thomas Manns Tochter

Am 11. September 1918 vermerkte der seit zwei Tagen von einem Ferienauf-
enthalt am Tegernsee nach München zurückgekehrte Thomas Mann in seinem
Tagebuch:

Tegernsee lebt noch in mir, mit dem erregenden Wasser, dem Boot (...). Ruderfahrt
mit dem Fräulein, Golo, dem neuen Mädchen Anna, das das Kindchen trug, über den
bewegten See, der stürmisch zu werden drohte.

Dieser Ausflug könnte die erste gemeinsame Begegnung Thomas Manns und
seines am 24. April jenes Jahres 1918 in der Münchner Frauenklinik gebore-
nen „Kindchens" Elisabeth Veronika, später überwiegend Medi genannt, mit
einer größeren bewegten Wasserfläche gewesen sein. Die ein wenig lautmalend
daherkommende Beschreibung enthält bereits einige Elemente, die später im
Leben und Werk dieser Tochter Thomas Manns weitaus mehr Platz einnehmen
sollten als bei jener ersten gemeinsamen *Seefahrt* von Vater und Tochter. Der
bewegte See erinnert an die bewegte See, das Meer, das Elisabeths Faszinosum werden sollte. Nicht die Mutter des noch keine fünf Monate alten Kindes
behütete es, sondern das neue Mädchen. Selbst drohender Sturm ließ den durch
das bewegte Wasser erregten Vater nicht den Schutz des Kindes vor der Urge-
walt übernehmen. So war das eben noch damals in hochbürgerlichen Kreisen
und bei Thomas Mann allemal.

Für das Kindchen begann ein langer Lebensweg, der Elisabeth Mann Borgese zur Botschafterin der Meere werden ließ; sicher ein sympathischerer Titel
als „Herrin der Meere", wie eine andere Elisabeth, die I. von England, genannt
wurde.

Zuvor hatte der in jenem Jahr 1918 schon nicht mehr ganz junge Vater, seinem Lebensrhythmus zum Trotz, infolge Katias Abwesenheit kurz nach der
Rückkehr vom stürmischen Tegernsee sogar selbst Hand anlegen und Vater-
pflichten erfüllen müssen:

Furchtbar meine bis zur Erschöpfung gehende Aufregung gestern Abend mit dem
Kindchen: das ,Fräulein' auf Urlaub, Katja auf Besorgungen, ich allein mit dem gelieb-

ten Wesen, das naß und bloß war, u. dem ich die feucht-kalten Stücke abnahm, aber weiter nicht zu helfen wußte, u. das erschreckend schrie, wahrscheinlich unter dem Eindruck meiner Hilflosigkeit. Fürchtete, sein Vertrauen zu verlieren. (...) Zittern, Müdigkeit, Verstimmung. Heute besser. (Tb, 11.9.1918)

Der Umgang mit der jüngsten Tochter verursachte jedoch nicht nur – und auch nicht überwiegend – Aufregung, Erschöpfung, Furcht und Hilflosigkeit beim entnervten Vater, der solche Zustände aus der Kleinkindzeit der vier älteren Geschwister Elisabeths eigentlich kennen und vermeiden können mußte. Das Kind gab ihm vielmehr Gelegenheit zur väterlichen Liebe und vermittelte ihm neuen Lebensmut:

Dachte auf dem Mittagsspaziergang wieder einmal, wie gut es wäre, wenn ich jetzt stürbe. Dann Liebesgefühl für das Kindchen und innere Versuche zu dem Hexametergedicht. (...) Traf beim Abend-Ausgang das Kindchen in der Allee, wo man es fuhr, schob's nach Hause und trugs hinauf in sein Bettchen, voller Liebe! (Tb, 14.9.1918)

Vor der Geburt dieses fünften Kindes hatte es noch anders geklungen. An Walter Opitz schrieb Thomas Mann bereits am 18. April 1910:

Reisen kann ich jetzt nicht, da ich über ein Kleines zum vierten Male Vater werden soll. (Wenn ich es zum fünften Male werde, übergieße ich mich mit Petroleum und zünde mich an.) (21, 449)

Wie wir wissen, griff er nicht zu derartig drastischen Maßnahmen, als das fünfte Kind geboren wurde. Im Gegenteil pries er sein neues Glück zum Beispiel gegenüber Philipp Witkop, dem er in einem Brief vom 23. Mai 1918 schrieb:

Mir aber steht es noch weniger an, Literatur zu simpeln, sondern Ihnen vor allen Dingen zu erzählen, daß meine Frau mich vor 4 Wochen mit einem prächtigen Töchterchen beschenkt hat, – dem dritten, ich meine dem dritten Töchterchen. Denn außerdem sind es ja noch zwei Buben, und man sollte glauben, daß wir nun wohl vollzählig sind. Aber, wie Philipp II. zu sagen pflegte, ,O, wer weiß, was in der Zeiten Hintergrunde schlummert!' Übrigens habe ich die patriarchalische Vollzähligkeit sehr gern. Wir haben auch wieder ein ,Fräulein' engagiert, und so präsidiere ich einen Eßtisch zu 7 Gedecken. (22, 233)

Thomas Mann irrte dabei nur hinsichtlich der zitierten Person. Wie Thomas Sprecher und seine Mitherausgeber anmerkten, war es nicht König Philipp II., der dies zu sagen pflegte, sondern Carlos in Schillers *Don Carlos*.[1]

„Prächtig" hatte er Elisabeth auch schon zuvor kurz nach der Geburt

---

[1] Vgl. 22, 738.

in einem Brief vom 27. April 1918 an Ida Boy-Ed genannt, worin er weiter berichtete, die Entbindung in der von Geheimrat Professor Albert Döderlein geleiteten Universitätsfrauenklinik sei „glatt und normal" verlaufen und „gottlob nicht besonders strapaziös" gewesen. Seine Frau sei „guter Dinge" und hoffe, die Klinik in acht bis zehn Tagen verlassen zu können. (22, 231) Auch Hans von Hülsen schrieb er auf einer Postkarte vom 22. Juni 1918 von seiner neuen Tochter (Reg 18/47).

Schließlich zog er nicht einmal drei Monate nach der Geburt Elisabeths eine Bilanz, deren Ergebnis für ihn bis zu seinem Lebensende Gültigkeit behalten sollte. So schrieb er am 11. Juli 1918 an Paul Amann:

... vor sechs Wochen bin ich nach einer Pause von 7 Jahren zum fünften Male Vater geworden, – eines Töchterchens, das ich, ich weiß nicht warum, vom ersten Tage an mehr liebte, als die anderen Vier zusammengenommen. (22, 238)

So ist es immer geblieben. Elisabeth Mann Borgese hat ihrem Vater für diese inständige und heraushebende Liebe gedankt, auch sie lebenslang.

Die Eltern gaben der neuen Tochter die Vornamen „Elisabeth Veronika". Der Vorname Elisabeth kam unter den Vorfahren und Verwandten Thomas Manns häufig vor, nahezu in jeder Generation seiner väterlichen Vorfahren mindestens einmal, manchmal sogar mehrfach.[2] In der mütterlichen Familie Bruhns war es ähnlich. Thomas Manns Ururugroßmutter väterlicherseits war Catharina Elisabeth Ganslandt, die übrigens mit ihrem Ehemann 1758 das Haus Mengstraße 4 in Lübeck, das heutige Buddenbrookhaus, erbauen ließ. Thomas Manns Urgroßmutter väterlicherseits hieß Catharina Elisabeth Croll. Seine Großmutter väterlicherseits war Elisabeth Marty, die zweite Ehefrau von Johann Siegmund Mann dem Jüngeren. Diese Großmutter hatte wiederum ihrer Erstgeborenen, der späteren Tante Thomas Manns, die Vornamen Maria Elisabeth Amalia Hippolite gegeben. Schließlich führte auch Thomas Manns nächstjüngere Schwester Julia die weiteren Vornamen Elisabeth Therese, vermutlich zur Ehre auch deren Tante und sogar Patentante Maria Elisabeth Amalia Hippolite Mann. Diese gab wohl den Ausschlag, das fünfte Kind und damit erst die dritte Tochter Thomas Manns mit dem Familientraditionsvornamen Elisabeth als Hauptvornamen zu versehen, starb diese Tante Thomas Manns doch am 18. Mai 1917 und damit ein knappes Jahr vor der Geburt „unserer" Elisabeth am 24. April 1918. Bei der Namensgebung für die älteren Töchter Erika und Monika hatte die Familientradition der Manns und Bruhns demgegenüber wohl keine nennenswerte Rolle gespielt.

---

[2] Die nachfolgenden Angaben zu den Ahnen sind der Ausstellung im Buddenbrookhaus in Lübeck entnommen.

Der Vorname Veronika findet sich dagegen nicht unter Thomas Manns Vorfahren väterlicher- und mütterlicherseits und auch nicht unter Katia Manns Vorfahren, den Pringsheims und Dohms. Auch Elisabeth Mann Borgeses Tochter Dominica weiß nicht, wer hier Namenspatronin gewesen sein mag. Ihrer Mutter habe der Vorname Veronika nie gefallen. Thomas und Katia Mann werden wohl an einen Gleichklang mit den Vornamen „Erika" und „Monika" der beiden älteren Schwestern Elisabeths gedacht haben. Alle drei Töchtervornamen weisen auch jeweils die drei selben Buchstaben aus dem Vornamen der Mutter auf.

Angesprochen wurde Elisabeth Mann im Laufe ihres Lebens mit „Elisabeth" nur selten und schon gar nicht mit dem Vornamen Veronika. Für Thomas Mann war sie zunächst das „Kriegskindchen"[3], das „Kindchen"[4], „Lisa"[5] und „Elisabethchen"[6]. Dann folgte ab 1920 „Mädi".[7] Gleich nannte sie neben Mutter Katia[8] u. a. auch Annemarie Schwarzenbach, wobei diese „Mädy" schrieb.[9]

Später wird sie von der Familie, aber auch Dritten, denen die Vertraulichkeit dieser Benennung nicht immer ziemt, bis zum Lebensende und darüber hinaus „Medi", aber auch „Medy"[10] genannt werden. Golo Mann schrieb sowohl „Mädi"[11] als auch „Medy"[12] und „Medi"[13]. Als „Medi-Eisenstirnchen" bezeichnete Thomas Mann sie sogar einmal, weil sie die Hochzeit mit Giuseppe Antonio Borgese durchsetzte.[14] Daneben trat zuweilen auch „Herzensdingerle",[15] „Dingerle",[16] „Dulala"[17] und „Prinzessin Dulala", auch dies wohl eine Schöpfung des Bruders Golo. So, also mit „Prinzessin Dulala", unterschrieb sie selbst später zuweilen Briefe.

[3] Vgl. Brief vom 6.8.1918 an Ernst Bertram; 22, 243.

[4] Vgl. Tb, 11.9.1918.

[5] Vgl. Tb, 28.9.1918.

[6] Vgl. Tb, 14.3.1920.

[7] Vgl. Tb, 22.4.1920: „„Selbst Silber-Luchs hat Mädi lieb.'" Nach Peter de Mendelssohn (vgl. Anm. 2 zu Tb, 22.4.1920) scheint dies die erste schriftliche Erwähnung des Kosenamens.

[8] Vgl. einen späten, unveröffentlichten Brief vom 19.8.1979 an Elisabeth in der Dalhousie University: The Archives of Elisabeth Mann Borgese, Collection Number MS–2–744, Box 2.26.

[9] Vgl. etwa einen Brief an Erika Mann von Anfang Oktober 1930, in: „Wir werden es schon zuwege bringen, das Leben", hrsg. von Ursula Fleischmann, Herbolzheim: Centaurus 2001, S. 20.

[10] Brief Annemarie Schwarzenbachs an Erika Mann vom 24.12.1932, ebd., S. 82.

[11] Brief vom 15.1.1932 an Katia Mann, in: Golo Mann: Briefe 1932-1992, hrsg. von Tilmann Lahme und Kathrin Lüssi, Göttingen: Wallstein 2006, S. 10.

[12] Brief vom 7.11.1943 an Erich von Kahler, ebd., S. 72.

[13] Brief vom 29.12.1959 an Julio del Val Caturla, ebd., S. 142.

[14] Zit. nach Walter A. Berendsohn: Thomas Mann und die Seinen, Bern: Francke 1973, S. 309.

[15] Vgl. einen unveröffentlichten Brief Katia Manns an ihre Tochter vom 19.9.1969 in der Dalhousie University (zit. Anm. 8), a.a.O, Box 4.8.

[16] Vgl. einen unveröffentlichten Brief Katia Manns an ihre Tochter von Mai 1979 (Tag nicht entzifferbar) in der Dalhousie University (zit. Anm. 8), a.a.O, Box 2.26.

[17] Vgl. einen unveröffentlichten Brief Golo Manns an seine Schwester vom 10.10. (Jahr nicht entzifferbar) in der Dalhousie University (zit. Anm. 8), a.a.O.

Gret Mann, Ehefrau von Elisabeth Manns jüngerem Bruder Michael Mann und als noch unverheiratete Gret Moser Zürcher Schulkameradin Elisabeth Manns, später Frido Manns Mutter, sozusagen *Echos* Mutter *Ursula*, nannte sie sogar „Ursulaaa"[18] mit so vielen „a", wie sie eben hörte. Diese sicher ungewöhnliche, aber sehr vertraute und bisher nicht bekannte Anrede führte dazu, dass die Münchener Stadtbibliothek Monacensia bei der Inventarisierung des ihr anvertrauten kleineren Teils des Nachlasses von Elisabeth Mann Borgese eine gesonderte Briefsammelmappe unter der Bezeichnung „Ursula Mann" anlegte und somit ein völlig neues Mitglied der Familie Mann schuf.

Das Wort „Medi" lässt sich wohl von „Mädchen" ableiten und ist auch heute noch durchaus süddeutscher Sprachgebrauch. Es klingt aber auch ähnlich wie „Mete". So nannte der Schriftsteller Theodor Fontane seine Tochter Martha, sein Lieblingskind. Zuweilen sprach er sie mit „Lise" an, der hier beschriebenen „Lisa" ähnlich. Wie Elisabeth Mann heiratete auch Martha Fontane später einen Jahrzehnte älteren Mann, auch er ein Bekannter ihrer Eltern. Ebenso lohnend ist ein vergleichender Blick auf die Familie Sigmund Freuds. Er hatte ebenfalls sechs Kinder, darunter Anna Freud als seine jüngste Tochter. Die Beziehung zwischen ihnen war „von einer Innigkeit, wie sie keines der anderen fünf Kinder erfährt". Anna Freud war für den Vater „das interessanteste, klügste, geliebteste [...] Kind".[19]

Literarisch fand sich Elisabeth Mann später unter der Bezeichnung „das Kindchen" im *Gesang vom Kindchen*, einem zu ihrer Geburt vom Vater geschaffenen, in seiner literarischen Qualität unterschiedlich beurteilten Hexametergedicht, und unter dem Namen „Lorchen" in der Erzählung *Unordnung und frühes Leid* wieder. Schließlich erkennt man Elisabeth Mann als achtjähriges Mädchen in der Erzählung *Mario und der Zauberer*, diesmal allerdings namenlos.

Taufpate wurde Ernst Bertram, ein aus Elberfeld bei Wuppertal stammender Essayist und Lyriker. Er gehörte im weiteren Sinne zum Kreis um Stefan George und seit 1910 zu Thomas Manns engsten Freunden. Von 1922 bis zur Amtsenthebung im Jahre 1946 war er Germanistikprofessor in Köln. Der Freund und gelegentliche Hausgenosse Thomas Manns konnte in seinen späteren Jahren dem Nationalsozialismus nicht widerstehen. Zweiter Taufpate sollte auf eigenen Wunsch und mit Einwilligung des ersten Taufpaten der Schriftsteller und Antiquar Berthold Günther Herzfeld-Wüsthoff, ein enger Bekannter der Familie Mann, werden. Der Kriegsfreiwillige und nunmehr schwerverwun-

---

[18] Vgl. einen unveröffentlichten Brief von Gret Mann an Elisabeth Mann Borgese vom 24.5. (Jahr nicht entzifferbar) in der Dalhousie University (zit. Anm. 8), a.a.O., Box 2.14.

[19] Ludger Lütkehaus: „Du bist so alt wie die Psychoanalyse." Der Briefwechsel zwischen Sigmund Freud und seiner Tochter Anna, in: Neue Zürcher Zeitung, 10.8.2006, S. 41.

dete, auf einen Krückstock angewiesene Leutnant hatte sein Interesse, Tauf-
pate Elisabeth Manns zu werden, zunächst brieflich durchschimmern lassen.
Anlässlich seines Besuches am 26. September 1918 zur Teestunde bei der
Familie Mann wurde der Invalide von Thomas Mann mit der Aufgabe betraut.
Thomas und Katia Mann fanden „den Gedanken gut und schön, daß ein junger
Schwerblessierter dieses Krieges der zweite Pate unseres Kriegskindchens sein
soll".[20] Die Taufe sollte am 23. Oktober 1918, ein halbes Jahr nach der Geburt,
stattfinden. Herzfeld-Wüsthoff fand sich frühzeitig in München ein, erkrankte
dort und konnte deshalb wegen seiner Grippe zum Bedauern Thomas Manns
nicht an der Taufzeremonie teilnehmen. Dessen ungeachtet verewigte Thomas
Mann auch ihn in der Taufszene des *Gesang vom Kindchen.*

Julia Mann, geborene da Silva Bruhns, die Mutter von Thomas Mann und
damit des Täuflings Großmutter väterlicherseits, und Alfred Pringsheim, der
Schwiegervater von Thomas Mann und damit des Täuflings Großvater mütterlicherseits, der es selbst „energisch abgelehnt" hatte, sich taufen zu lassen,[21]
fehlten offenbar auch. Thomas Mann erwähnte sie jedenfalls nicht als Teilnehmer.[22] Lassen wir zum Ablauf der Taufe, die nicht etwa in einer Kirche, sondern
zu Hause stattfand, Thomas Mann selbst zu Wort kommen:

Alles ging, bei einiger Nervosität meinerseits, freundlich vonstatten. Die Ceremonie in
Katja's Zimmer, der Tisch, mit Kruzifix, Leuchtern, Bibel und der alten Taufschale, der
ich im Zauberberg eine Rolle zugedacht habe, vor dem Fenster. Fiedler sprach ange-
nehm, wenn auch etwas gar zu unpersönlich, über die Liebe. Das Kindchen revoltierte
eine Zeit lang u. wurde entfernt, hielt sich aber bei der Taufe, auf des guten Bertrams
Armen, ausgezeichnet. Dieser hatte, nach seiner schönen, bedachten u. liebevollen Art,
stattliche Geschenke vorher gesandt: eine alte Silberschale und die Evangelien in moderner Lederband-Ausgabe nebst Inschrift. Gemeinsamer Thee im Eßzimmer. Natürlich
Kriegsgespräche, wobei Walter laut und überreizt, Lula hysterisch. Sie ging in einfälti-
ger Empörung. Nachher noch längeres Beisammensein. (Tb, 23.10.1918)

Es dürfte der kleinen Elisabeth nicht zum Nachteil gereicht haben, von dieser
Zeremonie nichts bewusst mitbekommen zu haben.

Bevor wir dem weiteren Lebensweg Elisabeth Manns folgen, lohnt aus
der Sicht eines Juristen ein Blick auf einen rechtlichen Aspekt ihrer Geburt:
die Staatsangehörigkeit. Die Staatsangehörigkeit, genauer: die Staatsange-
rigkeiten Elisabeth Manns beziehungsweise später Elisabeth Mann Borgeses
liefern den Stoff für ausgedehnte rechtliche Untersuchungen, die an dieser

---

[20] Vgl. Brief vom 6.8.1918 an Ernst Bertram; 22, 243.
[21] Vgl. Erich Gottgetreu: Tee mit Katia Mann. Mußten denn alle unsere Kinder schreiben?, in:
Kölnische Rundschau, 16.1.1977.
[22] Vgl. Tb, 23.10.1918.

Stelle nur überblicksweise angesprochen werden können. Stadtstaatsrechtliche beziehungsweise bundeslandsstaatsrechtliche, bundesstaatsrechtliche, auslandsstaatsrechtliche und völkerrechtliche Verhältnisse, jeweils auch unter dem Blickwinkel familiärer Gegebenheiten und Entscheidungen, sowie darauf beruhende familienrechtliche Verhältnisse, bilden einen bunten Strauß des Personenstandes Thomas und Katia Manns sowie ihrer Kinder.

Schon „die Kleinen", nach Thomas Manns Terminologie also Elisabeth und Michael Mann, hatten später und jedenfalls seit 1933 bereits eigene deutsche Reisepässe. Dies könnte erklären, warum die minderjährigen Kinder nicht in Thomas und Katia Manns Reisepass vom 3. April 1928 mit aufgeführt wurden. Dort war die Rubrik „Kinder" sogar ausdrücklich gestrichen. Ob es damaliger Praxis entsprach oder besondere Gründe hatte, ist noch zu klären. Offenbar sollten den minderjährigen Kindern schon frühzeitig Auslandsreisen ohne Elternbegleitung mit eigenem Reisepass ermöglicht werden. Im Jahre 1933 profitierte Elisabeth Mann davon, als sie ohne die Eltern aus der Schweiz nach München zurückkehrte und kurz darauf endgültig in die Schweiz ausreiste.

Im Laufe ihres Lebens sollte Elisabeth Mann Borgese noch eine Vielzahl von Staatsangehörigkeiten verliehen bekommen: nach der deutschen die tschechoslowakische am 18. November 1936, die US-amerikanische 1941 und schließlich die kanadische 1984. Die Urkunde über die Verleihung der kanadischen Staatsangehörigkeit unterzeichnete der damalige kanadische Ministerpräsident Pierre Trudeau sogar persönlich.

Elisabeth wuchs auf im selbstverständlich-vertrauten Umgang mit bedeutenden Personen ihrer Zeit, wie zuvor schon ihre Mutter Katia. Die Welt ihres Elternhauses war eine von Professoren, Künstlern, Adligen und reichen Bürgern, schon in München, aber auch im späteren Exil. War Katia „Königin im Dienste des Zauberers", so waren Erika Mann „Prinzessin im Dienste des Zauberers" und Elisabeth Mann „Prinzessin *in der Gunst* des Zauberers". Thomas Manns Tagebucheinträge zur Tochter Elisabeth sind Legion. Was die Zahl der Bemerkungen über sie betrifft, ist sie wohl das meistbeschriebene Kind in der Weltliteratur, von der Bibel einmal abgesehen.

Ihre Schulzeit begann bei einer Hauslehrerin. Es folgten der Besuch eines Privatinstituts in München-Bogenhausen, einer Schule für die Kinder der besseren Kreise, und der Wechsel zum sogenannten Luisengymnasium. Im „Zeugnis der mittleren Reife"[23] attestierte ihr das „Humanistische Mädchengymnasium" an der Luisenstraße in München, sie habe sich „lobenswert" betragen und sei „hervorragend" beflissen gewesen. Dies waren damals die Noten II und I der Notenstufen von „I hervorragend, II lobenswert, III entsprechend, IV mangel-

---

[23] Münchner Stadtbibliothek Monacensia, Signatur EMB D 1.

haft, V ungenügend". Gleichermaßen „lobenswert" seien ihre Ergebnisse in (evangelischer) Religionslehre, lateinischer Sprache, griechischer Sprache und englischer Sprache, aber auch im Turnen gewesen. Als sogar „hervorragend", also Note I, wurden Geschichte, Erdkunde und Mathematik bewertet, letztere Fähigkeit vielleicht ein geistiges Erbteil von der Mutter Katia, der Tochter eines Mathematikprofessors und vormaligen Mathematikstudentin. Zusätzlich nahm die Schülerin noch am Wahlunterricht in Kurzschrift teil. Die dabei erlangte Fertigkeit wandte Elisabeth Mann Borgese zeit ihres Lebens an. Neben dem Unterricht in der Schule nahm Elisabeth Mann privaten Musikunterricht. Dieses Parallellernen wiederholte sich, wie wir später hören werden, in der Schule in Zürich.

Zum „Vorrücken in die nächste Klasse" sollte es, zumindest in München, nicht mehr kommen. Das erwähnte „Zeugnis der mittleren Reife", das sich mit dem weit geringeren Teil von Elisabeth Mann Borgeses Nachlass in der Münchner Stadtbibliothek Monacensia befindet, trägt nämlich das Datum 6. April 1933.

Sie erinnern sich: Die frühen Monate des Jahres 1933 hatten zur ersten wirklich tiefgreifenden Veränderung der Lebensumstände der Familie Thomas und Katia Manns geführt. Am 10. Februar 1933 hatte Thomas Mann seine Vortragsreihe über *Leiden und Größe Richard Wagners* im Auditorium Maximum der Münchner Universität eröffnet. Elisabeth Mann begleitete ihre Eltern. Am folgenden Tage brachen die Eltern zur Vortragsreise nach Brüssel, Amsterdam und Paris auf und fuhren anschließend mit Elisabeth Mann zur Erholung nach Arosa. Thomas und Katia Mann kehrten erst 1949 besuchsweise wieder nach Deutschland zurück.

Elisabeth Mann hingegen reiste am 17. März 1933 wieder nach München, um den Schulbesuch fortzusetzen. Schon bei dieser Reise war der 14jährigen Elisabeth ihr eigener deutscher Reisepass hilfreich, wenn nicht sogar notwendig. Zu ihren Mitschülerinnen gehörte übrigens Rosmarie Noris, Enkelin Oskar von Millers, die langjährige stellvertretende Vorsitzende und heutige Ehrenvorsitzende des Thomas-Mann-Förderkreises München. Erst Jahrzehnte später sollte diese ihre alte Freundin Elisabeth Mann wiedersehen und bei einer Vortragsreise in Schweden begleiten.

In München fand Elisabeth Mann eine nicht nur in der Stadt, sondern selbst in ihrer Klasse völlig veränderte Atmosphäre vor. Trotzdem gehörte damals ein Exemplar der *Buddenbrooks* zur Klassenbibliothek, wie Elisabeth ihrem Vater später berichtete.[24] In der psychischen Zwangslage zwischen dem Wunsch, wie-

---

[24] Siehe Thomas Manns Tagebucheintrag vom 23.8.1933 aus Sanary-sur-Mer an der französischen Mittelmeerküste.

der bei den Eltern zu sein, und der von ihr selbst bejahten Pflicht, den Schulbesuch mit dem Abschluss der mittleren Reife zu beenden, wollte sie wenigstens jenes Schuljahr noch bis zum Ende ertragen. Dies gelang ihr nicht mehr. Für ganz Deutschland drohende Ausreisebeschränkungen erforderten ein schnelles Handeln. Den Abschluss des Schuljahres und den Beginn der Osterferien konnte und sollte sie nicht mehr abwarten. Der Schule gegenüber gab sie an, ihren Vater wegen dessen Erkrankung besuchen zu müssen. In der Obhut ihres Bruders Golo reiste sie über den Bodensee und sodann durch Zürich mit dem Zug zu den Eltern nach Lugano, wo diese sie am 3. April 1933 in Empfang nahmen. Golo wurde (nur) begrüßt, Medi hingegen in die Arme geschlossen.[25]

Das „Zeugnis der mittleren Reife", das am 6. April 1933 ausgestellt wurde, konnte Elisabeth Mann deshalb nicht mehr persönlich in der Schule in München in Empfang nehmen. Aus den geschilderten Gründen war es auch Thomas und Katia Mann verwehrt, dieses Zeugnis als Erziehungsberechtigte zu unterschreiben. Das Formular sah allerdings auch keine Unterschriftszeile für die Erziehungsberechtigten vor. Wann und wie Elisabeth Mann und ob Thomas und Katia Mann je von diesem Zeugnis Kenntnis erhielten, ist offen. Thomas Manns Tagebucheintragungen geben dazu nichts her.

In Zürich fand Elisabeth Mann zusammen mit ihren Eltern und Geschwistern eine neue Heimat. Sie konnte nicht ahnen, dass dies nicht ihre letzte sein würde. Der Heimat Zürich wird die Heimat Princeton folgen, der Heimat Princeton die „Heimaten" Chicago, Florenz, Santa Barbara, Halifax. So viele „Heimaten" können nicht viele Menschen aufweisen. Wieviel Heimat braucht der Mensch? Welchen Zeitraums, welcher Bindungen, mehr noch: Verwurzelungen bedarf es für eine Heimat? Ist sie ein Ruhepol, ein Ort des Geprägtwerdens und des Prägens? In diesem Sinne wirkten für die späte Elisabeth Mann Borgese sicher nur Halifax, wo sie ihre stärkste Selbstentfaltung genießen konnte, und für die junge Elisabeth Mann nur Zürich, die Stadt der Jahre ihres Erwachsenwerdens.

Der Anfang in Zürich war sicher nicht leicht. Auf die neue Mitschülerin am Freien Gymnasium in der St. Annagasse in Zürich werden die Klassenkameraden nicht sehnlich gewartet haben: auf die Tochter eines Literaturnobelpreisträgers (bis dahin war Carl Spitteler der einzige Schweizer Literaturnobelpreisträger gewesen – und dies schon 1919); auf eine jüngere Klassenkameradin, die im Luisen-Gymnasium in München bereits eine Schulklasse übersprungen hatte und jetzt in Zürich erneut eine ausließ. Katia Mann erhielt die frohe Kunde, dass auch die Schule in Zürich das Überspringen einer Klasse akzeptiere, mündlich vorab. Dem Vater Thomas Mann teilte die Schule schriftlich mit, die Tochter Elisabeth könne in die „V. Klasse Literargymnasium versuchsweise eintreten". Voraussetzung sei nur, dass der Erziehungsrat den nötigen Altersdispens bewillige und Elisabeth Privatunterricht in Französisch, Chemie, Naturgeschichte und Physik erhalte. Die private Nachhilfe in den naturwissenschaftlichen Fächern könne durch Lehrer der Schule besorgt werden.[26]

Danach trat Elisabeth Mann im Herbst 1933 in die fünfte Klasse des Freien Gymnasiums ein. Vermittelt wurde humanistische Bildung. Zu jener Zeit betrug das offizielle Schulgeld 600 Schweizer Franken pro Jahr. Die Schule verzichtete dabei gegenüber Thomas Mann angesichts der Mehrauslagen für den Privatunterricht ausdrücklich auf den eigentlich zu zahlenden Selbstkostenbetrag von 225 Schweizer Franken und berechnete stattdessen nur 150 Schweizer Franken pro Quartal. Hinzu kamen die Ausgaben für Schulbücher. Allerdings war es wohl schon im ersten Quartal 1934 mit dem Verzicht der Schule auf einen Teil des Selbstkostenbetrages wieder vorbei. Jedenfalls zahlten die Eltern Mann ab jenem Zeitpunkt, wenn auch mit halbjähriger nachschüssiger Fälligkeit, dann doch das Schulgeld in voller Höhe von 225 Schweizer Franken pro Quartal, obwohl auch weiterhin Privatunterricht zumindest im Fach Französisch als erforderlich bezeichnet wurde. Hierzu hatte der Französischlehrer des Gymnasiums Elisabeths Französischkenntnisse überprüft und festgestellt, dass die Zahl der Privatstunden durch den externen Französischlehrer erhöht werden müsste, wenn Elisabeth den Anforderungen des Französischkurses in der VI. Klasse sollte folgen können. Zwar habe sich Elisabeth gewissenhaft und erfolgreich angeeignet, was sich verstandesmäßig lernen lasse, doch werde sie ohne ausgiebige Übung in der französischen Konversation im Klassenunterricht zu große Mühe haben. Der Grund hierfür lag darin, dass Elisabeth Mann in München keinen Französischunterricht besucht hatte. Erst später in Sanary erhielt sie zusammen mit ihrem Bruder Michael von Professor Goll Privatunterricht. Elisabeth Mann Borgese kam im Jahre 1964 auf diese Schulgeldzahlungen zurück. Auf Anraten ihres Rechtsanwalts, so teilte sie der Schule mit, bat sie um eine Bestätigung der für sie geleisteten Zahlungen. Sie wollte diese im Rahmen eines Wiedergutmachungsantrages an die Bundesrepublik Deutschland berücksichtigen. Das Freie Gymnasium leistete prompte schriftliche Hilfestellung.

Nach dem Besuch der sechsten und siebten Klasse folgte die Matura, das Abitur, vorzeitig im Herbst 1935. Damals, im September 1935, bereitete sich Elisabeth Mann, siebzehnjährig, aber nicht nur auf die Matura vor. Gleichzeitig hatte sie seit 1933 das Konservatorium in Zürich besucht und schloss die Aus-

---

[26] Diese Ausführungen – sowie die Angaben des nachfolgenden Abschnitts – beruhen auf umfangreichen Forschungen von Dr. Andreas Fischer, Küsnacht bei Zürich, im Archiv des Freien Gymnasiums Zürich. Ich danke ihm herzlich.

bildung im Februar/März 1937 mit dem Lehrexamen als Konzertpianistin ab. Eigentlich ging es den Eltern hauptsächlich um Michaels praktische und theoretische Ausbildung zum Geiger. Ihm wurde eine „gute Zukunft" prophezeit, wie Katia Mann nach einem nachmittäglichen Besuch des Konservatoriums mit sogleich von Elisabeth und Michael Mann absolvierter Aufnahmeprüfung ihrem Ehemann berichtete und dieser am 6. Oktober 1933 im Tagebuch protokollierte. „Medi wurde weniger ernst genommen, wird aber ebenfalls guten Klavierunterricht bekommen, und ihr Wunsch, später mit dem Bruder zusammen Konzerte zu geben, kann erfüllt werden unbeschadet ihres wissenschaftlichen Weitergehens", vermerkte der treusorgende Vater. Bevor die Kinder Konzerte geben konnten, war einiges, ja tägliches Üben erforderlich. Thomas Mann konnte damit leben, spielte sich das Üben doch werktäglich nachmittags im Konservatorium ab. Schwieriger für ihn wurde es, wenn die Kinder auch den ganzen Sonntagnachmittag hindurch übten, wie er am 18. März 1934 dem Tagebuch anvertraute. Da reagierte er schon etwas ärgerlich, wenn er seiner geliebten Tochter Elisabeth attestierte, deren Musikversessenheit habe etwas „Starrsinniges".

Mit dem Erreichen der Matura überflügelte Elisabeth Mann im Hinblick auf einen formalen Schulabschluss ihren Vater, der bekanntlich nach mühsamer Erlangung des Einjährigen-Abschlusses die Schule in Lübeck aus der Obersekunda verlassen hatte und nach München gezogen war. Als Student ohne Abitur, also ohne formale Hochschulreife, besuchte er dort unterschiedliche Vorlesungen. Bei der Erziehung seiner eigenen Kinder achtete Thomas Mann offenbar darauf, dass sein Abscheu gegen die Schule nicht auch seine Abkömmlinge ergriff. Dazu trug auch Katia Mann als Tochter eines Hochschulprofessors bei. Zumindest ermöglichten Thomas und Katia Mann ihren Kindern formale Schul- und Hochschulabschlüsse und förderten auf vielfältige, oft mühsame Weise deren Erlangung. Selbst ihre eigene Lebensplanung stellten sie später darauf ab, als die Entscheidung zwischen Princeton und Kalifornien zu treffen war. Dabei fanden die für Elisabeth und Michael gewünschten musikwissenschaftlichen Möglichkeiten Berücksichtigung und waren nicht ganz unerheblich für die Entscheidung, von Princeton nach Pacific Palisades umzuziehen. Die Wege zu den formalen Schul- und Hochschulabschlüssen der Kinder waren für alle Geschwister wahrlich nicht gleich mühelos und ergebnisreich. Elisabeth Mann war dabei im Vergleich zu ihren Geschwistern sicher die „Musterschülerin".

Ähnlich ihrem Vater, also ohne abgeschlossenes Studium an einer Universität oder Hochschule, wurde auch Elisabeth Manns Wirken später durch mehrere Ehrendoktorate gewürdigt. Die auszeichnenden Universitäten waren die Mount Saint Vincent University in Halifax, Nova Scotia, Kanada, in der unmittelbaren Nachbarschaft ihrer Wirkungsstätte Dalhousie University, die Concordia University in Montreal, Kanada, die Yokohama City University in Yokohama, Japan und die Constanta „Ovidius" University in Constanta, Rumänien, sowie schließlich 1998 die Dalhousie University selbst.

Im September 1938 verließen Thomas und Katia Mann mit ihren Kindern die Schweiz und ließen sich in Princeton, New Jersey, USA, nieder, wo Thomas Mann 1939 eine Gastprofessur übernahm. Der gesellschaftliche Umgang Thomas und Katia Manns in Princeton und später Pacific Palisades ist bekannt. Elisabeth Mann nahm in Princeton daran ebenso regen Anteil, wie sie dies zuvor schon in Zürich getan hatte. Der Umgang mit zahlreichen Intellektuellen aus Wissenschaft und Kunst war ihr vertraut. In dieser Schule des Lebens lernte sie, was im Laufe ihres Lebens zum Knüpfen ihres eigenen weltweiten Netzwerkes von Verbindungen zu Persönlichkeiten des Weltgeschehens hilfreich und nützlich sein würde. So wurde sie später zur globalen Netzwerkerin *par excellence*.

Am 23. November 1939 heiratete die 21jährige Elisabeth Mann den ebenfalls im Exil lebenden und 1938 in den USA eingebürgerten italienischen Schriftsteller, Historiker, Germanisten, Romanisten und glühenden Antifaschisten Giuseppe Antonio Borgese. Er stammte aus Sizilien, ohne deshalb ein „sizilianischer Prinz" oder überhaupt „Adliger" zu sein, wie Kerstin Holzer schrieb.[27]

Für Elisabeth Mann war allein entscheidend, dass er, wie ihr Vater, mit dem Borgese befreundet war, zum „Adel des Geistes" gehörte und als Humanist mit starkem Drang zur Weltverbesserung galt. In Rom hatte er von 1932 bis 1936 als Professor für deutsche Literatur gewirkt. Jetzt lehrte er (bis 1947) als Ordinarius für italienische Literatur an der Universität Chicago. Er war 36 Jahre älter als sie. Der fast gleichaltrige Schwiegervater Thomas Mann kommentierte die Eheschließung in einem Brief vom 26. November 1939 an seinen Bruder Heinrich leicht ätzend:

Ja, auch wir haben Hochzeit gehabt, Medi hat ihren antifascistischen Professor geheiratet, der mit seinen 57 Jahren nicht mehr daran gedacht hätte, soviel Jugend zu gewinnen. Aber das Kind wollte es und hat es durchgesetzt. [...] Er ist [...] ein überzeugter Amerikaner, und obgleich Medi italienisch kann und er deutsch, sprechen sie ausschließlich englisch mit einander. (BrHM, 312)

Der Ehe entsprossen die zwei Töchter Angelica, geboren am 30. November 1940 und „Gogoi" genannt, und Dominica, geboren am 6. März 1944 und „Nica" genannt. Dominica war im Mai 2007 offenbar erstmalig im Thomas-

---

[27] Kerstin Holzer: Elisabeth Mann Borgese. Ein Lebensportrait, Berlin: Kindler 2001, S. 96, 100.

Mann-Archiv.[28] Wesentlich später, als Elisabeth Mann Borgese in Halifax lebte, kam als Pflegesohn Marcel Deschamps hinzu. Angelica Borgese promovierte in theoretischer Physik, Dominica in Zellbiologie. Angelica lebt heute als emeritierte Professorin in Mexiko, Dominica als noch berufstätige Professorin in Mailand. Marcel Deschamps lebt in Ketch Harbour nahe Sambro Head, dem letzten Wohnsitz Elisabeth Mann Borgeses.

Im September 1952 folgte Giuseppe Antonio Borgese dem Ruf auf einen Lehrstuhl in Florenz, und die Familie siedelte nach Fiesole nahe Florenz um. Im selben Jahr kehrten bekanntlich auch Thomas und Katia Mann in die Schweiz zurück und nahmen Wohnsitz in Erlenbach. Keine Rückkehr Elisabeths nach Deutschland, dem Land ihrer Geburt. Keine Remigration. Eine weitere Emigration, auch wenn es das Heimatland ihres Ehemannes war. Für ihn eine Rückkehr, die er nicht lange überlebte. Nur ein Vierteljahr später, am 4. Dezember 1952, starb Giuseppe Antonio Borgese.

Elisabeth Mann Borgese verdiente den Lebensunterhalt für sich und ihre kleinen Töchter durch Übersetzungen und übernahm 1953 die redaktionelle Bearbeitung der italienischen Ausgabe Prospetti der amerikanischen Kulturzeitschrift Perspectives sowie der englischen Ausgabe des Magazins Diogenes. Corrado Tumiati, der langjährige Redaktor von Prospetti, wurde etwa ab 1955 ihr neuer Lebensgefährte.

Im Jahre 1964 nahm sie zweiten Wohnsitz neben San Domenico bei Florenz in Santa Barbara, Kalifornien, und betätigte sich am dortigen *Center for the Study of Democratic Institutions*. Schwerpunkte waren die Bearbeitung der *Encyclopaedia Britannica* und die Weiterarbeit an der Weltverfassung. Nach Corrado Tumiatis Tod 1967 gab sie den italienischen Wohnsitz auf und lebte nur noch in Santa Barbara. Erneute Übersiedlung in die USA, wohl keine Emigration mehr. Die neue Heimat? Auf Zeit, wie aus dem Rückblick erkennbar wird.

Ebenfalls 1964 reiste Elisabeth Mann Borgese nach Indien. Man kann diese Reise nicht nur geographisch, sondern auch politisch begründet sehen. Sicher war Indien auch für sie ein exotisches Reiseziel, vermutlich Neuland. Es war aber mehr als das. Sonst hätte sie schon damals vordringlich auch nach China reisen und vielleicht wie Curzio Malaparte sogar Mao Tse-tung, den Kommunisten, treffen können. Sie besuchte aber bewusst Jawaharlal (genannt Pandit) Nehru, den Sozialisten und ersten indischen Premierminister. Er stellte ihr bei dieser Gelegenheit auch seine Tochter Indira Gandhi vor. Diese, ein Jahr älter als Elisabeth Mann Borgese, war zu jener Zeit bereits Vorsitzende der Kongresspartei, wurde nach dem Tode ihres Vaters noch im selben Jahre 1964 Ministerin für Informationswesen und war von 1980 bis 1984 Premierminis-

---

[28] „Finally I visited [...]" schrieb sie in das Gästebuch des TMA.

terin. Von einem Protest Elisabeth Mann Borgeses gegen die spätere teilweise menschenrechtsverletzende Innenpolitik Indira Gandhis ist nichts bekannt.

Weshalb nahm Elisabeth Mann Borgese die Strapaze der langen Autofahrt nach Indien auf sich? Sie reiste im Auftrag einer amerikanischen Zeitschrift, um Nehru zu interviewen. Es war Sports Illustrated, wie sich Peter K. Wehrli erinnert, der sie auf der gesamten Reise begleitete. Diese Zeitschrift habe auch zu den Kosten des Landrovers beigetragen, den Elisabeth Mann Borgese nahezu allein von Italien bis Indien und zurück gesteuert habe. Elisabeths eigentlicher Antrieb zu der strapaziösen Reise sei jedoch gewesen, ihre Tierverhaltensstudien auf Elefanten auszudehnen. An Ort und Stelle seien deshalb bunte Holzklötze hergestellt und den Dickhäutern vorgesetzt worden. Elisabeth habe nun, bar jeglicher erkennbaren Angst, zwischen den Elefanten umhergehend, festgestellt, welcher Elefant welchen Holzklotz aufgesucht und angetippt habe.[29]

Die Bühne der veröffentlichten fiktionalen Literatur betrat Elisabeth Mann Borgese im Wesentlichen ab 1955. Es scheint, als habe erst Thomas Manns Tod am 12. August 1955 auch sein zweitjüngstes Kind, damals schon 37 Jahre alt, zu literarischer Produktion beflügelt oder zumindest einen Damm gebrochen. Zuvor hatte sie nur 1954 eine einzige Kurzgeschichte unter dem Titel *Lynn* in Il Ponte, einer in Florenz seit 1945 herausgegebenen renommierten Literaturzeitschrift, veröffentlicht. Das englischsprachige Werk war dazu von einem italienischen Übersetzer bearbeitet worden.

Ab 1960 erschien eine Vielzahl von Büchern Elisabeth Manns mit einer bunten Themenmischung, bevor die Autorin etwa 1968 ihr Lebensthema fand: die Ordnung und den Schutz der Weltmeere.

Im Jahre 1963 folgte in den USA und in England das Buch *Ascent of Woman*, dessen deutsche Ausgabe 1965 unter dem ergänzten Titel *Aufstieg der Frau – Abstieg des Mannes?* im List Verlag München erschien. Der Anklang an Darwins 1871 erschienene Schrift *Die Abstammung des Menschen*, aber auch an das 1894 in New York erschienene Buch *The Ascent of Man* von Henry Drummond ist sicher kein zufälliger.

Die Ergebnisse ihrer inzwischen leidenschaftlich aufgenommenen privaten Tierforschungen publizierte Elisabeth Mann Borgese im Jahre 1966 in dem in London erschienenen Band *The White Snake*. Er enthält die Tierverhaltensstudien *The White Snake, Arli, Elephant Intelligence, Bob* und *Just Below the White Snake*. Nicht mehr unter dem Sammeltitel *The White Snake*, sondern unter dem nunmehr völlig geänderten Titel *The Language Barrier. Beasts and Men* erschienen dieselben Tierverhaltensstudien 1968 auch in den USA und gleichzeitig in Kanada. Eine also schon damals, vor 40 Jahren, von der Autorin

[29] Siehe Peter K. Wehrli: Nachruf auf Elisabeth Mann Borgese, in: BlTMG 29, 5–9, 7 f.

und ihrem Verlag beherrschte Praxis, alten Wein in neuen Schläuchen zu verkaufen. Die deutsche Ausgabe von *The Language Barrier* folgte 1971 im Scherz Verlag Bern und München und im selben Jahre als Lizenzausgabe des Buchclubs Ex Libris Zürich unter dem Titel *Wie man mit den Menschen spricht...* Als Herausgeber zeichnete Peter K. Wehrli verantwortlich. Alten Wein in neue Schläuche goss hinsichtlich dieses Buches dann der Wilhelm Goldmann Verlag in München. Er gab den Band in der Taschenbuchreihe Goldmann GELBE unter dem Titel *Das ABC der Tiere. Von schreibenden Hunden und lesenden Affen* heraus. Den Umschlag ziert das Foto eines Affen, der den Küchentisch um benutztes Essgeschirr herum mit einem Küchentuch abwischte: im leicht feministischen Sinne der Autorin sicher ein männlicher Affe, vielleicht *Bob*, der Namensgeber einer in diesem Band enthaltenen Geschichte.

Der schreibende Hund war *Arli*, der englische Setterrüde Elisabeth Mann Borgeses, der eigentlich *Harlekin*, genauer *Arlecchino*, hieß. Ihm brachte sie zunächst das Lesen und dann das Schreiben bei. Zum Schreiben benutzte er eine eigens für ihn umgebaute elektrische Schreibmaschine, die Olivetti gestiftet hatte. Deren großflächige Tasten bediente er mit der Nase. Zuvor hatte er mittels Gebäcks (Grissini) gelernt, die einzelnen Buchstaben voneinander zu unterscheiden. Aus diesen bildete er später Worte wie „Cat", „Dog", „Bird", „Meat", „Bone", „Egg", „Eat", „Good" und „Arli". Es scheint, als habe der Fresstrieb auch die Wortwahl beeinflusst. Später mussten ihre Hunde auch das Klavierspielen auf zwei eigens gebauten Hundeklavieren lernen. Willard F. Day junior besprach 1968 die amerikanische Fassung des Buches in Psychology today.

Danach befaßte sich Elisabeth Mann Borgese hauptsächlich mit den Weltmeeren in allen möglichen Facetten.

II. Weltbürgerin und Meeresschützerin

Eine zierliche alte Dame fliegt von Kontinent zu Kontinent um die Welt. Gegenüber den Menschen, denen sie dabei begegnet, ist sie aufgeschlossen, ihnen zugetan. Freundlich und aufmerksam nimmt sie Anteil an ihrer Umwelt. Wer sie nicht kennt, ahnt nicht, dass dieses Anteilnehmen zu ihrer Lebensaufgabe geworden ist. Elisabeth Mann Borgese lebt, denkt und handelt für den Schutz der Erde als Umwelt aller Geschöpfe, seien es Menschen oder Tiere und Pflanzen, in allen Gesellschaften und Kulturen. Besonders die Ozeane sind das Ziel ihrer weltumspannenden Bemühungen und Initiativen.

Warum beschäftigte sie sich mit dem Meer? Sie gab dazu im Vorwort ihres

Buches *Mit den Meeren leben*, vorabgedruckt in mare, die Antwort. Im Alter von etwa fünf Jahren habe sie – zusammen mit ihrem Vater und ihrem Bruder Michael – zum ersten Male im Leben auf das Meer hinausgeschaut. Der Vater sei sehr stolz gewesen, den Kindern „sein" Meer, die Ostsee, zeigen zu können. Sie habe dem Vater die Freude nicht durch Missachtung des Meeres verderben wollen. Großer Anstrengung habe dies nicht bedurft, da sie vom Eindruck des Meeres, von seiner Farbe, dem Plätschern der Wellen, dem Salzgeruch und dem Horizont benommen gewesen sei. Später sei ihr bewusst geworden, dass ihr Vater das Meer gebraucht habe. Es sei Teil seines Lebens und seiner Arbeit gewesen. Diesen Hinweis kann ich hier aus Zeitgründen nicht weiterverfolgen. Die Bedeutung des Meeres im Werk Thomas Manns harrt aber noch weiterer literaturwissenschaftlicher Erforschung. Das nächstjährige 90. Geburtstagsjubiläum seiner Tochter Elisabeth bietet sich als Anlass an. Die Liebe Elisabeth Mann Borgeses zum Meer erwuchs jedenfalls ganz wesentlich daraus, die Liebe des Vaters zum Meer zu teilen. Dadurch wollte sie ihm nicht nur zu seinen Lebzeiten eine große Freude bereiten, sondern auch posthum das Meer als wichtige Komponente seines Werks zum Dreh- und Angelpunkt ihres eigenen Schaffens werden lassen: das Meer als Ursprung und Grundlage des Seins und des Überlebens der Menschheit. Dies war Elisabeth Mann Borgeses Art, das väterliche Erbe zu bewahren und zu vermehren.

Ersten publizistischen Niederschlag fand dieses Interesse 1968. Damals veröffentlichte sie *The ocean regime*, herausgegeben vom *Center for the Study of Democratic Institutions* in Santa Barbara. 1981 nahm Wolfgang Graf Vitzthum in seinen Sammelband *Die Plünderung der Meere. Ein gemeinsames Erbe wird zerstückelt* Elisabeth Mann Borgeses Aufsatz *Die Seewirtschaft. Von Jäger- und Sammlerwirtschaft zu Algenanbau und Seeviehzucht* auf. Im selben Band findet sich übrigens auch der Abdruck eines Vortrages Golo Manns zum Thema *Die Deutschen und das Meer*, den dieser im Spätherbst 1975 vor dem Bremer Tabak-Kollegium gehalten hatte.

Es scheint uninteressant zu sein, ob Elisabeth Mann Borgese *Gründungs*mitglied des *Club of Rome* war, wie zum Beispiel Hans Wißkirchen und Kerstin Holzer feststellen, oder (nur) „einfaches" Mitglied, wie ich meine. Jedenfalls war sie die erste Frau im *Club of Rome*. Dort nahm sie erheblichen Einfluss auf die Programmatik und das Wirken des *Club of Rome*, indem sie ihren Bericht *The oceanic circle* einbrachte. Bis dahin war der Schutz der Weltmeere noch kein vom *Club of Rome* ausführlich diskutiertes Thema gewesen. Leider ist die Stimme des *Club of Rome* in der Zeit von damals bis heute immer leiser geworden.

Die Frage der Gründungsmitgliedschaft führt aber zu einem allgemeinen Aspekt der Handlungsweisen Elisabeth Mann Borgeses. Wenn sie bedeutende und dynamische Entwicklungen in verschiedenen Bereichen der Weltpolitik erkannt hatte und guthieß, schwang sie sich auf solche schon fahrenden Züge, gehörte fortan dazu und trug auch mit ihren Beiträgen nicht wenig zur Tempoverstärkung und Wirksamkeit bei. Beispielhaft seien hier neben der Zugehörigkeit zum *Club of Rome* ihre ein wenig spielerischen Beiträge zur Tierverhaltensforschung und ihre Aktivitäten in der Internationalen Seerechtsdiskussion sowie in der Meeresökologie und Meeresökonomie genannt.

Insbesondere im Internationalen Seerecht verlief es so. Elisabeth Mann Borgese war nicht die „Erfinderin" der modernen Internationalen Seerechtspolitik. Schon lange zuvor hatten andere die Debatte begonnen. Elisabeth Mann Borgese verstand es aber, dieses Thema als bedeutsam und zukunftsträchtig zu erkennen, sich der Bewegung anzuschließen, ihr kräftige Impulse zu geben und ihr später, nicht zuletzt durch ein außerordentliches Charisma und ihr globales Netzwerk, im Ergebnis, jedenfalls in der Wahrnehmung der Öffentlichkeit, ihren Stempel aufzudrücken.

Ihre Tätigkeit an der Dalhousie University in Halifax nahm Elisabeth Mann Borgese 1978 zunächst als „Senior Killam Fellow" auf. Zwei Jahre später folgte ihre Berufung zur Professorin für Politikwissenschaft an dieser Universität. Am 21. August 1981 bestimmte die III. UN-Seerechtskonferenz Hamburg zum Sitz des zukünftigen Internationalen Seegerichtshofes. Das Seerechtsübereinkommen der Vereinten Nationen wurde am 10. Dezember 1982 abgeschlossen und trat am 16. November 1994 in Kraft. Von Halifax aus nahm Elisabeth Mann Borgese von 1983 bis 1985 wie schon bei den Verhandlungen über das Seerechtsübereinkommen als Mitglied der österreichischen Delegation an der Arbeit der Kommission zur Gründung einer Internationalen Meeresbodenbehörde und des Internationalen Seegerichtshofes teil. Am 18. Oktober 1996 erfolgte die Grundsteinlegung des Neubaues des Internationalen Seegerichtshofs, der am 3. Juli 2000 im Beisein des Generalsekretärs der Vereinten Nationen übergeben wurde. Mit dem Internationalen Seegerichtshof erhielt erstmals eine bedeutende Rechtsinstitution aus dem Bereich der Vereinten Nationen ihren Sitz auf deutschem Boden. Zur Bedeutung Elisabeth Mann Borgeses für das Internationale Seerecht verweise ich auf einen Vortrag, den Betsy Baker, eine amerikanische Professorin für Umweltvölkerrecht der Universität Vermont, am 2. Juni 2007 in Sacramento, Kalifornien, anlässlich der Tagung der amerikanischen Alexander-von-Humboldt-Gesellschaft unter dem Titel *In Her Own Right. Elisabeth Mann Borgese and the Law of the Sea* hielt.

Späten Widerhall fand Elisabeth Mann Borgeses Mitwirkung am Internationalen Seerechtsübereinkommen aber auch an völlig unerwarteter Stelle. Das Seerechtsübereinkommen gewinnt immer mehr Bedeutung, je mehr wichtige und große Staaten es ratifizieren. Die USA verweigerten sich dieser Aufgabe bisher. Erst jetzt unternahm es Präsident George W. Bush, dem Abkommen auch für die USA Geltung zu verschaffen. Der äußersten Rechten der US-amerikanischen Politik war dies Anlass scharfer Attacken gegen ihn. Es entbehrt nicht der Ironie, dass diese Angriffe damit begründet wurden, das Seerechtsübereinkommen enthalte Elemente des „World Government", also der *Weltregierung*. Elisabeth Mann Borgese, die „Mother of the Oceans" der Vereinten Nationen, habe sich als radikale Sozialistin und „loony" (auf Deutsch: verrückte oder „bekloppte") Linke exponiert, die – sozusagen zu allem Übel hinzu – ihre Hunde auch noch Schreibmaschineschreiben und Klavierspielen gelehrt habe. Dieser gefährlichen Frau, so sinngemäß die Gesellschaft *America's Survival*, gehe die offizielle US-amerikanische Bundespolitik jetzt auf den Leim. Elisabeth Mann Borgese würde, läse sie dies, wohl herzlich prägnant lachen, sich aber sicher auch in ihrer Abneigung gegen die gesamte US-amerikanische Politik bestärkt fühlen.

Neben der Mitarbeit am Internationalen Seerechtsübereinkommen wirkte Elisabeth Mann Borgese schon ab 1984 in einer Expertengruppe des Commonwealth-Sekretariats zur Sicherheit kleiner Staaten mit. Im Jahr 1986 übertrug ihr Kanada das Amt der Vorsitzenden einer Vorbereitungskommission für das kanadische *International Center for Ocean Development*. Parallel zu den zahlreichen Kommissionstätigkeiten im Internationalen Seerecht und der internationalen Entwicklungspolitik erfüllte Elisabeth Mann Borgese ihre umfangreichen Aufgaben als Vorsitzende des Planungsrates des von ihr 1972 initiierten *International Ocean Institute*, als Mitglied des *Club of Rome* und als Mitherausgeberin des von 1978 bis heute in jedem Jahre sehr voluminös erscheinenden *Ocean Yearbook*.

In jener Zeit wurde ihre vielfältige Arbeit durch ebenso vielfältige internationale Preise und Auszeichnungen geehrt. Die Vereinten Nationen überreichten ihr den Sasakawa-Umweltpreis, die österreichische Bundesregierung verlieh ihr das Hohe Verdienstkreuz, die kanadische Bundesregierung den Kanada-Orden, die Regierung der Volksrepublik China den Freundschaftspreis, die Regierung Kolumbiens den Kolumbien-Orden, die Vereinigten Königreiche von Großbritannien und Nordirland die Caird-Medaille, die Bundesrepublik Deutschland das Verdienstkreuz am Bande des Verdienstordens, ihre Geburtsstadt die Medaille *München leuchtet*. Inzwischen gab die Stadt München noch einer Straße den Namen *Elisabeth-Mann-Borgese-Straße*. Von Nichtregierungsorganisationen erhielt sie den Franz-von-Assisi-Umweltpreis, den *Lifetime Achievement Award* der *Nuclear Age Peace Foundation* in Santa Barbara, Kalifornien, und die Ehrenmitgliedschaft der *World Conservation Union* mit Sitz in Gland, Schweiz. Schließlich wurde sie sogar noch zum Friedensnobelpreis vorgeschlagen.

Für die deutsche Fernsehöffentlichkeit tauchte Elisabeth Mann Borgese aus dieser Arbeit für den Schutz der Ozeane und die Förderung der Länder der Dritten Welt im Jahre 2001 auf, als sie als letztes lebendes Kind von Thomas und Katia Mann in dem Dokumentationsdrama von Heinrich Breloer und Horst Königstein die Hauptrolle als Zeitzeugin der Jahre 1923 bis 1955 übernahm. Die Rolle der Hauptrepräsentantin der Familie Mann hatte sie aber sogleich nach Golo Manns Tod am 7. April 1994 übernommen. Elisabeth Mann Borgese wurde Schirmherrin des Thomas-Mann-Förderkreises in München, eine heute von Frido Mann als Vertreter der Enkel-Generation innegehaltene Position. Weniger bekannt ist ihre Mitwirkung bei dem Unternehmen, das frühere Anwesen Thomas Manns in der Poschingerstraße in München für die Errichtung eines Familien- und Exilliteratenzentrums wiederzugewinnen; leider blieb der Versuch, an dem sich auch Ruprecht Wimmer als damaliger Präsident der Deutschen Thomas-Mann-Gesellschaft, das Bayerische Kultusministerium und Elisabeth Mann Borgeses langjährige enge Freundin Renate Platzöder, eine juristische Expertin des Internationalen Seerechts und Bekannte Golo Manns, beteiligten, erfolglos.

Ihre hektischen Reiseaktivitäten zur Repräsentanz der Familie, hauptsächlich aber zum Einsatz für die Meere, speisten sich nicht aus reiner Reisefreude. Elisabeth Mann Borgese landete auf den Flughäfen dieser Welt und verließ alle Plätze wieder gleich einem bunten und edlen, auch exotischen Schmetterling, der auf den Blüten aufsetzt, seine natürliche Aufgabe erfüllt und sodann wieder abhebt, um den Vorgang in scheinbar unendlicher Reihe zu wiederholen.

Um eine Vorstellung davon zu vermitteln, welche Reisestrapazen sie sich dabei noch im hohen Alter von 79 bis 83 Jahren aufbürdete, seien beispielhaft einige der Reisesichtvermerke aus ihrem kanadischen Reisepass aufgezählt. Hier die Orte:

1997   New York, Halifax, Tokio, Hongkong, Malta
1998   New York, Paris, Neu Delhi, Chennai (früher: Madras), London, Mailand, Jamaika, New York, London, München, Boston, Genua, Boston, Malta, Frankfurt am Main, Köln/Bonn, New York, Boston, Quito (Ecuador), Hamburg, Tokio, San Francisco, Boston
1999   Boston, Frankfurt am Main, Boston, New York, Boston, Malta, Hamburg, New York, München, Jamaika, Miami, Boston, Frankfurt am Main, München, New York, Mailand, Fidschi, Sidney (Australien), Tokio, Malta, Wien, London, New York
2000   Bermuda, Boston, Jamaika, Miami, London, Malta, Hamburg, San Francisco, London, Tokio, Kopenhagen, München, Hamburg, Boston, Köln/Bonn, London, Malta, London, München, Hamburg, Bremen, New York
2001   New York, Bangkok, Tokio, Vancouver, New York, Jamaika, Kopenhagen, Malta, London, Mailand

Ein internationales, ja interkontinentales Leben. Ein rastloses Leben. Der zwölfhundertste Flug. Sie erinnern sich an Klaus Manns Ode *Gruß an das zwölfhundertste Hotelzimmer*. Darin schrieb er: „Sei gegrüßt, Heimat seit einer halben Stunde, Heimat für zwei, drei oder vierzehn Tage [...]."[30] Wie viel Heimat braucht der Mensch, wie viele Heimaten erträgt er? Die Ruhelosigkeit des schöpferischen Menschen – ein Erb*teil* Thomas Manns an seine Kinder? Oder eher eine Erb*last*? Aber auch ein Stück Wurzellosigkeit der Mehrfachexilanten. Noch einmal Klaus Mann: „Ruhe gibt es nicht, bis zum Schluß."[31]

Am 8. Februar 2002 starb Elisabeth Mann Borgese an einer Lungenentzündung während eines Skiurlaubs in Sankt Moritz. Begraben ließ sie sich im Familiengrab in Kilchberg. Sie war zu ihrer Familie, die sie auch an fernen Orten der Welt innerlich nie verlassen hatte, heimgekehrt. Das letzte der Kinder der Manns war tot. *Thomas Mann und die Seinen*[32] lebten nicht mehr. Sie leben nur noch in unserer Erinnerung.

III. Primärliteraturverzeichnis

1. Monographien

Das ABC der Tiere. Von schreibenden Hunden und lesenden Affen, München: Goldmann 1973.

Chairworm & Supershark, illustr. von Laura Facey, Kingston: The Mill Press 1992.[33]

The Drama of the Oceans, New York: Harry N. Abrams 1975.

The Future of the Oceans. A report to the Club of Rome, Montreal: Harvest House 1986.

The Mines of Neptune. Minerals and Metals from the Sea, Amsterdam: Elsevier 1985.

The New International Economic Order and the Law of the Sea, Malta: International Ocean Institute 1975.

---

[30] Klaus Mann: Gruß an das zwölfhundertste Hotelzimmer, in: Der Querschnitt, August 1931, zit. nach Klaus Mann: Das Zwölfhundertste Hotelzimmer. Ein Lesebuch, ausgew. von Barbara Hoffmeister, Reinbek bei Hamburg: Rowohlt Taschenbuch 2006, S. 9.

[31] Klaus Mann: Der Wendepunkt. Ein Lebensbericht, München: Ellermann 1981, S. 583.

[32] Vgl. die Titel von Walter A. Berendsohn 1973 und Marcel Reich-Ranicki 1987.

[33] Deutsche Prosafassung: Thronwurm und Superhai. Ein Märchen. Für Kinder von 8 bis 80, in: Elisabeth Mann Borgese: Wie Gottlieb Hauptmann die Todesstrafe abschaffte. Erzählungen, Hürth bei Köln/Wien: Edition Memoria 2001, S. 136–148.

Ocean Governance and the United Nations, Halifax: Centre for Foreign Policy Studies, Dalhousie University 1995.

The Oceanic Circle. Governing the Seas as a Global Resource, New York/ Tokio: United Nations University Press 1998.

Seafarm, New York: Harry N. Abrams 1980.

To Whom It May Concern, New York: George Braziller 1960.

Der unsterbliche Fisch. Erzählungen, Hürth bei Köln: Edition Memoria 1998.

Wie Gottlieb Hauptmann die Todesstrafe abschaffte. Erzählungen, Hürth bei Köln/Wien: Edition Memoria 2001.

Wie man mit den Menschen spricht ..., Bern/München: Scherz 1971.

Die Zukunft der Weltmeere. Ein Bericht an den Club of Rome, Wien/München/Zürich: Europa 1985.

Zwei Stunden. Geschichten am Rande der Zeit, Hamburg: Hoffmann und Campe 1965.

2. Monographien in Übersetzung

A chi di ragione. Raconti, Mailand: Feltrinelli 1964.[34]

Mit den Meeren leben, Köln: Kiepenheuer & Witsch 1999.[35]

La planète mer, Paris: Éditions du Seuil 1977.[36]

De toekomst van de oceanen, mit einem Vorwort von Jan Tinbergen, Den Haag: Gaade 1976.[37]

Il Verme Presidente & i Super Squali, Mailand: Mursia 1993.[38]

3. Buchbeiträge

A Constitution for the Oceans, in: The Fate of the Oceans, hrsg. von John J. Logue, Villanova, Pennsylvania: Villanova University Press 1972, S. 1–24.

A Response to Dr. Artemy A. Saguirian, in: Freedom for the Seas in the 21st Century. Ocean Governance and Environmental Harmony, hrsg. von Jon M. van Dyke, Durwood Zaelke und Grant Hewison, Washington und Covelo: Island Press (Greenpeace Inc.) 1993, S. 388–391.

---

[34] Italienische Ausgabe von *To Whom It May Concern*. Vgl. auch Rezension von Maria Grazia Checchi, in: Il Ponte, 1965, Nr. 2, S. 251–253.

[35] Deutsche Ausgabe von *The Oceanic Circle*. Vorwort und einige Textpassagen unter dem Titel *Was kommt hinter dem Horizont?* vorabgedruckt in: mare, Nr. 16 (Oktober/November 1999).

[36] Französische Ausgabe von *The Drama of the Oceans*.

[37] Niederländische Ausgabe von *The Drama of the Oceans*.

[38] Italienische Ausgabe von *Chairworm & Supershark*.

Arvid Pardo (1914–1999). In Memorian, in: Ocean Yearbook 14, hrsg. von Elisabeth Mann Borgese, Aldo Chircop und Moira McConnell, Chicago/London: The University of Chicago Press 2000, S. xix–xxxviii.

Chairperson's Summary, in: International Legal Issues arising under the United Nations Decade of International Law. Proceedings of the Quatar International Law Conference '94, hrsg. von Najeeb Al-Nauimi und Richard Meese, Den Haag/London/Boston: KluwerLaw International Martinus Nijhoff 1995, S. 489–494.

The Convention Is Signed, in: Ocean Yearbook 4, hrsg. von Elisabeth Mann Borgese und Norton Ginsburg, Chicago/London: The University of Chicago Press 1983, S.1–14.

The Crisis of Knowledge, in: Ocean Yearbook 15, hrsg. von Elisabeth Mann Borgese, Aldo Chircop und Moira McConnell, Chicago/London: The University of Chicago Press 2001, S. 1–6.

The Draft Convention, in: Ocean Yearbook 3, hrsg. von Elisabeth Mann Borgese und Norton Ginsburg, Chicago/London: The University of Chicago Press 1982, S. 1–12.

Draft proposal for the establishment of a Mediterranean Centre for Research and Development in Marine Industrial Technology, in: The Mediterranean in the New Law of the Sea, hrsg. von Foundation for International Studies, Malta: Foundation for International Studies 1987, S. 95–103.

The Future of the Oceans, in: The Future of a Troubled World, hrsg. von Peter Ritchie Calder, London: Heinemann 1983, S. 79–89.

Goliath – Der Marsch des Fascismus, in: Verführung zum Lesen, hrsg. von Uwe Naumann, Reinbek bei Hamburg: Rowohlt 2003, S. 153–156.

Hamilton Shirley Amerasinghe, in: Ocean Yearbook 3, hrsg. von Elisabeth Mann Borgese und Norton Ginsburg, Chicago/London: The University of Chicago Press 1982, S. xiii–xv.

Implementing the convention; developments in the preparatory commission, in: Ocean Yearbook 7, hrsg. von Elisabeth Mann Borgese, Norton Ginsburg und Joseph R. Morgan, Chicago/London: The University of Chicago Press 1989, S. 1–7.

The IMO and the UN Convention on the Law of the Sea, in: Ocean Yearbook 7, hrsg. von Elisabeth Mann Borgese, Norton Ginsburg und Joseph R. Morgan, Chicago/London: The University of Chicago Press 1989, S. 8–13.

The International Ocean Institute story, in: Ocean Yearbook 10, hrsg. von Elisabeth Mann Borgese, Norton Ginsburg und Joseph R. Morgan, Chicago/London: The University of Chicago Press 1993, S. 1–12.

Introduction, in: A Constitution for the World, Santa Barbara: Center for the Study of Democratic Institutions 1965, S. 3–24.

Jeferade. A Proposal for a *Joint Enterprise for Exploration, Research and Development*, in: Ocean Yearbook 5, hrsg. von Elisabeth Mann Borgese und Norton Ginsburg, Chicago/London: The University of Chicago Press 1985, S. 362–380.

J. King Gordon, in: Ocean Yearbook 8, hrsg. von Elisabeth Mann Borgese, Norton Ginsburg und Joseph R. Morgan, Chicago/London: The University of Chicago Press 1990, S. xiii–xv.

The Law of the Sea. Its Potential for Generating International Revenue, in: Ocean Yearbook 4, hrsg. von Elisabeth Mann Borgese und Norton Ginsburg, Chicago/London: The University of Chicago Press 1983, S. 15–44.

Managerial implications of sustainable development in the ocean, in: Ocean Yearbook 12, hrsg. von Elisabeth Mann Borgese, Norton Ginsburg und Joseph R. Morgan, Chicago/London: The University of Chicago Press 1996, S. 1–18.[39]

Man and the Oceans, in: Ocean Yearbook 1, hrsg. von Elisabeth Mann Borgese und Norton Ginsburg, Chicago/London: The University of Chicago Press 1978, S. 1–8.

Making part XI of the Convention work, in: Consensus and confrontation. The United States and the Law of the Sea Convention. A workshop of the Law of the Sea Institute. 9.–13. Januar 1984, hrsg. von Jon M. van Dyke, Honolulu: University of Hawaii 1985, S. 236–240.

Maxwell Bruce, O. C., QC (1920–2001), in: Ocean Yearbook 16, hrsg. von Elisabeth Mann Borgese, Aldo Chircop und Moira McConnell, Chicago/London: The University of Chicago Press 2002, S. xvii–xviii.

Notes on the Work of the Preparatory Commission, in: Ocean Yearbook 5, hrsg. von Elisabeth Mann Borgese and Norton Ginsburg, Chicago/London: The University of Chicago Press 1985, S. 1–9.

On the agenda, in: Ocean Yearbook 13, hrsg. von Elisabeth Mann Borgese, Aldo Chircop, Moira McConnell und Joseph R. Morgan, Chicago/London: The University of Chicago Press 1998, S. 1–14.

Pacem in Maribus XI. Closing Remarks, in: Ocean Yearbook 5, hrsg. von Elisabeth Mann Borgese und Norton Ginsburg, Chicago/London: The University of Chicago Press 1985, S. 381–384.

Perestroika and the law of the sea, in: Ocean Yearbook 9, hrsg. von Elisabeth Mann Borgese, Norton Ginsburg und Joseph R. Morgan, Chicago/London: The University of Chicago Press 1991, S. 1–27.

---

[39] Zuerst veröffentlicht unter: Managerial Implications of Sustainable Development in Oceans, in: Elisabeth Mann Borgese: Ocean Governance and the United Nations, Halifax: Centre for Foreign Policy Studies, Dalhousie University 1995, Kap. 5, S. 103–126.

The Preparatory Commission for the International Sea-Bed Authority and for the International Tribunal for the Law of the Sea. Third Session, in: Ocean Yearbook 6, hrsg. von Elisabeth Mann Borgese und Norton Ginsburg, Chicago/London: The University of Chicago Press 1986, S. 1–14.

The Process of Creating an International Ocean Regime to Protect the Ocean's Resources, in: Freedom for the Seas in the 21st Century. Ocean Governance and Environmental Harmony, hrsg. von Jon M. van Dyke, Durwood Zaelke und Grant Hewison, Washington/Covelo: Island Press (Greenpeace Inc.) 1993, S. 23–37.

The Role of the Sea-Bed Authority in the '80s and '90s. The Common Heritage of Mankind, in: Hague Academy of International Law and United Nations University. The Management of Humanity's Resources. The Law of the Sea. Workshop 1981, Den Haag/Boston/London: Martinus Nijhoff Publishers 1982, S. 35–48.

The Sea-Bed Treaty and the Law of the Sea. Prospects for Harmonisation, in: The Denuclearisation of the Oceans, hrsg. von R. B. Byers, London: Croom Helm 1986, S. 88–103.

Die Seewirtschaft. Von Jäger- und Sammlerwirtschaft zu Algenanbau und Seeviehzucht, in: Die Plünderung der Meere, hrsg. von Wolfgang Graf Vitzthum, Frankfurt/Main: Fischer 1981, S. 114–130.

The syndical senate. The problem of Functional Representation, in: Center for the Study of Democratic Institutions. A Constitution for the World, Santa Barbara 1965, S. 99–112.

Sovereignty and the Law of the Sea, in: Ocean Governance. Strategies and Approaches for the 21st Century. Proceedings. The Law of the Sea Institute. Twenty-eighth Annual Conference in cooperation with East-West Center Honululu, Hawaii, July 11–14, 1994, Honolulu: The Law of the Sea Institute William S. Richardson School of Law University of Hawaii 1996, S. 35–38.

The tribune of the people. The Spokesman for Minorities, in: Center for the Study of Democratic Institutions. A Constitution for the World, Santa Barbara 1965, S. 95–98.

The UN Convention on the Law of the Sea. The cost of ratification, von Elisabeth Mann Borgese, Aldo E. Chircop und Mahinda Perera, in: Ocean Yearbook 8, hrsg. von Elisabeth Mann Borgese, Norton Ginsburg und Joseph R. Morgan, Chicago/London: The University of Chicago Press 1990, S. 1–17.

UNCLOS, UNCED, and the restructuring of the United Nations System, in: Essays in honour of Wang Tieya, hrsg. von Ronald St. John MacDonald, Dordrecht: Martinus Nijhoff, Dordrecht 1994, S. 67–77.

UNICPOLOS. The First Session, in: Ocean Yearbook 16, hrsg. von Elisabeth

Mann Borgese, Aldo Chircop und Moira McConnell, Chicago/London: The University of Chicago Press 2002, S. 1–21.

UNICPOLOS. The Second Session, in: Ocean Yearbook 16, hrsg. von Elisabeth Mann Borgese, Aldo Chircop und Moira McConnell, Chicago/London: The University of Chicago Press 2002, S. 22–34.

United Nations. Future Trends, in: Hague Academy of International Law and United Nations University. The Adaptation of Structures and Methods at the United Nations. Workshop 1985, hrsg. von Daniel Bardonnet, Dordrecht/Boston/Lancaster: Offprint von Martinus Nijhoff Publishers 1986, S. 373–392.

The Universalization of Western Civilisation, in: Humanistic Education and Western Civilization. Essays for Robert M. Hutchins, hrsg. von Arthur A. Cohen, New York/Chicago/San Francisco: Holt, Rinehart and Winston 1964, S. 75–86.

The world I want to leave to my grandchildren, in: Federico Mayor. Amicorum Liber. Solidarité, Égalité, Liberté. Solidaridad, Igualdad, Libertad. Solidarity, Equality, Liberty. Le livre d'hommage offert au Directeur Général de l'UNESCO par ses Amis á l'occasion de son 60ᵉ anniversaire, Brüssel: Bruylant 1995, S. 995–1010.

The Year in Perspective, von Elisabeth Mann Borgese und Norton Ginsburg, in: Ocean Yearbook 2, hrsg. von Elisabeth Mann Borgese und Norton Ginsburg, Chicago/London: The University of Chicago Press 1980, S. 1–8.

The Years of My Life, in: Ocean Yearbook 18, hrsg. von Aldo Chircop und Moira McConnell, Chicago/London: The University of Chicago Press 2004, S. 1–21.

4. Zeitschriften- und Zeitungsbeiträge

A Constitution for the Oceans. Comments and Suggestions Regarding Part XI of the Informal Composite Negotiating Text, in: San Diego Law Review Association. San Diego Law Review, San Diego 1978, Bd. 15, S. 541–556.

Al di là della pace e della guerra, in: Il Ponte, Nr. 11/12 (1972), S. 1422–1433.

Automazione. Problemi della seconda rivoluzione industriale, in: Il Ponte, Nr. 3 (1957), S. 446–450.

Billions under Water, aus: The Drama of the Oceans, in: Forbes Magazine, 3.9.1979, S. 24.

Boom, Doom, and Gloom Over the Oceans. The Economic Zone, the Developing Nations, and the Conference on the Law of the Sea, in: San Diego Law

Review Association. San Diego Law Review, San Diego 1974, Bd. 11, Nr. 3 (Mai), S. 541–556.

Caird Medal address, in: Marine policy, Amsterdam: Elsevier Science 2001, Bd. 25, Nr. 1 (Januar), S. 391–397.

Il II convegno „pacem in terris", in: Il Ponte, 1967, Nr. 7/8, S. 991–1004.

Due ore, in: Il Ponte, Nr. 1 (1965), S. 105–113.

Federalismo mondiale e federalismo europeo. Vortrag vor dem Circolo di cultura politica Fratelli Rosselli von Florenz am 2.4.1956, in: Il Ponte, Nr. 7 (1956), S. 1164–1175.

Gemeinsames Erbe der Menschheit, in: mare, Nr. 5 (Dezember 1977/Januar 1998).

Infanzia con mio padre, in: Il Ponte, Nr. 6 (1955), S. 899–902.

The Law of the Sea, in: Scientific American, Bd. 248, Nr. 3 (März 1983), S. 28–35.

Lynn, in: Il Ponte, Nr. 10 (1954), S. 1643–1653.

La mia prima conversazione con Peggy. Il cane di Brescia prova che esiste un'intelligenza animale, in: L'Espresso, Rom, 6.9.1959.

Muove il re, in: Il Ponte, Nr. 12 (1959), S. 1520–1522.

The New International Economic Order and the Law of the Sea, in: San Diego Law Review Association. San Diego Law Review, San Diego, Kalifornien, Bd. 14, Nr. 3 (April 1977), S. 584–596.

De nieuwe internationale economische orde en het zeerecht, in: Nederlands Genootschap voor Internationale Zaken te 's-Gravenhage in Zusammenarbeit mit dem Koninklijk Instituut voor Internationale Betrekkingen te Brussel: Internationale Spectator, 's-Gravenhage: Jahrgang XXX (Dezember 1976), S. 707–714.

No End in Sight. Human Nature is Still Evolving, in: The Center for the Study of Democratic Institutions. The Center Magazine, Santa Barbara, März–April 1973, S. 4–9.

La Penisola del Sinai all'ONU ?, in: Il Ponte, Nr. 12 (1956), S. 2184–2186.

Il pesce immortale, in: Il Ponte, Nr. 1 (1957), S. 81.

La prova, in: Il Ponte, Nr. 1 (1956), S. 85–92.

Rassegne. Individuo e collettività, in: Il Ponte, Nr. 10 (1957), S. 1540–1545.

Rettifiche e conferme su Thomas Mann, in: Tempo Presente, Nr. 3 (März 1958), S. 219–221.

Scherzoso ma non troppo, in: Il Ponte, Nr. 1 (1958), S. 84–87.

Il semaforo rosso, in: Il Ponte, Nr. 1 (1961), S. 109–119.

Solo il rogo, Vorwort und Akt III, in: Il Ponte, Nr. 1 (1962), S. 74–88.

Sprechen Sie Persisch, insan adam? Verständigungsschwierigkeiten auf einer Reise in den Orient, in: Die Weltwoche, Nr. 1844, 14.3.1969, S. 59.

Sustainable Development in the Oceans, in: Environmental policy and law, Bd. 27/3 (1997), S. 203–208.

Telemark und Boccia. Der Sportsmann Hermann Hesse, in: Frankfurter Allgemeine Zeitung, Nr. 76, 2.4.2002, S. 45.

La terza sessione del concilio. Da impero a Commonwealth, in: Il Ponte, Nr. 1 (1965), S. 36–44.

The Rehearsal, in: Partisan Review, New York: Foundation for Cultural Projects, Nr. 1 (Winter 1957), und in: New Directions in prose and poetry, New York: Laughlin, Nr. 16 (1957).

Towards an International Ocean Regime, in: Texas International Law Forum, Austin: The University of Texas School of Law, Bd. 5.2, Nr. 1 (Frühjahr 1969), S. 219–234.

True Self, in: Galaxy, Bd. 18, Nr. 1 (Oktober 1959), S. 151–161.

Il vero io, in: Il Ponte, Nr. 1 (1959), S. 109–119.

Visita a Nehru, in: Il Ponte, Nr. 4 (1964), S. 446–451.

Water Management and Technology Cooperation, Development and Transfer, in: Environmental Policy and Law, Amsterdam: IOS Press, Bd. 28/3–4 (Februar 1998), S. 193–196.

Wir können die Meere nur retten, wenn wir kurzsichtiges Profitdenken zügeln, in: Greenpeace Magazin, Nr. 4 (1998), S. 18–19.

Wo tote Materie das Leben gebiert, in: mare, Nr. 13 (April/Mai 1999).

5. Theaterstücke

Eat Your Fishballs, Tarquin. Santa Barbara 1965.

Only the Pyre. Tragic Farce, Mailand: Bompiani 1961.

Pieces and Pawns. Play in two Parts.

Soltanto il Rogo. Musik Franco Mannino, Libretto Elisabeth Mann Borgese, Uraufführung Pirandello-Festspiele Agrigent, Oktober 1987.[40]

6. Herausgeberschaften und Mitherausgeberschaften

Disarmament and Development. Thought and Action to Date Towards a Conceptual Framework, hrsg. von Dick A. Leurdijk und Elisabeth Mann Borgese, Rotterdam: Foundation Reshaping the International Order (RIO) 1979.

---

[40] Nach dem Drama *Only the Pyre*. Abgedruckt in: Il Sipario, Nr. 203 (März 1963), S. 48–58. Spätere Prosaversion unter dem Titel *Die arme Sinda* in *Wie Gottlieb Hauptmann die Todesstrafe abschaffte* (zit. Anm. 33), S. 94–135.

Marine Issues. From a Scientific, Political and Legal Perspective, hrsg. von Peter Ehlers, Elisabeth Mann Borgese und Rüdiger Wolfrum, Den Haag/London/New York: Kluwer Law International 2002.

Ocean Frontiers. Explorations by Oceanographers on Five Continents, hrsg. von und mit einer Einf. von Elisabeth Mann Borgese, New York: Abrams 1992, S. 9–13.

Pacem in Maribus, hrsg. von Elisabeth Mann Borgese (Center for the Study of Democratic Institutions), New York: Dodd, Mead & Company 1972.

Self-Management. New Dimensions to Democracy. Alternatives for a New Society, hrsg. von Ichak Adizes und Elisabeth Mann Borgese, Santa Barbara/Oxford: American Bibliographical Center – Clio Press Inc. 1975.

Testimonianze americane sull'Italia del Risorgimento, hrsg. von Elisabeth Mann Borgese, Mailand: Edizioni di Comunità 1961.[41]

The Tides of Change. Peace, Pollution, and Potential of the Oceans, New York: Mason Charter Publishers 1975.

7. Vorworte

Acknowledgments. Vorwort der Herausgeber, in: Ocean Yearbook 5, hrsg. von Elisabeth Mann Borgese und Norton Ginsburg, Chicago/London: The University of Chicago Press 1985, S. ix.

Acknowledgments. Vorwort der Herausgeber, in: Ocean Yearbook 6, hrsg. von Elisabeth Mann Borgese und Norton Ginsburg, Chicago/London: The University of Chicago Press 1986, S. ix.

A Constitution for the World. The Fund for the Republic (= Papers on Peace), Santa Barbara: Center for the Study of Democratic Solutions 1965, S. 3–24.

Foreword, in: Adalberto Vallega: Fundamentals of Integrated Coastal Management, Dordrecht: Kluwer Academic Publishers 1999, S. xi–xiv.

Preface, in: Vorwort der Herausgeber, in: Ocean Yearbook 1, hrsg. von Elisabeth Mann Borgese und Norton Ginsburg, Chicago/London: The University of Chicago Press 1978, S. xv–xvii.

The Promise of Self-management, in: Self-Management. New Dimensions to Democracy. Alternatives for a New Society, hrsg. von Ichak Adizes und Elisabeth Mann Borgese, Santa Barbara Oxford: American Bibliographical Center – Clio Press Inc. 1975, S. XIX–XXVIII.

---

[41] Rezension dazu von Mario Materassi, in: Il Ponte, Nr. 12 (1961), S. 1814–1816.

[Vorwort], in: Franco Mannino: Genii... VIP e gente commune, Mailand: Gruppo Editoriale Fabbri/Bompiani/Sonzogno 1987, S. 9–11; 1997, S. 9–14.

[Vorwort], in: Pacem in Maribus, New York: Dodd, Mead & Company 1972, S. XI–XXXIV.

Vorwort, in: Thomas Mann: Mario und der Zauberer, Ascona/Unterreit: Antinous Presse 1998, S. 7.

8. Rezensionen

Erich Kahler: La torre e l'abisso, Mailand: Bompiani 1963, in: Il Ponte, Nr. 6 (1963), S. 874–875.

Ernest Schnabel: Der Sechste Gesang, Frankfurt/Main: S. Fischer 1956, in: Il Ponte, Nr. 7 (1957), S. 1106–1108.

Gavin Maxwel: God Protect Me From my Friends (Dagli amici mi guardi dio), London: Longmans, Green & Co 1956, in: Il Ponte, Nr. 11 (1956), S. 1972–1974.

Giorgio Spini: America 1962. Nuove tendenze della sinistra americana. La Nuova Italia (Quaderni del Ponte 12), in: Il Ponte, Nr. 7 (1962), S. 1030–1033.

Jawaharlal Nehru: Autobiografia, Mailand: Feltrinelli 1955, in: Il Ponte, Nr. 11 (1955), S. 1904–1907.

Robert M. Hutchins: Freedom, Education, and the fund, New York: Meridian Books 1956, und Lewis Mumford: The Transformation of Man, New York: Harper Brothers 1956, in: Il Ponte, Nr. 4 (1957), S. 633–636.

Thomas Merton: Breakthrough to Peace, New York: New Directions 1962, und Giancarlo Vigorelli: Il gesuita proibito, Mailand: Il Saggiatore 1963, in: Il Ponte, Nr. 3 (1963), S. 399–402.

Vladimir Nabokov: Lolita, G. P. Putnam's Sons 1958, in: Il Ponte, Nr. 4 (1959), S. 545–548.

9. Übersetzungen

Heinrich Schenker: Harmony, hrsg. von Oswald Jonas, Chicago/London: The University of Chicago Press 1980.[42]

William Saroyan: ...sagte mein Vater, Frankfurt/Main: S. Fischer 1959.[43]

---

[42] Übersetzung durch Elisabeth Mann Borgese vom Deutschen in das Englische.
[43] Übersetzung durch Elisabeth Mann Borgese vom Englischen in das Deutsche.

10. Leserbriefe

Caro Direttore ..., zus. mit Dominica u. Giovanna Borgese, in: La Repubblica, 23.4.2000.

11. Gedruckte Reden

Marine Parks in the Mediterranean. Introductory Remarks, in: Regione Campania Assessorato per il turismo, atti del convegno internazionale „I parchi costieri Mediterranei" salerno castellabate 18–22 giugno 1973, Auszugssonderdruck, S. 3–12.

The Nexus Lecture. The Years of my Life. Vortrag vom 12.5.1999 im Nexus Institute in Tilburg, Niederlande, abgedruckt in: Nexus, Nr. 24 (1999), S. 5–37.

12. Varia

The Beginnings, in: The IOI-Story, Malta.[44]

Botschafterin der Meere. Elisabeth Mann Borgese, Film von Eberhard Görner mit Elisabeth Mann Borgese, Berlin: Provobis Film 1997, Erstsendung: Bayerischer Rundfunk 30.4.1997.

Elisabeth Mann Borgese. Die Meer-Frau. Gespräch mit Amadou Seitz in der Reihe „Zeugen des Jahrhunderts", hrsg. von Ingo Hermann, Göttingen: Lamuv 1993.

Elisabeth Mann Borgese. Mein Leben. Gespräch mit Marianne Scheuerl am 24.3.1999 in St. Moritz, Schweiz, Erstsendung Norddeutscher Rundfunk 1999, Hamburg: Hoffmann und Campe Hörbücher NDR audio 2003.

Elisabeth Mann Borgese. Mein Vater der Zauberer – meine Liebe das Meer. Gespräch mit Wolf Gaudlitz am 23./24.3.1999 in Sambro Head, Halifax, Kanada, Erstsendung Bayerischer Rundfunk 13. u. 27.10.1999, Audiobuch 2001, auszugsweise abgedruckt in: Universitas, Jg. 58, Nr. 679 (2003), S. 84–94.

The Enterprises, IOI Occasional Paper No 6, Malta 1978.

The International Venture. Colombian Working Paper. United Nations Document LOS/PCN/SCN.2/WP.14 and 14 Add 1, 18 March 1987.

The Law of the Sea. Its Potential for Generating International Revenue. A study for the World Bank, 1981.

---

[44] Mit Caroline Vanderbilt. Undatiertes und wohl unveröffentlichtes Typoskript des International Ocean Institute.

The Ocean Regime. A suggested statute for the peaceful uses of the high seas and the seabed beyond the limits of national jurisdiction, Santa Barbara: Center for the Study of Democratic Institutions 1968.

Report on the Possibility of Establishing a Mediterranean Centre of Research and Development in Marine Industrial Technology, Wien: UNIDO 1987.

„Sie hat sich durch ihr Leben ruiniert." Interview mit Elisabeth Mann Borgese, in: Anja Maria Dohrmann: Erika Mann – Einblicke in ihr Leben, Diss., Freiburg i. Br. 2003, S. 201–205.

Some Preliminary Thoughts on the Establishment of a World Space Organisation, Ottawa: Canadian Institute for International Peace and Security 1987.

Armin Wishard

Der Briefwechsel zwischen Thomas und Katia Mann und Hans Wilhelm Rosenhaupt 1932–1947, Teil I

Für Maureen Rosenhaupt

Vorwort

Die Beziehungen zwischen Hans Wilhelm Rosenhaupt und Thomas und Katia Mann begannen Anfang der dreissiger Jahre, als Rosenhaupt die Arbeit an seiner geplanten Dissertation über das Werk Thomas Manns an der Universität Frankfurt aufnahm. Nachdem Rosenhaupt und Thomas und Katia Mann in die USA ausgewandert waren, wurden die Kontakte erneut aufgenommen, und es entwickelte sich ein reger Briefwechsel. Der spätere Umzug von Princeton nach Kalifornien im Jahre 1941 bot den Manns die Gelegenheit, einer Einladung Rosenhaupts nach Colorado Springs und Denver nachzukommen.

Über diesen interessanten Abstecher nach Colorado ist bis heute relativ wenig bekannt. Dazu kommt, dass ein großer Teil des Briefwechsels zwischen Rosenhaupt und Thomas und Katia Mann, insbesondere die hier veröffentlichten Fragebögen zu Manns Werk, bisher entweder unbekannt blieben oder als verschollen galten. Nahezu alle Biographien und Monographien zum Werk Thomas Manns erwähnen die Reise nach Colorado nur kurz oder übersehen sie vollkommen.

Als Maureen Rosenhaupt nach dem Tode ihres Mannes von Princeton wieder nach Colorado Springs zurückzog, hatte ich die Gelegenheit, ihre Bekanntschaft zu machen, und begann mit der Aufarbeitung des Rosenhaupt-Nachlasses, den sie der *Tutt Library* am Colorado College überlassen hatte. Leider stellte sich heraus, dass ausser zwei Briefen und den Fragebögen die gesamte Korrespondenz von Hans Rosenhaupt mit Thomas Mann verschollen ist, während andererseits nahezu alle Briefe von Thomas Mann an Hans Rosenhaupt erhalten geblieben sind. Man kann sich demzufolge heute nur ein unvollständiges, da einseitiges Bild über die Beziehungen zwischen den beiden machen. Das hier veröffentlichte Material – Briefe und Fragebögen erscheinen im zweiten Teil dieses Beitrags[1] – wirft Licht auf ein relativ unbekanntes

---

[1] Teil II dieses Beitrags wird im TM Jb 22, 2009, veröffentlicht.

Kapitel im Leben von Thomas und Katia Mann und ihre Beziehungen zu Hans Rosenhaupt.[2]

Eine kurze Biographie von Hans Wilhelm Rosenhaupt

Hans Wilhelm Rosenhaupt, geboren am 24. Februar 1911 in Frankfurt am Main, war das einzige Kind von Dr. med. Heinrich Rosenhaupt und seiner Frau Marie (geb. Freudenthal).

Heinrich Rosenhaupt war ein bekannter Stadtarzt in Mainz, der sich als Sozialdemokrat in den zwanziger Jahren im Gesundheitswesen der Stadt einen Namen machte. In den schwierigen wirtschaftlichen, sozialen und politischen Verhältnissen der Zeit richtete er Sonderturnkurse und krankengymnastische Behandlungen für rachitische und abwehrgeschwächte Kinder ein. Unter seiner Führung wurden fast 2000 Kinder in deutsche und ausländische Erholungsgebiete geschickt, so nach Holland, Schweden und Österreich, da für sie zu Hause keine ausreichende Betreuung und Versorgung gewährleistet werden konnte. Auch für die in Mainz verbliebenen Kinder wurde mit Kuren in Luft- und Sonnenbädern gesorgt. Die Initiative Dr. Rosenhaupts zeigte schnell Wirkung. Die verbesserte Ernährung und der von ihm initiierte Schwimmunterricht in einem dafür neu gebauten Hallenbad führten zu einer Verbesserung der schlimmsten gesundheitlichen Probleme der Kinder und minderten die Kindersterblichkeit. Für seine Leistungen erhielt Rosenhaupt höchste Anerkennung. Im Jahre 1932 wurde er aufgrund seiner Verdienste Beamter auf Lebenszeit.

Die veränderten politischen Verhältnisse nach dem Beginn der nationalsozialistischen Gewaltherrschaft 1933 wirkten sich alsbald auch auf Mainz aus, und Rosenhaupt wurde als Jude gezwungen, sein Amt aufzugeben. In der lokalen Mainzer Warte erschien am 11. März 1933 ein Artikel mit der Überschrift *Auch ein Seuchenherd*, der Rosenhaupts Errungenschaften und seine Person verunglimpfte. Im Städtischen Gesundheitsamt, so hieß es, „herrscht der jüdische Medizinalbonze Rosenhaupt und hat um sich herum einen Laden errichtet, der durchaus dem Größenwahnsinn marxistischer Systembonzen entspricht. Doch nicht genug damit, […] er hat sich überdies zur Aufgabe gemacht, der marxistischen Seuche ein Wegbereiter zu sein".[3]

[2] Für ihren Beistand und die geduldige Unterstützung bei der Bearbeitung dieses Manuskripts danke ich insbesondere Frau Dr. Katrin Bedenig vom Thomas-Mann-Archiv in Zürich und den Mitarbeitern der *Tutt Library* am Colorado College.
[3] Klaus-Dieter Thomann: Elf vergessene Jahre – Dr. Heinrich Rosenhaupt und das Mainzer Gesundheitsamt, in: Ärzteblatt Rheinland-Pfalz, Nr. 9 (1993), S. 374–375.

Obwohl Rosenhaupt sich gegen diese Anschuldigungen wehrte und betonte, im Ersten Weltkrieg freiwillig und ehrenvoll dem Vaterland gedient zu haben, wurde er am 27. März 1933 entlassen. Im folgenden Jahr zog er mit seiner Familie zurück in seine Geburtsstadt Frankfurt, wo er in der Hoffnung, dies sei eine vorübergehende Lösung, eine kleine Arztpraxis eröffnete. Anfang 1939 wurde er von der Gestapo verhaftet und ins KZ Sachsenhausen eingeliefert. Seine Freilassung erfolgte erst, als er sich verpflichtete, Deutschland spätestens bis Ende Januar des Jahres zu verlassen. Mit seiner Frau reiste er noch im selben Monat nach England und emigrierte kurz darauf in die USA, wo die beiden bereits von ihrem Sohn erwartet wurden. Dieser hatte nach seiner Emigration am Knox College und anschließend am Colorado College im Bundesstaat Colorado eine Anstellung als Dozent für Germanistik gefunden und nannte sich von nun an nur noch Hans Rosenhaupt. Heinrich Rosenhaupt verstarb am 15. April 1944. Seine Frau und er liegen heute im *Pioneer Cemetery* in Colorado Springs begraben. Sie hatten in Colorado eine zweite Heimat gefunden.

Hans Wilhelm Rosenhaupt, der 1928 ein Studium an der Johann-Wolfgang-Goethe-Universität in Frankfurt aufgenommen hatte, wurde natürlich auch von den veränderten politischen Verhältnissen in Deutschland eingeholt. Er sagte später, er habe als Jude schon 1928 die Entwicklung in Deutschland geahnt und versucht, sein Studium daher so schnell wie möglich zu Ende zu bringen. Fast sollte er es schaffen. Die mündliche Verteidigung seiner Dissertation *Die Gestalten im Werk Heinrich Manns* war für den 22. Februar 1933 angesetzt, aber Rosenhaupt sah sich durch die politischen Umstände gezwungen, seine Pläne aufzugeben. Er musste die Universität ohne den erhofften Doktortitel verlassen, obwohl sich der Rektor, „das erste Mitglied der NSDAP an der Universität, ein anständiger Mensch", für ihn einsetzte.[4]

Rosenhaupt entschloss sich, 1933 in der Schweiz einen neuen Anlauf zu versuchen. Sein Briefwechsel und seine Besuche bei Thomas Mann seit 1932 (der Brief von Thomas Mann an Hans Rosenhaupt vom 8. Juli 1932 deutet auf mehrere Besuche hin), dürften dabei eine Rolle gespielt haben. Er promovierte 1935 im bemerkenswert jungen Alter von 24 Jahren bei Fritz Strich an der Universität Bern mit der Dissertation *Der deutsche Dichter und seine Abgelöstheit von der Gesellschaft*. Nach der erfolgreichen Promotion entschloss er sich, nicht mehr nach Deutschland zurückzukehren, obwohl seine Eltern in Frankfurt geblieben waren. Er hatte eine Vorahnung von den bevorstehenden schwierigen Verhältnissen für Juden in Deutschland und emigrierte aus diesem Grund zuerst nach England und dann in die USA, um dort ein neues Leben zu

---

[4] Tom Carroll: Degree Comes Through – 46 Years Late, in: Princeton Packet, 27.6.1979, S. 314.

beginnen. Von 1935 bis 1938 fand er zunächst eine Anstellung als Dozent für deutsche und französische Sprache am Oak Park Junior College in der Nähe von Chicago und später am Knox College, ebenfalls im Staat Illinois. Im Jahre 1940 wurde ihm die amerikanische Staatsbürgerschaft anerkannt. Rosenhaupt hatte sich entschlossen, in den USA zu bleiben und eine neue Existenz aufzubauen.

Aufgrund seiner Erfahrungen in Deutschland und der bedrohlichen politischen Situation in Europa begann Rosenhaupt mit öffentlichen Stellungnahmen zur Lage und dem Phänomen der Nazi-Diktatur. Schon 1935 versuchte er, dem amerikanischen Publikum durch Zeitungsartikel und Vorträge ein besseres Verständnis der politischen Verhältnisse und Entwicklungen in Deutschland zu vermitteln. In einer Rede mit dem Titel *The Spiritual Sources of Nazi Germany* im Jahre 1937 am Knox College erklärte er den Aufstieg Hitlers damit, dass dieser die verschiedenen politischen Fraktionen und Gruppen unter einem Banner zu vereinen vermochte und eine Lösung für alle Deutschen und die wirtschaftlichen Probleme des Landes versprach. Die Mehrheit der Deutschen akzeptierte, dass das Judentum von den Nazis zum gemeinsamen Feind erklärt und für die Malaise in Deutschland verantwortlich gemacht wurde. Rosenhaupt rief sein amerikanisches Publikum dazu auf, wachsam zu sein und ähnlichen antisemitischen Erscheinungen in den USA vorzubeugen.

1938 wurde Rosenhaupt dann eine Stelle als Assistenzprofessor am Colorado College in Colorado Springs angeboten. Obwohl er hier nur die nächsten vier Jahre blieb, betrachtete er die Stadt bald als seine zweite Heimat und fühlte sich wohl in der Umgebung. Am Colorado College, einem kleinen, privaten und exklusiven College, lehrte er bis 1942 deutsche Sprache und Literatur. Er veröffentlichte einige wissenschaftliche Arbeiten wie *Isolation in German Literature*,[5] eine kurze Abhandlung über deutsche Literatur, die an seine Berner Dissertation anknüpfte. In diese Zeit fällt auch ein Versuch, ein Buch über Thomas Mann zu schreiben, aber das anspruchsvolle Lehrpensum und fehlende finanzielle Mittel für ein erhofftes Forschungsjahr verhinderten die Vollendung.

Rosenhaupt wandte sich am 14. Oktober 1941 an Thomas Mann, um ihn um ein Empfehlungsschreiben an die John Simon Guggenheim-Stiftung zu bitten. Wie er Mann schrieb, existierten am College „viele ablenkende Einflüsse und Anforderungen […], die es fast unmöglich machen, eine größere Arbeit zu Ende zu bringen".[6] Mann anwortete, er sei in Rosenhaupts Fall nicht ganz

---

[5] Hans Rosenhaupt: Isolation in German Literature, in: The Colorado College Publication, April 1940, S. 15–38.
[6] Brief von Hans Rosenhaupt an Thomas Mann vom 14.10.1941 in Teil II dieses Beitrags.

vorurteilsfrei, da es sich bei dessen geplantem Buch um eine Monographie über ihn selbst und sein Werk handle. Er lobte Rosenhaupt in seinem Schreiben an die Stiftung als einen „young, literary historian who has rapidly attained a distinguished position at the College of Colorado Springs [sic] as a result of his scientific talents and didactic abilities. I have seen samples of his planned book which aside from the content have impressed me by their critical intelligence and by the wide social horizon which the author attempts to give to his presentation".[7] Rosenhaupt antwortete er am 29. November 1941 auf ähnliche Weise und fügte hinzu:

Ich hoffe aber, meiner Aussage eine objektive Färbung geben zu können, und die Daten Ihres Briefes werden mir behilflich sein, meine Befürwortung sachlich zu unterstützen. Freilich liegt, wie Sie sich denken können, eine lange Reihe von Bewerbungen vor, unterstützt von eindrucksvollen outlines zum Teil, und wir wollen uns beide wegen der Bewilligung der Arbeitshilfe für Sie keinen zu grossen Hoffnungen hingeben. Was an mir liegt, soll jedenfalls geschehen, um die Guggenheim-Leute Ihrem Versuch günstig zu stimmen.[8]

Der Antrag scheiterte wohl zum Teil daran, dass sich viele namhafte Autoren und Literaturwissenschaftler wie z.B. Erich von Kahler, Julius Bab, Ludwig Marcuse und Raoul Auernheimer beworben hatten, die von Mann in der Rangfolge vor Rosenhaupt gesetzt wurden. Rosenhaupts erfolgloses Gesuch führte dazu, dass seine Monographie über Thomas Manns Werk letztendlich unvollendet blieb.

Rosenhaupts Interesse an Geschichte und Politik sollte schon bald seine literaturwissenschaftliche Tätigkeit in den Schatten stellen. Bei der Lektüre seiner frühen journalistischen Veröffentlichungen zeigt es sich bereits, dass unterschiedliche Analysen der deutschen Verhältnisse im Vergleich zu Thomas Mann festzustellen sind. Diese Unterschiede sollten eine allmähliche Entfremdung und nach 1947 einen vollständigen Bruch zwischen den beiden zur Folge haben.

Rosenhaupt veröffentlichte weitere politische Vorträge und Zeitungsartikel zum Thema Deutschland wie *Can It Happen Here?*[9] Das Thema und die Furcht, dass eine Ausweitung des Antisemitismus auch in den USA zu erwarten sei, führten Rosenhaupt zu weiteren Analysen der politischen Entwicklung in Deutschland und Europa sowie der aussen- und innenpolitischen Entwicklungen in den USA. Dieses Thema sollte ihn noch bis in die Nachkriegszeit

---

[7] Brief von Thomas Mann an die Guggenheim-Stiftung vom 3.12.1941, vgl. Reg 41/478.
[8] Brief von Thomas Mann an Hans Rosenhaupt vom 29.11.1941 in Teil II dieses Beitrags.
[9] Hans Rosenhaupt: Can It Happen Here?, in: Colorado Springs Gazette, 9.1.1940, S. 17.

und im Kalten Krieg beschäftigen, um die Möglichkeiten eines dauerhaften Friedens in Europa und der restlichen Welt auszuloten.[10]

Schon 1941 hatte sich Hans Rosenhaupt entschlossen, seine akademische Laufbahn vorläufig aufzugeben und sich stärker im Kampf gegen Hitler-Deutschland zu engagieren. Er suchte anfangs eine Position in der Roosevelt-Regierung im *Office of Facts and Figures*, einer zentralen Erfassungsstelle für Informationen und Daten aus dem In- und Ausland in Washington. Er war der Meinung, sein Wissen, seine Mehrsprachigkeit und seine Erfahrungen in Deutschland und in den USA könnten sich in der Aufarbeitung aufklärerischer Informationen und Quellen aus Deutschland als sehr nützlich erweisen.[11] Aufgrund seiner Vertrautheit mit der deutschen, englischen und französischen Sprache, mit deutscher Kultur und Mentalität sowie seiner Überzeugung von Amerikas Sendung glaubte er dem Land dienlicher sein zu können als in seiner Tätigkeit am Colorado College. Er ersuchte Thomas Mann, bei Archibald McLeish, dem Leiter des *Office of Facts and Figures*, persönlich für ihn einzutreten.[12] Thomas Mann aber lehnte ein solches Engagement ab.[13] Obwohl auch dieser Wunsch Rosenhaupts unerfüllt blieb, ließ er sich in seiner Suche nach einer wirkungsvollen Tätigkeit nicht beirren.

Rosenhaupt hatte bereits eine Alternativlösung eingeplant. Er schrieb an Thomas Mann: „und wenn ich nicht nach Washington kann, will ich ins Heer",[14] und entschloss sich, diese Gelegenheit wahrzunehmen. Er wurde als Offiziersanwärter zur Ausbildung nach Fort Sill im Staat Oklahoma geschickt. Nach seiner Ausbildung an der *Officer Candidate School* diente er von 1942 bis 1944 als Leutnant der Artillerie und später als Hauptmann in der Aufklärungsabteilung bei der US-Armee. 1944 wurde er nach England versetzt, wo es seine Hauptaufgabe war, deutsche Kriegsgefangene, insbesondere ranghöhere Offiziere, zu vernehmen und kriegswichtige Informationen zu sammeln.

Der Dienst bei der US-Armee in England hatte für Rosenhaupt zur Folge, dass die Germanistik und somit auch das Interesse für Manns Werk in den Hintergrund rücken mussten. Mit dem sich anbahnenden Ende des Zweiten Weltkriegs widmete sich Rosenhaupt immer mehr politischen Fragen wie dem Schicksal Deutschlands, der Nachkriegszeit in Deutschland und Europa und der Frage, wie man einen dauerhaften Weltfrieden erreichen könne. Der Kontakt zu Mann brach während der Kriegsjahre ab. Es gibt jedenfalls keinerlei

---

[10] Dazu bereits 1941 der Vortrag von Hans Rosenhaupt *A Plan for a Just and Lasting Peace* vom 23.2.1941 am Colorado College.

[11] Brief von Hans Rosenhaupt an Thomas Mann vom 8.5.1942 in Teil II dieses Beitrags.

[12] Ebd.

[13] Brief von Thomas Mann an Hans Rosenhaupt vom 13.5.1942 in Teil II dieses Beitrags.

[14] Brief von Hans Rosenhaupt an Thomas Mann vom 8.5.1942 in Teil II dieses Beitrags.

Beleg für einen Briefwechsel in diesen Jahren, was wohl auch mit der Aufgabe Rosenhaupts bei der Armee zu erklären ist.

Nach der Invasion in der Normandie 1944 wurde Rosenhaupt nach Frankreich versetzt, später nach Luxemburg, Deutschland und Österreich. Seine Erfahrungen bei der Vernehmung deutscher Kriegsgefangener fanden nach dem Krieg ihren Niederschlag in Rosenhaupts Roman *The True Deceivers*.[15] Der Roman handelt in der Hauptsache von der Befragung deutscher Kriegsgefangener durch einen exil-deutschen Offizier, Hans Rosenhaupt selbst nachempfunden. Dieser gerät bei seiner Befragung in einen moralischen Konflikt zwischen der Liebe zu seiner alten Heimat, dem Land Beethovens und Goethes, und der Frage, ob es moralisch und ehrlich sei, deutschen Kriegsgefangenen Informationen zu entlocken, indem man ihnen Fallen stellte und mit Strafen drohte, falls sie nicht kooperierten. Das Werk zeugt von Rosenhaupts eigener Zerrissenheit, was Deutschland betrifft, ein Deutschland, das ihn geformt hatte, ein Land, dessen Kultur er sein Eigen nannte, das ihn aber durch die Machtergreifung der Nazis zur Auswanderung nach Amerika und zur Aufgabe seiner alten Heimat gezwungen hatte. Es ist ein altbekanntes Thema, das bereits Heinrich Heine beschrieb und welches auch Thomas Mann beschäftigte. Das Buch fand seinerzeit gute Resonanz. Clifton Fadiman, der einflussreiche amerikanische Kritiker und Radio-Moderator, beschrieb es als „crisp, clear job [...], as a picture of the kind of work an intelligence officer did in the war, it has unquestionable value. It covers a field I have not seen covered elsewhere and does it more than competently".[16]

Während Rosenhaupts Dienstzeit in London hatte er Maureen Church kennengelernt, die bei der Aufklärung im *British Ministry of Information* tätig war. Sie war in Wales aufgewachsen und lebte dann bis 1939 in Paris, ehe sie ihre Arbeit in London aufnahm. Hans und Maureen heirateten kurz nach dem Krieg am 15. Dezember 1945 in London und reisten 1946, nach seiner Entlassung aus der Armee, nach Colorado Springs. Hier nahm er für zwei Jahre seine Arbeit als Professor am Colorado College wieder auf und arbeitete nebenbei als öffentlicher Redner für den *Rotary Club*. Es hatte ihn wieder hierher zurückgezogen, da ihm die Stadt, das College und die Gegend während seiner früheren Lehrtätigkeit in Colorado sehr ans Herz gewachsen waren.

1947 nahm Hans Rosenhaupt eine neue Aufgabe als *Director of Admissions* im Immatrikulationsamt an der Columbia University in New York auf. Das amerikanische höhere Bildungssystem, neue Finanzierungsmöglichkeiten eines Studiums und die Vorbereitung amerikanischer Studenten, die in der

---

[15] Hans Rosenhaupt: The True Deceivers, New York: Dodd, Mead & Company 1954.
[16] Clifton Fadiman, Buchumschlag zu: Hans Rosenhaupt: The True Deceivers (zit. Anm. 15).

Nachkriegszeit in immer größeren Zahlen an die Universitäten drängten, wurden zu seiner Hauptaufgabe. Seine Erfahrungen wurden in seinem Buch *Graduate Students. Experience at Columbia University, 1940–1956* verarbeitet.[17] Sein Interesse an der Friedensforschung sowie seine Erfahrungen während des Krieges ließen ihn aber nicht lange ruhen. Sein Buch *How to Wage Peace*,[18] das für Friedensschaffung statt Kriegsführung eintrat, enthält konkrete Vorschläge zur Vermeidung neuer Konflikte, die sich bereits in Form des Kalten Krieges und neuer Spannungen am Horizont ankündigten. Rosenhaupt definiert Frieden nicht nur als die Einstellung von Krieg und Feindseligkeiten, sondern als die aktive Gestaltung einer friedlichen Welt mit gemeinsamen Aufgaben. Im Grunde sind es die Ziele, die später von der UNESCO formuliert werden sollten. Rosenhaupt richtet seinen Appell an die gesamte Welt und insbesondere an das amerikanische Publikum, das aufgefordert wird, aus dem kalten einen warmen Frieden zu gestalten – wobei jeder Einzelne angesprochen wird: „Let us all learn how to wage peace",[19] schließt Rosenhaupt seinen Aufruf.

Zu seiner alten Heimat Deutschland hatte er als deutscher Jude und in Anbetracht seiner Vergangenheit in Nazi-Deutschland ein unerwartet aufgeklärtes und positives Verhältnis. Er forderte schon zu Kriegszeiten in zahlreichen Artikeln, Deutschland und das deutsche Volk nicht mit dem Nazi-Regime gleichzusetzen. Seine Forderungen unterschieden ihn von manch anderen Exil-Deutschen und führten letztendlich 1947 zum Bruch mit Thomas Mann, der eine härtere Gangart im Umgang mit den Deutschen und dem Nachkriegs-Deutschland verlangt hatte.[20]

Von 1958 bis 1969 war Hans Rosenhaupt Präsident der bekannten *Woodrow Wilson Foundation*, einer Stiftung in Princeton, New Jersey. Sie war in den Nachkriegsjahren gegründet worden, um den besten Nachwuchs unter amerikanischen Studenten zu suchen, finanziell zu fördern und einer breiteren Gruppe ein Studium zu ermöglichen. Unter seiner Führung erweiterte die Stiftung ihr Programm und die finanziellen Möglichkeiten in beträchtlichem Maße. Rosenhaupts Erfahrungen und Analysen des amerikanischen Bildungssystems wurden hier konkret umgesetzt und in zahlreichen Artikeln verschiedener Zeitschriften wie Germanic Review, Graduate Journal und Commentary beschrieben. Sein letztes Buch mit dem Arbeitstitel *The Connected Life*, in dem er auf sein Leben zurückblickte, blieb leider unvollendet.

---

[17] Hans Rosenhaupt: Graduate Students. Experience at Columbia University, 1940–1956, New York: Columbia University Press 1958.

[18] Hans Rosenhaupt: How to Wage Peace. A Handbook for Action, New York: Day Company 1949.

[19] Ebd., S. 242.

[20] Brief von Thomas Mann an Agnes E. Meyer vom 14.12.1945; BrAM, 648.

Rosenhaupts wissenschaftliche Arbeiten, seine vielen Verdienste um das amerikanische Bildungssystem sowie seine vorbildliche Führung der *Woodrow Wilson Foundation* brachten ihm Ehrungen und mehrere Ehrendoktorwürden ein, so vom Colorado College (1963), der Valparaiso University (1963), der University of Chattanooga (1965), dem Franklin College (1969) und der Lincoln University (1983).

Seine ursprüngliche *alma mater*, die Johann-Wolfgang-Goethe-Universität in Frankfurt, fühlte sich nach einer Anregung durch einen deutschen Kollegen von Hans Rosenhaupt verpflichtet, getanes Unrecht wieder gutzumachen. 46 Jahre, nachdem er von der Promotion ausgeschlossen worden war, wurde Hans Rosenhaupt am 6. Juni 1979 die verdiente Doktorwürde verliehen und seine Dissertation über Heinrich Mann mit einem, wie es in der verliehenen Urkunde heisst, „ordnungsgemäß zu Ende geführten Promotionsverfahren" verspätet anerkannt.

Hans Rosenhaupt trat 1969 in den Ruhestand, lebte aber weiter in Princeton. Er starb am 19. April 1985 nach einem schweren Unfall und längerer Krankheit im Alter von 74 Jahren. Seine Witwe Maureen zog es nach seinem Tode nach Colorado Springs zurück und einige Jahre später nach Santa Fe im Bundesstaat New Mexico, um in der Nähe ihrer Tochter und ihrer Enkelkinder zu leben. Sie verstarb im Dezember 2006 im Alter von fast 89 Jahren. Dem Wunsche ihres Ehemanns verpflichtet, überließ sie den gesamten Rosenhaupt-Nachlass, darunter den Briefwechsel mit Thomas und Katia Mann, dem Colorado College. Von großem Nachteil für die Forschung ist nur, dass nahezu alle Briefe von Hans Rosenhaupt an Thomas und Katia Mann verschollen sind und keine Abschriften existieren.

Abb. 1: Dr. Hans Rosenhaupt, ca. 1936.

Abb. 2: Dr. Hans Rosenhaupt, Major der US-Army, ca. 1945.

Abb. 3: Dr. Hans Rosenhaupt, ca. 1972.

Abb. 4: Thomas und Katia Mann bei ihrer Ankunft aus Chicago
am Bahnhof in Colorado Springs am 21. März 1941.

Abb. 5: Thomas Mann und Thurston Davis, Präsident
des Colorado College, 22. März 1941.

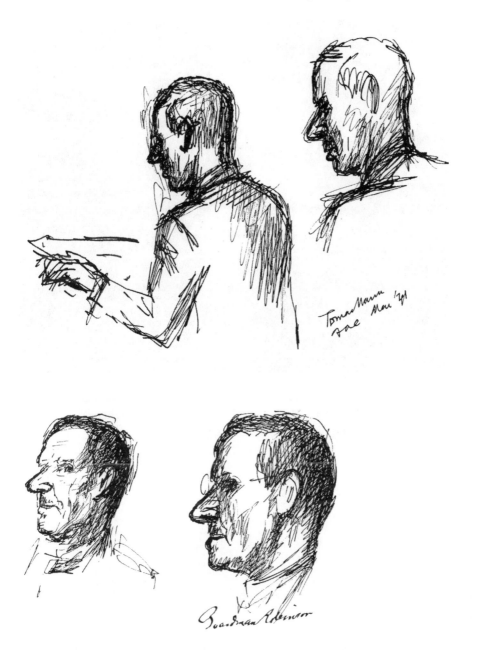

Abb. 6: Thomas Mann bei seinem Vortrag in Colorado Springs, 22. März 1941. Federzeichnungen von Boardman Robinson.

Abb. 7: Seminar über *Tonio Kröger* im *Hayes House* am Colorado College,
23. März 1941. Moderator: Hans Rosenhaupt (stehend);
Thomas Mann (sitzend, ganz rechts aussen).

Abb. 8: Thomas Mann, *Hayes House*, Colorado College, 23. März 1941.

Die Beziehungen zwischen
Hans Wilhelm Rosenhaupt und Thomas Mann
1932–1947

Die Beziehungen zwischen Thomas Mann und Hans Rosenhaupt haben ihre Wurzeln im Jahre 1932, einer Zeit, als dieser an der Johann-Wolfgang-Goethe-Universität in Frankfurt immatrikuliert war und noch auf seine Promotion hoffte. Wie aus einem Brief vom 8. August des Jahres hervorgeht, hatte man sich schon früher kennengelernt, eventuell bereits in München, denn Mann schreibt, er freue sich, Rosenhaupt „wieder bei uns zu begrüßen".[21] Es ist nicht rekonstruierbar, wie sich die Bekanntschaft nach Rosenhaupts Ausreise aus Deutschland und während seines Studiums in Bern weiter entwickelte und ob noch weitere Besuche bei Mann folgten, aber der Briefwechsel wurde fortgeführt. Rosenhaupt emigrierte 1935 in die USA, kehrte dann 1936 kurz nach Europa zurück und stattete Thomas Mann einen Besuch in der Schweiz ab. So ist aus einem Eintrag vom Sonnabend, dem 18. Juli, in Manns Tagebuch zu lesen: „Heißer Sommertag. Kapitel-Schluß, schwierig. Mittags nicht aus, da der Wagen in Reparatur. Nach Tische Zeitungen und in dem Buch von Turel.[22] Zum Thee Dr. Rosenhaupt aus Chicago, von Strich[23] empfohlen, hübscher, angenehmer Mensch. Mit ihm im Arbeitszimmer, des längeren. Abendessen auf der Terrasse."

In seinem Brief vom 2. Februar 1937 bedankte sich Thomas Mann für Rosenhaupts Buchgeschenk *Seven Pillars of Wisdom* von T. E. Lawrence.[24] Aus Manns Antwort auf den leider verschollenen Brief von Rosenhaupt ist zu folgern, dass dieser ihm zu einer Reise in die USA geraten hatte. Rosenhaupt war zu dieser Zeit am Knox College in Illinois tätig und hoffte vielleicht, Thomas Mann zu einem Besuch dorthin bewegen zu können.

Im August 1937 hielt sich Rosenhaupt ein letztes Mal vor Kriegsbeginn in der Schweiz auf und stattete Thomas Mann abermals einen Besuch ab. Am Donnerstag, dem 5. August 1937, schrieb Mann in seinem Tagebuch: „Zum Thee Dr. *Rosenhaupt* (Bern). Über den ‚Zauberberg' gesprochen. Büchlein hübscher alter Dialektverse. Das Frankfurterisch des netten jungen Menschen

---

[21] Brief von Thomas Mann an Hans Rosenhaupt vom 8.8.1932 in Teil II dieses Beitrags.

[22] Adrien Turel: Schweizer Soziologe und Schriftsteller (1890–1957). Wahrscheinlich handelt es sich hier um das kurze Zeit vorher von ihm veröffentlichte Buch: Bachofen – Freud. Zur Emanzipation des Mannes vom Reich der Mütter, Bern: Huber 1939.

[23] Fritz Strich (1882–1963) war Hans Rosenhaupts Doktorvater an der Universität Bern und hatte denselben an Thomas Mann weiterempfohlen. Strich und Mann kannten sich schon seit ihrer gemeinsamen Zeit in München.

[24] T[homas] E[dward] Lawrence: Seven Pillars of Wisdom. A Triumph, New York: Doubleday, Doran & Company 1935.

interessierte mich." Rosenhaupt war mit seinem Buchgeschenk womöglich Manns Wunsch um Hilfe mit dem Frankfurter Dialekt nachgekommen, denn in einem Brief vom 10. Dezember 1938, als dann auch Thomas und Katia Mann im amerikanischen Exil angekommen waren, bat Mann um weitere Hilfe bei bestimmten Wendungen im Frankfurter Dialekt, die man in der Goethe-Zeit angewendet hätte:

Ich brauche dergleichen für eine Arbeit, nur gelegentlich, momentan, aber ich sehe, daß mir eigentlich alle Kenntnis abgeht bis auf das Weglassen der Endkonsonanten, also nicht ‚neigen', sondern ‚neische'. Welch ein Wort gebraucht der Frankfurter z. B. für ‚Schlafmütze', ‚Düsselkopf', wie der Berliner sagen würde? Dabei ist wichtig, daß ausgesprochen moderne Redewendungen nicht am Platze wären. Es handelt sich um die Goethe-Zeit.[25]

Die Ausdrücke waren für *Lotte in Weimar* bestimmt, um dem Werk Authentizität der Sprache zu verleihen. Eine Antwort Rosenhaupts wäre hier sehr aufschlussreich und interessant gewesen; leider ist nicht mehr festzustellen, zu welchen Formulierungen er Mann geraten hatte.

Nach Thomas und Katia Manns Ankunft in Princeton Ende September 1938 intensivierte sich der Briefverkehr mit Hans Rosenhaupt. Aus einem Schreiben von Katia Mann vom 10. Mai 1939 geht hervor, dass Hans Rosenhaupt eine Einladung nach Colorado ausgesprochen hatte, wo dieser inzwischen als Assistenzprofessor lehrte. Die Einladung wurde aber fürs erste zur Seite gelegt, da noch Unsicherheit herrschte, was die Auswanderung von Katias Eltern betraf. Sie schreibt: „Unsere Sommerpläne sind gänzlich unsicher, hängen von den politischen Umständen ab und von dem Schicksal meiner Eltern, die immer noch hoffen, bis zum Sommer ihre Auswanderung in die Schweiz einreichen zu können. In diesem Falle würden wir, wenn nicht grad lodernder Krieg ist, jedenfalls nach Europa fahren."[26] Rosenhaupt hatte inzwischen seine Arbeit zu einem Buch über das Werk Thomas Manns aufgenommen und schickte dem Autor von 1940 an regelmäßig Fragebögen mit detaillierten Fragen zu Manns Person, Familie und Werk. Mann wiederum sandte diese mit handgeschriebenen Antworten zurück.[27] Seine Anmerkungen im Tagebuch machen besonders darauf aufmerksam, so der Eintrag „Fragebogen-Beantwortung an Dr. Rosenhaupt, Colorado College". (Tb, 7.1.1941)

Der erhoffte Besuch Thomas Manns in Colorado sollte erst im März 1941 verwirklicht werden. Katia Mann, die die Verhandlungen leitete, führte mit

---

[25] Brief von Thomas Mann an Hans Rosenhaupt vom 10.12.1938 in Teil II dieses Beitrags. Siehe auch Tb, 10.12.1938 und Riemers Bemerkung zu Frankfurter Reimen in 9.1, 82 und 9.2, 278.

[26] Brief von Katia Mann an Hans Rosenhaupt vom 10.5.1939 in Teil II dieses Beitrags.

[27] Siehe die acht bisher unveröffentlichten Fragebögen in Teil II dieses Beitrags.

Hans Rosenhaupt einen regen Briefverkehr zum geplanten Ablauf des Besuchs, der in die Zeit des Umzugs von Princeton nach Pacific Palisades in Kalifornien fallen sollte. Rosenhaupt stellte mehrere Themen für einen Vortrag zur Auswahl, so z. B. die Rolle des Meeres in Manns Leben, den *Zauberberg* oder auch ein politisch-aktuelles Thema wie *War and Democracy*. Man einigte sich nach einiger Diskussion auf eine Vorlesung über die Entstehungsgeschichte des *Zauberbergs*, den Titel des Vortrags und auf ein Honorar von 300 Dollar.[28] Der Besuch sollte über ein Wochenende vom 21. bis 24. März 1941 stattfinden und mit einem sich anschließenden, kürzeren Besuch und Vortrag im nicht weit entfernt liegenden Denver verbunden werden. Von Denver aus sollte die Reise dann nach Kalifornien weitergehen, wo Mann einen Vortrag halten und mit der Ehrendoktorwürde der Universität Kalifornien in Berkeley gewürdigt werden sollte.

Thomas und Katia reisten am Freitag, dem 21. März, mit der Bahn von Chicago nach Colorado Springs. Im Zug hatte Thomas Mann noch einmal Gelegenheit, seinen Vortrag durchzusehen und einige Änderungen vorzunehmen.[29] Bei der Ankunft am nächsten Tag wurden er und Katia von einer begeisterten Gruppe begrüßt, wie er im Tagebuch vom 22. März 1941 notierte: „Zum Empfang der junge Rosenhaupt, seine Mutter, Dean X.,[30] Studentinnen des Deutschen, der Direktor des Zuges, Photographen. […] Die Leute erstaunlich glücklich." (Tb, 22.3.1941) Und warum auch nicht? Hans Rosenhaupt hatte die Bewohner in Colorado Springs durch die Presse und mehrere Vorträge auf den Besuch vorbereitet, und Thomas Mann war in dieser Stadt, etwas abseits von den großen Zentren an der Ost- und Westküste gelegen, ein mit Spannung erwarteter, prominenter und gern gesehener Gast.

Thomas und Katia wurden im exklusiven Hotel Broadmoor, etwas ausserhalb der Stadt und am Fuß der im Westen gelegenen Berge, untergebracht. „Fahrt mit dem Dean ins entfernte Hotel, luxuriöser Sommeraufenthalt", beschrieb er seine Eindrücke. (Ebd.) Das Wetter war leider winterlich schlecht, mit Wind und nassem Schnee, wie Thomas Mann in seinem Tagebuch anmerkte. Rosenhaupt führte ihn noch in die große Wohnung ein und begleitete ihn zu einem ausgiebigen Frühstück. Dem folgte ein „Interview mit einem grauhaarigen Journalisten über den Zbg. [*Der Zauberberg*] und die Weltlage. Installiert und rasiert. In dem wintergartenartigen Raum, der an den living room stößt,

---

[28] Brief von Katia Mann an Hans Rosenhaupt vom 30.12.1940 in Teil II dieses Beitrags.

[29] Mann schrieb: „Geplagt mit englischen Änderungen an der lecture" (Tb, 20.3.1941), und meinte damit entweder den Vortrag über den *Zauberberg* oder den Vortrag *War and Democracy* in Denver.

[30] Mit Dean X. ist der Dekan des Colorado College von 1928 bis 1947, Charlie Brown Hershey, gemeint. Mann konnte sich wohl nicht mehr an seinen Namen erinnern.

Beschäftigung mit dem laufenden Kapitel." (Ebd.) Die Zeitung berichtete am nächsten Tag in einem langen Artikel über den wichtigen Gast, seine Stellungnahme zur Situation in Deutschland und Europa und über den *Zauberberg* als bedeutendes Werk der Weltliteratur, das auch hier in Colorado bekannt geworden war.

Nach ein paar Schritten mit Katia und einem „Lunch im Coffee-Shop" wollte Thomas Mann noch etwas Ruhe suchen, aber das sollte ihm nicht sofort vergönnt sein. „Zu Bette, aber keine Ruhe, Herzklopfen", merkte er an. (Ebd.) Zum Nachmittagstee im Broadmoor Hotel kamen Hans Rosenhaupt und seine Eltern, wie man vorher schon brieflich vereinbart hatte. Nach diesem kurzen Treffen suchte Mann doch noch etwas Ruhe, indem er in Brandes' *Julius Caesar*[31] las und sich dann auf den anstrengenden Abend vorbereitete.

Später wurden Thomas und Katia Mann im Wagen persönlich von Thurston Davis, dem Präsidenten des Colorado College,[32] abgeholt und ins *Fine Arts Center* der Stadt gebracht, wo die Veranstaltung stattfinden sollte. Mann beschreibt die Szene wie folgt: „Wartezimmer, Unterhaltungen. Der schöne Saal vollständig gefüllt. Podiumplätze. Vor-Ansprachen des Präsidenten u. des jungen Rosenhaupt. Dann ‚Magic Mountain' unter großer Aufmerksamkeit." (Tb, 22.3.1941) Der Vortrag des deutschen Gastes und alle seine Bemerkungen zur politischen Lage wurden mit großem Interesse aufgenommen und in der Presse am folgenden Tag in einem längeren Artikel kommentiert:

It is not often that readers of a significant literary work have the advantage of first-rate critical guidance in forming their attitudes and their interpretations. Still rarer is it to have the inestimable boon of so sympathetic and intimate an interpretation as the author alone is in a position to give. Such a boon was ours last evening when Thomas Mann spoke at the Fine Arts Center upon *The Making of ‚The Magic Mountain'*. The little theater was jammed with the largest crowd ever to meet at the Center, and it is to be feared that many who wished to attend were disappointed. The size of the crowd may be attributed to the reputation of the speaker, but the smooth handling of all details of Mr. Mann's visit reflects credit upon Dr. Hans Rosenhaupt and his active and competent committee.[33]

Dem Vortrag folgten dann noch die üblichen Begrüßungen, Vorstellung einflussreicher Persönlichkeiten, sowie eine kleine Soirée bei Vesta Tutt,[34] einer

---

[31] Georg Morris Cohen Brandes (1842–1927), Dänischer Kritiker und Literaturwissenschaftler. Seine Biographie über Julius Caesar erschien 1918. Thomas Mann las die deutsche Übersetzung in zwei Bänden von Erwin Magnus: Cajus Julius Caesar, Berlin: Reiss 1925.

[32] Thurston Jynkins Davis war Präsident des Colorado College von 1934 bis 1948.

[33] A.H.D., in: The Gazette Telegraph, 23.3.1941, S. 1.

[34] Vesta Tutt war die Ehefrau von Charles Leaming Tutt, Bankier, Finanzier und Mitbegründer der *El-Pomar-Stiftung*, die kulturelle und soziale Einrichtungen der Stadt unterstützte. Das Colo-

der einflussreichsten Damen der Gesellschaft in Colorado Springs. Es war ein langer und anstrengender Tag für Thomas Mann, aber der Vortrag über *The Making of ‚The Magic Mountain'*, den er schon einmal auf Deutsch vor Studenten der Princeton University und Columbia University an der Ostküste gehalten hatte, war ein voller Erfolg, wie der Resonanz eines dankbaren Publikums sowie der Presse in Colorado Springs am folgenden Tag entnommen werden kann. Von dem Vortrag entstand ohne explizite Erlaubnis von Thomas Mann eine stenographische Niederschrift. Frank Krutzke, Professor für Anglistik am Colorado College, erzählte, er habe Mann um eine Kopie seines Vortrags gebeten, was dieser aber abgelehnt habe. So sei durch Professor Krutzke eine mitstenographierte und diesem Beitrag beigefügte Niederschrift entstanden, die heute interessante Vergleiche erlaubt. Die offizielle englische Version des Vortrags erschien erst 1953 in der Zeitschrift Atlantic Monthly und die deutsche Version erst sechs Jahre später.[35]

Der folgende Sonntag in Colorado Springs war neblig und kalt, eigentlich ungewöhnlich für diese Gegend, selbst im Winter. Mann schlief bis halb neun und verbrachte dann einen geruhsamen Morgen mit Frühstück und der Morgenzeitung, die leider die unliebsame Nachricht brachte, „daß Jugoslavien [sic] sich auf die Gefahr des Bürgerkrieges u. Reibungen mit der Armee dem deutschen Ultimatum unterworfen hat". (23.3.1941) Anschließend besprach er mit Katia noch den vorhergegangenen Abend und den Verlauf der Vorlesung. Mit der Unterbringung im Broadmoor Hotel waren die Manns sehr zufrieden. Katia Mann erklärte einem Reporter der Lokalzeitung, die Lage des Hotels erinnere sie sehr an die Schweiz, und am 23. März schreibt Mann mit einiger Genugtuung in sein Tagebuch: „Die Wohnung dieselbe, die Mr. Willkie innehatte." (Ebd.)[36]

Um halb elf wurden Katia und er abgeholt, um auf Hans Rosenhaupts Wunsch hin an einem bereits früher vereinbarten Seminar zum Thema *Tonio Kröger* und den damit verbundenen Übersetzungsschwierigkeiten vom Deutschen ins Englische teilzunehmen. Die Zeit, ein Sonntagmorgen, war ungewöhnlich, aber man musste sich ja nach Manns Zeitplan richten. Dennoch fand sich im *Hayes-House* am Colorado College eine große Gruppe von Studenten, Mitgliedern verschiedener Fakultäten des Colorado College und der

rado College wurde ebenfalls regelmäßig mit großzügigen finanziellen Hilfen bedacht. Der Name der Bibliothek des Colorado College, *Tutt Library*, erinnert noch heute an diese beiden Mäzene.

[35] Thomas Mann: The Making of the Magic Mountain, in: Atlantic Monthly, Bd. 191, Nr. 1 (1953), S. 41–45. Siehe auch Thomas Mann: Einführung in den „Zauberberg". Für Studenten der Universität Princeton, XI, 602–617.

[36] Wendell Willkie war Präsidentschaftskandidat der Republikanischen Partei und verlor 1940 die Wahl gegen Franklin D. Roosevelt.

University of Colorado in Boulder, Lehrern verschiedener örtlicher Schulen und anderer interessierter Bewohner der Stadt ein. Thomas Mann spricht in seinem Tagebuch von „ca 25 Personen" (ebd.); tatsächlich waren es insgesamt 43, wie eine noch vorhandene Anwesenheitsliste deutlich macht. Nach einer Einführung durch Hans Rosenhaupt befassten sich die Studenten unter großer Anteilnahme anderer Anwesender mit den schon vorbereiteten Übersetzungs- möglichkeiten der folgenden Zeilen aus *Tonio Kröger*:

Und Tonio Kröger fuhr gen Norden. Er fuhr mit Komfort (denn er pflegte zu sagen, daß jemand, der es innerlich so viel schwerer hat, als andere Leute, gerechten Anspruch auf ein wenig äußeres Behagen habe), und er rastete nicht eher, als bis die Türme der engen Stadt, von der er ausgegangen war, sich vor ihm in die graue Luft erhoben. Dort nahm er einen kurzen, seltsamen Aufenthalt... (2.1, 283)

Wie Hans Rosenhaupt sich später in einem Artikel[37] zu dieser Begegnung erin- nerte, hatte Katia Mann der Teilnahme ihres Mannes an diesem Seminar zuge- stimmt, da er ihr versprochen hatte, selbst kein Wort zu sagen. Thomas Mann ließ es sich aber dann doch nicht nehmen, zu den verschiedenen Übersetzun- gen und Interpretationen Stellung zu nehmen und sie zu bewerten.

Die Diskussion begann mit der schwierigen Übersetzung der Formu- lierung „gen Norden" und wie sie dem deutschen Original gerecht werden konnte. Man einigte sich schließlich auf die einfache Wendung „Tonio Kröger went north". Thomas Mann erläuterte noch den Gebrauch anderer Beschrei- bungen wie „er fuhr mit Komfort" und was er mit „innerlich", „äußeres Behagen" und „schwer haben" habe ausdrücken wollen. Er lehnte z. B. die Übersetzung „creature comfort" für „äußeres Behagen" als zu explizit ab und zog die vorgeschlagene Übersetzung „outer ease" vor. Nach einer Diskussion von achtzig Minuten einigte man sich dann auf eine gemeinsame englische Version.

Natürlich kann die Frage aufgeworfen werden, wie verlässlich Manns Sprachgefühl für die englische Sprache denn sein konnte, aber es waren ihm ja mehrere Übersetzungen bekannt. Wie Hans Rosenhaupt sich erinnerte, fügte Mann noch hinzu, seiner Meinung nach sei diese vom Seminar erarbeitete Ver- sion besser gelungen als die von Bayard Quincy Morgan[38] oder die von Ken- neth Burke[39] oder sogar die von Helen T. Lowe-Porter,[40] der offiziellen Über-

---

[37] Hans W. Rosenhaupt: Thomas Mann's Interest in Translation, in: The History of Ideas News- letter, Bd. 3, Nr. 3 (3 July 1957), Columbia University, S. 60–63.
[38] Bayard Quincy Morgan: The German Classics, New York: The German Publication Society 1914 (= Masterpieces of German Literature, Bd. 19), S. 219.
[39] Kenneth Burke: Death in Venice, New York: Knopf 1925, S. 241.
[40] Helen T. Lowe-Porter: Stories of Three Decades, New York: Knopf 1938, S. 111.

setzerin von Thomas Manns Werken in den USA. Die endgültige Übersetzung, auf die man sich geeinigt hatte, lautete dann wie folgt:

And Tonio Kröger went north. He went in comfort, for he always said that anyone who had so much more to bear inwardly than other people was surely entitled to a little outer ease. And he did not stop until there arose before him in the grey sky the spires of the cramped little city from which he had once set out. There he made a brief, enchanted stay.[41]

Dem Seminar folgte ein erinnerungswürdiges Mittagessen, wie Mann mit einem Eintrag in sein Tagebuch vom 23. März anmerkt: „Zum Lunch im schön gelegenen Hause, Erscheinen der Berge und der Weite. Menü nach Goethes Mittagessen mit Lotte, drollige Idee." (Tb, 23.3.1941) Dieser Einfall stammte von Hans Rosenhaupts Vater und war dem Festessen im Gelben Saal in Manns *Lotte in Weimar* nachempfunden. Man begann mit einer Suppe, „eine sehr kräftige Brühe mit Markklöschen darin". (9.1, 395) Auch die Hauptmahlzeit wurde serviert, wie sie im Roman beschrieben wird, bis hin zum kleinsten Detail, sodass sogar die Muschelschalen nicht fehlten, die als Teller dienten. „Unterdessen wurden die Teller gewechselt und ein überbackenes Fisch-Ragoût mit Pilzen in Muscheln serviert [...]." (9.1, 398) Wie sich Hans Rosenhaupts Witwe Maureen später an Gespräche mit ihrem Ehemann erinnerte, war lediglich der Wein trotz größter Mühe in Colorado Springs nicht aufzutreiben, weder ein roter Bordeaux, ein „Lafite von achter Ernte", noch ein weisser deutscher „Piesporter Goldtropfen". (9.1, 397)[42] Im Kriege mussten auch hier einige Abstriche hingenommen werden.

Die Gestaltung des Festessens und das Menü blieben nicht unbemerkt. Zu dem Menü machte Thomas Mann die Bemerkung, er habe es zwar beschrieben, aber noch nie gegessen. Er schrieb dazu später an Hans Rosenhaupt:

Sie hatten alles so wohl bedacht und schön organisiert, wie es nicht selten vorkommt [sic], und ich kann ruhig dabei bleiben, daß Col. Spr. die netteste lecture-Station war, die ich je absolviert habe, zum mindesten aber die netteste Reise, auf der mir doch auch nachher noch viel Freundliches und Ehrenvolles geboten wurde... Zu den exercises in Berkeley,[43] die vom Wetter erstaunlich begünstigt waren, wurden wir vom Flugzeug mit Polizei-Eskorte abgeholt, sodass wir mit Sirengeheul durch alle Lichter fuhren – auch ein Höhepunkt, aber schließlich doch nicht zu vergleichen mit dem Lotte-Menü, mit dem Ihr Page den Vogel abgeschossen hat.[44]

---

[41] Hans Rosenhaupt, Thomas Mann's Interest in Translation (zit. Anm. 37), S. 62.

[42] Siehe auch 9.2, 724.

[43] Die Universität von Kalifornien in Berkeley war die nächste geplante Station nach Manns Aufenthalt in Colorado.

[44] Brief von Thomas Mann an Hans Rosenhaupt vom 5.4.1941 in Teil II dieses Beitrags.

Nach einer kurzen Nachmittagsruhe und einem Tee am späten Nachmittag gab es noch ein Abschiedsessen, eine „Dinner-Party bei dem Dutch-American", wie Mann anmerkte. (Tb, 23.3.1941) Ein Name wird nicht genannt, aber es war mit großer Wahrscheinlichkeit der Schwede Jan Ruthenberg, der sich nach einigen Jahren Tätigkeit in New York mit einer vermögenden Ehefrau in Colorado Springs niedergelassen hatte. Eigentlich wollte Katia Mann ein Treffen mit ihm ablehnen, wie sie in ihrem Schreiben vom 14. März 1941 an Hans Rosenhaupt schrieb. Der Grund dafür war, dass Rosenhaupt in einem Brief den Herrn Ruthenberg als eine nicht besonders angenehme Person geschildert hatte. Letztendlich war man aber doch auf eine Einladung zu einem Abendessen in seiner Villa eingegangen. Es war ein stürmischer Abend, begleitet von „Regen, Gewitter. Versagen des Lichtes." (Ebd.)

Unter den Gästen befanden sich Hans Rosenhaupts Eltern und auch „der bärtige Maler und ehemalige Foreign Correspondent, der überall war u. von überall erzählt". (Ebd.) Bei dem Maler handelte es sich um den in Colorado Springs ansässigen Boardman Robinson, der von Thomas Mann während des Vortrags über den *Zauberberg* einige Federzeichnungen anfertigte, da Mann Fotos mit Blitzlicht verboten hatte. [45]

Es war ein anstrengendes Wochenende für Thomas Mann mit mehreren gesellschaftlichen Veranstaltungen und Verpflichtungen, verbunden mit einer langen Anreise von Chicago per Bahn. Er bemerkte in seinem Tagebuch, er habe sich „angegriffen, übernommen, halb unwohl" gefühlt. (Tb, 23.3.1941) Die Höhenlage von Colorado Springs und das schlechte Wetter machten ihm sehr zu schaffen, wie er an seinen Freund Erich von Kahler schrieb:

Dann ging es in die St. Moritz-Höhe von Colorado-Springs und Denver – etwas anstrengend. Col. Spr. muß ein reizender Aufenthalt sein bei anderem Wetter, als wir fast ununterbrochen haben: Regen und Regen, auch hier. 36 Stunden waren es von Denver nach Los Angeles. [46]

Seiner Bekannten in Washington, Agnes E. Meyer, berichtete er:

[45] Der Maler Boardman Robinson (1876–1952) war eine schillernde und höchst interessante Person in der Gesellschaft von Colorado Springs. Er hatte sich mit bissigen und satirischen politischen Zeichnungen für die New York Times und die New York Tribune einen Namen gemacht. Er wurde in Nova Scotia, Kanada, geboren, verbrachte seine Jugend in Wales und studierte später Malerei und Lithographie in Paris, wo er von Honoré Daumier beeinflusst wurde. Als überzeugter Sozialist begleitete er den amerikanischen Journalisten Jack Reed nach Russland, um die Oktoberrevolution für amerikanische Zeitungen zu dokumentieren. Er lebte später in Colorado Springs, wo er sich als Maler und Zeichner einen Namen machte. Seine Federzeichnungen, die er während Manns Vortrag in Colorado Springs ohne dessen Wissen anfertigte, werden hier zum ersten Mal veröffentlicht (siehe Abb. 6, S. 183).

[46] Brief von Thomas Mann an Erich von Kahler vom 30.3.1941; BrEvK, 36.

Danach ging es in die Höhen von Colorado Springs und Denver – etwas anstrengend in Verbindung mit den lectures, discussions und parties, wo doch 6000 Fuss an sich schon kein Spass sind. Von da die 36 stündige Fahrt nach Los Angeles: 6 Uhr am Nachmittag kamen wir an, in grünender Wärme nach all dem Schnee und Eis […].[47]

Am Montag, dem 24. März, ging es gleich weiter nach Denver, wo ein volles Tagesprogramm auf Thomas Mann wartete, das von Hans Rosenhaupt in Verbindung mit Manns Besuch in Colorado Springs in die Wege geleitet worden war. Wegen der winterlichen Straßenverhältnisse wurde beschlossen, die 100 Kilometer nicht mit dem Wagen, sondern mit der Bahn zu fahren. Auf dem Bahnhof in Denver wurden Thomas und Katia Mann abgeholt „vom ordinären Impresario, Rabbi Feinman [sic] und loyer [sic] Drexler" und ins „unpraktisch entlegene, ‚ruhige' Hotel" gebracht, „Zimmer, nicht mit Bad", wie Mann es beschrieb. (Tb, 25.3.1941) Rabbi Abraham Feinberg war der vorstehende Rabbiner der *Congregation Emmanuel Synagogue* in Denver. Mit „loyer Drexler" meinte Mann wohl den „lawyer Drexler",[48] einen Rechtswalt aus Denver, den man zu dem Empfang eingeladen hatte.

Im Vergleich zu dem Aufenthalt in Colorado Springs war der Tag in Denver weder besonders gut geglückt noch ausreichend organisiert. Gleich nach Manns Ankunft ging es zu einer Podiumsdiskussion, ein „Diskussions-Lunch mit den Sponsorn [sic] der lecture. Spitzen der Stadt, Universitätspräsident,[49] kathol. Geistliche. Schlechtes Mahl, dann Unterhaltung am Mikrophon mit dem Rabbi, wobei ich ausführlich englisch redete und recht wohl meinen Mann stand." (Tb, 25.3.1941)

Nach einer kurzen Besichtigung der Stadt, eines Parks und eines Wohngebiets, welches Mann an Wien erinnerte, fand er am Nachmittag noch etwas Ruhe, um sich auf den Abend vorzubereiten. Gegen 20 Uhr wurden er und Katia abgeholt und an die Denver University gebracht, wo der Vortrag über *War and Democracy* stattfinden sollte. Der Erfolg war bescheiden, wie aus Manns Eintrag ins Tagebuch abzulesen ist: „Riesensaal für 2500 Personen, in dem nur – oder immerhin – vielleicht 800 sich einfanden. Finanzieller Mißerfolg, da wir zur Beteiligung waren überredet worden." (Ebd.)

Der Tag in Denver war also nicht besonders zufriedenstellend abgelaufen. Am nächsten Morgen musste man dann auch noch den geplanten Flug nach Los Angeles wegen schlechten Wetters absagen und per Bahn weiterrreisen. Die Manns sahen sich auch gezwungen, per Taxi zum Bahnhof zu fahren,

---

[47] Brief von Thomas Mann an Agnes E. Meyer vom 1.4.1941; BrAM, 260.

[48] Stanley Louis Drexler (1912–2001) hatte an der Denver University Jura studiert, gründete die Anwaltspraxis *Drexler and Wald* und war ein namhafter Rechtsanwalt in Denver.

[49] Gemeint war der Kanzler der Universität Denver, Dr. Caleb F. Gates Jr.

da der Rabbiner Feinberg und Rechtsanwalt Drexler auf dem Weg ins Hotel mit ihrem Wagen auf den glatten Straßen einen Unfall hatten. Mann schreibt: „Große Nervosität. Taxi. [...] Sehr knappes Erreichen des Zuges, der für uns ‚angehalten‘ wurde, dann aber von sich aus Schwierigkeiten der Abfahrt hatte." (Ebd.) Die Nachrichten, die man im Zug abhören konnte, waren alles andere als erfreulich, mit schlechten Botschaften über den Kriegsschauplatz Jugoslawien, Schiffsversenkungen durch deutsche U-Boote und deutsche Truppen in Italien. Aber Mann hatte nun ein wenig Zeit, sich zu entspannen und auf die Tage in Berkeley, Kalifornien, vorzubereiten. Von Kalifornien aus richtete Mann noch ein höfliches Dankesschreiben an Rabbi Feinberg,[50] um ihm für dessen Gastfreundschaft und die Übersendung von Feinbergs Radiobotschaften zu danken, die ihn angesprochen hatten.

Nach dem äusserst gelungenen Besuch Thomas Manns in Colorado Springs kehrte Hans Rosenhaupt zurück zu seinen Lehrveranstaltungen, die viel Zeit in Anspruch nahmen und ihm wenig Zeit für seine Forschungsaufgaben ließen. Sein in Angriff genommenes Buch über Thomas Mann musste darunter leiden, und so entschloss er sich, einen Antrag an die Guggenheim-Stiftung zu richten. Die finanzielle Unterstützung hätte es ihm erlaubt, sich ein Jahr vom Colorado College beurlauben zu lassen. Er bat Thomas Mann um Unterstützung durch ein Empfehlungsschreiben an die Stiftung. Mann lieferte dieses auch tatsächlich.[51] Leider wurde Rosenhaupts Antrag abgelehnt.

In der Zwischenzeit findet sich ein Eintrag in Manns Tagebuch vom 15. September 1941, der in dunkler Vorahnung eine gewisse Entfremdung von Rosen-

---

[50] Siehe Reg 41/193. In seinem Brief vom 3. Juni 1941 schrieb Mann an Rabbi Abraham Feinberg: „It was very friendly of you to send me copies of your radio addresses. I have read them with greatest pleasure, and have felt deepest sympathy for the religious and human feeling which speaks out of them. I am convinced that especially in times like ours, such intelligent and mild words have pleased, strengthened and consoled many people." Abraham L. Feinberg (1899–1986) war eine höchst interessante Persönlichkeit in den USA. Er wurde in Ohio als Kind litauischer Emigranten geboren, studierte an der University of Cincinnati und am Hebrew Union College. 1924 wurde er Rabbiner, aber nach drei Jahren am *Temple Israel* in New York City gab er seine Arbeit auf, da er sie in Anbetracht der politischen und sozialen Umstände als trivial betrachtete. Dieses Ereignis löste damals weltweit ernste Debatten in der jüdischen Gemeinde und in der Presse aus. In den folgenden Jahren studierte Feinberg Oper in Frankreich und machte sich 1932 in New York als Radiomoderator einen Namen als „Anthony Frome, Prince of the Airwaves". 1935 kehrte er auf Wunsch seiner sterbenden Mutter ins Rabbinat zurück und kam 1938 als Rabbi in den *Temple Emmanuel* in Denver, wo er auch Thomas und Katia Mann traf. 1943 übersiedelte er nach Toronto und gelangte dort als einer von Kanadas „Seven Greatest Preachers" zu grossem Ansehen. Sein ganzes Leben war er in progressiven politischen Kreisen tätig und predigte gegen Rassismus, soziale Ungerechtigkeit, Nuklearwaffen und später gegen den Krieg in Vietnam, was ihm den Beinamen „the red Rabbi" eintrug. Der Titel und die Anregung für das Lied *Just give Peace a Chance* von John Lennon und Yoko Ono stammten angeblich von Feinberg, der sich mit Lennon und Ono in Toronto getroffen hatte.

[51] Brief von Thomas Mann an Hans Rosenhaupt vom 29.11.1941 in Teil II dieses Beitrags.

haupt zu bemerken scheint: „Träumte gegen Morgen merkwürdiger Weise von dem jungen H. Rosenhaupt in Colorado Springs, daß ich ihn wiederträfe, und er war sehr gealtert u. unerquicklich verändert. Ein nicht recht verständliches glückliches Gefühl blieb übrig."

Der Briefwechsel mit Mann wurde fortgeführt, und die Fragebögen von Hans Rosenhaupt bis August 1942 belegen, dass er versuchte, sich weiter mit Thomas Manns Werk zu beschäftigen und sein Buch trotz der zeitraubenden Arbeit am College zu Ende zu führen. Der Inhalt der Briefe verlagert sich aber allmählich von der Literatur auf die Politik und das Zeitgeschehen. Manns Brief vom 9. Januar 1942 an Hans Rosenhaupt drückt Hoffnung auf Frieden und die Vereinten Nationen aus, aber er zeigt auch seine Bitterkeit über Deutschland mit den Worten: „Deutschland sieht mich nicht wieder. Diese Nation geht mir bis *da*. Solange dort nicht in einer hellichten, ehrlichen Revolution mindestens hunterttausend Schurken und Schädlinge ausgetilgt worden sind, sehe ich sie nicht an, und ‚Lotte in Weimar' sollen sie auch nicht zu lesen bekommen."[52] Es ist ein verbittertes Urteil, welches auch eine gewisse Hilflosigkeit des Autors zeigt, dem nur seine Schriften als Kampfmittel gegeben waren und den der sich hinziehende Krieg plagte. Dazu kam wohl auch die Erkenntnis, dass ein bedeutender Schriftsteller wie Mann in den USA unter der Bevölkerung nicht das Ansehen genoss wie in Deutschland und dass seine Anschauungen, was die Politik betraf, eigentlich nur unter Intellektuellen Resonanz fanden.

Rosenhaupt richtete allem Anschein nach noch mehrere (jetzt als verschollen geltende) Briefe an Thomas und Katia Mann, denn am 6. April 1942 schreibt ihm Katia Mann noch einmal:

Sie haben ganz Recht, wenn Sie sich über mein unverantwortliches Betragen beklagen, das Gewissen drückt mich schon lange. So viele freundliche Schriften habe ich unbeantwortet gelassen und nimmer gedankt für die diversen Hinweise, die Sie mir Golo's [sic] wegen gaben! Natürlich lag jede böse Absicht mir fern: ich war immer stark in Anspruch genommen […] aber dies ist alles weniger der Grund meines Nichtschreibens als eine gewisse Lähmung, die die niederdrückenden Zeitumstände mit sich bringen. Ich war gewiß niemals defaitistisch und bemühe mich auch weiter, es nicht zu sein, und an das glückliche Endergebnis zu glauben.

Katia Mann zeigte sich in ihrem Brief hoffnungsvoller als ihr Ehemann, trotz aller schlechten Nachrichten aus Europa. Sie erfreute sich der Enkelkinder und der Tatsache, dass Thomas Mann in Kalifornien wieder zielstrebig zu arbeiten begonnen hatte, und fährt im selben Brief fort:

---

[52] Brief von Thomas Mann an Hans Rosenhaupt vom 9.1.1942 in Teil II dieses Beitrags.

Die Welt geht aber doch weiter, und Sie werden hoffentlich bessere Zeiten erleben. – An den Besuch in Colorado Springs denken wir oft und gern zurück, es [sic] war in allen Einzelheiten so liebevoll vorbereitet und durchaus geglückt. Besonders beschäftigt mich der Gedanke an Ihre Eltern, bei denen ich eine so nette Stunde verbrachte. Hat Ihr Vater sich gesundheitlich erholt und einigermaßen eingelebt?[53]

Nach dem fehlgeschlagenen Gesuch um finanzielle Unterstützung bei der Guggenheim-Stiftung suchte Rosenhaupt nun eine Anstellung in der Roosevelt-Regierung, eine Alternative, die er bereits früher eingeplant hatte. Er wandte sich wieder an Thomas Mann, um ihn um ein Empfehlungsschreiben an Archibald McLeish, den Leiter des *Office of Facts and Figures* in Washington D. C. zu bitten. Er hoffte dort aufgrund seiner Mehrsprachigkeit und Lebenserfahrung bei der Auswertung von Informationen über und aus Deutschland nützlich sein zu können und hatte das Gefühl, in der Hauptstadt oder in der Armee mehr gebraucht zu werden als am Colorado College. Thomas Mann aber winkte ab und hoffte, dass Rosenhaupt auch ohne seine Empfehlung dort eine Anstellung finden würde. So ging auch dieser Versuch Rosenhaupts nicht in Erfüllung. Er entschloss sich zur drittbesten Lösung, die ihm vorgeschwebt hatte, nämlich der US-Armee beizutreten. Er absolvierte eine Offiziersausbildung und kam 1943 als Leutnant zur Abwehr und zum Nachrichtendienst, dem *Military Intelligence Service*. Der Briefkontakt mit den Manns endete vorläufig mit einem Brief vom 21. August 1942, in dem sich Rosenhaupt über einen Artikel in der Zeitschrift Modern Thinkers and Authors Review[54] beschwerte. Die Überschrift *Hitler and Literature* sei irreführend, denn Mann bringe ja hauptsächlich die Probleme eines deutschen Schriftstellers im Exil zum Ausdruck. In dem Artikel stellt der Schriftsteller die Frage, ob es überhaupt eine deutsche Literatur im Exil geben könne, und hält eine Zusammenarbeit von Intellektuellen im Exil, wie Bruder Heinrich Mann vorgeschlagen hatte, für wenig sinnvoll. Seiner Meinung nach solle jeder Künstler der Arbeit nachgehen, die für ihn von größtem Interesse und Wert sei. Es sei aber nicht die Pflicht eines jeden deutschen Schriftstellers, auf einen Weltfrieden hinzuarbeiten. Rosenhaupt drückte in seinem Brief seine Empörung über den irreführenden Artikel aus, da die Zeitschrift nicht klar gemacht hatte, dass es sich um die Zusammenfassung eines Interviews mit Mann handelte und keineswegs um einen von Mann selbst verfassten Aufsatz.

Im Laufe des Krieges schlief der Briefverkehr mit Mann ein. Rosenhaupts Interessen und seine Arbeit hatten sich, wohl auch unter Einfluss des Krieges

---

[53] Brief von Katia Mann an Hans Rosenhaupt vom 6.4.1942 in Teil II dieses Beitrags.
[54] Thomas Mann: Hitler and Literature, in: Modern Thinkers and Authors Review, August 1934, S. 108.

und der Nachkriegszeit in Europa, auf die Friedensforschung verlagert. Dazu kam, dass sich die Beziehungen zwischen den beiden abgekühlt hatten und eine deutlich merkbare Entfremdung und Spannung das Verhältnis zu belasten begann. Rosenhaupt war offensichtlich für eine nachsichtigere und mildere Behandlung des deutschen Volkes eingetreten, als es Thomas Mann verlangt hatte, und hatte es gewagt, dem Autor in dieser Hinsicht zu widersprechen. Der betreffende Brief Rosenhaupts ist leider verschollen, aber Thomas Mann zitiert daraus in einem Schreiben an Agnes E. Meyer am 14. Dezember 1945:

Heute kam auch Ihre Sendung mit Rosenhaupts Brief. Seine Kritik unserer Behandlung der Deutschen mag zutreffen; von vielen Seiten wird sie bestätigt. Aber sie ist ‚harsh‘, – harsher [sic], als es bei der grossen Schwierigkeit der Sache am Platze ist, und harsher [sic], als mein Offener Brief,[55] worin ich versucht haben soll, ‚den Mentor zu spielen‘, was ganz unzutreffend ist. Es ist auch ein Irrtum, dass ich über die deutsche Produktion der 12 Jahre abgeurteilt habe, ohne sie zu kennen. Was ich gesagt habe, ist, dass Bücher mir unheimlich und anrüchig sind, die unter Goebbels gedruckt werden konnten. Es ist der gute Herr Rosenhaupt, der über meinen schonenden und von Deutschlands Zukunft mit herzlicher Wärme redenden Brief aburteilt, ohne ihn zu kennen. [...] In das Lob der ‚Marmorklippen‘ stimmt er ein, – es ist das Renommierbuch der 12 Jahre und sein Autor zweifellos ein begabter Mann, der ein viel zu gutes Deutsch schrieb für Hitler-Deutschland. Er ist aber ein Wegbereiter und eiskalter Genüssling des Barbarismus und hat noch jetzt, unter der Besetzung, offen erklärt, es sei lächerlich, zu glauben, dass sein Buch mit irgendwelcher Kritik am nationalsozialistischen Regime etwas zu tun habe. Das ist mir lieber, als das humanistische Schwanzwedeln und die gefälschten Leidens-Tagebücher gewisser Renegaten und Opportunisten. Aber eine Hoffnung für die ‚deutsche Demokratie‘ stellt Ernst Jünger auch nicht gerade dar. Glauben Sie überhaupt an eine solche? Wo es einem schon schwer wird, zuweilen, auch nur an die Zukunft der amerikanischen zu glauben? (BrAM, 648 f.)

Zur Behandlung der Deutschen meint er noch:

... aber die Deutschen sind nicht zufrieden. Sie werden *nie* zufrieden sein, und wie man es mit ihnen macht, ist es falsch. Menschlichkeit macht sie frech. Härte lässt sie Rache brüten. Nimmt man ihnen ihr industrielles Kriegspotential, so treibt man sie zur Verzweiflung. Lässt man es ihnen, so werden sie es unweigerlich zur Wiederherstellung ihrer nationalen ‚Ehre‘ benutzen. Es ist ein unlösbares Problem. Ich bin froh, dass ich es nicht lösen muss, und der junge Rosenhaupt sollte nachsichtiger sein mit denen, die es [das Nachkriegsproblem] lösen sollen. (BrAM, 648)

Rosenhaupt hatte zwar eine unterschiedliche Position in Bezug auf die Literatur mancher deutscher Autoren im Dritten Reich und auf das Nachkriegs-

---

55 Gemeint ist der Offene Brief an Walter von Molo. Thomas Mann: Warum ich nicht nach Deutschland zurückgehe, in: Aufbau, Nr. 39, 28.9.1945, S. 5. Molo hatte Mann aufgefordert, nach Deutschland zurückzukehren, was Mann vorerst ablehnte. Siehe auch XII, 953–962.

deutschland eingenommen, aber das war für ihn kein Grund, das persönliche Verhältnis zu belasten oder gar zu beenden. Er hatte lediglich eine Liste von 35 deutschen Autoren aufgestellt, die seiner Meinung nach durch innere Emigration gegen das Nazi-Regime opponiert hatten und lesenswert waren, so Ernst Jünger und Hans Carossa.[56] Mann dagegen störte sich an der Haltung Rosenhaupts und fühlte sich in seiner Position und Autorität angegriffen. Er tolerierte solche Meinungsunterschiede nur ungern. In seiner Antwort auf Walter von Molos Brief hatte er unnachgiebig zu diesem Thema geschrieben: „Es mag Aberglaube sein, aber in meinen Augen sind Bücher, die von 1933 bis 1945 in Deutschland überhaupt gedruckt werden konnten, weniger als wertlos und nicht gut in die Hand zu nehmen. Ein Geruch von Blut und Schande haftet ihnen an; sie sollten alle eingestampft werden." (XII, 957) Ein Tagebucheintrag zeigt eine zornige Reaktion auf Rosenhaupts Brief an Agnes Meyer: „Die Meyer schickt den Brief Rosenhaupts mit überraschend aggressiven Bemerkungen über die Antwort an Molo." (Tb, 13.12.1945)[57] In einem Brief an Agnes Meyer vom 25. Dezember 1945 zeigt Mann noch einmal verbittert, wie tief er sich von Rosenhaupts Position getroffen fühlt, und vergleicht dessen Bemerkungen mit seiner Meinung über Georg Lukács:

Aber immerhin, es ist ein Gesichtspunkt [Lukács' lobende Worte zu Thomas Mann],[58] und als soziologisch determinierte kritische Studie ist Lukács' Arbeit eine ernste, schöne Leistung, menschlich erfreulich durch ihre Wärme und den anständigen Respekt, der sich darin kundgibt. So schreibt über mich ein Moskauer Kommunist; und wie äussert sich ein in amerikanische Uniform gesteckter junger Deutscher namens Rosenhaupt, der sich bisher als 'Verehrer' gab, und dem ich nur Freundliches erwiesen habe? Ich muss gestehen, dass sein Brief an Sie mich noch nachhaltig beschäftigt hat. Er ist mir ein unheimliches Beispiel der Korruption und Entfremdung durch die deutsche Luft. 'Your friend Mann' und 'one of his last attempts to play the mentor', – das ist ja alles überraschend unverschämt. Ich war doch wohl das Bindeglied zwischen ihm und Ihnen, und ohne mich hätte er garnicht das Recht, Ihnen zu schreiben. Er sollte durch seinen Brief dies Recht verwirkt haben. Ich jedenfalls will nichts mehr von ihm hören. (BrAM, 652 f.)

Thomas Mann reagierte seit Rosenhaupts Brief kühl und zurückhaltend auf jeden weiteren Meinungsaustausch. Am 6. April 1947 schrieb er ihm noch: „Aber ich gestehe, dass ich ausserdem eine Hemmung empfand, Ihren Brief zu beantworten, in der Erinnerung an gewisse Wendungen eines Briefes von

---

[56] Vgl. BrAM, 1038 f.

[57] Rosenhaupts Brief ist leider verschollen. Was Mann als „aggressiv" bezeichnete, waren lediglich unterschiedliche Meinungen zum Thema Nachkriegsdeutschland und deutsche Literatur.

[58] Georg Lukács: Auf der Suche nach dem Bürger. Betrachtungen zum 70. Geburtstag Thomas Manns, in: Internationale Literatur, Jg. 15, Nr. 6/7 (1945), S. 58–75.

Ihnen an Mrs. Eugene Meyer, Wendungen, die eine deutliche Entfremdung zu bekunden schienen."[59] Mann vertröstete Rosenhaupt mit dessen Bitte um ein Vorwort für ein geplantes Buch über Manns Werk und vermied auf diese Weise einen Beitrag, den er nicht leisten wollte.

Der letzte erhaltene Brief von Thomas Mann an Hans Rosenhaupt ist vom 15. Dezember 1947. Mann drückt darin seinen höflichen Dank aus für Rosenhaupts wohlwollende Worte über das Erscheinen des *Doktor Faustus*.[60] Aber Rosenhaupt hatte zu dieser Zeit bereits seine Arbeiten über Mann und die deutsche Literatur eingestellt und sich anderen Aufgaben, so der Friedensforschung und dem amerikanischen Bildungssystem, zugewandt. Das ursprünglich geplante Buch über Manns Werk blieb ein unveröffentlichtes Manuskript, und der Briefwechsel zwischen den beiden fand ein Ende.

Anhang

Thomas Manns Vortrag *The Making of „The Magic Mountain"*, gehalten in Colorado Springs am 22. März 1941

Thomas Mann schrieb die erste Fassung seines Vortrags über die Entstehungsgeschichte seines Romans zwischen dem 3. und 7. Mai 1939[61] im Rahmen seiner Verpflichtungen als *Lecturer in the Humanities* an der Princeton University.[62] Der Text wurde von seiner Übersetzerin, Helen T. Lowe-Porter,[63] in die englische Sprache übertragen und diente als Einführung in den *Zauberberg* für

---

[59] Brief von Thomas Mann an Hans Rosenhaupt vom 6.4.1947 in Teil II dieses Beitrags.

[60] Brief von Thomas Mann an Hans Rosenhaupt vom 15.12.1947 in Teil II dieses Beitrags.

[61] Thomas Mann: *Einführung in den ‚Zauberberg'. Für Studenten der Universität Princeton*, XI, 602–617. Mann schickte seiner amerikanischen Mäzenin Agnes E. Meyer am 7. Mai 1939 eine Kopie des Vortrags mit der Bemerkung: „Bedenken Sie, dass er für Princetoner Studenten bestimmt und sehr rasch hingekritzelt ist. Schicken Sie ihn mir, bitte, in einigen Tagen zurück." BrAM, 155. Das Original des Vortrags muss als verschollen gelten.

[62] Eine ausführliche Beschreibung der Hintergründe von Manns Lehrauftrag findet sich in BrAM, 37–68.

[63] Helen T. Lowe-Porter (1876–1963), amerikanische Übersetzerin der bekanntesten Werke von Thomas Mann ins Englische. Ihre Zusammenarbeit mit dem Autor ging auf die Übersetzung von *Buddenbrooks* zurück. Es gelang ihr, trotz mancher negativer Kritiken, ein Gleichgewicht zwischen genauer Übersetzung, der Atmosphäre und dem anspruchsvollen, schwierigen Stil Thomas Manns herzustellen. Lowe-Porters Übersetzungen erwiesen sich als besonders wichtig, als Thomas und Katia Mann 1933 die Schweiz verließen und nach Amerika auswanderten. Sie erschlossen Manns Werken eine breite Leserschaft, was wiederum finanzielle Vorteile brachte.

Studenten der Universität am 10. Mai 1939 und dann für das breitere amerikanische Publikum bei seinen Vortragsreisen. Diese Übersetzung, von Thomas Mann korrigiert, ist somit als Originalfassung anzusehen. Thomas Mann wiederholte seinen Vortrag am 1. November 1939 an der Columbia University, am 18. März und 24. April 1940 an der Princeton University und am 24. Januar 1941 in Durham, North Carolina an der Duke University. Später wurde die deutsche Version noch einmal überarbeitet und als Vorwort der Romanausgabe (Stockholm 1939) beigefügt. Dieser Text ist in allen späteren Essaysammlungen zu finden.

Die englische Version des Textes wurde zum ersten Mal 1953 in der Zeitschrift Atlantic Monthly veröffentlicht.[64] Im Vergleich mit der deutschen Fassung ergeben sich einige Unterschiede. Die englische Fassung ist etwas kürzer, prägnanter und weist Abweichungen in der Wortwahl und bei bestimmten Formulierungen auf.

Thomas Mann hielt den Vortrag über den *Zauberberg* dann wohl ein letztes Mal am 22. März 1941 im Rahmen seines Aufenthalts in Colorado Springs. Er war einer Einladung von Dr. Hans Rosenhaupt gefolgt und hatte sich entschlossen, seinen Umzug von Princeton in sein neues Heim in Pacific Palisades in Kalifornien mit einem Abstecher nach Colorado zu verbinden. Wie aus einem Brief vom 2. März 1941 hervorgeht, hatten sich Katia Mann und Rosenhaupt noch vor Antreten der Reise auf den Titel des Vortrags geeinigt. Die hier abgedruckte Niederschrift der Vorlesung kam durch Professor Frank Krutzke[65] zustande, da Thomas Mann sich nach einer Anfrage geweigert hatte, eine schriftliche Kopie seines Vortrags zu hinterlassen. Frank Krutzke entschloss sich, eine stenographische Mitschrift anzufertigen, allerdings ohne Thomas Manns Wissen.

Man kann nicht unerhebliche Unterschiede zwischen dem Typoskript des Vortrags am Colorado College und dem englischen Text von 1953 in der Zeitschrift Atlantic Monthly feststellen, was nicht ungewöhnlich ist, da Thomas Mann seine Texte häufig aufs Neue prüfte und Änderungen vornahm. Weil Niederschriften der Vorträge von den anderen Universitäten (Princeton, Columbia und Duke) aber nicht vorhanden sind, ist das Typoskript Frank Krutzkes mit Sicherheit eine bisher unbekannte Variante, und der in Colo-

---

[64] Thomas Mann: The Making of „The Magic Mountain", in: Atlantic Monthly, Bd. 191, Nr. 1 (1954), S. 41–45. Diese Version diente auch als Vorabdruck zur späteren amerikanischen Ausgabe des Romans 1953 bei Knopf in New York.

[65] Frank A. Krutzke (1903–1994), geboren in Litauen. Er emigrierte 1910 in die USA, absolvierte ein Anglistik-Studium am Swarthmore College in Pennsylvania und einen weiteren Studiengang in Anglistik an der University of Pennsylvania. Von 1939 bis 1976 war er Professor für Anglistik und Vergleichende Literaturwissenschaft am Colorado College in Colorado Springs.

rado Springs gehaltene Vortrag dürfte als Vergleichsgrundlage für die Forschung wertvoll und von einiger Bedeutung sein. Zusätzlich sei zu bemerken, dass in dieser Niederschrift Anrede und Abschlussformeln fehlen, wie auch Hans Castorps Bemerkungen zur französischen Sprache.[66] Darauf angesprochen, erklärte Frank Krutzke in einem Gespräch ausdrücklich, dass Thomas Mann Castorps Aussage in seinem Vortrag nicht gebraucht habe.[67] Es waren mit Sicherheit nicht mangelnde französische Sprachkenntnisse seitens Frank Krutzkes, und so muss der Grund hierfür unklar bleiben.

The Making of The Magic Mountain
[Frank Krutzkes stenographische Mitschrift von Thomas Manns Vortrag]

Since it is simply not customary for an author to discuss his own work, perhaps a word of apology, or at least of explanation, should occupy first place, for the thought of acting, so to speak, as my own historian – well, I find it not a little confusing – and you know there are few impartial historians. Furthermore, since my work is still in the making, and, I venture to hope, still reflects the present and its problems, it would be rather difficult if not impossible to criticize it with scholarly detachment, even if the critic were not at the same time the author. However, I have to talk on a novel which, although it deals with a period still vivid in our memory, seems to be a tale of a time as remote as ancient history – the period immediately before the war which not so long ago it was usual to call *the* World War, but which must now be distinguished from its cycle as the first of its kind.

In selecting my *Magic Mountain,* I base the choice on the sympathetic interest which this one of all my books especially received in America, perhaps because there was seen in it something of the documentation and synthesis of the moral and spiritual problems of Europe in the first third of the twentieth century. Likewise, when I tell you freely of the book's genesis and my experience with it, I am relying on the healthy and sympathetic disposition of the American mind toward the nakedly and the intimately human, a disposition toward which one responds with pleasure and which will certainly overlook the appearance of presumption and self-complacency that is attached to my undertaking.

Oddly enough, it is not a difficulty for me but rather really the reverse that I have to discuss the *Zauberberg* – *The Magic Mountain* – in English.

---

[66] Vgl. 5.1, 511.
[67] Siehe Anm. 68.

I am reminded of the hero of my novel, the young engineer Hans Castorp. At the end of the first volume, he makes an extraordinary declaration of love to Madame Chauchat, the Kirghiz-eyed heroine, veiling its strangeness in the garment of a foreign tongue. It eases his embarrassment and helps him to say things he could never have dared say in his own language.[68] In short, it helps him over his inhibitions, and the author who feels embarrassed at having to talk about his own work is in the same way relieved at being able to talk about them in another language.

But this is not the only difficulty. There are authors whose names are associated with a single great work because they have been able to give themselves complete expression in it. Dante *is* the *Divine Comedy*;[69] Cervantes *is Don Quixote.*[70] But there are authors, and I must count myself among them, whose single works do not possess this complete significance, being only parts of the whole which makes up the author's life work, and not only his life work but actually his life itself, his personality. He strives, that is, to overcome the laws of time and continuity. He tries to produce himself completely in each thing he writes, but only actually does so in the way the *Zauberberg* does it: I mean by the use of the leitmotif, the magic formula which works both ways and links the past with the future, the future with the past. The leitmotif is the technique employed to preserve the inward unity and abiding presentness of the whole at each moment. In a broader sense, the whole life work of the author has its leading motifs, which serve to preserve this unity, to make that unity perceptible to the reader and to keep the whole picture present in each single work. But just for that reason it may be unfair to the single work to look at it by itself, disregarding its connection with others and not taking account of the frame of reference to which it belongs. For instance, it is very hard – it is almost impossible – to talk about *The Magic Mountain* without thinking of the links which connect it with other works, backwards in time to *Buddenbrooks* and to *Death in Venice – Der Tod in Venedig* – forwards in time to the *Joseph* novels.

But in explaining my difficulty in talking about *The Magic Mountain*, I have already carried you pretty deep into the structure of the book, deep into the structure of the whole creative undertaking of which it is an instance and a part, more deeply, indeed, than I may try to penetrate today. I prefer, therefore, to

---

[68] Frank Krutzke betonte später, dass Castorps Feststellung „parler français, c'est parler sans parler, en quelque manière", die an dieser Stelle in den später veröffentlichten deutschen und englischen Versionen aufscheint, von Mann in seinem Vortrag nicht erwähnt wurde. Vgl. dazu 5.1, 511.

[69] Dante Alighieri (1254–1324), italienischer Schriftsteller. Sein bekanntestes Werk, *Die göttliche Komödie*, wurde erst 1321, kurz vor seinem Tode, vollendet.

[70] Miguel de Cervantes Saavedra (1547–1616), spanischer Schriftsteller. Sein Hauptwerk, *El ingenioso Hidalgo Don Quixote de la Mancha*, entstand zwischen 1605 und 1615.

speak historically and untechnically, to tell you something of the origin and conception of the novel, just as events in my life brought them about.

In the year 1912, almost a generation ago, my wife was suffering from a lung complaint, fortunately not a very serious one; yet it was necessary for her to spend six months at a high altitude in a sanatorium at Davos, Switzerland. I stopped with the children at Munich or at our country home in the valley of the Isar, but in May and June, I visited my wife for some weeks at Davos. There is a chapter in *The Magic Mountain* entitled „Arrival",[71] where Hans Castorp dines with his cousin Joachim in the sanatorium restaurant and tastes not only the excellent *Berghof* cuisine but also the atmosphere of the place and its life. If you read that chapter, you will have a fairly accurate picture of our meeting in this sphere and my own strange impressions of it. The impressions got stronger and stronger during the three weeks I spent in the Davos atmosphere visiting my wife while she was a patient. They are the same three weeks Hans Castorp originally meant to spend in Davos, though for him they turned into the seven fairy tale years of his enchanted stay. I may even say that they threatened to do the same for me. At least one of his experiences is pretty exact transference; I mean the examination of the carefree visitor from the flatland,[72] resulting in the discovery that he himself was a patient, too.

I had been at the so-called *Berghof* ten days sitting out on the balcony in cold, damp weather, when I got a bronchial cold. Two specialists were in the house – the Head Physician and his assistant – so I took the obvious course of consulting them. I accompanied my wife to the office where she had been going for her own regular examination. The Head Doctor, who of course looked like Hofrat Behrens, thumped me about and straightaway discovered a so-called moist spot in my lung. If I had been Hans Castorp, it would have altered the whole course of my life. The physician assured me that I should be acting wisely, to stop for six months up here and take the cure. If I had followed his advice, who knows? I might still be there!

I wrote *The Magic Mountain* instead. In it, I made use of the impressions gathered during my three weeks' stay. They were enough to convince me of the dangers of such a milieu for young people – and tuberculosis is a disease for the young. You will have got from my book an idea of the narrowness of this charmed circle of isolation. It is a sort of substitute existence, and it can, in a relatively short time, wholly wean a young person from actual and active life. Everything up there is, or was, on a luxurious scale – the conception of time as well. This sort of cure is always a matter of several months, often of

[71] Das Kapitel „Ankunft"; 5.1, 11–21.
[72] Siehe 5.2, 181 (Anm. zu S. 215).

several years, but after the first six months, the young person has not a single idea left, save flirtation and the thermometer under his tongue. After a second six months, in many cases, he has lost the capacity for any other ideas at all. He will become completely incapable of life in the flatland.

Such institutions as the *Berghof* were typical pre-war phenomena. They were only possible in a capitalistic economy, which was still functioning well and normally. Only under such a system was it possible for patients to stop up there, year after year, at the family's expense. *The Magic Mountain* became the swan song of that form of existence. Perhaps it may be a law that epics descriptive of some phase of life tend to appear as it nears its end. The treatment of tuberculosis has entered upon a different phase today, and most of the Swiss sanatoria have become sports hotels.

The idea of making a story out of my Davos impressions and experiences occurred to me very soon. After finishing the novel *Royal Highness – Königliche Hoheit*, I wrote a short story, or a longer short story – *Der Tod in Venedig – Death in Venice*. This I had nearly finished when I went to Davos, and I now conceived the idea of *The Magic Mountain*. From the very first, the tale bore that title. It was meant as a humorous companion piece to *Death in Venice*, of about the same length. The atmosphere was to be that strange mixture of death and lightheadedness I had found at Davos. *Death in Venice* portrays the fascinations of the death idea, the triumph of drunken disorder over the forces of life consecrated to rule and discipline. In *The Magic Mountain*, the same theme was to be humorously treated. There was to be a simple-minded hero in conflict between bourgeois decorum and macabre adventure. The end of the story was not decided but it would come as I wrote. It seemed an easy and amusing thing to do, and would not take much time.

When I got back to Munich, I went to work on the first chapters. A private intuition soon began to steal over me that this subject matter tended to spread itself out and lose itself in shoreless realms of thought. I could not conceal from myself that the theme afforded a dangerously rich complex of ideas and associations. Perhaps I am not the only author who tends to underestimate the extent of an enterprise he has embarked upon. When I conceive a piece of work, it comes to me in such innocent, practically guileless form. I feel sure I shall have no great difficulty in carrying it out. My first novel, *Buddenbrooks*, was meant to be a book of about 250 pages, after the pattern of Scandinavian novels of family and merchant life; it became two fat volumes. *Death in Venice* was to be a short story, just for a magazine. The same thing holds good for the *Joseph* novels; they were to be something in the form of a story of about the length of *Death in Venice*. The *Zauberberg* proved no exception to the rule.

Perhaps this self-deception is necessary and fruitful. If a writer had before him from the start all the possibilities and all the drawbacks of a projected work, and knew what the book itself wanted to be, he might never have the courage to begin. It is possible for a work to have its own will and purpose, perhaps a far more ambitious one than the author's own and it is good that this should be so, for the ambition should not be a personal one. It must not come before the work itself; the work must bring it forth and compel the task to completion. Thus, I feel all great works were written, and not out of an ambition which set itself from beginning to write something great.

In short, I soon saw this Davos satire had its own ideas and thought about itself quite otherwise than I thought about it. This was even outwardly true – a humorous and expansive, so to speak English, style. This, a relief from the austerity of *Death in Venice*, took up space and time.

Then the war broke out. It did two things: put an immediate stop to my work on the book, and incalculably enriched its content at the same time. I did not work at it again for years. In those years, I wrote the *Betrachtungen eines Unpolitischen – Considerations of a Non-Politician* – a work of painful intro-spection, in which I sought to get light upon my own view of European prob-lems. Actually, it became a preparation for the work of art itself, a preparation which grew to mammoth proportions and consumed vast amounts of time.

Goethe once called his *Faust* „this very serious jest". Well, my preparation was for a work of art, which could only become a jest – a very serious jest – by dint of my unburdening myself of a quantity of material in a polemical and political piece of writing. This „very serious jest" is a good definition of art, of all art, of *The Magic Mountain* as well. I could not have jested and played without first living through my problem in deadly human reality. Only then could I rise as an artist above it.

Well, in 1924 there appeared the two volumes that had grown out of my proposed short story. Including the long interruptions, they had taken me not seven but actually twelve years of my life. Its reception might have been much less friendly than it was and still would have surpassed my expectations. It is my way, when I have finished a book, to let it drop with a resigned shrug and not the faintest confidence in its chances in the world. The charm it once pos-sessed for me, its sponsor, has long since vanished. That I have finished it at all is a fact due to my convictions of the ethics of craftmanship; due, indeed, at bottom to obstinacy, and altogether obstinacy seems to me to have played a very important part in these years. I regard them so much as a slightly dubious private enjoyment that I question the likelihood of anyone caring to follow on the track of my idiosyncrasies in the matter of my morning occupations. My surprise is great when, as it has happened to me repeatedly, the book finds favor, and in the case of *The Magic Mountain,* my astonishment was particularly profound.

Would anyone expect that a harassed public, economically oppressed, would take it on itself to pursue through 1200 pages the dreamlike ramifications of this figment of thought! Would, under the circumstances then prevailing, more than a few hundred people be found willing to spend money and time on such odd entertainment that had really little or nothing in common with a novel in the usual sense of the word! Certain it is that ten years earlier it would not have found readers, nor could even have been written. It needed the experiences, which the author had gone through with his countrymen. These he had betimes to let it ripen, and then, at the favorable moment, as once before, to come forward with this bold production. The subject matter of *The Magic Mountain* was not by its nature suitable for the masses, but with the bulk of the educated classes, these were burning questions, and the national crisis had produced in the general public precisely that alchemical keying-up in which had consisted the actual adventure of young Hans Castorp. Yes, certainly, the German reader recognized himself in the simple-minded but shrewd young hero of the novel. He could and would be guided by him.

The *Zauberberg* is a very German book, and that might be the reason that foreign critics underestimated its universal appeal. A Swedish critic, a member of the Swedish Academy, with a decisive voice in the Nobel Prize Awards, told me, in public and very decidedly, that nobody would dare to venture a translation of this book in a foreign language; it was absolutely unsuited to such a purpose. Well, that was false prophecy. *The Magic Mountain* has been translated into all European languages, and so far as I can judge, no other of my books has had an equal success. I may say with pride that this is especially the case in America.

Now what is there I can say about the book itself and the best way to read it! I begin with a very arrogant demand: that it be read not once, but twice – a demand not to be heeded, of course, if one has been bored at the first reading. A work of art must not be a task or effort; it must not be undertaken against one's will. It is meant to give pleasure, to entertain and enliven. If it does not have this effect on a reader, he must put it down and turn to something else. But if you have read *The Magic Mountain* once, I recommend you to read it twice. The way in which the book is composed results in the reader getting a heightened and deepened enjoyment from the second reading, just as in music one needs to know the piece to enjoy it properly. I generally use the word „composed". I mean it in the sense we more commonly apply when writing of music, for music has always had a strong formative influence upon the style of my writing. Writers are very often really something else; they are transplanted painters, or sculptors, or architects, or what not. To me, the novel was always like a symphony, a work in counterpoint, a thematic fabric. The idea of the musical motif plays a great role in it. I myself and other people too, have pointed out the influence of Richard Wagner's music on my work. I certainly do not disclaim this influence. In particular, I follow Wagner in the use of the leitmotif, which I carried over into the work of language, into prose – not as, for instance, Tolstoi and Zola use it, or as I used it myself still in *Buddenbrooks*, not realistically but as a means of characterization – so to speak, mechanically. I sought to employ it in its musical sense. My first attempts were in *Tonio Kröger*, but the technique I there employ is *The Magic Mountain* greatly expanded; it is used in a very much more complicated and all-pervasive way. That is why I make the presumptuous plea to my readers to read the book twice. Only so can one really penetrate and enjoy its musically associational complex of ideas. The first time the reader learns the thematic material. He is then in a position to read the symbolic and allusive formulas both forwards and backwards.

My book is in a double sense a time romance. First, in a historical sense, in that it seeks to present an epoch – the pre-war period of Europeans, and secondly because time is one of its leaps – time dealt with not only as part of the hero's experience but also in and through itself. The very book is itself the substance of that which it relates. It depicts the hermetic enchantment of its young hero within the timeless and thus seeks to abrogate time itself by means of the technical device, which attempts to give complete presentness at any given moment to the entire world of musically presented ideas, which it comprises. It tries, in other words, to establish a magical *nunc stans*, to use a formula of the scholastics.[73] It pretends to give perfect consistency to content and form, to the apparent and essential. Its aim is always and consistently to be that of which it speaks.

But its pretensions are even more far-reaching, for the book deals with yet another fundamental theme, that of heightening and enhancing – in German *Steigerung*. This *Steigerung* is always referred to as alchemistic. You may remember that my young Hans is really a simple-minded hero, the young scion of good Hamburg society, and an indifferent engineer. But in the hermetic, feverish atmosphere of the enchanted mountain the ordinary stuff of which he is made undergoes a heightening process that makes him capable of adventures in sensual, moral, intellectual spheres he would never have dreamed of in the one ironically referred to in the book as the flatland. His story is the story of a heightening process, but also as a narrative, it is the heightening process itself. It employs the methods of the realistic novel but actually, it is not one. It passes

[73] Siehe 5.2, 276 f.

beyond realism. It heightens realism by symbolism and makes it a transparency for intellectual and ideal elements.

All the characters suffer this same process. They appear to the reader as something more than themselves. In effect, they are nothing but exponents and emissaries from worlds, principalities, domains of the spirit. I hope this does not mean that they are mere shadow figures. I have been reassured on this score, for many readers have told me that they found its characters – Chauchat, Peeperkorn, Settembrini – very real people indeed – as if they had made their acquaintance in real life.

The book, then, spatially and intellectually, outgrew the limits its author had set. The short story became a thumping two-volume novel – a misfortune which would not have happened if the *Zauberberg* had remained what many people even today see in it, the story of life in a sanatorium for tuberculosis patients. When it appeared, it made a stir in professional cicles, partly of approbation, partly of the opposite, and there was a little tempest in the medical journals. Its actuality lies in the quality of its people. Settembrini, the rationalist and humanist, remains the protagonist of the protest against the moral perils of the life and the whole unwholesome milieu. But he is but one figure among many, a sympathetic figure, indeed, on the humorous side, sometimes the mouthpiece for the author, but by no means the author himself. For the author, sickness and death and all the macabre adventures his hero passes through are just the pedagogical instrument used to accomplish the enormous heightening and enhancement of the simple hero to a point far beyond his original competence. And precisely as a pedagogical method they are justified, for even Hans Castorp, in the course of his experiences, overcomes his inborn attraction to death and arrives at an understanding of a humanity which does not, indeed, rationalistically endure it, nor scorn the dark, mysterious side of life, but takes account of it without letting it get control over his mind. What he comes to understand is that one must go through the deep experience of sickness and death to arrive at the higher sanity and health in just the same way that one must have knowledge of sin in order to find redemption. There are, Hans Castorp once says to Clawdia Chauchat, two ways to life. One is the regular, direct and good way. The other is bad; it leads through death, and that is the way of genius.

It is this notion of disease and death as a necessary route to knowledge, health and life that makes the *Zauberberg* a „novel of initiation“. The word „novel of initiation“ is not original with me. I heard it lately from a critic, and make use of it in talking of *The Magic Mountain* because I have been much helped by foreign criticism. It is a mistake to think that an author is the best judge of his own work. He may be that while he is still at work on it and living in it, but once done, it tends to be something he has got rid of, something foreign to him. Others, as time goes on, will know more and better about it than he. They can often remind him of things in it he has forgotten or, indeed, never quite knew. One always needs to be reminded. One is by no means always in possession of one's whole self. Our consciousness is feeble. We do not always have by us all that we actually possess. Only in moments of unusual clarity of vision do we really know about ourselves. As for me, I am glad to be instructed by critics about myself, to learn from them about my past works and go back to them in my mind. My regular formula of thanks for such refreshment of my consciousness is „I am most grateful to you for having so kindly recalled me to myself". I am sure I wrote that to Professor Hermann Weigand[74] of Yale University when he sent me his book on *The Magic Mountain*, the most fundamental and critical treatment the work has received.

Now the other day I got a manuscript in English by a young scholar of Harvard University. It is called *The Quester Hero Myth as Universal Symbol.*[75] Reading it has considerably refreshed my memory and my consciousness of myself. The author places *The Magic Mountain* and its simple hero in the life of a great tradition, which is not only German but universal. He classifies it as an art form, which he calls the „quester legend" that reaches very far back in tradition and formula. Faust is of course the most famous German representative of the form, but behind Faust, the eternal seeker, there is a group of compositions generally known as the *Sangraal,* or *Holy Grail Romances.* The hero, be it *Gawain,* or *Galahad,* or *Perceval,* is the seeker, the quester, who ranges heaven and hell, makes terms with them, and stikes a pact with the unknown, with sickness and evil, with death and the other world, with the supernatural – the world that in the *Zauberberg* is called questionable. He is forever searching for the Grail, that is to say, the highest knowledge, wisdom, consecration, the *Philosopher's Stone,* the *aurum potabile,* the *elixir of life.* The writer declares that Hans Castorp is one of these seekers; perhaps he may be right. The quester of the Grail legend at the beginning of his wanderings is often called a fool, a great fool, a guileless fool; that corresponds to the naïveté and simplicity of my hero. It is as though a dim awareness of the traditional had made me insist on this quality of his. Goethe's *Wilhelm Meister,* – is he, too, not a guileless fool? To a great extent, he is identical with its creator, but even so, he is always

---

[74] Hermann John Weigand (1892–1985), deutsch-amerikanischer Literaturwissenschaftler und Professor der Yale University. Veröffentlichungen u. a. über Thomas Mann: Thomas Mann's Novel „Der Zauberberg", Chapel Hills: University of North Carolina 1933.

[75] Howard Nemerov (1920–1991), amerikanischer Schriftsteller, Lyriker und Literaturwissenschaftler. Er promovierte 1940 an der Harvard University mit seiner Dissertation *The Quester Hero. Myth as Universal Symbol in the Works of Thomas Mann* (in Krutzkes Mitschrift fehlt ein Satzzeichen im Titel). Nemerov bat Thomas Mann, das Manuskript zu lesen.

the object of his irony. Here we see Goethe's great novel, too, falling within the quester category. After all, what else is the German *Bildungsroman*, the novel of education – a classification to which both the *Zauberberg* and *Wilhelm Meister* belong! Then[76] the sublimation and spiritualization of the novel of adventure. The seeker of the grail, before he arrives at the sacred castle, has to undergo various frightful and mysterious ordeals. Probably these ordeals were originally rites of initiation, conditions of the permission to approach the esoteric mystery. The idea of knowledge, wisdom, is always bound up with the other world, with night and death. In *The Magic Mountain*, there is a great deal said of alchemistic, hermetic pedagogy of transubstantiation, and I myself, a guileless fool, was guided by a mysterious tradition, for it is those very words that are always used in connection with the mysteries of the grave. Not for nothing does freemasonry in its rites play a role in *The Magic Mountain*, for freemasonry is the direct descendant of initiatory rites.

In a word, the *Zauberberg – The Magic Mountain –* is a variant of the shrine, of the initiatory rites, a place of adventurous investigation into the mystery of life, and my Hans Castorp, the *Bildungsreisende*, has a very distinguished knightly and mystical ancestry. He is the typical curious neophyte – curious in a high sense of the word – who voluntarily, all too voluntarily, embraces disease and death because his very first contact with them gives promise of extraordinary enlightenment and adventurous advancement, bound-up, of course, with correspondingly great risks.

It is a most able and charming commentary. I have used it to help me instruct you and myself about my novel, this very modern, advanced, complicated, conscious, and yet unconscious link in a great tradition. Hans Castorp is a searcher after a Holy Grail. You would never have thought of it when you read his story, and if I did myself, it was both more and less than thinking.

Perhaps you will read the book again from this point of view, and perhaps you will find out what the Grail is – the knowledge and the wisdom, the consecration, the highest reward, for which not only the foolish hero but the book itself is seeking. You will find it in the chapter called „Snow",[77] where Hans Castorp, lost on the perilous heights, dreams his dream vision of humanity. If he does not find the Grail, he divines it in his deathly dream, before he is

---

[76] Krutzke hat Manns Gedanken, die der Autor eigentlich in einem einzigen Satz ausgeführt hat, nicht richtig verstanden, und versehentlich zwei Sätze daraus gemacht, deren zweiter nur ein Satzfragment bildet. Vgl. dazu den später in *The Making of the „Zauberberg"* veröffentlichten Satz: „And after all, what else is the German *Bildungsroman* (educational novel) – a classification to which both *The Magic Mountain* and *Wilhelm Meister* belong – than the sublimation and spiritualization of the novel of adventure?" (Atlantic Monthly, Bd. 191, Nr. 1 [1954], S. 41–45.) Siehe auch XI, 616.

[77] Das Kapitel „Schnee"; 5.1, 706–751. Siehe auch 5.2, 304 f.

snatched downwards from his heights into the European catastrophe. It is the idea of the human being, the conception of a future humanity that has passed through and survived the profoundest knowledge of disease and death. The Grail is a mystery, but humanity is a mystery, too, for man himself is a mystery, and all humanity rests upon reverence before the mystery that is man.

Hans Rosenhaupts Text zum Übersetzungsseminar mit Thomas Mann, abgehalten am Colorado College am 23. März 1941

Am 23. März 1941 wohnte Thomas Mann einem Seminar im *Hayes House* am Colorado College bei. Über dreissig eingeladene Gäste, darunter Lehrer und Professoren aus Colorado und Studenten des Colorado College, befassten sich mit dem Thema „Übersetzung aus dem Deutschen ins Englische bei Thomas Mann". Jeder Teilnehmer war schon vorher gebeten worden, eine eigene Übersetzung des ersten Absatzes aus dem sechsten Kapitel von *Tonio Kröger* mitzubringen. Der folgende Artikel von Hans Rosenhaupt, erst 1957 veröffentlicht und relativ unbekannt, vermittelt ein Bild der Diskussion.[78]

Thomas Mann's Interest in Translation[79]
by Hans Rosenhaupt

Thomas Mann's work is full of reflections on the role of the intellectual as mediator between the realm of the spirit and life. Because of the mediating function of translation, and also because as an émigré writer he constantly felt the need to cast his thoughts into a foreign idiom, Thomas Mann had a deep interest in the problem of translation. On several occasions, even before his emigration to the United States, he had spoken to me about the subject.

When in the spring of 1941 he stopped for a few days in Colorado Springs to deliver a public lecture, Colorado College invited some thirty teachers and students of German from the state to attend a seminar on translation the day following the lecture. The members were asked to bring to the seminar their own translation of the following passage from *Tonio Kröger*:

[78] Siehe hierzu auch Abb. 7, S. 184.
[79] Hans W. Rosenhaupt: Thomas Mann's Interest in Translation, in: The History of Ideas Newsletter, Bd. 3, Nr. 3 (3 July 1957), Columbia University, S. 60–63.

Und Tonio Kröger fuhr gen Norden. Er fuhr mit Komfort (denn er pflegte zu sagen, dass jemand, der es innerlich so viel schwerer hat als andere Leute, gerechten Anspruch auf ein wenig äusseres Behagen habe), und er rastete nicht eher, als bis die Türme der engen Stadt, von der er ausgegangen war, sich vor ihm in die graue Luft erhoben. Dort nahm er einen kurzen, seltsamen Aufenthalt.[80]

In accordance with our agreement with Mrs. Mann, we could not promise the participants that Thomas Mann would attend the seminar, and knowing his strict schedule of writing in the morning we had little hope. But when on the morning of the meeting I explained the purpose of the seminar to him, he put down the manuscript on which he had been working and asked to be taken along. The session would be instructive, he reassured Mrs. Mann, and besides, he would not say a word himself.

To start the discussion I asked why Thomas Mann had used *gen* rather than *gegen*. Somebody pointed out that *gen* was archaic. Another member mentioned Siegfried's trip north to Iceland, when Thomas Mann broke in to concur. And from then on he took part, always careful not to appear sure of an answer, lamenting his limited command of English, firm only when explaining his own reasons for having chosen a certain expression in German.

In the first sentence, Thomas Mann had striven for a balladesque atmosphere, he said. That was why he had used *gen* rather than *gegen*, and *fuhr* he meant in the sense of *zog* – the translation „traveled" was too pedestrian. *Norden* was used „in a certain symbolical sense, because the North represents the bourgeois, and solid, and serious world in contrast to the world of art which is represented by the South".[81] When all combinations of „traveled", „journeyed", „took a trip", „took the train", (and even „wended") with „North", „Northward", and „to the North" had been tried, Desmond Powell, now at the University of Arizona, made a plea for „went North" as the simplest and most poetic. Thomas Mann was ready to see an essential difference between his own and [sic] American *Sprachgefühl* and accepted the suggestion.

A number of translations were offered for *Er fuhr mit Komfort*. And Dr. Mann pointed out that he had in mind the technical comfort, as used in the idiom *Komfort der Neuzeit*. Although „he was wont to say" came close to the German rhythm, Mann chose „he used to say". *Innerlich* offered a good deal of difficulty, especially since Dr. Mann wanted a clear contrast between *äusserliches Behagen* and the *innerlich schwer haben*. *Schwer haben*, according to Thomas Mann, was a deliberate understatement, therefore the translation „suffering" would not do. „More inwardly disturbed" was rejected because it sug-

---

[80] Vgl. hierzu 2.1, 283.
[81] Dies scheint ein Zitat Thomas Manns aus dem Seminar zu sein.

gested something that happens infrequently, while *schwer haben* is something which lasts. „Entitled" for *Anspruch haben* was acceptable to the author, but he wished to express the *gerecht* and suggested „rightfully." It was not hard to convince him that the word should be sacrificed to the overriding concern for simplicity.

The *äusseres Behagen* led back to *er fuhr mit Komfort* and it was jokingly suggested to translate the *Er fuhr mit Komfort* – in the light of Thomas Mann's interpretation of it as modern, technological comfort – „he went Pullman". Another, equally unserious, suggestion was a translation à la Hemingway: „that anyone who had it so hard inside himself was entitled to live soft". A contraposition of „spiritual difficulty" and „creature comfort" was termed „too explicit" by Dr. Mann, who preferred „outer ease" for *äusseres Behagen*.

Rasten has no exact equivalent in English and caused much discussion. It was even suggested that the negative be given by a positive statement: „he pressed forward". Thomas Mann chose „he did not stop" as being the simplest and in tune with the balladesque mood.

Seltsam, according to the writer, had a dreamlike or fantastic connotation. The English word „fantastic" was rejected as „a little exaggerated". „Strange", although acceptable as to meaning, would make an unmelodious „brief, strange stay". „A brief, enchanted stay" was therefore accepted.

Following is the translation agreed upon after eighty minutes' deliberation, and the three already existing translations of the same passage. Thomas Mann liked the seminar's translation best.

And Tonio Kröger went north. He went in comfort, for he always said that anyone who had so much more to bear inwardly than other people was surely entitled to a little outer ease. And he did not stop until there rose before him in the gray sky the spires of the cramped little city from which he had once set out. There he made a brief, enchanted stay.

And Tonio Kröger journeyed northward. He traveled comfortably (for he was wont to say that any one who has so much more distress of soul than other people may justly claim a little external comfort), and he did not rest until the towers of the cramped city which had been his starting-point rose before him in the gray air. There he made a brief, strange sojourn.

From the translation by Bayard Quincy Morgan. *The German Classics, Masterpieces of German Literature*, Vol. XIX (The German Publication Society, New York, 1914), p. 219.

And Tonio Kröger travelled north. He travelled with comfort (for he liked to say that anyone who was so much more disturbed internally than other people had a perfect right to a little external comfort), and he never stopped until the towers of the narrow

city from which he had come rose up before him into the grey air. There he made a brief strange stop-over.
From the translation by Kenneth Burke. *Death in Venice* (Alfred A. Knopf, New York, 1925), pp. 241 f.

And Tonio Kröger travelled north. He travelled in comfort (for he was wont to say that anyone who suffered inwardly more than other people had a right to a little outward ease), and he did not stay until the towers of the little town he had left rose up in the grey air. Among them he made a short and singular stay.
From the translation by H. T. Lowe-Porter. *Stories of Three Decades* (Alfred A. Knopf, New York, 1938), pp. 111 f.

Literaturverzeichnis

Bücher von Hans Rosenhaupt

Der deutsche Dichter um die Jahrhundertwende und seine Abgelöstheit von der Gesellschaft, Dissertation, Frankfurt: Johann-Wolfgang-von-Goethe-Universität 1933.
Graduate Students. Experience at Columbia University, 1940–1956, New York: Columbia University Press 1958.
How to Wage Peace. A Handbook for Action, New York: Day Company 1969.
Kriegstagebuch der A 88 der Legion Condor in Bildern, 1936–1939. Tagebuch einer Einheit der Legion Condor mit 178 Originalphotos, zusammengestellt ca. 1939. Special Collections, Tutt Library, Colorado College. Unveröffentlicht.
Silent Night. A Christmas Play in Three Acts, Colorado College 1939. [Unveröffentlicht]
The True Deceivers, New York: Dodd, Mead & Company 1954.

Artikel von Hans Rosenhaupt

A Bridge at Generation Gap, in: Journal of Higher Education, Bd. XLI, Nr. 4 (April 1970), S. 256–263.
The Arrogant Intellectual, in: Journal of General Education, Bd. 15, Nr. 4 (January 1964), S. 1–8.
A Tie, in: Vogue, February 1956, S. 2–4.
Can It Happen Here?, in: Colorado Springs Gazette, 9.1.1940, S. 17.

The Children's Crusade or Going to Jerusalem on a Grant, in: Columbia University Forum, Spring 1960, S. 15–21.

The Future of the American University, in: Heights Daily News, New York University, 19 April 1961, S. 2–4.

The Gay Dog, in: Commentary, 1958, S. 363–366.

General Education and Fascism, in: School and Society, Bd. 46, Nr. 1189 (9 October 1937), S. 471–474.

Gimlet Eye and Fatherly Hand, in: The Graduate Journal, Bd. 15, Nr. 4 (Spring 1962), S. 9–16.

Isolation in German Literature, in: The Colorado College Publication, April 1940, S. 15–38.

Modern Foreign Language Study and the Need of Our Times, in: Monatshefte für den Deutschen Unterricht, 27 December 1939, S. 205–216.

The No-Holes-in-the-Shoes-Blues, in: The New York Times, 24 November 1874, S. 22–23.

Private and Public Sectors. Cold War or Coexistence?, in: Kenyon Alumni Bulletin, April/Juni 1965, S. 33–36.

Quality Education in Jeopardy, in: Educational Record, Bd. 54, Nr. 1 (1973), S. 15–22.

The Slow Stirring in Graduate Education, in: Saturday Review, 16 September 1961, S. 63–66.

Thomas Mann's Interest in Translation, in: The History of Ideas Newsletter, Bd. 3, Nr. 3 (3 July 1957), Columbia University, S. 60–63.

The Woodrow Wilson Fellowship Program. Achievements and Problems 1958–1963, in: Journal of Higher Education, Bd. 35, Nr. 5 (May 1964), S. 6–10.

25 (Full) Years of Woodrow Wilson Fellowships, in: University (Princeton, N. J.), Princeton, N. J.: Princeton University 1970, S. 17–22.

Literatur von und über Thomas Mann

[Kenneth Burke: Translation of] Thomas Mann: Death in Venice, New York: Knopf 1925.

[Helen T. Lowe-Porter: Translation of] Thomas Mann: Stories of Three Decades, New York: Knopf 1938.

Georg Lukács: Auf der Suche nach dem Bürger. Betrachtungen zum 70. Geburtstag Thomas Manns, in: Internationale Literatur, Bd. 15 (1945), S. 58–75.

Thomas Mann: The Making of the „Zauberberg", in: Atlantic Monthly, Bd. 191, Nr. 1 (1954), S. 41–45.

Thomas Mann: Warum ich nicht nach Deutschland zurückgehe, in: Aufbau, Nr. 39 (28.9.1945), S. 5.

[Bayard Quincy Morgan: Translation of] The German Classics, New York: The German Publication Society 1914 (= Masterpieces of German Literature, Bd. 19).

Hermann John Weigand: Thomas Mann's Novel „Der Zauberberg", Chapel Hills: University of North Carolina 1933.

Abbildungsnachweise

Die Fotos von Hans Rosenhaupt (Abb. 1–3) werden wiedergegeben mit freundlicher Genehmigung von Frau Maureen Rosenhaupt und Frau Elise Rosenhaupt-Noble.

Die Fotos des Aufenthalts von Thomas und Katia Mann in Colorado Springs (Abb. 4, 5 und 7) werden abgedruckt mit freundlicher Genehmigung der Tutt Library, Abt. Special Collections, am Colorado College. Die Fotos wurden aufgenommen von Frau Lillian Bueno de la Torre McCue, Schriftstellerin und Fotografin, Colorado College.

Die Thomas-Mann-Federzeichnungen (Abb. 6) werden veröffentlicht mit freundlicher Genehmigung von Johanne Robinson-Coiner in Colorado Springs.

Gesine Bey

„Ich bin das Haupt einer sehr zahlreichen Familie ..."

Katia Manns Briefe an Konstantin Fedin

Als Walter Janka, der Leiter des Aufbau-Verlages, am 16. Mai 1954 zum ersten Mal Thomas Mann und seiner Familie begegnete und das neue Haus in Kilchberg am Zürichsee betrat, wurde ihm nach dem Gespräch eine Besichtigung angeboten. Er sah den geräumigen Flur, das Speisezimmer, den Salon, das Arbeitszimmer des Schriftstellers mit den strengen Regeln für seine Umgebung. Schließlich öffnete Erika Mann „noch eine kleinere Tür, die in einen Nebenraum führte. ‚Hier arbeitet meine Mutter. Auf dieser Schreibmaschine werden die Briefe geschrieben, in denen sie sich mit den Verlegern zu streiten hat‘, fügte sie scherzhaft hinzu."[1] Für den Verleger Janka klangen diese Worte mehr nach einer freundlichen Aufnahme denn nach einer Ermahnung. Denn die drei Jahre währenden Auseinandersetzungen zwischen dem Aufbau-Verlag, dem S. Fischer Verlag und Thomas Mann gingen inzwischen einer alle Seiten zufriedenstellenden Lösung entgegen.[2] Sie waren unter anderem darauf zurückzuführen, dass der Ostberliner Verlag seine Rechnungen zwar zahlen, aber in der Regel nicht in Devisen begleichen konnte. Sie hatten auch zu einer schweren Krise zwischen Thomas Mann und seinem Verleger Gottfried Bermann Fischer geführt. Katia Mann, die „Schatzmeisterin",[3] war in dieser Korrespondenz im Hintergrund geblieben. Thomas Mann, um Ausgleich bemüht,

---

[1] Walter Janka: ... bis zur Verhaftung. Erinnerungen eines deutschen Verlegers. Mit Dokumenten aus dem Archiv des Aufbau-Verlages, ausgewählt von Carsten Wurm, Berlin: Aufbau-Verlag 1993, S. 60, nachfolgend zitiert als [JaV].

[2] Vgl. Tb 1951–1952, 590–593 u. 829–842; Carsten Wurm: Der frühe Aufbau-Verlag 1945–1961. Konzepte und Kontroversen, Wiesbaden: Harrassowitz 1996 (= Veröffentlichungen des Leipziger Arbeitskreises zur Geschichte des Buchwesens. Schriften und Zeugnisse zur Buchgeschichte, Bd. 8), S. 161–166; ...und leiser Jubel zöge ein. Autoren- und Verlegerbriefe 1950–1959, hrsg. von Elmar Faber und Carsten Wurm, Berlin: Aufbau Taschenbuch Verlag 1992, S. 276–306.

[3] Vgl. Kirsten Jüngling/Brigitte Roßbeck: Katia Mann. Die Frau des Zauberers. Biographie, München: Propyläen 2003, S. 299, nachfolgend zitiert als [JüRo]: „Völlig zu Recht wurde Katia Mann auch als ‚Schatzmeisterin‘ angesprochen. Allein sie bewahrte bis in ihr höchstes Alter den pekuniären Überblick, führte Gespräche mit Banken, Versicherungen, Architekten, Maklern, Agenten, Ämtern, Anwälten in Vermögensanlage-, Kredit-, Altersversorgungs-, Hauskauf-, Hausbau- und Steuerfragen, ja scheute selbst vor US-amerikanischen Steuererklärungen nicht zurück." Den Begriff „Schatzmeisterin" zitiert Heinrich Breloer in: Unterwegs zur Familie Mann. Begegnungen, Gespräche, Interviews, Frankfurt/Main: S. Fischer 2001, S. 317, vgl. auch 312 f.

hatte dem widerstrebenden Bermann Fischer vorgeworfen, dass sein Werk in den osteuropäischen Ländern schon lange zugänglich sei, und argumentiert: „Diese Bücher sind käuflich in der Tschechoslovakei, in Ungarn, in Polen, in Rußland selbst, aber ausgemacht von der deutschen Ostzone sollen sie ausgeschlossen [...] bleiben" (BrBF, 583). „In Rußland selbst" ist eine Wendung mit vielen Konnotationen. „Rußland" war fern, eine politische Weltmacht, die russische Literatur des 19. Jahrhunderts, des goldenen Zeitalters seiner Literaturgeschichte, war eine Tradition, in der Mann sich auskannte und die er außerordentlich verehrte. Die Rezeption seiner Schriften konnte unter diesen Umständen ein Maßstab sein, inwieweit solche Spuren lebendig aufgenommen wurden und zu erkennen waren. Doch lassen der Kontext und das Wort *käuflich* hier an noch einen anderen Zusammenhang denken: Die Sowjetunion hatte die seit 1886 geltende Berner Urheberrechtskonvention für sich nicht anerkannt.[4] Honorare wurden dem ausländischen Autor oder einem Angehörigen zwar zur Verfügung gestellt, wenn er sich auf Reisen im Land aufhielt. Vom Lizenzerwerb bei den Originalverlagen hielt man sich bis zum 27. Mai 1973, dem Tag des Beitritts der UdSSR zum 1952 abgeschlossenen Welturheberrechtsabkommen der UNESCO, frei.[5]

Es gab Ausnahmen, die oft den Charakter einer politischen Geste annahmen. So war es im Gedächtnis der Familie Mann geblieben, dass Heinrich Mann in Kalifornien „anfangs über Maxim Litwinow, den sowjetischen Botschafter in den USA, eine finanzielle Unterstützung [...] für seine Veröffentlichungen in Rußland"[6] erhalten hatte. Und Thomas Mann wurden 1953, nach seiner Rückkehr aus dem amerikanischen Exil in die Schweiz, „28.000 Franken [...] vom Sekretär der sowjetischen Gesandtschaft in Bern für die russische Ausgabe der *Buddenbrooks* persönlich überbracht" (JüRo, 288). Die Zahl der russischen Übersetzungen Thomas Manns, seiner Bücher und Zeitschriftenbeiträge, war aber insgesamt sehr groß. Die Bibliographie Thomas Manns von Georg Potempa vermerkt ungefähr 60 Titel allein zwischen 1910 und 1955, neben dem belletristischen Werk auch Essays und sogleich übernommene öffentliche Erklärungen und Briefe. So erschien bereits 1910 bis 1915 eine erste 5-bändige „Gesamt"-Ausgabe mit *Fiorenza, Erzählungen, Buddenbrooks* und dem *Tod*

---

[4] Vgl. Carsten Wurm, Der frühe Aufbau-Verlag (zit. Anm. 2), S. 102: „Etwas leichter fiel es [...], die ebenfalls geforderte Literatur der volksdemokratischen Länder zu publizieren. Da die Verlage dieser Länder im Gegensatz zu der nicht zur Urheberrechtskonvention zählenden Sowjetunion über ihre zentralen Außenhandelsorganisationen Lizenzen [...] einholten, ergab sich ein besserer Ideenaustausch."

[5] Hans-Peter Hillig: Urheber- und Verlagsrecht. Textausgaben, München: Deutscher Taschenbuch Verlag 1990, S. 324 ff.

[6] Katia Mann: Meine ungeschriebenen Memoiren, hrsg. von Erika Plessen und Michael Mann, Berlin/Weimar: Aufbau-Verlag 1975, S. 155 f.

in Venedig. 1934 bis 1936 kam in neuer Übersetzung eine zweite, 6-bändige, heraus, ergänzt um weitere Novellen und den *Zauberberg.* Fünf verschiedene Ausgaben der *Buddenbrooks* sind zwischen 1910 und 1953 verzeichnet.[7]

Zwischen 1959 und 1961, nach dem Tod Thomas Manns, kam im Moskauer Verlag für schöne Literatur [Издательство «Художественная литература»] eine Werkausgabe in 10 Bänden heraus.[8] Sie enthielt auch die inzwischen neu entstandenen Romane und Essays sowie einen Band mit autobiographischen Schriften. Nur die Roman-Tetralogie *Joseph und seine Brüder* sollte erst 1968 erscheinen. Die wichtigsten Übersetzer waren Natalja Man und Solomon Apt, dem für seine Leistungen, zu denen auch die Übertragungen der Werke von Hermann Hesse, Bertolt Brecht, Robert Musil, Franz Kafka, Adalbert Stifter, Max Frisch, Elias Canetti und Friedrich Dürrenmatt gehören, am 29. November 2006 in Stuttgart-Hohenheim der Aleksandr-Men-Preis verliehen wurde.[9]

Als der in München lebende Schriftsteller Leonhard Frank sich Mitte der fünfziger Jahre bei Walter Janka beklagte, dass „die Russen […] seine Bücher ohne Vertrag und ohne Honorar" druckten, gab ihm dieser den Rat: „,Schreib an […] Konstantin Fedin.'" (JaV, 50 f.). Wahrscheinlich hat Janka, der zweimal zu Besuch bei den Manns war, der sich zu Gesprächen mit Erika Mann in Berlin traf (JaV, 67), der mit Thomas, Katia und Erika Mann korrespondierte,[10] auf eine ähnlich lautende Frage die gleiche Auskunft gegeben. Und Katia Mann konnte sich noch Jahre nach seiner Ablösung als Verlagsleiter daran erinnern. Hatte sich doch in den zwei Jahren bis 1956 ein Verhältnis beiderseitigen Vertrauens herausgebildet, was sich unter anderem an den zähen Bemühungen Katia Manns zeigt, internationale Proteste gegen Jankas Verurteilung zu organisieren.[11] Janka war Ende 1956 unter falschen Anschuldigungen verhaftet worden und konnte in der DDR nie wieder als Verleger arbeiten.

Konstantin Fedin (1892–1977) wurde 1959 Vorsitzender des Schriftstellerverbandes, 1964 war er dessen Präsident. Er wurde in Saratov an der Wolga geboren und studierte an der Moskauer Handelsakademie. 1914 kam er, um seine deutschen Sprachkenntnisse zu vertiefen, nach Nürnberg und Dresden, wo ihn der

---

[7] Georg Potemka: Thomas Mann – Bibliographie. Übersetzungen – Interviews, Morsum/Sylt: Cicero Presse 1997, S. 1198–1215.

[8] Ebd., S. 1199 f.

[9] Elfie Siegl: Laudatio für die Verleihung des Aleksandr-Men-Preises an Solomon Apt am 29.11.2006, Akademie der Diözese Rottenburg-Stuttgart, veröffentlicht unter http://www.akademie-rs.de/.

[10] Elmar Faber, ...und leiser Jubel zöge ein (zit. Anm. 2), S. 278–306.

[11] Zu den Protesten von Katia und Erika Mann gegen Verhaftung und Haftbedingungen Walter Jankas siehe Irmela von der Lühe: Erika Mann. Eine Biographie, Frankfurt/Main: S. Fischer 1996, S. 107; Lion Feuchtwanger: Briefwechsel mit Freunden 1933–1958, Bd. 1, hrsg. von Harald von Hofe und Sigrid Washburn, Berlin/Weimar: Aufbau-Verlag 1991; sowie JaV, 80.

Ausbruch des 1. Weltkriegs überraschte. Von den deutschen Behörden bis 1918 festgehalten, lebte er in Zittau und trat als Schauspieler und Chorist im städtischen Theater auf. Nach seiner Rückkehr nach Russland gehörte er in St. Petersburg einer Gruppe junger russischer Übersetzer und Dichter an, die sich um die Verbreitung westeuropäischer Literaturen bemühte und in Anlehnung an E.T.A. Hoffmann „Serapionsbrüder" nannte.[12] 1923 erschien auf Vermittlung von Fedins künstlerischem Paten Maxim Gorki, der dazu eine Einleitung schrieb, in der belgisch-französischen Zeitschrift des Surrealismus Le disque vert seine Erzählung *Der Garten*.[13] Fedins autobiografisch geprägter erster Roman *Städte und Jahre* (1924), der seine Zeit in Deutschland und die russischen Revolutionswirren des Nachkriegs behandelt, erschien 1927 im Berliner Malik Verlag und machte ihn unter den deutschen Literaten bekannt. Ab 1928 unternahm er Reisen durch Europa (u. a. nach Norwegen, Frankreich, Italien), erkrankte schwer an Lungentuberkulose und blieb vier Jahre, bis 1934, in einem Sanatorium in Davos. Nach dem 2. Weltkrieg arbeitete er wie Erika Mann als Berichterstatter bei den Nürnberger Prozessen.[14] Dass Thomas Mann und Fedin sich jemals persönlich begegnet sind, habe ich bisher nicht nachweisen können, aber möglicherweise haben Wieland Herzfelde oder Romain Rolland, die beide mit Fedin sehr befreundet waren, über ihn gesprochen. Während der Zeit des Hitler-Stalin-Paktes von 1939 bis 1941, als kein Text von dem bekennenden Emigranten Thomas Mann in der Sowjetunion erschien, arbeitete Fedin an dem kleinen Roman *Sanatorium Arktur* (1940, dt. 1956), der sich im Titel, im Milieu und in Facetten seiner Figuren an den *Zauberberg* anlehnt. Dass er diesem Roman besonders nahe stand, kam noch in einem Essay zum 80. Geburtstag von Thomas Mann zum Ausdruck.[15] An Peter Huchel, den Herausgeber der Zeitschrift Sinn und Form, der Thomas Mann 1953 von einer Russlandreise berichtet hatte – unter anderem von einer Rede, die Fedin vor 3000 Zuhörern über das Werk Thomas Manns in einem Mos-

---

[12] Vgl. Maxim Gorki: Die Gruppe der Serapionsbrüder, in: ders.: Briefwechsel mit sowjetischen Schriftstellern, hrsg. von Ilse Idzikowski, Berlin: Akademie-Verlag 1984, S. 140 f.: „Im Jahre 1919 richtete der Verlag ‚Weltliteratur' in der Absicht, dem russischen Leser die besten Werke aller europäischen und amerikanischen Schriftsteller des 19. Jahrhunderts und 20. Jahrhunderts zugänglich zu machen, das ‚Studio der Übersetzer' ein. [...] Bald stellte sich heraus, dass einige der Schüler des ‚Studios' zweifellos literarisches Talent hatten. Dies waren die Prosaisten Michail Sostschenko, Lew Lunz und Nikolai Nikitin. [...] Zu dieser kleinen Gruppe stießen allmählich: Konst. Fedin, Mich. Slonimski, Wenjamin Silver, Wsewolod Iwanow und Nikolai Tichonow." Erstveröffentlichung: Maxime Gorki: Le groupe des „Frères Serapion" (Lettre inédite), in: Le disque vert. Revue mensuelle de littérature, 1. Jahr, 2. Serie, Nr. 4, 5 und 6 (Februar – April 1923), S. 62–65.

[13] Konstantin Fedin: Le jardin, in: Le disque vert. Revue mensuelle de littérature, 1. Jahr, 2. Serie, Nr. 4, 5 und 6 (Februar – April 1923), S. 66–73.

[14] Vgl. Steffen Radlmaier: Der Nürnberger Lernprozess. Von Kriegsverbrechern und Starreportern, Frankfurt/Main: Eichborn 2001.

[15] Vgl. Konstantin Fedin: Thomas Mann (1955), in: ders.: Gesammelte Werke, Bd. X: Dichter, Kunst, Zeit. Aufsätze, Erinnerungen, Berlin: Aufbau-Verlag 1959, S. 212–221.

kauer Theater gehalten hatte – schrieb Thomas Mann: „Sie können sich denken, daß, was Sie mir von Ihren russischen Eindrücken berichten, mich höchlich interessiert [...]. Man ist von dieser Welt so abgesperrt, hat auch längst keine rechte Vorstellung mehr, wie sich die eigene Existenz etwa dort ausnimmt. Da hatten denn Ihre Erfahrungen, was Sie von dem Zulauf zu Fedins Vortrag in Moskau, von der Vertrautheit der russischen Kollegen überhaupt mit meiner Arbeit sagen, etwas Aufregendes für mich."[16]

Konstantin Fedin war in der Sowjetunion ein sehr angesehener Schriftsteller. Als Präsident des Schriftstellerverbandes war er in einer eher repräsentativen Funktion. In seinem offiziellen Auftreten blieb er im politischen Rahmen, in seinen Tagebüchern hingegen, die bisher nur auszugsweise veröffentlicht wurden, reflektierte er die Ereignisse und bewahrte sich oft einen eigenen Kopf. Das mag auch der Grund gewesen sein, weshalb ihm nicht nur Bertolt Brecht[17] und Anna Seghers vertrauten, sondern, während des Kalten Krieges, auch die französischen Schriftsteller Vercors (Jean Bruller) und Jean-Paul Sartre, wenn es um ihre Belange in der Sowjetunion ging. Für Thomas Mann war er ein Gewährsmann und seinem Werk in bestimmter Weise verpflichtet. Katia Mann wandte sich an Fedin, der fließend deutsch sprach, in deutscher Sprache, an den Vermittler wie an den Schriftsteller gleichermaßen, in einem persönlich gehaltenen Ton. In der Absicht, Tantièmen für das in der UdSSR erschienene Werk Thomas Manns zu erlangen, gab sie ihm, informiert darüber, dass hier nicht der betreffende Verlag, sondern die „Finanzbehörde", sprich: die Regierung, der Ansprechpartner war, alle Argumente in die Hand: die Verehrung des Werks von Thomas Mann in der Sowjetunion, das Wissen um Honorare, die ausländischen Autoren, und zwar in ihrer Landeswährung, gezahlt worden waren. Wie in anderen Selbstaussagen zu dieser Zeit betont sie, das wirtschaftliche Haupt einer großen Familie zu sein.[18] Und sie spielt durch den Hinweis auf die von Krankheit gezeichnete Situation ihrer Schriftsteller-Tochter Erika auf genau dasjenige seiner Werke an, das sie, aufgrund eigener Lebenserfahrung (ihrer Kuraufenthalte in Davos und Arosa) gelesen haben mochte: *Sanatorium Arktur*: „...was für gewaltige Unkosten das alles in einem Lande" verursache, „in dem die Medizin nicht verstaat-

---

[16] Thomas Mann an Peter Huchel, 4.10.1953, zitiert nach: Briefwechsel mit Thomas Mann, in: Sinn und Form, Jg. 7, H. 5 (1955), S. 673 f.
[17] Vgl. Gesine Bey: Schreiben in der Diktatur. Gegenseitige Hilfe in Russland. Bertolt Brecht und die Journalistin und Ärztin Angela Rohr, in: Frankfurter Allgemeine Zeitung, 11.8.2006, S. 36.
[18] Vgl. JüRo, 322, über die achtzigjährige Katia Mann: „Und das, wo Katia Mann doch gerade erst die Amtsbezeichnung ,Wirtschaftshaupt' für angemessen befunden hatte, auch ,ehrwürdiges Familienoberhaupt' nannte sie sich nun." Siehe auch Inge und Walter Jens: Frau Thomas Mann. Das Leben der Katharina Pringsheim, Reinbek bei Hamburg: Rowohlt 2003, S. 270: „Nein, ein ,Schnapps' war Katia gewiss nicht, wohl aber blieb sie weiterhin das ,Wirtschaftshaupt' ihrer Familie und hatte, auch nach Thomas Manns Tod, dafür zu sorgen, dass die Kinder nicht zu kurz kamen."

licht" sei. Handelt Fedins Roman doch vom Ruin eines kleinen Sanatoriums in Davos Platz, das, unterhalb des weit leuchtenden Kantonsspitals gelegen, um seine flüchtenden Patienten kämpfen muss.

FRAU THOMAS MANN   KILCHBERG AM ZÜRICHSEE
                                          ALTE LANDSTRASSE 39
                                          19. April 1964

Herrn Konstantin Fedin
Uliza Worowskogo 52
Moskau

Lieber Herr Fedin,
Sie bekommen bestimmt ständig Dankesbriefe von Ihrer grossen internationalen Leser-schaft, und auch ich hätte Ihnen längst in diesem Sinne schreiben sollen, denn ich besitze viele Ihrer Bücher in deutscher Uebersetzung und liebe sie sehr.

Aber heute wende ich mich nicht so sehr an den grossen Romancier wie an den Vor-sitzenden des Verbandes der Sowjetschriftsteller in eigener Sache. Immer wieder höre ich zu meiner Freude, wie grossen Ansehens Thomas Mann sich in Ihrem Lande erfreut; viele seiner Bücher sind in hohen Auflagen erschienen, und es gibt auch eine zehn-bändige Gesamtausgabe, die man uns freundlicher Weise hat zukommen lassen. Nun ist mir freilich auch bekannt, dass ausländische Bücher in Russland frei sind. Das war seit jeher so und ist so geblieben. Es soll aber doch die Möglichkeit von Ausnahmen für die Transferierung von Tantièmen geben, und da liegt mir natürlich der Gedanke nahe, dass vielleicht gerade im Falle Thomas Manns eine solche Ausnahme in gewissen Gren-zen gemacht werden könnte. Ich bin das Haupt einer sehr zahlreichen Familie, deren Mitglieder nicht alle wirtschaftlich unabhängig sind. Dazu kommt, dass meine älteste Tochter Erika, die Herausgeberin der Briefe ihres Vaters und auch sonst schriftstelle-risch tätig, nun schon das vierte Jahr an den Folgen eines schweren Unfalls leidet. Sie ist fast immer im Hospital, musste sich schon verschiedenen Operationen unterziehen und eine weitere steht leider bevor. Sie können sich vorstellen, was für gewaltige Unkosten das alles in einem Lande, in dem die Medizin nicht verstaatlicht ist, verursacht, und unter diesen Umständen wäre mir eine Beteiligung an den Tantièmen des Werks von Thomas Mann natürlich ausserordentlich willkommen.

Nun hat man mich wissen lassen, dass Sie, sehr verehrter Herr Fedin, als Vorsitzen-der des Schriftstellerverbandes, bei der Finanzbehörde durch einen Hinweis vielleicht in diesem Falle eine positive Entscheidung herbeiführen können. Jedenfalls wäre ich Ihnen für einen Versuch dieser Art sehr dankbar.

Dies also war mein Anliegen und ich möchte Ihre Zeit nicht weiter in Anspruch nehmen, sondern habe es wohl schon über Gebühr getan. So schliesse ich denn mit dem Ausdruck

meiner aufrichtigsten Hochachtung,
Ihre
Katja Mann[19]

---

[19] Staatliches Fedin-Museum, Saratov (nachfolgend zitiert als [GMF], d. i. Gossudarstvenni Musej Fedina), Nr. 9382, Blatt 1–2, Kopfbogen, maschinenschriftlich. – Ich danke Frido Mann für

Da über den Staatsverlag für schöne Literatur der Ministerrat der UdSSR verfügte, richtete sich dorthin auch das Schreiben des Vorstands des Schriftstellerverbandes, dem Fedin eine Abschrift von Katia Manns Brief ausgehändigt hatte:

An den stellvertretenden Vorsitzenden des staatlichen Komitees für Druck- und Verlagswesen des Ministerrats der UdSSR
Gen. K. M. Bogoljubow
9. Juli 1964

Katja Mann, die Witwe des bedeutenden deutschen Schriftstellers Thomas Mann, hat sich an den Schriftstellerverband der UdSSR gewandt, mit der Bitte, sie durch den Erhalt eines Teils des Honorars für die in der UdSSR erschienene Werkausgabe ihres verstorbenen Mannes in ausländischer Valuta zu unterstützen. In ihrem Brief teilt K. Mann mit, dass sie unter schwierigen materiellen Bedingungen lebe, dass ihre Tochter, die Schriftstellerin Erika Mann, das vierte Jahr schwer krank sei und nicht die Möglichkeit habe, literarisch zu arbeiten.

In den letzten Jahren wurden in der Sowjetunion im Staatsverlag die Gesammelten Werke Thomas Manns in 10 Bänden (1959/1961) herausgegeben, sowie seine Romane „Bekenntnisse des Hochstaplers Felix Krull" (1956 und 1957), „Doktor Faustus" (1959), eine Novellensammlung (1954) und anderes.

In Anbetracht des großen literarischen Verdienstes Thomas Manns und seiner stets freundschaftlichen Einstellung gegenüber der Sowjetunion, sieht es das Sekretariat des Vorstands des Schriftstellerverbandes der UdSSR für notwendig an, Katia Manns Bitte um die Auszahlung des Honorars für das bei uns veröffentlichte Werk in Schweizer Franken zu erfüllen.

A. Surkow
Sekretär des Vorstands des Schriftstellerverbandes der UdSSR[20]

Darüber, wer konkret über die Honorarangelegenheit für Katia Mann entschied, kann man im Russischen Archiv für Literatur und Kunst keine Auskunft bekommen, allenfalls im Regierungsarchiv. Es ist gut möglich, dass es sich um eine der letzten kleineren Amtshandlungen des Ministerratsvorsitzenden Nikita S. Chruschtschow gehandelt hat. Zwei Monate später, am 14. Oktober 1964, trat er von der politischen Bühne ab.[21] Noch Anfang September

seine freundliche Genehmigung zum Abdruck der 3 hier vorgestellten Briefe Katia Manns. Dem Fedin-Museum in Saratov danke ich für die Reproduktion der Originale und ebenso für das Einverständnis mit ihrer Veröffentlichung.
[20] Zentrales Russisches Staatsarchiv für Literatur und Kunst, Moskau (nachfolgend zitiert als [RGALI]), Fond 631. op. 26, d. 197. Blatt 70. Übersetzung der russischen Dokumente durch die Verfasserin. Ich danke Natalya Dmitrieva, Moskau, für ihre Hilfe im RGALI. – Alexander Surkow (1899–1983) war Lyriker und Kulturfunktionär.
[21] Vgl. Reinhold Neumann-Hoditz: Nikita S. Chruschtschow in Selbstzeugnissen und Bilddokumenten, Reinbek bei Hamburg: Rowohlt 1980 (= Rowohlts Monographien, Bd. 289), S. 141.

1964 hatte der Schriftstellerverband dem Hauptbuchhalter des Verlages in der „Schweizer Angelegenheit"[22] die genaue Anschrift der Empfängerin mitgeteilt und darum gebeten, die Summe des überwiesenen Honorars zu erfahren.

An den Hauptbuchhalter des Verlages für schöne Literatur
Gen. B. Goldenstein
7. September 1964

Sehr verehrter Boris Alexandrowitsch!

Auf Ihre Bitte hin teilen wir Ihnen die Adresse der Witwe des deutschen Schriftstellers Thomas Mann, Frau Katja Mann, mit:

Katja Mann   Катя Манн
Kilchberg bei Zürich   Кильхберг / Цюрих/
Alte Landstr. 39   Альте Ландштрассе, 39
Schweiz   Швейцария

Bitte setzen Sie uns für die Antwort K. A. Fedins auf den von ihr erhaltenen Brief darüber in Kenntnis, welche Summe Sie Katja Mann überweisen.

I. A. W. Steshenski,
Stellvertretender Vorsitzender der Ino-Kommission des Schriftstellerverbandes der UdSSR[23]

Diese Auskunft ließ nicht lange auf sich warten:

Staatliches Komitee für Druck- und Verlagswesen des Ministerrats der UdSSR
Verlag für schöne Literatur
Moskau, Uliza Nowo-Basmannaja 19
19. September 1964

An den Stellv. Vorsitzenden der Ino-Kommission
Gen. W. I. Steshenski

Sehr verehrter Wladimir Iwanowitsch!
Ich teile mit, dass Katja Mann an die von Ihnen angegebene Adresse eine Honorarsumme für die 10-bändige Ausgabe der Gesammelten Werke in Höhe von 3537 Rubeln, 60 Kopeken / 16.983,19 Schweizer Franken überwiesen worden ist.

B. Goldenstein, Hauptbuchhalter [24]

[22] RGALI. Fond 631. op. 26, d. 197. Bl. 24.
[23] RGALI. Fond 631. op. 26, d. 197. Bl. 14. – Wladimir Steshenski (1921–2000) war Literaturhistoriker und Mitarbeiter des Schriftstellerverbandes sowie Leiter der Auslandskommission (Inostrannaja Komissija). 2005 erschien im Moskauer Agraf-Verlag *Soldatski Dnewnik*, sein Kriegstagebuch.
[24] RGALI. Fond 631. op. 26, d. 197. Bl. 24.

Fedin hat Katia Mann am 19. September 1964 geantwortet. Er hatte sich das Datum auf das Briefkuvert ihres ersten Briefes notiert.[25] Katia Mann dankte ihm herzlich am 14. Oktober 1964. An diesem Tag brachten alle Nachrichten der Welt die Meldung vom Sturz Nikita S. Chruschtschows. Katia Mann wunderte sich darüber, dass Fedin ihr in russischer Sprache geschrieben hatte, und entschuldigte sich dafür, dass ihr der Brief in dieser Form unverständlich war. Man fühlt sich an die Zeit ihres Universitätsbesuchs erinnert, als sie sich für das Wintersemester 1901/02 in ein „Anfangskolleg Russisch"[26] eingetragen hatte. Fedin wird ihr damit aber signalisiert haben, dass seine Antwort eine offizielle war.

Frau Thomas Mann

KILCHBERG AM ZÜRICHSEE
ALTE LANDSTRASSE 39

14.X.1964

Lieber Herr Fedin,
Leider beantworte ich Ihren freundlichen Brief mit einiger Verspätung, aus dem etwas beschämenden Grund, dass ich nicht gleich Gelegenheit hatte, ihn mir von einem russischen Freund übersetzen zu lassen. Natürlich sollte man eine Weltsprache wie die russische beherrschen, und die jüngere Generation heute bemüht sich auch in dieser Richtung. Aber in meiner so weit zurückliegenden Jugend, zur Zeit des zaristischen Russland, war man noch nicht so weit und begnügte sich damit, die grosse russische Literatur, Ihre eigenen schönen Bücher inbegriffen, in Übersetzungen kennen zu lernen, was ja im Grunde immer unzulänglich bleibt.

Fast gleichzeitig mit Ihrem Brief traf auch schon die Überweisung für die Gesammelten Werke ein. Es ist doch hocherfreulich, dass Ihre Bemühungen so erfolgreich waren, und ich danke Ihnen sehr herzlich, auch im Namen meiner Tochter Erika.

Immer
Ihre
Katja Mann.[27]

Rund 17.000 Schweizer Franken waren, verglichen mit den 28.000 Franken, die dem lebenden Autor schon einmal für ein einziges Werk gezahlt worden waren, keine sehr große Summe. Aber sie hätten genau dazu ausgereicht, Katia Manns Opel Kapitän, der Anfang Januar 1964 bei einem Unfall zu Bruch gegangen war,[28] durch einen neuen zu ersetzen. Ja, man kann davon ausgehen,

---

[25] GMF, Nr. 9383, Blatt 2.
[26] Inge und Walter Jens, Frau Thomas Mann (zit. Anm. 18), S. 45.
[27] GMF, Nr. 9383, Blatt 1–2, Kopfbogen, handschriftlich.
[28] Vgl. Die Familie Mann in Kilchberg, hrsg. von Thomas Sprecher und Fritz Gutbrodt, Zürich: Verlag Neue Zürcher Zeitung 2000, S. 90.

FRAU THOMAS MANN   KILCHBERG AM ZÜRICHSEE
ALTE LANDSTRASSE 39

14. X. 1964

Lieber Herr Fedin,

Leider beantworte ich Ihren freundlichen Brief mit einiger Verspätung, aus
dem etwas beschämenden Grund, dass
ich nicht gleich Gelegenheit hatte, ihn
mir von einem russischen Freund übersetzen zu lassen. Natürlich sollte man
eine Weltsprache wie die russische beherrschen, und die jüngere Generation
heute bemüht sich auch in dieser
Richtung. Aber in meiner so weit
zurückliegenden Jugend, zur Zeit des
zaristischen Russland, war man noch
nicht so weit und begnügte sich damit,
die grosse russische Literatur, Ihre eigenen schönen Bücher inbegriffen, in

Katia Mann an Konstantin Fedin, 14.10.1964

Übersetzungen kennen zu lernen, was
ja im Grunde immer unzulänglich
bleibt.

Fast gleichzeitig mit Ihrem Brief
traf auch schon die Überweisung
für die Gesammelten Werke ein.
Es ist doch hocherfreulich, dass Ihre
Bemühungen so erfolgreich waren,
und ich danke Ihnen sehr herzlich, auch im Namen meiner Tochter Erika.

Immer
Ihre
Katja Mann.

Einschreiben

Kilchberg (ZH)
R 236

Herrn Konstantin Fedin
Uliza Worowskogo 52
Moskau

dass die geplante Neuanschaffung des Autos mit eigenen Mitteln Mitte April das eigentliche Motiv gewesen war, den ersten Brief an Konstantin Fedin zu schreiben. Zu diesem Zeitpunkt stritt die 81-Jährige noch heftig um die Wiedererlangung der entzogenen Fahrerlaubnis,[29] und vermutlich wollte sie sich dem Vorwurf entziehen, nicht nach der Vernunft zu handeln.

1966 plante Michael Mann, seit 1964 Germanistikprofessor an der University of Berkeley, eine kurze Studienreise in die UdSSR. Was hätte näher gelegen, als ihn mit einem Anteil aus dem Erlös des Verkaufs der Bücher seines Vaters im Land selbst zu unterstützen? Grund genug für Katia Mann, dem russischen Autor noch einmal zu schreiben.

Frau Thomas Mann   Kilchberg am Zürichsee
                                                         alte Landstrasse 39

                                                         11. Juli 1966

Verehrter Konstantin Fedin,
Vor einigen Jahren habe ich mich, nicht ohne Erfolg, an Sie gewandt. Heute möchte ich das im Interesse meines jüngsten Sohnes, Dr. Michael Mann, wieder in einer ähnlichen Angelegenheit tun. Michael, Professor der Germanistik an der am[e]rikanischen Universität Berkeley, studiert zur Zeit eifrig Russisch. Im Spätsommer oder frühen Herbst möchte er eine Reihe von Wochen in Russland verbringen, hauptsächlich zum Zweck vergleichender literarischer Studien. Mir ist bekannt, dass Honorare ausländischen Autoren nicht gutgeschrieben werden. Aber ich dachte, dass vielleicht in Anbetracht des Zweckes der Reise, des grossen Ansehens, das sein Vater in Ihrem Lande geniesst und der weiten Verbreitung der Werke von Thomas Mann in russischer Uebersetzung, für den Sohn vielleicht eine kleine Ausnahme gemacht werden könnte. Dieser wird sich bestimmt noch direkt mit Ihnen in Verbindung setzen. Ich dachte nur, da ich schon einmal das Vergnügen hatte, mit Ihnen zu korrespondieren, ich könnte sein Gesuch bei Ihnen unterstützen.

    Mit freundlichsten Grüssen
    Ihre
         Katja Mann.[30]

Fedin vermerkt am unteren Briefrand, Katia Mann am 8. September 1966 geantwortet und versprochen zu haben, auch an Michael Mann zu schreiben. Doch obwohl der Bescheid, für russische Behörden, diesmal sehr schnell erfolgte und unabhängig davon, ob er positiv oder negativ ausfiel, kam er für Michael Mann wohl zu spät, um eine solche Reise noch innerhalb seiner Europafahrt zu realisieren. Von der Hochzeit seines Sohnes Frido Mann am 16. August 1966 in

---

[29] Vgl. den Brief Katia Manns an Doktor Voegeli vom 18.3.1964, ebd., S. 90.
[30] GMF, Nr. 9771, Blatt 1, Kopfbogen, maschinenschriftlich.

München, der sie sich vermutlich hätte anschließen sollen, brach er nach Salzburg auf, im September war er schon in Jugoslawien.[31]

Die Briefe Katia Manns bezeugen über den „privaten" Anlass hinaus, dass sie eine mutige Frau war, die mitten im kalten Krieg vernünftige Verhältnisse in der Kommunikation zwischen dem Westen und dem Osten herstellen wollte. Ihre Veröffentlichung kann die Geschichte dieser schwierigen Zeit bereichern.

---

[31] Vgl. den Brief von Michael Mann an Werner Heisenberg, Salzburg, 17.8.1966, in: Frido Mann: Achterbahn. Ein Lebensweg, Reinbek bei Hamburg: Rowohlt 2008, S. 180f. Für die Auskunft, dass sein Vater Anfang September in Jugoslawien war, danke ich Frido Mann.

Herbert Lehnert

Fiktionen als historische Evidenz?

Überlegungen zu *Zauberberg* und *Doktor Faustus*
aus Anlass von Hans Rudolf Vagets *Seelenzauber*

Hans Rudolf Vagets Buch *Seelenzauber*[1] ist, so der Untertitel, eine Untersuchung zum Thema *Thomas Mann und die Musik* und das Ergebnis von
jahrelangen Forschungen. Viel kann der Leser darüber erfahren, wie fasziniert Thomas Mann von der Musik Richard Wagners war, die seinen „Weg zu
einem kritischen Wagnerismus" (SZ, 377) immer begleitete. Thomas Manns
von Anfang an distanziertes Verhalten gegenüber dem Wagner-Kult in Bayreuth (SZ, 303–322) ist ein deutliches Zeichen für die emotionale Ambivalenz.
Vaget lässt uns nachdenken über Beziehungen zwischen der Kompositions-
weise Wagners im Spätwerk und der literarischen Bewusstseinsstromtechnik
(SZ, 152 f.). Wir lernen Thomas Manns Bekanntschaft mit dem Wagner-Enkel Franz Beidler, dem Verfasser des Fragments einer kritischen Biographie
Cosima Wagners, kennen. Wir lesen von den französischen Einflüssen auf
Leverkühns Kompositionen im *Doktor Faustus* (SZ, 122–142). Das bringt
Theodor Wiesengrund Adornos Anteil an Leverkühns Kompositionen auf
das richtige Maß. Vaget zeigt uns, wo Hans Pfitzner im *Doktor Faustus* versteckt ist (SZ, 228–237) und welche Wirkung der andere bedeutende Nach-
Wagnerianer, Richard Strauss, auf Leverkühns Kompositionen hatte (SZ,
222–228). Ambivalent war auch Thomas Manns Beziehung zu dem Dirigenten und „Inneren Emigranten" Wilhelm Furtwängler; bewundernde Affinität
stritt seit 1933 mit feindlicher Ablehnung (SZ, 270–300). Dieser biographische
Beitrag hat besonderen Wert, weil er so viel erkennen lässt von Thomas Manns
labilem Verhältnis zur Kultur seines Heimatlandes nach seiner Ausstoßung.
Als solche empfand Thomas Mann mit Recht den Protest der Richard-Wagner-Stadt München von 1933, weil dieser weniger von Nationalsozialisten als
von Münchener Kulturbürgern initiiert war. Vagets Forschungen zu dessen
Vorgeschichte, die mit Thomas Manns Freundschaft zu Bruno Walter zusammenhängt, sind hier wieder abgedruckt (SZ, 241–269, 323–357). Ein Kapitel
ist Thomas Manns Berührung mit dem Wagner-Biographen Ernest Newman

---

[1] Hans Rudolf Vaget: Seelenzauber. Thomas Mann und die Musik, Frankfurt/Main: S. Fischer
2006. Im Folgenden zitiert als [SZ].

gewidmet (SZ, 358–378). Das Buch enthält eine Fülle von neuen biographischen Informationen, unentbehrlichen Beiträgen zum Verständnis des Werkes und viele Anregungen darüber hinaus.

Ich behandle aus Vagets Buch nur eine These, nämlich, dass in *Zauberberg* und *Doktor Faustus* Warnungen vor Musik als Legitimation des deutschen Kulturimperialismus zu finden seien. Thomas Mann habe in diesen Werken auf den deutschen „Musikkult" (SZ, 10) aufmerksam gemacht, den Vaget mehrfach „Musikidolatrie" (SZ, 47) nennt. Aus dem „Nexus von deutscher Musik und nationaler Identität" (SZ, 23) sei „‚Kulturimperialismus'" (SZ, 13) entstanden, das „kulturelle und politische Hegemoniestreben" (SZ, 46). Der Kult der Musik als deutsche Identität gerate zur „Legitimationsstrategie des deutschen Imperialismus" (SZ, 14). Die „Katastrophen des Kollektivs", der Deutschen, seien „in den von der Musik induzierten geistigen Abenteuern des Individuums" vorgezeichnet (SZ, 24). Der historischen „Ursachenforschung" zu Nationalsozialismus, Zweitem Weltkrieg und Holocaust wirft Vaget vor, sie habe Thomas Manns lebenslanges Nachdenken über Musik nicht beachtet (SZ, 21). Allerdings bringe Thomas Manns Werk nicht die äußerlichen Ursachen der Weltkriege und der Annahme des Nationalsozialismus zur Sprache, nicht die ökonomischen, innen- und außenpolitischen, vielmehr distanziert Vaget sich ausdrücklich von den eifrig hergestellten kulturwissenschaftlichen Verdammungen, den „Genealogien der ‚deutschen Katastrophe'" (SZ, 22). Es sei vielmehr die Mentalitätsgeschichte, zu der Thomas Manns Kritik seiner eigenen Kultur beitrage. Der deutschen Kultur habe er, in dem Vortrag *Deutschland und die Deutschen*, einen Prozess der „Pervertierung" zugeschrieben. In seiner Formulierung, das böse Deutschland von 1945 sei das fehlgegangene gute (Ess V, 279), stecke die „Vorstellung einer prozesshaften Verderbnis", eine Pervertierung der Kultur, die die Deutschen empfänglich gemacht habe für die „moralische Regression" des Nationalsozialismus (SZ, 23). Die Musik sei in Thomas Manns Auffassung das Beste der deutschen Kultur. Auf deren Rolle in dem Prozess der Verderbnis habe er in den genannten Werken hinweisen wollen.

Die Worte „Zersetzung und Fäulnis" (5.1, 989) kommen in der Tat als Metaphern in dem Abschnitt „Fülle des Wohllauts" im siebenten Kapitel des *Zauberbergs* vor. Der Zersetzung und Fäulnis, der Verderbnis und Perversion ausgesetzt ist in diesem Text ein Symbol der Romantik, das Lindenbaumlied aus der *Winterreise* von Wilhelm Müller und Franz Schubert. Gegen Hans Castorps Begeisterung für die romantische Musik stellt der Text die „Selbstüberwindung" Wagners im Werk Nietzsches als Muster, mit dem Ziel, der „Fäulnis" und dem „Verderben" zugunsten von „Liebe" und „Zukunft" entgegenzuwirken (5.1, 989 f.). Diese Stelle ist eine starke Stütze für Vagets These einer aggressiven Tendenz im „Nexus von deutscher Musik und nationaler Identität" (SZ 23), denn dort, in „Fülle des Wohllauts", ist auch von Wagner die Rede, der dem Lindenbaumlied „Riesenmaße" gegeben habe, um „die Welt damit zu unterwerfen" (SZ, 990). Der Erzähler löst sich aus der fiktionalen Handlung, erzählt nicht mehr, was Castorp oder andere Figuren denken, fühlen, erleben, sondern wendet sich an seine Leser. Spricht er hier ein Ergebnis der Erziehung Hans Castorps aus, ähnlich dem hervorgehobenen Satz aus dem Abschnitt „Schnee": *„Der Mensch soll um der Güte und Liebe willen dem Tode keine Herrschaft einräumen über seine Gedanken"* (5.1, 748)?

Bevor ich der Frage nachgehe, welche Bedeutung „Ergebnissätze" in der Struktur des *Zauberbergs* haben können, befrage ich Vagets Belege für die Genese der „Musikidolatrie" Thomas Manns in patriotischen Äußerungen zur Zeit der *Betrachtungen eines Unpolitischen*. Bildet dort „die Beziehung von Musik und nationaler Identität", wie Vaget meint, „den eigentlichen Kern der Argumentation" (SZ, 24)? Gibt es einen „eigentlichen Kern" in diesem wenig disziplinierten Kriegs-Essay? Äußerungen Thomas Manns in den *Betrachtungen* und aus der Zeit ihrer Abfassung klingen in der Tat so, als habe Thomas Mann damals seine deutsche Identität über die Musik definieren wollen. Gilt das für die deutsche Kultur oder nur für ihn?

„Musik ist die Nationalkunst in Deutschland" (15.1, 199), heißt es in Thomas Manns Bericht von einer Darbietung der *Winterreise* Ende 1916 in München.[2] Die „Vorrede" der *Betrachtungen*, Anfang 1918 geschrieben, erklärt, die „Sympathie mit dem Tode'", das „Hinsinken an die Brust der Romantik", solle dem „Fortschritt von der Musik zur Demokratie" opponieren (XII, 39f.). „Musik" ist hier in der Tat ein Symbol für das Deutschland ohne liberal-demokratische Ideologie, wo die Kunst frei ist von politischen Bindungen. Im früher geschriebenen Kapitel „Einkehr" erzählt der Betrachter, wie die Musik Wagners dem jungen Außenseiter in ungeliebter Fremde „die Heimat seiner Seele" bedeutet habe (XII, 80). Jedoch will er diese Musik zugleich als „überdeutsches Geisteserlebnis" verstanden wissen (XII, 81), also nicht eindeutig nationalistisch. Ein Symbol, ein Bild für die deutsche Musik ist auch das der mehrstimmigen Fuge im Abschnitt „Politik": „Abbild und künstlerisch-spirituelle Spiegelung des deutschen Lebens selbst" (XII, 320). Wenig vorher hatte Thomas Mann den Kontrapunkt und die Fuge, „wo eines ins andere greift", als „l'art pour l'art", als sein „Ideal von Kunst" erklärt (XII, 319). Das Bild der Fuge für „Deutschland als Kultur, als Meisterwerk, als Verwirklichung seiner Musik" erscheint wieder in *Klärungen. Offener Brief an Hermann Grafen Keyserling*, einem Dokument

---

[2] Dieser Bericht ist Teil des Artikels *Musik in München*, den Thomas Mann Ende 1916 zur Unterstützung Bruno Walters geschrieben hatte. Er erschien im Januar 1917 in einer Berliner Zeitung. Zu den Angriffen auf Walter siehe SZ, 250–255, 345–350.

übrigens, in dem Thomas Mann schon um die Jahreswende 1919–1920 die Rezeption der *Betrachtungen* zu „klären", das heißt, das nationalistische Missverständnis abzuwehren sucht. Das schließt Nationalgefühl nicht aus. Deutschland, einer Fuge gleich, sei „das Vorbild der Völker", „ein Traum, der wert ist, geträumt, der wert ist, geglaubt zu werden" (15.1, 294).[3] Jedoch ist das ein Bild, metaphorisch gemeint. Schon die *Betrachtungen* selbst wollten gerade nicht einen „nationalistischen Katechismus" festlegen. Der läge in den Händen und herrsche in den Köpfen „der politischen, der demokratischen Völker" (XII, 206).

Musik als deutsche Identität kann als Bild, als Symbol erscheinen. Das soll aber gerade nicht eine eindeutige Identität festlegen, weil es vielmehr ästhetische Freiheit ausdrückt. Die *Betrachtungen* sollen das nicht festlegbare Deutschland verteidigen, das Land in der Mitte Europas, offen für Anregungen von beiden Seiten. Denn im unpolitischen Deutschland werde Kunst, europäische (XII, 54), kosmopolitische (XII, 71, 115) Kunst, nicht in politische und soziale Konformität gezwängt. Diesen Zwang schrieb er der französischen Geisteshaltung zu, eigentlich der an Frankreich ausgerichteten literarischen Orientierung des Bruders. In einer Rede zum Verfassungstag 1924 in Stralsund, entstanden im Sommer des Jahres, in dem auch der Abschnitt „Fülle des Wohllauts" entstanden ist, spricht er von der „fast unheimliche[n] Vieldeutigkeit, Unfaßbarkeit, Unberechenbarkeit" der deutschen „Volksseele" (15.1, 778).[4] Musik ist ein Bild für diese Unbestimmtheit, weil Thomas Mann sie im Sinne Schopenhauers versteht als „von der erscheinenden Welt ganz unabhängig", frei von rationalen Festlegungen und Konventionen, „Abbild des ganzen *Willens*",[5] damit Ausdruck des ungreifbaren Wesens der Welt.

Die *Betrachtungen eines Unpolitischen* wollen polemisch und oft einseitig, manchmal auch verquer, die ästhetische Freiheit von bürgerlichen Ordnungen und Pflichten verteidigen. Seit 1913 hatte Thomas Mann mit dem Reiz dieser Freiheit zu spielen begonnen, mit der Novelle, dann dem Roman *Der Zauberberg*. Als Thomas Mann seine Frau 1912 in Davos besuchte, war *Der Tod in Venedig* noch nicht fertig. Der Reiz, eine Satire auf die Geschichte des neu-klassischen Künstlers zu schreiben,[6] muss damals in Davos entstanden

---

[3] Wiederholt am Ende des Vortrags *Goethe und Tolstoi* (15.1, 420).

[4] Übrigens zollt er in dieser Rede der Weimarer Verfassung nur sehr eingeschränkt Anerkennung, eigentlich nur ihrer bloßen Existenz als Verfassung.

[5] Arthur Schopenhauer: Sämtliche Werke, textkritisch bearb. und hrsg. von Wolfgang Freiherr von Löhneysen, Stuttgart: Cotta 1982, Bd. 1, S. 359.

[6] Siehe Eva Wessell: Magic and Reflections. Thomas Mann's „The Magic Mountain" and his War Essays, in: A Companion to the Works of Thomas Mann, hrsg. von Herbert Lehnert und Eva Wessell, Rochester, NY: Camden House 2004 (= Studies in German literature, linguistics, and culture), S. 129–145.

sein.[7] Aschenbach war aus repräsentativer Pflicht, Rang und Größe gefallen, als seine Liebe, sein Wille zum Leben, sein Lebensrecht als Mensch ihn überkommen und zu einer Freiheit im „Nebelhaft-Grenzenlosen" des Todes geführt hatte (2.1, 592). Die satirische Variante sollte einen schlichten Bürger in die leere Freiheit des modernen Schriftstellers versetzen. Der Text spielt mit einem kontrastierenden Leitmotiv, das halb verborgen bleibt, Wagners *Tannhäuser*, das musikalische Drama eines Dichters mit moralischen Problemen. *Der Zauberberg* legt einem schlichten Bürger die Freiheit des Schriftstellers von der konventionellen Moral auf, erlaubt ihm, seine eigene Welt zu erleben, nimmt ihm aber die Kreativität, die zur Gestaltung dieser Welt gehörte.

Der Tod in Venedig war ein Experiment gewesen, das Heinrich Manns Forderung negativ beantwortete, die er in seinem Essay *Geist und Tat* vom Januar 1911 erhoben hatte: der „Mensch des Geistes, der Literat"[8] solle herrschen, „dem Geist die Erfüllung seiner Forderungen sichern",[9] die Nation befreien. Andere Schriftsteller hatten sich von Nietzsche zu halben oder ganzen religiösen Erneuerungsvisionen für die Kultur inspirieren lassen. An die glaubte Thomas Mann nicht. Dennoch fühlte er sich repräsentativ mit seiner Umwelt verbunden. In einem Brief an den Bruder Heinrich vom 8. November 1913 schreibt er: „Es ist schlimm, wenn die ganze Misere der Zeit und des Vaterlandes auf einem liegt" (21, 535). Diese Misere ist die gleiche „Welt", in der die „Zersetzungsstoffe[ ] der Zivilisation" wimmeln, über die bald darauf die *Gedanken im Kriege* klagen werden (15.1, 31 f.). An einer 1919 geschriebenen Stelle des *Zauberbergs* wird Hans Castorps Zeit, 1907 bis 1914, als „hoffnungslos, aussichtslos und ratlos" beschrieben (5.1, 54).

Der Brief an Heinrich vom November 1913 erlaubt schon Einblicke in die Struktur des Romans. Die Arbeit daran hatte zwei Monate vorher, im September 1913, begonnen. Der Briefschreiber setzt seine (angebliche) Unfähigkeit, sich geistig und politisch zu orientieren, in Gegensatz zu Heinrich, der es gekonnt habe (21, 535). Heinrich schrieb damals an dem Roman *Der Untertan*. Die Struktur des *Zauberbergs* ist über den Widerspruch zu Heinrich gespannt und steht der Pflicht entgegen, für die Demokratie zu schreiben. Dem setzt Thomas Mann in diesem Brief die Formel „Sympathie mit dem Tode" entgegen, die ihm „tief eingeboren" sei. „... mein ganzes Interesse galt immer dem

---

[7] Siehe Thomas Sprecher: Davos in der Weltliteratur. Zur Entstehung des „Zauberbergs", in: TMS XI, 9–42, 14, bes. Anm. 6.

[8] Heinrich Mann: Geist und Tat, in: ders.: Macht und Mensch. Essays, mit einem Nachwort von Renate Werner und einem Materialienanhang hrsg. von Peter-Paul Schneider, Frankfurt/Main: Fischer Taschenbuch Verlag 1989 (= Heinrich Mann Studienausgabe in Einzelbänden, Fischer Taschenbuch, Bd. 5933), S. 16.

[9] Ebd., S. 18.

Verfall" (21, 535). Verfall bedeutete für Thomas Mann Befreiung von der bürgerlichen Ordnung. Thomas Manns Rechtfertigung für den Ausstieg aus der Bürgerlichkeit, der Roman *Buddenbrooks*, hatte eine bürgerliche Familie dem Verfall ausgesetzt. Deren Geschichte wird der kleine Kai Graf Mölln, stellvertretend für den Autor, in einen Roman umsetzen. Hanno verfällt dem Tod, aus Kais Sympathie wird Kunst werden. Der Auflösung, dem Verfall und dem Tod hält das geformte Werk die Waage. Das war Thomas Manns Weltanschauung damals (und vielleicht immer): Sinn gewinnt das Leben erst, wenn es in Kunst umgesetzt wird. Agitation für eine bessere bürgerliche Ordnung, wie Heinrich wollte, hätte eine Ordnung festgelegt und die ästhetische Freiheit zerstört.

Die Geschichte Hans Castorps ist ein humoristisches Experiment mit der Freiheit von den bürgerlichen Pflichten, die der kreative Mensch genießt. Dem schlichten, unkreativen Bürgerssohn gerät die Entbürgerlichung zur leeren Freiheit, aus der er vermittels eigener Kräfte nicht herausfinden kann. Hans Castorp lebt eine komische Variante der Distanz des Künstlers zur Welt. Wie der Schriftsteller sieht Castorp, der entbürgerlichte Bürger, neugierig der Welt zu. Er gerät in Gegensatz zu Settembrini, dem Pädagogen der bürgerlichen Arbeitswelt und der liberalen Ideologie, denn er hat sich illegitim in Clawdia Chauchat verliebt. Sie ist ihm die Erfüllung einer homoerotischen Zuneigung aus seiner Jugendzeit. Sowohl die Jugendliebe als auch der Widerstand gegen den Zivilisationsliteraten sind umgesetzte autobiographische Motive aus dem Leben des Autors. Die Spannung zwischen der Ideologie der Arbeit für den Fortschritt und der dekadenten ästhetischen Freiheit, nicht etwa der Gegensatz Settembrinis zu Naphta, ist die Grundstruktur des Romans. Naphta stützt nur Castorps Widerstand gegen Settembrinis Pädagogik. Am Ende gewinnt die leere Freiheit des Entbürgerlichten.[10] Das ist nicht, wie viele Selbstinterpretationen Thomas Manns wollten,[11] ein positives Bildungsergebnis, das in der Gesellschaft gelten könnte. *Der Zauberberg* entspricht nicht dem Begriff „Bildungsroman", wenn man diesen als einen Text versteht, worin der Held aus seinen Erlebnissen eine auch für die Leser brauchbare „Bildung" gewinnt, ein Verhältnis zu seiner Welt, mit dem es sich sinnvoll leben ließe.[12] In Castorps quasi-ästhetischer Freiheit zeigen sich

---

[10] Dem entsprechen frühe Selbstkommentare: Hans Castorps Auseinandersetzung mit den Gegensätzen sei nicht „entscheidend" (an Paul Amann, 3.8.1915; 22, 85); der „wunderliche Bildungsroman" führe „aus dem ‚Verfall' nicht heraus" (an Philipp Witkop, 14.12.1921; DüD I, 465).

[11] Seit Anfang 1925 gibt es mehrere Selbstkommentare, die den Roman lebensfreundlich deuten, z. B.: „europäischer Ruf zum Leben" (an Arthur Schnitzler, 9.1.1925; DüD I, 487).

[12] Terence James Reed ist wohl der beste Vertreter der Deutung des *Zauberbergs* als Bildungsroman. Aus dem Vorkriegsplan der Parodie des *Tod in Venedig* sei seit 1919 der „endgültige Bildungsroman" entstanden. Siehe Terence James Reed: „Der Zauberberg". Zeitenwandel und Bedeutungswandel 1912–1924, in: Besichtigung des Zauberbergs, hrsg. von Heinz Sauereßig, Biberach

ihm Werte, die nebeneinander und gegeneinander stehen, er spielt sozusagen mit Gewichten, die nicht in einen allgemein gültigen Lebenssinn umgesetzt werden.[13] Aus dem Krieg, der dem Essayisten Thomas Mann 1914 als „Reinigung, Befreiung" von dem „Ungeziefer des Geistes", als „ungeheuere Hoffnung" erscheinen konnte (15.1, 32), war nur ein „Weltfest des Todes" geworden (5.1, 1085). Ob die „Liebe", von der Nietzsche noch nicht sprechen konnte, daraus „einmal" steigen könnte, bleibt eine offene Frage.

Vaget nennt den *Zauberberg* die „Gelenkstelle", an der die zuvor affirmative Darstellung der deutschen Musikkultur im Werk Thomas Manns in eine kritische, ja warnende umschlage (SZ, 9). Erscheint Musik in Manns frühem fiktivem Werk wirklich generell affirmativ? In *Der kleine Herr Friedemann, Luischen* und *Tristan* wirft Musik die jeweilige Hauptperson aus ihrer bürgerlichen Existenz und in den Tod; da hat die Musik eher einen dämonisch-fatalen Aspekt. Und beginnt nicht essayistischer Zweifel an Wagners Musik (14.1, 301–304) vor der Niederschrift von Settembrinis Äußerung, Musik sei „politisch verdächtig"?

Der „Gelenkstelle" wenden wir uns jetzt zu. Die Szene von Settembrinis Musikkritik (5.1, 172–175) ist nicht in den Fragmenten des Vorkriegs-Manuskripts enthalten. Sie ist in der endgültigen Form 1920[14] entstanden, nicht lange nach dem Essay *Klärungen*, worin eine Fuge als Symbol für Deutschland erscheint. Die Szene geht davon aus, dass Settembrini „,Bier, Tabak und Musik'" für spezifisch deutsch erklärt (5.1, 172).[15] Bier und Tabak geben der Äußerung eine humoristische Note, sind aber auch ernst zu nehmen: Settembrini klassifiziert die Musik als Droge, die jedoch keine Aufmunterung bewirke; er polemisiert gegen die Wirkung von Musik als „Quietismus" (5.1, 174). Das Wort zielt auf den unpolitischen deutschen Bürger der *Betrachtungen*: „,Für

---

an der Riss: Wege und Gestalten 1974, S. 81–139. Castorps Zustand am Ende sei ein „Warnungsexempel gegen den Quietismus, zu dem die Bildung unter Umständen führen kann" (ebd., S. 131). Diese Ansicht modifizierte Reed erheblich in: Von Deutschland nach Europa. Der „Zauberberg" im europäischen Kontext, in: TMS XVI, 299–318.

[13] Siehe Ulrich Karthaus: „Il est plus moral de se perdre...". Überlegungen zum „Zauberberg", in: Wagner – Nietzsche – Thomas Mann. Festschrift für Eckhard Heftrich, hrsg. von Heinz Gockel, Michael Neumann und Ruprecht Wimmer, Frankfurt/Main: Klostermann 1993, S. 203–215.

[14] Der Abschnitt „Politisch verdächtig!" steht im vierten Kapitel. Den Abschnitt am Ende dieses Kapitels, „Das Thermometer", hat Thomas Mann am 19. Januar 1921 in Zürich vorgelesen (DüD I, 463).

[15] Eine Anregung kommt, wie übrigens Vieles in Settembrinis Reden, aus Nietzsches *Morgenröthe*, Aphorismus 207, wo von der Gefahr der Deutschen die Rede ist, darunter: „der übermässige Gebrauch der Musik und der geistigen Getränke". Siehe Friedrich Nietzsche: Kritische Studienausgabe in 15 Bänden, hrsg. von Giorgio Colli und Mazzino Montinari, München/Berlin: Deutscher Taschenbuch Verlag/de Gruyter 1988, Bd. 3, S. 187. Diese Ausgabe wird im Folgenden als [KSA] zitiert.

Sie persönlich, Ingenieur, ist sie unbedingt gefährlich.'" (Ebd.) Da Castorp zur ästhetischen, pflichtvergessenen, schlaffen Freiheit neigt, hört er nicht richtig zu, als Settembrini die Musik als Zeitmarkierung dann doch preist (5.1, 175). In der Struktur des Werkes gehören Settembrinis Argument und Hans Castorps Widerstand zusammen. Diese widersprüchliche, gespannte, mit Gewichten spielende Zusammengehörigkeit ist eine Aussage, die der Roman bis zu seinem Ende immer wieder macht.

Der Wunsch nach festen Ergebnissen hat dem Werk lange eine andere Interpretation auferlegt, mit lebhafter Unterstützung des Autors. In deren Mittelpunkt steht der „Ergebnissatz": „Der Mensch soll um der Güte und Liebe willen dem Tode keine Herrschaft einräumen über seine Gedanken." Thomas Mann hatte die Worte aus dem Schneetraum kursiv drucken lassen (5.1, 748). „Ergebnissatz" nennt er sie 1931 im *Fragment über das Religiöse* (Ess III, 296). Dem scheint zu entsprechen, dass im Kontext des Abschnitts „Schnee" im sechsten Kapitel des *Zauberbergs* emotionale Annäherungen Hans Castorps an Settembrini auftreten: „Übrigens habe ich dich gern." Jedoch darf man nicht überlesen, dass der Italiener dennoch auch „ein Windbeutel und Drehorgelmann" bleibt (5.1, 719).[16] Der Text zeigt also an, dass er weiter als vielschichtiges Spiel zu verstehen ist, auch wenn Hans Castorp Settembrini Autorität zubilligt. Weder der kontroverse „Ergebnissatz" noch der Schluss von „Fülle des Wohllauts" dürfen als eindeutige Anzeichen einer Wendung des Romans oder des Autors gelesen werden, einer Wendung, die aus dem Nihilismus der Moderne herausführte.

Die Bilder des Schneetraums, den Hans Castorp am Rande des Todes träumt, reflektieren das balancierende Spiel mit verschiedenen, oft gegensätzlichen Werten, Ideen, Ansichten im *Zauberberg*. Ein Gewicht auf einer Waagschale verlangt ein ausgleichendes auf der anderen. Auf das mediterrane, apollinische Idyll[17] der Sonnenleute folgen Hexenweiber, die das Kind Dionysos zerreißen,[18] jedoch Hans Castorp im heimatlichen Dialekt ansprechen und die mythische Ferne des Bildes aufheben.[19] Die Traumbilder zeigen menschliches

---

[16] Vgl. Tb, 14.11.1919. Zu Settembrini siehe Hans Wißkirchen: „Ich glaube an den Fortschritt, gewiß." Quellenkritische Untersuchungen zu Thomas Manns Settembrini-Figur, in: TMS XI, 81–116.

[17] Werner Frizen weist auf Vergils Nekyia hin in: Zeitenwende. Über theo-politische Grundmotive in Thomas Manns „Zauberberg", in: TMS VII, 229–245, 240 f.

[18] Belege bei Erkme Joseph: Nietzsche im „Zauberberg", Frankfurt/Main: Klostermann 1996 (= TMS XIV), S. 208.

[19] Zwar ist der Schneetraum ein Bild der religiösen Humanität, die Thomas Mann mehrfach in späteren Reden vertrat, jedoch ist diese „Humanität" kein eindeutiges Gebilde. Erste Andeutungen 1919 bei der Wiederaufnahme der Arbeit am Roman (Tb, 17.4.1919), dann im Gespräch mit Ernst Bertram (Tb, 21.4.1919). 1938 in *Über die eigene Weltansicht*, englisch veröffentlicht als *The Coming Humanism* in The Nation, Bd. 147 (December 10, 1938), S. 617–619, und in Buchform

Leben, das Güte und Liebe bewahrt, obwohl es von brutaler Gewalt weiß, im Sinne von Nietzsches apollinischem Griechentum, das sich seines dionysischen Hintergrunds bewusst ist. Hans Castorp ist bereit zu Liebe und Güte, zu dem Mitfühlen, das Schopenhauers Ethik verlangt, und wird das in seinen Bündnissen mit Clawdia und Peeperkorn bewähren. Der Sympathie mit dem Tode, nämlich dem Zugang zum Bedenken des Seins im Ganzen, zu einer Metaphysik, die am Sinn der geltenden Ordnung zweifelt, muss er nicht abschwören, will dieser Neigung nur keine „Herrschaft" einräumen, sich nicht völlig in sie versenken, sie zur Ideologie gerinnen lassen, er will nicht einmal die Widersprüche verabsolutieren.[20]

Der Abschnitt „Schnee" ist in der ersten Hälfte des Jahres 1923 entstanden, den Kursivdruck des „Ergebnissatzes" in der Erstauflage könnte der Autor später, 1924, angeordnet haben. Die Hervorhebung stellt den Satz aus dem Roman heraus, will eine Botschaft an die Leser der Zwanzigerjahre sein, die positive Lebensanweisungen erwarteten. Diese Erwartungen spricht die Erzählstimme an. Aber die Botschaft ist dennoch in den Romantext integriert, und das bestimmt ihre Bedeutung mit. Nicht nur bleibt Hans Castorp auf dem Zauberberg – der Text lässt seine Einsicht sofort nach seiner rettenden Rückkehr verbleichen. „Was er gedacht, verstand er schon diesen Abend nicht mehr so recht." (5.1, 751) Die Einsicht wird dadurch nicht ungültig,[21] aber die Romankonzeption des „Vorbehalts",[22] des Spiels mit metaphyischen Gewichten, die Sympathie mit dem Tod, bleibt erhalten, denn „Herrschaft" sollte sie nie aus-

---

in dem Sammelband I Believe. The Personal Philosophies of Certain Eminent Men and Women of Our Time, hrsg. von Clifton Fadiman, New York: Simon and Schuster 1939, S. 189–194. Der deutsche Text fragmentarisch mit Verweisen auf andere Texte in Tb, 1937–1939, 880–884. Zusammenfassungen am Ende von *Schicksal und Aufgabe* von 1943 (Ess V, 218–238, 238), in *Nietzsches Philosophie im Lichte unserer Erfahrung* (Ess VI, 56–92, 91) und in der *[Ansprache an die Zürcher Studentenschaft]* (X, 367–371, 369 f.).

[20] Siehe Peter Pütz: Krankheit als Stimulans des Lebens. Nietzsche auf dem Zauberberg, in: TMS XI, 249–264, 262 f.; Christian Gloystein: „Mit mir aber ist es was anderes." Die Ausnahmestellung Hans Castorps in Thomas Manns Roman „Der Zauberberg", Würzburg: Königshausen & Neumann 2001 (= Epistemata. Würzburger wissenschaftliche Schriften, Reihe Literaturwissenschaft, Bd. 355), S. 55–60.

[21] Die Vertreter der positiven Bildungsroman-Interpretation entwerten dieses Vergessen. Joseph (zit. Anm. 18), S. 212–214, deutet es als „Einverseelung" im Sinne Nietzsches. Wolfgang Schneider (Lebensfreundlichkeit und Pessimismus. Thomas Manns Figurendarstellung, Frankfurt/Main: Klostermann 1999, [= TMS XIX], S. 336–344), widmet mehrere Seiten Beispielen dafür, dass Vergessenes in fiktiven Figuren weiterwirken kann. Das ist Hans Castorps Fall. Nur begründet diese Psychologie fiktiver Figuren nicht Schneiders Ansicht, der Roman habe ein eindeutiges Resultat, nämlich Lebensfreundlichkeit, die Thomas Mann, weil er sich modern geben wolle, nur nicht eindeutig positiv ausdrücken könne. Gloystein (zit. Anm. 20), S. 59 f., Anm. 52, meint, „Vergessen" bedeute keine Ungültigkeit; auch er schließt die Geltung des kursiv gedruckten Satzes als „Ergebnis" aus, versteht aber Hans Castorp am Ende als Humanisten.

[22] Siehe *Goethe und Tolstoi* (15.1, 809–936, 933).

üben, nur eben Sympathie sein. Castorp fährt fort, sich Settembrinis Erziehungsversuchen zu widersetzen. Das wird ihm leichter, seit Naphta erschienen ist, der die bürgerlichen Ideale für tot und Settembrinis Gesittung für Ideologie erklärt (5.1, 603). Naphta, der (wie andere Figuren) oft Gedanken Schopenhauers übernimmt,[23] bestärkt Castorps religiös-metaphysische Neigungen, während er sie ins Absurde und Unmenschliche treibt. Das Spiel mit den konträren Gewichten bleibt offen. Dieses Nebeneinander-Geltenlassen spricht nicht nur aus dem *Zauberberg*, sondern aus Thomas Manns ganzem fiktionalen Werk. Er wusste freilich, dass seine Leser etwas Anderes erwarteten.[24]

Vagets These von der Musik als deutscher Identität und von Thomas Manns Warnung vor Kulturhochmut stützt sich auf den anderen „Ergebnissatz" am Ende des Abschnittes „Fülle des Wohllauts" im siebenten Kapitel. Wir Leser sollen die „Selbstüberwindung" Wagners zum Vorbild nehmen und darin Nietzsche folgen. Auch die Peeperkorn-Episode, der erste Teil des siebenten Kapitels, enthält Anspielungen auf Nietzsche, die leicht abwertend gelesen werden könnten. Die Passage am Ende von „Fülle des Wohllauts" hebt den negativen Akzent der Nietzsche-Anspielung in Peeperkorn wieder auf. Darum erst ein Blick auf Peeperkorn.

Peeperkorn ist eine Satire auf die literarische Mode der Zeit, Neu-Religionen zu verkünden. Die Figur, von der Thomas Mann 1925 (DüD I, 494) und dann wieder 1952 (IX, 814) wohl mit Recht behauptete, sie sei „kompositionell längst vorgesehen" gewesen, bevor sich Gerhart Hauptmann 1923 in Bozen seiner Anschauung darbot, vertritt die intendierte Wirkung der Literatur der Vorkriegszeit, in der, wie die *Gedanken im Kriege* klagten, das „Ungeziefer des Geistes" wimmelte, weil sie die „sittliche Reaktion" auf den Verlust von „Kompaß und Glauben", den Tod Gottes, missbraucht, die Moral zur „Spielart der Korruption" gemacht habe (15.1, 32). Thomas Mann hatte die seiner Ansicht nach falsche Nietzsche-Nachfolge Heinrichs im Auge, und Hauptmann kam ihm in Bozen gerade recht, um sich und seine Leser von diesem Ziel abzulenken.

Gegenüber dem Schneetraum, der Vision apollinischer Humanität vor dem Hintergrund des zerrissenen Dionysos, repräsentiert Peeperkorn den vitalisti-

---

[23] Das hat Werner Frizen nachgewiesen, siehe Anm. 17.

[24] Thomas Mann kommt den Sinnsuchern entgegen mit der Äußerung von 1925: „Ein kompositioneller Fehler meines Buches ist, daß das Schneekapitel nicht am Ende steht. Die Linie senkt sich, anstatt sich nach oben zu wenden und in jenem positiven Erlebnis zu gipfeln." (Frage und Antwort. Interviews mit Thomas Mann 1909–1955, hrsg. von Volkmar Hansen und Gert Heine, Hamburg: Knaus 1983, S. 79).

schen Nietzsche,[25] eine modernistische Religiosität, die aus Nietzsches ernstem Spiel mit dem Christlichen und Dionysischen die Aufforderung zum Lebensgenuss folgerte, gipfelnd in dem Dienst am „Leben" in Gestalt der männlichen Bereitschaft für das „hingespreitet Weib", das den Mann höhnisch herausfordert. Für das sexuelle Versagen gäbe es keine Gnade, verkündet der Prophet des Vitalismus, sie sei die „höllische Verzweiflung, der Weltuntergang" (5.1, 855). Anbetung des „Lebens" kann man in Heinrichs *Die Göttinnen* finden, aber auch in Hauptmanns Erzählung *Der Ketzer von Soana.*[26] Die satirische Behandlung der ‚Persönlichkeit' färbt auf Nietzsches Bewertung der ‚Größe' ab, auf die Rangfrage, damit auf die Konkurrenz mit dem Bruder um die Stellung des Nationalschriftstellers.

Die Frage der richtigen Nietzsche-Nachfolge gehört zum Kern des Bruderzwistes. In dem Brief, worin Thomas Mann 1903 die sexuellen Effekte in Heinrichs Romanen beklagt hatte, nannte er sich selbst „Nietzscheaner" (5.12.1903; 21, 248), um sich von kleinbürgerlichem Moralismus zu unterscheiden und Heinrich seine andere Art der Nietzsche-Rezeption entgegenzustellen. Den Gedanken führte er aus in der Vorrede der *Betrachtungen.* Dort stellte er 1918 „zwei brüderliche Möglichkeiten" vor, die das Erlebnis Nietzsches hervorgebracht habe: „Die eine ist jener Ruchlosigkeits- und Renaissance-Ästhetizismus, jener hysterische Macht-, Schönheits- und Lebenskult, worin eine gewisse Dichtung sich eine Weile gefiel. Die andere heißt *Ironie,* – und ich spreche damit von meinem Fall." (XII, 25) Seine Ironie sei gegenüber dem erotischen Renaissance-Ästhetizismus Heinrichs eine „andere, leisere und verschlagenere Gefühlsnuance" (XII, 26), nämlich Abstand vom „Leben" statt des erotischen Zupackens. Mit Ironie besiegt Hans Castorp den Rivalen, indem er Peeperkorn die Handlung der Oper *Carmen* erzählt (5.1, 925 f.), dem Werk also, das Nietzsche ins Feld führte, um Wagners Werk für falsch und dekadent zu erklären. Castorps Erzählung eines Mordes aus betrogener Liebe bringt Peeperkorn zum Selbstmord.[27]

Gegen die satirische Evokation der lebenskultischen, unironischen Nietzsche-Nachfolge in der Peeperkorn-Episode will der Schluss des Abschnitts

---

[25] Joseph (zit. Anm. 18), S. 257, weist auf Nietzsches Gedicht *Schafe* (KSA 11, 304) als Anregung für Peeperkorns Adler-Szene (5.1, 895 f.) hin. Josephs Interpretation Peeperkorns als Wagner-Figur kann ich nicht folgen.

[26] Siehe an Philipp Witkop, 23.5.1918; 22, 233: „Eine schöne Aussicht hat man ja darin; aber um das Seelische, Geistige steht es recht dürftig." Es gibt andere Briefstellen ähnlicher Ansicht.

[27] Ein subtiler Kampf beginnt schon beim ersten Gelage, 5.1, 854 f. Nachdem Castorp sich Peeperkorns Ansicht über die einfachen Genüsse anschließt, obwohl er selbst das Raffinement des Rauchens übt, spricht er anscheinend tadelnd von Menschen, die „zu schlaff" und „innerlich ausgeleiert" sind für Peeperkorns Lebensenthusiasmus und trifft so Peeperkorns animalische Angst vor der Impotenz. – Ein anderer indirekter Mord wird im *Doktor Faustus* vorkommen.

„Fülle des Wohllauts" Nietzsches Humanität des kreativen Menschen wiederherstellen. Das geschieht innerhalb von Kapiteln, die von der Sinnleere berichten, die nicht nur von Hans Castorp Besitz ergriffen hat, sondern die von der ganzen Sanatoriumsgesellschaft geteilt wird, stellvertretend für den Nihilismus der europäischen Gesellschaft der Krisen-Jahre von 1911 bis 1914. Zur Bekämpfung des sinnleeren Stumpfsinns hat die Sanatoriumsleitung ein Grammophon angeschafft, und diesen Zweck erfüllt es für Castorp.

Das Grammophon bot dem Autor eine Gelegenheit, dem unkünstlerischen Castorp doch noch ästhetische Erlebnisse zuzuteilen. Die Musik wirkt an dieser Stelle des Romans als Gegengewicht gegen Hans Castorps Versinken in den Stumpfsinn der Zeit. Auf einer Platte ist die Arie des Wolfram aus *Tannhäuser*, der von der wahren Liebe singt, nicht von der, der Hans Castorp verfallen ist (5.1, 972). Unter den Lieblings-Musikstücken Castorps vermittelt Verdis *Aida* „die siegende Idealität der Musik, der Kunst, des menschlichen Gemüts". Diese Idealität wird gleich reduziert, sie ist bloß „Beschönigung" der „Gräßlichkeit der wirklichen Dinge" (5.1, 978), nämlich des sicheren, qualvollen Todes von Held und Heldin und ihrer Verwesung im unterirdischen Kerker. Ohne „Herrschaft" auszuüben, behindert der religiöse Gedanke an den Tod die ästhetische Illusion. Andere Musikstücke liebt Castorp, weil sie etwas von ihm, von seiner Entfremdung von der Bürgerlichkeit, widersprüchlich ausdrücken: Debussys *Prélude à l'après-midi d'un faune* seine idyllische Zeitvergessenheit, die auch „Liederlichkeit" (5.1, 980) ist, Bizets *Carmen* die Gewalt der Liebe, die beglückt und zerstört. In der Arie des Valentin aus Gounods *Faust* findet Castorp seinen Wunsch, an Joachims Gradheit, die ihm fehlt, teilzunehmen, ein Wunsch, der illusionär und vergeblich ist wie der Inhalt von Valentins Gebet zum Schutz der gefährdeten Schwester.[28]

Das Lied *Der Lindenbaum* aus Wilhelm Müllers und Franz Schuberts *Winterreise* hatte Castorp seit seiner Jugend gekannt. Jetzt, da das Lied in seine Verlorenheit im Stumpfsinn klingt, fasst er eine „geheimnisvoll-beziehungsreiche Liebe" dazu (5.1, 970). Das lyrische Ich des Gedichtkreises ist ein Wanderer, der seine Geliebte verloren hat und im Winter durch eine Welt geht, der er entfremdet ist. Er wandert in der Spannung zwischen der lebendigen Erinnerung an die Geliebte und der Verlockung des Todes. Der Lindenbaum ist beides: Sehnsucht und Verlockung, und als Kontrast fungieren die kalten Winde, durch die der Wanderer im Dunkeln gehen muss. In der Fremde verspricht die Erinnerung an das Rauschen des heimatlichen Lindenbaumes die „Ruhe" in dessen Schatten, das Grab als Ende der Leiden. Schuberts Modulationen zwi-

---

[28] Vaget findet, dass Castorps „Identitätsprobleme" hier „Klärung" erfahren (SZ, 48–57, 50). Die Romankonzeption will Lebensprobleme gerade in ihrer Widersprüchlichkeit vorführen, nicht klären.

schen Dur- und Moll-Tonarten drücken die Spannung zwischen Liebessehn-
sucht und Todeswunsch aus und erinnern an *Tristan und Isolde*, die Musik von
Sehnsucht, Liebe und Tod, die Thomas Mann liebte.

Jedoch bleibt das Lindenbaumlied, das „Sinnbild" (5.1, 987) der Roman-
tik, nicht einfach als Ausdruck von Hans Castorps entbürgerlichter, ent-
fremdeter Existenz im Roman stehen, sondern soll Zweifel in ihm wecken.
Sein „Schicksal", die Entfremdung habe „Steigerungen, Abenteuer, Einbli-
cke mit sich gebracht, Regierungsprobleme in ihm aufgeworfen", die ihn zu
Kritik an dieser seiner Welt „ahnungsvoll" reif gemacht hätten, so dass ihm
„Gewissenszweifel" entstünden (5.1, 987 f.). Das soll heißen: Gerade seine
Entfremdung von den gewöhnlichen und gewohnten Denkbahnen, die aus
der „Sympathie mit dem Tode" kommt, soll ihn auch zum Zweifel an dieser
Sympathie befähigen.

Dass ein mögliches Lernergebnis Castorps aus der Struktur des Romans
herausfällt, zeigt der Text an. Der Autor lässt seinen Erzähler sich winden, von
einem „Unternehmen der kitzlichsten Art" sprechen und „höchste Behutsam-
keit" von sich verlangen (5.1, 987). Auch setzt der Erzähler seine Rede ab von
Castorps „Gedanken oder ahndevollen Halbgedanken", denn diese „gingen
höher, als sein Verstand reichte" (5.1, 990). Mit „Vorsicht" (5.1, 989) nehmen
diese Halbgedanken Settembrinis Verdikt auf, die Romantik sei krankhaft
(5.1, 150–152), obwohl „vor dem Angesicht gewissenloser Schönheit" sie das
höchste „Wunder der Seele" bleibe. Im „unrechten Augenblicke" sei die Sympathie mit dem Tod jedoch fähig, „Fäulnis und Verderben" zu verbreiten, so
dass sie mit Misstrauen zu betrachten und „Gegenstand der Selbstüberwindung" werden müsse, „nach letztgültigem Gewissensspruch" vom Auge „verantwortlich regierender Lebensfreundschaft" (5.1, 989). Castorp hat die Reden
Settembrinis und Naphtas neutralisiert und Peeperkorns „Größe" reduziert,
jetzt soll er sein eigenes Prinzip der romantischen Distanz zur Welt neutrali-
sieren.

Der „unrechte Augenblick", in dem die Romantik Fäulnis verbreitet, hat
mit Castorps Geschichte nichts zu tun, die 1914 aufhört, sondern gehört in
die historische Gegenwart des Autors und der Leser im Jahr 1924. Das Wort
„romantisch", das Thomas Mann noch 1922 in der Rede *Von deutscher Republik* positiv gebrauchte,[29] hatte eine negative Nebenbedeutung bekommen.
1923 spricht er von der „deutsch-romantischen Gegenrevolution" (15.1, 702)[30]
und nennt 1925 den „deutschen Faszismus" öffentlich „romantische Barbarei"

---

[29] Bis auf eine Stelle, worin der Krieg für „spottschlechte Romantik" erklärt wird (15.1, 519).

[30] Hans Wißkirchen führt diese Einsicht auf die Lektüre von Ernst Troeltschs *Naturrecht und
Humanität in der Weltpolitik* (1922) zurück. Siehe Wißkirchen: Nietzsche-Imitatio. Zu Thomas
Manns politischem Denken in der Weimarer Republik, in: TM Jb 1, 1988, 46–62, 49 f.

(15.1, 932). Der „Augenblick" lässt eine schlechte Romantik im politischen Bereich aufscheinen. Für die soll jetzt das Lindenbaumlied als Symbol dienen.[31] Nicht die Musik, sondern die schlechte Romantik ist zu überwinden, so wie Nietzsche Wagner „überwand". Das ist weder bei Nietzsche noch bei Thomas Mann eine endgültige Verabschiedung der Musik oder der Romantik. In seiner Wagnerrede von 1933 wird Thomas Mann „die unsterbliche Wagnerkritik Nietzsches" einen „Panegyrikus mit umgekehrtem Vorzeichen" nennen, eine „andere Form der Verherrlichung" (Ess IV, 21), Ironie also.

Thomas Mann glaubte, die falsche Romantik der Zwanzigerjahre und seine Opposition gegen sie in das balancierende Spiel der Gewichte im *Zauberberg* einbringen zu können. Die ästhetische Freiheit, mit der sein Roman Hans Castorp spielen lässt, dessen (und seine, des Autors) Sympathie mit dem Tode, der ironische Abstand zu allen bürgerlichen Ordnungen, wie sie die unrhetorische Musik besaß, war zu trennen von der Rhetorik der konservativen politischen Partei. Das schien Thomas Mann nötig, weil er in den *Betrachtungen eines Unpolitischen* seine ästhetische Freiheit von der liberalen fortschrittlichen Ideologie seines Bruders bedroht gefühlt und darum seine eigene Position „konservativ" genannt hatte. Er hatte gemeint, sie sei im Verwaltungsstaat Deutschland wohl aufgehoben. Hans Castorps quasi-ästhetische Freiheit, so leer und unproduktiv wie sie war, sollte keinesfalls der Ideologie der deutschen Konservativen dienen. Weil die politische Opposition von 1924 nicht zu dem Hans Castorp der leeren Freiheit passte, der nicht einmal ein absurdes Duell verhindern konnte, wendet sich der Erzähler von ihm ab und den Lesern zu, denen der Erste Weltkrieg noch eine frische Erinnerung war. Mit ihnen verbindet er sich: „Wir alle" waren die Söhne des Seelenzaubers im Lindenbaumlied (5.1, 990). Das „Mächtige", das „wir" ausrichteten, war das wilhelminische Reich und der Erste Weltkrieg. Dem war der Nietzsche entgegenzusetzen, der ebenso wie die Gefallenen des Krieges, „im Grunde schon für das Neue starb, das neue Wort der Liebe und der Zukunft in seinem Herzen" (ebd.).

Dieser Satz will visionär die Sicht auf eine Zukunft eröffnen, für die er Nietzsche in Anspruch nimmt. Wie essayistisch dieser Satz ist, beweist die Übernahme einer Variation davon in die *Rede, gehalten zur Feier des 80. Geburtstages Friedrich Nietzsches am 15. Oktober 1924*. Das war eine musikalische Feier, und darum beginnt Thomas Mann mit Nietzsches enger Beziehung zur Musik. Seine Musikliebe, seine Sprache und seine Kritik gehörten zusammen. Kritik sei „Scheidung und Entscheidung", und an die Musik hätten sich „die höchsten Entscheidungen seines Geistes und seiner Seele, seines prophetisch regierenden

---

[31] Das Symbol „Lindenbaum" für politische Romantik erscheint in einem Brief vom 23.4.1925 an Julius Bab, auf die Präsidenten-Kandidatur Hindenburgs bezogen. (Br I, 239)

Gewissens" geknüpft (15.1, 789). Der folgende Kontext macht ganz deutlich, dass Thomas Mann Nietzsches Zweifel an Wagners Romantik mit dessen musikalischer Leidenschaft verband. Er konnte das, weil Musik für ihn die ästhetische, anti-rhetorische Freiheit von Konventionen und Autoritäten bedeutete; von der machte Nietzsche Gebrauch, als er sich der Wagner-Nachfolge verweigerte. Damit sei Nietzsche ein „Führer in die Zukunft" (15.1, 790), er habe das „aristokratische Problem, das Problem der Vornehmheit" zugunsten des Lebens entschieden (15.1, 792), sein prophetisches neues Wort sei „Lebensfreundschaft und Zukunft" (15.1, 791). Diese beiden Begriffe sind an die Stelle gesetzt, an der in „Fülle des Wohllauts" das *„neue* Wort der Liebe" steht (5.1, 990). „Lebensfreundschaft und Zukunft" drücken Thomas Manns politische Hoffnung für Deutschland aus. Sie bleibt den Visionen Nietzsches, der Staatslenkung einer vornehmen, autoritären kreativen kulturtragenden Elite verhaftet, auch seit Thomas Mann der Demokratie das Wort redete. Musik steht für die ästhetische Freiheit, und die soll sich politisch bewähren. Sie wird gebraucht für die Warnung vor falscher, nämlich konservativer Romantik.

Erst nachdem Wagners Musik im nationalsozialistischen Deutschland eine prominente Stellung eingenommen hatte, räumte Thomas Mann ein, dass viel Hitler in Wagner sei (SZ, 164f., 372, 400). Aber auch dann ging das einher mit dem Ausdruck von Liebe und Bewunderung für dessen Musik (XIII, 351–359). Das Spiel mit Gewichten gegensätzlichen Wertes, eigentlich in der Fiktion zuhause, kann auf die direkte essayistische Aussage übergreifen. Der Spiel-Charakter bleibt dann an ihr haften. Davon findet sich eine Spur sogar in einer ganz direkten und essayistischen Meinungsäußerung in dem Brief an Emil Preetorius von Ende 1949, der den Titel *Wagner und kein Ende* erhalten hat. Wagners „Siegeszug über die bourgeoise Welt" sei der „deutschen Mischung aus Barbarismus und Raffinement" zu danken, mit der auch Bismarck Europa unterworfen habe (X, 926). Als Gegengewicht für den Wagner-Freund Preetorius setzt er ein Bekenntnis zu seiner „Jugendliebe" ein (X, 927). Thomas Manns Argumentation im Brief an Preetorius kommt Vagets Argumentation entgegen. Hier bringt der Briefschreiber zwar nicht die deutsche Musik, sondern nur die Wagners mit Kriegspolitik in Verbindung, über die Behauptung einer Ähnlichkeit mit dem Zeitgenossen Bismarck. Der Brief ist kein vielschichtiges fiktionales Werk, sondern ein rhetorischer und selbstkritischer Versuch, einen Freund, der zu den Inneren Emigranten gehörte, für eine differenziertere Wagnerliebe zu gewinnen, Wagner in diesem Sinne zu „überwinden", das heißt, ihm nicht die „Herrschaft" über die Gedanken zuzugestehen.

Der andere „Ergebnissatz", die Verweigerung der Herrschaft des Todes über die Gedanken, kommt am Ende des Romans wieder vor, nachdem Hans

Castorp aus seinem Siebenschläferschlaf erwacht ist (5.1, 1078).[32] Den Schneetraum ruft der Text in der Kriegsszene nur im Konjunktiv herauf: Man könnte
sich die Bilder der Meeresbucht erträumen, statt dessen liege das „junge Blut"
der Nation im „Feuerdreck" (5.1, 1083). Der freudige Dienst der Kriegsfreiwil-
ligen sei kein Grund, sie „in die Lage zu bringen". Auch das ist eine Wendung
des Erzählers an seine Leser von 1924 gegen den Kriegsheroismus der politischen Rechten des damaligen Deutschland. Castorp dagegen singt während
einer Kampfhandlung das Lindenbaumlied. Das Lied ist lebendig geblieben.
Der Erzähler nennt den Krieg aus Distanz zu seinem Helden „das arge Tanz-
vergnügen", das „noch manches Sündenjährchen" dauern wird (5.1, 1085).
Man kann das als Anspielung auf Wagners *Tannhäuser* lesen. Die romantische
Verlockung Wagners soll jetzt in den Lesern überwunden werden, aber nur in
dem Sinn, dass sie nicht vorbildlich sein darf. Ob Hans Castorp überlebt und
an der Überwindung der Romantik teilnimmt, bleibt offen.[33]

Die eigentliche, die Castorp-Handlung des *Zauberbergs* ist ein Spiel mit der
ästhetischen Freiheit, für die Musik als Symbol eintreten kann. Das hat sich mit
dem Zweifel an der Anziehungskraft romantischer Musik im Abschnitt „Fülle
des Wohllauts" nicht geändert. Denn Hans Castorps Gewissenszweifel (5.1,
988) kommen aus „Regierungsprobleme[n]" (5.1, 987). „Regieren" ist das Wort
für seine „verantwortliche Gedankenbeschäftigung", nämlich, wie der Kontext
ausweist, sein Spielen mit Gegensätzen wie den beiden Großvätern, seinem
eigenen und Settembrinis (5.1, 589). Das Spiel ist die Betätigung seiner quasi-
ästhetischen Freiheit. Das „Ergebnis" von „Fülle des Wohllauts", die Aufforderung, Nietzsches Selbstüberwindung nachzufolgen, ist überdies außerhalb
der Romanhandlung gesprochen, was man auch von der Hervorhebung des
„Ergebnissatzes" sagen kann. Da beide Passagen aber Hans Castorp zugeord-
net sind, sind sie als sein Gebrauch der quasi-ästhetischen Freiheit anzusehen,
gegen die Struktur der Romanhandlung.

Überdies gibt es eine Reihe von Spuren dafür, dass der Autor des *Zauberbergs* während des Schreibens den deutschen Krieg von 1914 bis 1918 immer

---

[32] Vgl. Thomas Rütten: Sterben und Tod im Werk Thomas Manns, in: TMS XXIX, 13–34, 27.
Wenn es 1922 eine „Wandlung" gegeben habe, meint Rütten, dann gehöre die Sympathie mit dem
Tode „nicht zu den Orientierungen, von denen er sich verabschiedet".

[33] Vaget findet in den Wörtern der Beschreibung der Kampfszene eine Anspielung auf Wagners
Götterdämmerung und interpretiert das Wunder-Motiv im Orchesternachspiel als Thomas Manns
Hinweis auf den „Weg zu einem Neubeginn" (SZ, 56). Siehe dazu Stefan Bodo Würffel: Vom „Lindenbaum" zu „Doktor Fausti Weheklag". Thomas Mann und die deutsche Krankheit zum Tode,
in: TMS XXIII, 157–184, der die Ambivalenz der politischen Verlautbarungen Thomas Manns
betont. Auch Thomas Manns Deutungen der *Götterdämmerung* sind ambivalent. Der positiven
von 1903 über das Wunder-Motiv in 14.1, 59 steht das entschieden negative Urteil über die *Götterdämmerung* im Brief vom 11.8.1911 an Ernst Bertram entgegen (21, 478).

noch, wie in den *Betrachtungen*, als Verteidigungskrieg ansah, dass er deutsche Kriegsschuld bestritt. Naphta sieht vor 1914 die Katastrophe des „verurteilten Weltsystems" kommen und zwar als britisch gelenkte anti-deutsche Einkreisungspolitik, so dass Settembrini ihn fragt: „Sie huldigen dem Pangermanismus?"" (5.1, 574 f.). Im gleichen Gespräch hält Naphta das deutsch-österreichisch-ungarische Bündnis für eine „Dummheit". Das spiegelt die zur Abwehr der deutschen Kriegsschuld damals vertretene Meinung, dass der Regierung Österreich-Ungarns die alleinige Schuld zukomme. Wenn Settembrini klagt, „„die sarmatische Despotie'" sei im Begriff, „„die Brandfackel an unseren hochadligen Erdteil zu legen'" (5.1, 960), nämlich durch anti-österreichische Balkan-Politik, dann bringt der Romantext russische Kriegsschuld zur Sprache. Die Konspiration der internationalen Logen gegen Deutschland, ein anderes Scheinargument, um Deutschland von Kriegsschuld zu befreien, für das sich Thomas Mann lebhaft interessiert hatte (5.2, 323 f.), kommt zuerst undeutlich zur Sprache (5.1, 774, 781), dann deutlich, wenn der Freimaurer Settembrini sich mit seinen letzten Kräften für den Kriegseintritt Italiens einsetzen will (5.1, 1080). Der Thomas Mann von 1924 hatte sich für die Republik entschieden, aber er war weit davon entfernt, die Ursache des Ersten Weltkrieges im deutschen Kulturhochmut zu sehen. Der Abschnitt „Fülle des Wohllauts" im *Zauberberg* ist im Ganzen keine Demonstration deutscher Musikdominanz vor dem Ersten Weltkrieg. Vaget findet selbst, dass Hans Castorps Auswahl der Platten für ein „Europäertum im Sinne Nietzsches" zeuge (SZ, 93).

Es bleibt zu prüfen, ob Vagets These auf den *Doktor Faustus* zutrifft. Thomas Manns Kulturkritik in *Deutschland und die Deutschen* war der Ausgangspunkt von Vagets Argumentation. Dieser Vortrag bezieht seine Konzeption aus der des *Doktor Faustus*. Beide Texte verbinden Kulturkritik mit Selbstkritik, und beides geht in die Darstellung der Musik Leverkühns ein. Jedoch sind beide Konzeptionen nicht identisch. Wie immer im Werk Thomas Manns, ist das fiktionale Werk beziehungsreicher als das Essay;[34] das Beziehungssystem des Romans nimmt die ästhetische Freiheit in Anspruch, es ist widersprüchlicher.

Vagets These stützt sich auf das Spätwerk Leverkühns. Er hat keinen Zweifel, dass diese Musik an der „Mentalität" teilhabe, womit die „Hegemonie der deutschen Musik Deutschlands Streben nach politischer Hegemonie" rechtfertige (SZ, 42 f.). Zwar manifestiere Leverkühns neue Musik im *Doktor Faustus* keine „hypertrophe Deutschheit", sie weise einen kosmopolitischen

---

[34] Hierin bin ich mit Vaget einig. Vgl. Hans Rudolf Vaget: Fünfzig Jahre Leiden an Deutschland. Thomas Manns „Doktor Faustus" im Lichte unserer Erfahrung, in: Thomas Mann, Doktor Faustus, 1947–1997, hrsg. von Werner Röcke, Bern/Berlin/Bruxelles: Lang 2001 (= Publikationen zur Zeitschrift für Germanistik. Neue Folge, Bd. 3), S. 11–34, 18.

Charakter auf, der über die Katastrophe hinausweise; sie antizipiere eine „vom Macht- und Hegemonie-Streben befreite Musik" (SZ, 43). Dennoch schwöre Leverkühn in seinen letzten Werken dem kosmopolitischen Geist wieder ab, verschreibe sich vielmehr, „um der musikalischen Hegemonie willen", einer „Ästhetik des Durchbruchs und der radikalen Innovation" (ebd.). Die setzt Vaget in Beziehung zu einem Gedanken aus *Schicksal und Aufgabe*. In diesen Bruchstücken aus Kriegsvorträgen des Jahres 1943 deutet Thomas Mann selbstkritisch den deutschen „Versuch der Welt-Unterwerfung" aus einem „dem Deutschtum eingeborenen Universalismus" (Ess V, 229). Die deutsche Ambivalenz zwischen Nationalismus und Universalismus folgt, wie Vaget uns früher gezeigt hat,[35] Erich von Kahlers Deutung der deutschen Geschichte.

Leverkühns nach Ende des Ersten Weltkrieges komponiertes Werk „Apocalipsis cum figuris" ist zwar von Dürers Holzschnitten angeregt, hat aber keinen deutschen Inhalt. Es handelt vom Weltuntergang, drückt die Verzweiflung über die Welt unter Gott aus. Die Kantate „Dr. Fausti Weheklag", nach dem Faustbuch aus der deutschen Reformationszeit, enthält die Klage über die Höllenfahrt, den Abfall von Gott, die „Umkehrung" (10.1, 710) von christlichen Glaubensinhalten. Zeitblom sieht im musikalischen Stil des Werkes den „,Durchbruch'" als „Rekonstruktion des Ausdrucks" (10.1, 703), von dem Leverkühn einmal gesprochen hatte. Das Motiv des „,Durchbruchs'" wird im *Doktor Faustus* in der Tat auch auf kriegerische Aggression bezogen.

Leverkühns Begriff vom ,Durchbruch' war aber ein anderer als der Zeitbloms. Dieser, in Kapitel XXX ergriffen von „volkstümlichen Hochgefühlen" (10.1, 436) beim Kriegsausbruch 1914, denkt an den „Durchbruch in eine Lebensform, in der Staat und Kultur Eines sein würden" (10.1, 438), dann an den „Durchbruch […] zur dominierenden Weltmacht" (ebd.). Im Gespräch mit Leverkühn erläutert er den Sinn dieses Durchbruchs im Sinne von Kahlers *Der deutsche Charakter in der Geschichte Europas* (1937) als einen „Durchbruch zur Welt" (10.1, 447) aus kleinstädtischer Sonderform zum Universalismus, worauf Leverkühn mit Spott reagiert. Leverkühn interessiert sich vielmehr für das „Ästhetische[ ]", einen Durchbruch „ins Freie" (10.1, 449). Zeitblom nimmt das Stichwort „das Ästhetische" auf und will Leverkühn einbeziehen in eine spezifisch deutsche „Durchbruchsbegierde", die er im Ästhetischen findet; sie wolle heraus aus „Versponnenheit", „Einsamkeitsgift" und „stillem Satanismus" (10.1, 450). Damit trifft er Leverkühn, so dass dieser sich von Zeitblom abkapselt. Die artistische Isolierung von der Gemeinschaft ist die Bedingung

---

[35] Hans Rudolf Vaget: Erich Kahler, Thomas Mann und Deutschland. Eine Miszelle zum „Doktor Faustus", in: Ethik und Ästhetik. Werke und Werte in der Literatur vom 18. bis zum 20. Jahrhundert. Festschrift für Wolfgang Wittkowski zum 70. Geburtstag, hrsg. von Richard Fisher, Frankfurt am Main/Bern: Lang 1995, S. 509–518.

für den Durchbruch, den ihm der Teufel versprochen hat: „die Epoche der Kultur und des Kultus wirst du durchbrechen und dich der Barbarei erdreisten" (10.1, 355).[36] Die atonale Musik ist Barbarei, weil sie sich vom Üblichen, Menschlichen abschließt. Für Leverkühn soll sie der Durchbruch „aus geistiger Kälte in eine Wagniswelt neuen Gefühls" sein, eine „Erlösung" der Kunst aus der Isolierung (10.1, 468). Die erlöste Kunst, meint Leverkühn, werde etwas „Heiter-Bescheidenere[s]" sein, „mit der Menschheit auf Du und Du" (10.1, 469). Seine Produktion, die vom Teufel avantgardistisch inspirierte, ist dagegen anspruchsvoll und esoterisch. Die Erlösung, an die Leverkühn denkt, wäre die aus dem Teufelskreis der konstruierten intellektualistischen Musik. Das ist aber die, die er schreibt und die ist elitär. Zeitblom nennt wenige Orte, „wo immer" man gewagt hatte, von Adrians Musik etwas erklingen zu lassen" (10.1, 568). Die Uraufführung des Oratoriums der Apokalypse 1927 in Frankfurt sei ein „Wagnis" gewesen, das selbst in dieser aufgeschlossenen Stadt heftigen Widerspruch erregte (10.1, 563). „Starken Erfolg" verzeichnet Zeitblom nur im Falle des Violinkonzerts, das etwas „Herablassendes" hat (10.1, 572 f.; vgl. 10.1, 592–597). Wenn Zeitblom der Kantate „Dr. Fausti Weheklag" die „Rekonstruktion des Ausdrucks" (10.1, 703) zuschreibt, dann muss man sich diesen Ausdruck atonal vorstellen.[37]

Leverkühns elitäre Musik demonstriert die Isolierung der modernen Kunst, ihre Lösung aus den Konventionen der bürgerlichen Gesellschaft, ihre Immoralität im Sinne Nietzsches. Diese Musik repräsentiert kulturellen Hochmut. Damit hat Vaget Recht. Aber ich kann ihm nicht mehr folgen, wenn er den Zusammenhang zwischen Hochmut und „Herrschaft" herstellt durch das Zitat einer angeblichen Bemerkung Arnold Schönbergs, der die Zwölftonmusik als seine Entdeckung gepriesen haben soll, „durch die die Vorherrschaft der deutschen Musik für die nächsten hundert Jahre gesichert" sei.[38] Schönberg hat das sicher nur elitär gemeint. Inspirationen zu militärischer Aggression, um politische Hegemonie herzustellen, müssten die Massen ansprechen. Ein signifikanter Prozentsatz der deutschen Bevölkerung müsste Musik im Stil Schön-

[36] Signifikant ist übrigens, dass der Krieg Leverkühn an einer Reise nach Paris hindert (10.1, 446, 448). Siehe auch Tb, 23.1.1944: „Mit Adorno über die musikalische Problematik des Romans. Wohin geht der ‚Durchbruch'? Er weiß es auch nicht." Thomas Mann suchte nach einer spezifisch musikalischen Bedeutung von „Durchbruch", die von Zeitbloms Durchbruch zur Welt abzusetzen war.

[37] Vgl. hierzu die Überlegungen von Eva Schmidt-Schütz: „Doktor Faustus" zwischen Tradition und Moderne. Eine quellenkritische und rezeptionsgeschichtliche Untersuchung zu Thomas Manns literarischem Selbstbild, Frankfurt/Main: Klostermann 2003 (= TMS XXVIII). Sie weist auf Thomas Manns ambivalenten Widerstand gegen den Avantgardismus hin.

[38] Die Quelle ist Willi Reich: Arnold Schönberg oder der konservative Revolutionär, Wien/Frankfurt/Zürich: Molden 1968, S. 173. Schönberg soll sich so im Sommer 1921 in Traunkirchen auf einem Spaziergang zu seinem Schüler Josef Rufer geäußert haben.

bergs kennen und mehr als Bewunderung dafür aufbringen. Nicht einmal die Groß- und Bildungsbürger des Kridwiß-Kreises in Kapitel XXXIV des *Doktor Faustus* sind jedoch als Publikum der Leverkühn-Musik zu denken, wie sehr deren Spiele mit Kulturkritik auch in der „Nachbarschaft von Ästhetizismus und Barbarei" (10.1, 541) residieren. Atonale Musik ist völlig unfähig, Massen zu inspirieren; man kann fragen, ob sie überhaupt zu irgend etwas zu inspirieren kann. Schönbergs „Herrschaft" kann nur innerhalb eines minimalen Kreises gelten. Innerhalb dieser Elite kann ein Komponist den Anspruch auf Größe erheben. Dieser Anspruch gehört zu dem Modernismus, der unter dem Einfluss Friedrich Nietzsches steht.

Leverkühns Umgebung ist mit Zügen aus Thomas Manns Biographie ausgestattet, und er selbst wiederholt Stationen des Lebens Friedrich Nietzsches. Auch das hat einen autobiographischen Bezug, denn Thomas Manns Streben zur „Größe", in Konkurrenz mit seinem älteren Bruder,[39] war von Nietzsche inspiriert, dessen Philosophie von der Möglichkeit und Wünschbarkeit der Entwicklung des kreativen Menschen zur Größe handelt.[40] Der *Doktor Faustus* spielt mit der Problematik der Größe im sozialen Kontext des deutschen Bildungsbürgertums, für das Thomas Mann schrieb, dem er sich zugehörig fühlte, auch noch, als diese Zugehörigkeit von der Bitterkeit des Exils tangiert wurde. Die Problematik der Größe für den späten Thomas Mann im Lichte seiner Erfahrung ist ihre Ambivalenz: Menschliche Größe ist angesichts des Missbrauchs von Macht fragwürdig, bleibt aber erstrebenswert für eine humansoziale Ordnung, vor allem im Ästhetischen.

Leverkühn ist Musiker, weil Musik zum Symbol der besonderen Schreibweise seines Autors taugte. Der *Doktor Faustus* kann nicht in seinem vollen Umfang verstanden werden, wenn man den Bekenntnischarakter des Werkes in seiner verwandelten, fiktionalen Form beiseite lässt und die Aufmerksamkeit auf die Realisierung, die Darstellung der deutschen Kultur im zwanzigsten Jahrhundert richtet. Deren einmontierte Realien sind der Perspektive des selbstkritischen Autors untergeordnet und sind nicht ein Kulturbild, das historischer Verifizierung und Falsifizierung ausgesetzt ist. Der Autor identifizierte sich mit Leverkühns Streben nach künstlerischer Größe, distanzierte sich jedoch von dessen Streben, indem er ihn (mit Hilfe Adornos) atonale Musik komponieren ließ, die außerhalb seiner Welt blieb. Er hatte den Ehrgeiz, den Roman der Modernität zu schreiben,[41] aber als Symbol dieser Modernität ließ

---

[39] Siehe die Stelle über den *Friedrich*-Plan im Brief an Heinrich vom 17.1.1906 (21, 342–344).

[40] Ein frühes Zeugnis dafür, zugleich das deutlichste, ist ein Satz aus *Vom Nutzen und Nachteil der Historie für das Leben*: „das Ziel der Menschheit kann nicht am Ende liegen, sondern nur in ihren höchsten Exemplaren" (KSA I, 317).

[41] Vgl. hierzu Schmidt-Schütz (zit. Anm. 37).

er Leverkühn kalt konstruierte, elitäre, unpopuläre, expressionistische Musik herstellen. Es ist Leverkühns Teufel, der die von ihm inspirierte Musik als bestimmten Kanon hinstellt, als Ergebnis eines historischen Prozesses, „den niemand umkehrt" (10.1, 349). So konnte auch sein Autor gelegentlich reden, aber daneben behauptete sich in seinem Bewusstsein auch das Gegenteil, die mythische Wiederholung, die Zeit als Kreislauf.[42]

Leverkühn will die Welt mit seiner Musik gar nicht erobern. Den Agenten Fitelberg, der ihm in Paris die Welt zu Füßen legen will, lässt der Komponist unverrichteter Dinge gehen.[43] Leverkühn will Außenseiter bleiben. Um dessen Größe dennoch glaubhaft zu machen, lässt der Autor Zeitblom von Adrians Musik begeistert sein. Diese Begeisterung müssen die Leser nicht teilen. Vielmehr karikiert sie Bewunderung der Modernität *als* Modernität. Spielerische Identifizierung und gleichzeitige Distanzierung, Realisierung und Ironie bestimmen die Konzeptionen Thomas Manns, und aus der inneren Widersprüchlichkeit ihrer Sprache entspringt ihr Reiz. Das avantgardistisch Moderne der Musik Leverkühns ist nicht vorbildlich gemeint, illustriert nicht Thomas Manns eigenen Ehrgeiz nach Größe. Die Selbstkritik zielt vielmehr auf das Streben danach, eine Selbstüberwindung der Nachfolge Nietzsches.

Wenn Hans Rudolf Vaget dem selbstkritischen Thomas Mann schon 1924 Warnungen vor Kulturimperialismus und Welteroberungsplänen zuschreibt, dann möchte er die fortdauernde Bedeutung des Werkes, seine Modernität herausstellen. Diese Absicht teile ich. Widerstand gegen jede Ideologie, wie Thomas Mann sie uns in Hans Castorp humoristisch vorführt, ist unserer von Fundamentalismen bedrohten Welt nötiger denn je. Jedoch brauchen wir dazu die Freiheit von den konventionellen Diskursen, die Hans Castorp darstellt. Wert und Humor der Konzeption des *Zauberbergs* liegen darin, dass diese nicht als Vorbild wirken soll, sozusagen als Symbol einer besseren Ideologie. Vielmehr ließ die Vorführung von Hans Castorps nihilistischer leerer Freiheit am Ende des Schreibprozesses die Gefahr erkennen, dass ein Bewusstsein der Leere anfällig für Erlösungsideologien wird. Davor wollte Thomas Mann seinen Hans Castorp noch bewahren. Darum nahm er den Bruch in der Figurendarstellung in Kauf und erkannte seinem Helden ein wenig Kreativität zu, um ihn

---

[42] Deutlicher noch als die Zeitphilosophie im *Zauberberg* ist das Nebeneinander von zielgerichteter Geschichte und mythischem Kreislauf in den *Josephs*romanen. Siehe Herbert Lehnert: Ägypten im Bedeutungssystem des Josephromans, in: TM Jb 6, 1993, 93–111.

[43] Siehe Ruprecht Wimmer: „Ah, ça c'est bien allemand, par exemple!" Richard Wagner in Thomas Manns „Doktor Faustus", in: Wagner – Nietzsche – Thomas Mann (zit. Anm. 13), S. 65–67, und Eva Schmidt-Schütz (zit. Anm. 37), S. 144–180, die die Fitelberg-Szene als Satire auf den Avantgardismus liest.

der Kritik an seiner eigenen Nietzsche-Nachfolge anzunähern. Dennoch ließ er ihn an der leer gewordenen Freiheit festhalten.

Der ironische Abstand von Ideologien und weltanschaulichen Orientierungen, das Spiel mit konträren Gewichten in allen fiktionalen Werken Thomas Manns schließt aus, dass diese eindeutige, nachprüfbare historische Wahrheiten oder konkrete politische Warnungen liefern können, sei es auch für eine so vage Sache wie die Mentalitätsgeschichte. Auch *Doktor Faustus* ist ein balancierendes Spiel mit Gewichten, mit verborgenen, indirekten Aussagen. Dazu gehört Zeitbloms unglaubwürdige Begeisterung für den „Ausdruck", der sich aus dem Formzwang, der „totalen Konstruktion" von Leverkühns Musik ergeben soll (10.1, 711). Diese Musik ist kein Modell für die richtige Modernität, vielmehr warnt der Roman vor starrer und elitärer Ästhetik, vor der unironischen Kunst.[44]

[44] Ich danke Werner Frizen, Hannelore Mundt und Eva Wessell für kritische Durchsicht früherer Versionen dieses Essays.

Gregor Ackermann, Walter Delabar und Bernhard Veitenheimer

6. Nachtrag zur Thomas-Mann-Bibliographie

Die nachfolgende Mitteilung von Texten und Drucken zu Lebzeiten schließt an die in Band 13 des *Thomas Mann Jahrbuchs* begonnene Berichterstattung an. Drucke bekannter Texte werden nach den einschlägigen bibliographischen Arbeiten ausgewiesen. Hierzu benutzen wir folgende Siglen:

Potempa (= Georg Potempa. Thomas Mann-Bibliographie. Mitarbeit Gert Heine. 2 Bde. Morsum/Sylt 1992–1997.)

Potempa, Aufrufe (= Georg Potempa. Thomas Mann. Beteiligungen an politischen Aufrufen und anderen kollektiven Publikationen. Eine Bibliographie. Morsum/Sylt 1988.)

Potempa, Nachtrag (= Georg Potempa. Nachtrag zur Bibliographie der Werke Thomas Manns. In: Georg Potempa in memoriam. Hrsg. von Timm A. Zenner. Morsum/Sylt 2000, S. 9–21.)

Regesten (= Die Briefe Thomas Manns. Regesten und Register. Bd. 1–5. Hrsg. von Hans Bürgin u. Hans-Otto Mayer. Frankfurt/Main 1976–1987.)

Für Hinweise und Hilfen danken wir herzlich Davide Di Maio (Palermo), Anne Flierl (Berlin), Guido Kohlbecher (Neustadt/Wied), Brigitte Nestler (Berlin) und Karl Jürgen Skrodzki (Lohmar).

I. Texte

[o.T.] – In: Neues Wiener Journal (Wien), Jg. 31, Nr. 10.645 vom 8.7.1923, S. 5
Thomas Manns Beitrag steht hier neben solchen von Arthur Schnitzler, Franz Werfel, Heinrich Mann, Fritz von Unruh u.a. unter dem redakt. Sammeltitel „Hermann Bahrs sechzigster Geburtstag".
Nicht bei Potempa

[o.T.] – In: 8 Uhr-Abendblatt (Berlin), Jg. 79, Nr. 300 vom 24.12.1926, 2. Beibl., S. [2]
Thomas Manns Beitrag steht hier neben solchen von Hermann Bahr, Ludwig Fulda, Max Liebermann, Romain Rolland, Gustav Rickelt u.v.a. unter dem

redakt. Sammeltitel „Ein Weltfriedenstag! Es haben dem 8 Uhr-Abendblatt geantwortet:".
Nicht bei Potempa

Um die Todesstrafe. – In: Kasseler Neueste Nachrichten (Kassel), Jg. 17, Nr. 274 vom 23.11.1927, S. [2]
Nicht bei Potempa

[Brief an die Münchener Buchhändler.] – In: Der Schriftsteller (Berlin), Jg. 15, H. 1 vom Januar 1928, S. 12–13
Brief, gemeinsam mit Bruno Frank und Hans Friedrich – namens des S.D.S., Gau Bayern – an die Münchener Buchhändler.
Nicht bei Potempa, nicht in den Regesten

Thomas Mann bekennt sich zum Film. – In: Bohemia. Deutsche Zeitung (Prag), Jg. 101, Nr. 113 vom 12.5.1928, S. 7
Der Beitrag referiert Thomas Manns kurze Ansprache, die dieser anläßlich der Gründung der „Münchener Urania" gehalten hatte.
Nicht bei Potempa

[Der Fall Penzoldt – Loch.] – In: Der Schriftsteller (Berlin), Jg. 18, H. 1 vom Januar 1930, S. 29
Stellungnahme, gemeinsam mit Hans Friedrich – namens des S.D.S., Gau Bayern – und Paul Alverdes – namens Die Argonauten E. V. – zu Vorgängen in der Presse anläßlich der Auseinandersetzung Penzoldt – Loch.
Nicht bei Potempa, nicht in den Regesten

Frieden zwischen den Alten und den Jungen. Der Konflikt der notleidenden Generationen. – In: Der Mittag (Düsseldorf), Jg. 11, Nr. 132 von Pfingsten [7.6.]1930, Beil., S. [1]
Thomas Manns Beitrag steht hier neben solchen von Rabindranath Tagore, Louis Loucheur, Willi Hellpach, Adolph von Harnack u.a. unter dem redakt. Sammeltitel „Unser Pfingstwunsch: Mehr Frieden!"
Nicht bei Potempa

[o.T.] – In: Die neue Linie (Leipzig), Jg. 2, Nr. 1 vom September 1930, o. Pag. Thomas Manns Beitrag steht hier neben solchen von Wilhelm Schäfer, Norbert Jacques, Edwin Redslob u.a. unter dem redakt. Sammeltitel „Ein Jahr Die neue Linie".

Als Faks. wieder in: Patrick Rössler, Die neue Linie 1929–1943. Das Bauhaus am Kiosk. Bielefeld 2007, S. 26
Nicht bei Potempa

[o.T.] – In: Süddeutsche Sonntagspost (München), Jg. 5, Nr. 10 vom 8.3.1931, Beil.: Münchner Sonntags-Anzeiger, S. 2
Thomas Manns Beitrag steht hier neben solchen von Georg Britting, Artur Ernst Rutra, Max Halbe, Karl Wolfskehl u.a. unter dem redakt. Sammeltitel „Loch. Eine Rundfrage zum Prozeß".
Nicht bei Potempa

[o.T.] – In: Die Stimme. Jüdische Zeitung (Wien), Jg. 9, Nr. 500 vom 19.11.1935, S. 10
Thomas Manns Beitrag steht hier neben solchen von Richard Beer-Hofmann, Albert Einstein, Sigmund Freud, Heinrich Mann u.a. unter dem redakt. Sammeltitel „15 Jahre Keren Hajessod".
Nicht bei Potempa

Thomas Mann an den Uebersetzer. – In: Gedichte des Kavaphis aus dem Neugriechischen übersetzt von Walter Jablonski. Jerusalem 1942, Titelblatt der 2. Folge
Teildruck des Briefes an Jablonski vom 20.9.1942 (Vgl. Tagebücher 1940–1943, S. 476)
Nicht bei Potempa, nicht in den Regesten

Freuds Humanismus. – In: Das psychoanalytische Volksbuch. Hrsg. von Paul Federn u. Heinrich Meng. 5., umgearb. Aufl., Bd. 1: Allgemeiner Teil: Zur Einführung in die Grundlagen der Psychoanalyse. Bern: Huber 1957, S. 46–52
Nicht bei Potempa

Die Taufschale. [Mit e. redakt. Einl.] – In: Westfälische Zeitung. Bielefelder Tageblatt (Bielefeld), Jg. 114, Nr. 288 vom 9.12.1924, S. [2]
Potempa D 3

Jaakob schaut die Himmelsleiter. – In: Bunte Woche (Wien), Jg. 2, Nr. 48 vom 26.11.1933, S. 11
Potempa D 4

Zauber der Operette. – In: Theater. Sieben Jahre Freie Deutsche Bühne in

Buenos Aires. Ein Brevier hrsg. von P. Walter Jacob. Buenos Aires 1946,
S. 170–173
Potempa D 12

Anekdote. – In: New Yorker Volkszeitung (New York), Jg. 32, Nr. 121 vom
21.5.1909, S. 5
Potempa E 23

Das Eisenbahnunglück. – In: Sonntagsblatt der N[ew] Y[orker] Volkszeitung
(New York), Jg. 32, Nr. 5 vom 31.1.1909, 1. Beil., S. 15
Potempa E 24

Monolog. – In: Magdeburger General-Anzeiger (Magdeburg), Jg. 53, Nr. 290
vom 11.12.1929, S. 1
Potempa F 6

Thomas Mann über Theodor Lessing. [Mit e. redakt. Einl.] – In: Rheinisch-
Westfälische Zeitung (Essen), Jg. 189, Nr. 421 vom 19.6.1926, Abendausg., S. 1
Potempa G 49

Thomas Mann über den „Marquis von Keith". – In: Wiener Mittag (Wien),
Jg. 3, Nr. 515 vom 11.5.1920, S. 3
Potempa G 85

Ueber einen Vortragskünstler. [Mit e. redakt. Einl.] – In: Danziger Zeitung
(Danzig), Jg. 68, Nr. 63 vom 4.3.1925, S. [2]
Potempa G 135

Ludwig Hardt spricht. – In: Volksfreund (Braunschweig), Jg. 59, Nr. 259 vom
5.11.1929, 3. Beil., S. [2]
Potempa G 135

National und international. – In: Wiener Mittag (Wien), Jg. 5, Nr. 1.194 vom
23.8.1922, S. 3–4
Potempa G 172

Jugend und Republik. – In: Der Herold der demokratischen Jugend Deutschlands (Berlin), Jg. 4, Nr. 35 vom Februar 1923, S. 16–19
Potempa G 174

An Gerhart Hauptmann. – In: Lübecker Bühnenblätter. Bühnenblätter des Stadttheaters und der Kammerspiele zu Lübeck (Lübeck), Jg. 8 (1931/32), H. 13 von Anfang März 1932, S. 117
Potempa G 174

[o.T.] – In: Zeitgenossen zum Mannheimer Pressefest 1924. Gedenksprüche in Faksimile. Mannheim 1924, Blatt 17
Potempa G 204

Der Dichter schreibt ... Etwas über die Arbeitsweise des Schriftstellers. – In: Kasseler Neueste Nachrichten (Kassel), Jg. 15, Nr. 48 vom 26.2.1925, 2. Beil., S. [1]
Potempa G 227

Natur und Nation. – In: Badische Presse (Karlsruhe), Jg. 41, Nr. 403 vom 2.9.1925, Abendausg., Beil.: Literarische Umschau, Jg. 1, Nr. 34, S. 133–135 u. Jg. 41, Nr. 415 vom 9.9.1925, Abendausg., Beil.: Literarische Umschau, Jg. 1, Nr. 35, S. 138–139
Potempa G 228

Thomas Mann. – In: Magdeburger General-Anzeiger (Magdeburg), Jg. 53, Nr. 268 vom 15.11.1929, S. 1
Potempa G 239

Die Krisis der modernen Ehe. – In: Volksfreund (Braunschweig), Jg. 56, Nr. 242 vom 16.10.1926, 2. Beil., S. [1]
Potempa G 247

Die Krisis der modernen Ehe. – In: Danziger Volksstimme (Danzig), Jg. 18, Nr. 156 vom 7.7.1927, Beil.: Die Welt der Frau
Potempa G 247

Die Ehe. – In: Kölner Tageblatt (Köln), Nr. 571 vom 10.11.1929, Morgenausg., Beil.: Unterhaltung, Kunst, Literatur, S. [3]
Potempa G 247

[o.T.] – In: Der Mittag (Düsseldorf), Jg. 7, Nr. 81 vom 8.4.1926, S. [3]
Thomas Manns Beitrag steht hier neben solchen von Carl Sternheim, Hermann Bahr, Hermann Hesse u.a. innerhalb des Beitrags von Heinrich Federer „Gibt es verkannte Dichter?"
Potempa G 266

Solidarität des Geistes. [Mit e. redakt. Einl.] – In: Breslauer Neueste Nachrichten (Breslau), Jg. 39, Nr. 132 vom 16.5.1926, II. Ausg., S. 3
Potempa G 273

Solidarität der Geistigen. – In: Königsberger Hartungsche Zeitung (Königsberg), Nr. 237 vom 23.5.1926, Morgenbl., 3. Bl. (Sonntagsbl.), S. [1]
Potempa G 273

Thomas Mann gegen das geplante Zensurgesetz. – In: Königsberger Hartungsche Zeitung (Königsberg), Nr. 338 vom 22.7.1926, Abendbl., 2. Bl., S. [1]
Potempa G 278

[o.T.] – In: Königsberger Hartungsche Zeitung (Königsberg), Nr. 1 vom 1.1.1927, Morgenbl., 2. Bl., S. [3]
Thomas Manns Beitrag steht hier neben solchen von Heinrich Mann, Roda Roda u.a. unter dem redakt. Sammeltitel „Eine interessante Umfrage".
Potempa, Nachtrag G 301a

Romane der Welt. [Mit e. redakt. Einl.] – In: Thüringer Allgemeine Zeitung (Erfurt), Jg. 78, Nr. 88 vom 30.3.1927, S. [2]
Potempa G 310

Romane der Welt. – In: Badische Presse (Karlsruhe), Jg. 43, Nr. 174 vom 13.4.1927, Abendausg., Beil.: Literarische Umschau, Jg. 3, Nr. 15
Potempa G 310

Große, weite Welt. – In: Saarbrücker Zeitung (Saarbrücken), Jg. 167, Nr. 86 vom 28.3.1927, S. [2]
Potempa G 310

Verjüngende Bücher. Kafka – Schwob – Schmeljow – Graf. – In: Badische Presse (Karlsruhe), Jg. 43, Nr. 498 vom 26.10.1927, Abendausg., Beil.: Literarische Umschau, Jg. 3, Nr. 43, S. 169–170
Potempa G 313

Verjüngende Bücher. Kafka – Schwob – Schmeljow – Graf. – In: Thüringer Allgemeine Zeitung (Erfurt), Jg. 78, Nr. 328 vom 27.11.1927, 4. Beibl., S. [1–2]
Potempa G 313

[o.T.] – In: Königsberger Hartungsche Zeitung (Königsberg), Nr. 329 vom 17.7.1927, Morgenbl., o. Pag.
Thomas Manns Beitrag steht hier neben solchen von Hugo von Hofmannsthal und Ernst Barlach unter dem redakt. Sammeltitel „Liebermann im Urteil der Besten".
Potempa G 320

Thomas Mann über bayrische Justiz. Ein Brief an Ernst Toller. [Mit e. redakt. Einl.] – In: Volksfreund (Braunschweig), Jg. 57, Nr. 178 vom 2.8.1927, S. 1
Potempa G 322

[o.T.] – In: Der Kontakt. Erfurter Bühnenblätter (Erfurt), Spielzeit 1928/29, H. 10 vom Ende Januar 1929, S. 131–132
Thomas Manns Beitrag steht hier neben anderen unter dem redakt. Sammeltitel „Die Todesstrafe".
Potempa G 327

[o.T.] – In: Argentinisches Tageblatt (Buenos Aires), Jg. 40, Nr. 11.748 vom 12.1.1928, S. 8
Thomas Manns Beitrag steht hier neben solchen von Hermann Müller-Franken, Albert Einstein u.a. unter dem redakt. Sammeltitel „Braucht Deutschland Kolonien? Das Ergebnis einer Umfrage".
Potempa G 336

[o.T.] – In: Badische Presse (Karlsruhe), Jg. 44, Nr. 31 vom 19.1.1928, Morgenausg., S. 2
Thomas Manns Beitrag steht hier neben solchen von Herbert Eulenberg und Wilhelm Schmidtbonn unter dem redakt. Sammeltitel „Wilhelm Schäfer. Zum 60. Geburtstag des rheinischen Dichters".
Potempa G 341

Thomas Mann über den Film. – In: Breslauer Woche (Breslau), Jg. 28, Nr. 9 vom 8.9.1928, S. [6]
Potempa G 350

[o.T.] – In: Hannoverscher Kurier (Hannover), Jg. 80, Nr. 271 vom 12.6.1928, Morgenausg., S. 2–3
Thomas Manns Beitrag steht hier neben solchen von Hermann Hesse, Walter von Molo, Bruno Frank, Stefan Zweig u.a. unter dem redakt. Sammeltitel „Der Spielplan. Wenn ich Theaterleiter wäre..."
Potempa G 366

[o.T.] – In: Hannoverscher Kurier (Hannover), Jg. 80, Nr. 547 vom 20.11.1928, Morgenausg., Beil.: Die Frau
Thomas Manns Beitrag steht hier neben solchen von Oswald Spengler, Jakob Wassermann, Arnold Zweig u.a. unter dem redakt. Sammeltitel „Grüße an Selma Lagerlöf. Zum 70. Geburtstag der Dichterin".
Potempa G 383

Vom schönen Zimmer. – In: Kasseler Post (Kassel), Jg. 47, Nr. 141 vom 24.5.1929, S. [2]
Potempa G 390

Die andere Seite (Journey's End). – In: Städtische Bühnen Hannover, Schauspielhaus (Hannover), Spielzeit 1929/30, H. 2 von Anfang Oktober 1929, S. 17
Potempa G 404

„Die andere Seite." Ein Brief an den Übersetzer. – In: Stadttheater Halle (Halle/S.), Spielzeit 1929/30, Nr. 10 vom Anfang Januar 1930, S. 4 u. 21
Potempa G 404

Thomas Mann schreibt an den Übersetzer. – In: Theaterzeitung des Stadttheaters Danzig (Danzig), Jg. 6 (1929/30), Nr. 18 vom April 1930, S. 156
Potempa G 404

Thomas Mann über „Das Theater in seiner heutigen Situation". [Mit e. redakt. Einl.] – In: Magdeburger General-Anzeiger (Magdeburg), Jg. 53, Nr. 169 vom 23.7.1929, 3. Beil., S. [1]
Potempa G 416

Thomas Mann über das Theater in seiner heutigen Form. Unser Feind: Die Mechanisierung des Lebens. – In: Der Mittag (Düsseldorf), Jg. 10, Nr. 172 vom 25.7.1929, S. [3]
Potempa G 416

Weniger Furcht um den Geist – Mehr Vertrauen zum Theater. – In: Saarbrücker Zeitung (Saarbrücken), Jg. 169, Nr. 203 vom 27.7.1929, Beil.: Die Gegenwart
Potempa G 416

Gedanken zu einer deutschen Theaterdiskussion. – In: Saarbrücker Zeitung (Saarbrücken), Jg. 169, Nr. 262 vom 24.9.1929, S. [2]
Potempa G 416

Thomas Mann über das deutsche Theater. – In: Der Kontakt. Erfurter Bühnenblätter (Erfurt), Spielzeit 1929/30, H. 7 vom Dezember 1929, S. 103–106
Potempa G 416

Über das deutsche Theater. – In: Theaterzeitung des Stadttheaters Danzig (Danzig), Jg. 6 (1929/30), Nr. 20 vom April 1930, S. 168–172
Potempa G 416

[o.T.] – In: Theaterzeitung des Stadttheaters Danzig (Danzig), Jg. 6 (1929/30), Nr. 11 vom März 1930, S. 94–95
Thomas Manns Beitrag steht hier neben solchen von Alfred Wolfenstein, Hugo von Hofmannsthal, Fritz von Unruh u.a. unter dem redakt. Sammeltitel „Stimmen für das Theater".
Potempa G 417

Bekenntnis zum deutschen Theater. – In: Der Kontakt. Erfurter Bühnenblätter (Erfurt), Spielzeit 1931/32, H. 6, S. 1–2
Potempa G 417

Tod der Schwester. [Mit e. redakt. Einl.] – In: General-Anzeiger (Frankfurt/Main), Jg. 55, Nr. 126 vom 31.5.1930, S. 3
Potempa G 445

[o.T.] – In: Das Schauspiel. Blätter des Neuen Schauspielhauses Königsberg i. Pr. (Königsberg), Spielzeit 1930/31, H. 1, S. 10–11
Thomas Manns Beitrag steht hier neben solchen von Fritz Kleist, Ernst Toller und Karl Maria Finkelnburg unter dem redakt. Sammeltitel „Stimmen zu Finkelnburgs Schauspiel ‚Amnestie'".
Potempa G 447

Wiedergeburt der Anständigkeit. „Nazis sind schlechte Literaten" – predigt Thomas Mann. – In: Tempo (Berlin), Jg. 4, Nr. 50 vom 28.2.1931, S. 2
Potempa G 484

[o.T.] – In: [Antworten auf eine Rundfrage zu Wilhelm Raabes 100. Geburtstag. Gesammelt im Auftrag des Denkmals-Ausschusses der Gesellschaft der Freunde Wilhelm Raabes von Thaddäus Abitz-Schultze. Braunschweig 1931] Bl. 9^v
Potempa G 494

Thomas Mann und „Wälsungenblut". – In: General-Anzeiger (Frankfurt/Main), Jg. 56, Nr. 217 vom 16.9.1931, S. 3
Potempa G 503

Demokratie und Pöbelherrschaft. Eine Rede von Thomas Mann. – In: Sächsisches Volksblatt (Zwickau), Jg. 40, Nr. 214 vom 14.9.1931, Beil.: Dichtung und Wahrheit.
Potempa G 505

„Das Gute gefällt schon ...". Thomas Mann für hohes Film-Niveau. – In: Tempo (Berlin), Jg. 5, Nr. 204 vom 31.8.1932, S. 7
Potempa G 540

Der Dichter und das Proletariat. Thomas Mann feiert das sozialistische Ziel! [Mit e. redakt. Einl.] – In: Sächsisches Volksblatt (Zwickau), Jg. 41, Nr. 255 vom 29.10.1932, S. 1
Potempa G 542

Thomas Manns Bekenntnis. – In: Sächsisches Volksblatt (Zwickau), Jg. 42, Nr. 43 vom 20.2.1933, S. [4]
Potempa G 549

II. Interviews

O[tto] A[lfred] Palitzsch: Die schwere Kunst zu interviewen. Ein Gespräch mit Thomas Mann und was dabei herauskam. – In: Tempo (Berlin), Jg. 1, Nr. 78 vom 11.12.1928, 1. Ausg., o. Pag.
Nicht bei Potempa

Kreislauf der Kunst. Klassische Bestrebungen der modernen Literatur. [Mit e. redakt. Einl.] – In: Kasseler Neueste Nachrichten (Kassel), Jg. 15, Nr. 131 vom 9.6.1926, S. [2]
Potempa K 40

Thomas Mann über seine künftigen Werke. Historische Novellen. – In: Danziger Volksstimme (Danzig), Jg. 17, Nr. 134 vom 12.6.1926, S. [2]
Potempa K 50

Thomas Mann über seine künftigen Werke. – In: Badische Presse (Karlsruhe), Jg. 42, Nr. 269 vom 15.6.1926, Morgenausg., S. 2
Potempa K 50

Heinz Liepmann: Begegnung mit Thomas Mann. Gespräch mit dem Dichter. – In: Magdeburger General-Anzeiger (Magdeburg), Jg. 51, Nr. 32 vom 8.2.1927, 2. Beil., S. [1]
Potempa K 55

Walter Wittner: Unterhaltung mit Thomas Mann. – In: Saarbrücker Zeitung (Saarbrücken), Jg. 168, Nr. 335 vom 8.12.1928, Beil.: Die Gegenwart
Potempa K 73

Freude und Wehmut. – In: Königsberger Hartungsche Zeitung (Königsberg), Nr. 533 vom 13.11.1929, Morgenbl., S. 1
Potempa K 88

Für Republik und Groß-Deutschland. Bemerkungen Thomas Manns in Stockholm. – In: Königsberger Hartungsche Zeitung (Königsberg), Nr. 584 vom 13.12.1929, Abendausg., 2. Beibl., S. [1]
Potempa K 104

Manfred Georg: Vom Sinne unserer Zeit. Ein Gespräch mit Thomas Mann. – In: Der Kontakt. Erfurter Bühnenblätter (Erfurt), Spielzeit 1930/31, H. 1 vom August 1930, S. 1–3
Potempa K 120

Manfred Georg: Vom Sinne unserer Zeit. Ein Gespräch mit Thomas Mann. – In: Das Schauspiel. Blätter des Neuen Schauspielhauses Königsberg i. Pr. (Königsberg), Spielzeit 1930/31, H. 2, S. 14–15
Potempa K 120

Vertrauen zur Demokratie. Ein Wort von Thomas Mann. – In: Sächsisches Volksblatt (Zwickau), Jg. 41, Nr. 4 vom 6.1.1932, S. [2]
Potempa K 146

Sieg der Vernunft. Thomas Mann über die Präsidentenwahl. – In: Berliner Morgenpost (Berlin), Nr. 65 vom 16.3.1932, Ausg. A, S. [2]
Potempa K 151

III. Aufrufe

Die Geistesführer. Kundgebung von 115 Gelehrten. – In: Berliner Morgen-
Zeitung (Berlin), Jg. 36, Nr. 322 vom 5.12.1924, S. 1
Potempa, Aufrufe Nr. 19

Thomas Mann gegen das neue Zensurgesetz. Knebelung geistiger Freiheit. – In:
Volksfreund (Braunschweig), Jg. 56, Nr. 161 vom 14.7.1926, S. 1
Potempa, Aufrufe Nr. 26

Thomas Mann gegen die Zensur. Eine Rede in einer Protestversammlung. – In:
Danziger Volksstimme (Danzig), Jg. 17, Nr. 163 vom 16.7.1926, S. [3]
Potempa, Aufrufe Nr. 26

Dichterprotest. Gegen die geplante geistige Bevormundung. – In: Volksblatt
(Halle/S.), Nr. 152 vom 3.7.1926, S. [2]
Potempa, Aufrufe Nr. 26

Die Autorinnen und Autoren

Gregor Ackermann, Augustastr. 60, 52070 Aachen.

Prof. Dr. Ursula Amrein, Universität Zürich, Deutsches Seminar, Schönberggasse 9, CH-8001 Zürich.

Prof. Dr. Andrea Bartl, Universität Bamberg, An der Universität 5, 96045 Bamberg.

Dr. Gesine Bey, Reinhardtstr. 44, 10117 Berlin.

Wolfgang Clemens, Rechtsanwalt und Notar, Millionenweg 10, 63683 Ortenberg.

Priv. Doz. Dr. Walter Delabar, Gellertstr. 46, 30175 Hannover.

Prof. Dr. Heinrich Detering, Universität Göttingen, Seminar für Deutsche Philologie, Käte-Hamburger-Weg 3, 37073 Göttingen.

Prof. Dr. Elisabeth Galvan, Università degli Studi di Napoli „L'Orientale", Dipartimento di Studi Letterari e Linguistici dell'Europa, Palazzo Santa Maria Porta Coeli, Via Duomo 219, IT-80138 Napoli.

Prof. em. Dr. Dr. h.c. Eckhard Heftrich, Hürrnenweg 11, 79429 Malsburg-Marzell.

Prof. em. Dr. Herbert Lehnert, 8 Harvey Court, Irvine, CA 92617-4033, USA.

Prof. em. Dr. Hans Rudolf Vaget, Smith College, Department of German Studies, Northampton, MA 01063, USA.

Bernhard Veitenheimer, Motzstr. 8, 10777 Berlin.

Prof. em. Dr. Ruprecht Wimmer, Schimmelleite 42, 85072 Eichstätt.

Prof. Dr. Armin Wishard, Colorado College, German Department, 14 East Cache La Poudre Street, Colorado Springs, CO 80903, USA.

Prof. Dr. Hans Wißkirchen, Kulturstiftung Hansestadt Lübeck, Schildstr. 12, 23552 Lübeck.

Siglenverzeichnis

[Band arabisch, Seite]	Thomas Mann: Große kommentierte Frankfurter Ausgabe. Werke – Briefe – Tagebücher, hrsg. von Heinrich Detering, Eckhard Heftrich, Hermann Kurzke, Terence J. Reed, Thomas Sprecher, Hans R. Vaget und Ruprecht Wimmer in Zusammenarbeit mit dem Thomas-Mann-Archiv der ETH Zürich, Frankfurt/Main: S. Fischer 2002 ff.
[Band römisch, Seite]	Thomas Mann: Gesammelte Werke in dreizehn Bänden, 2. Aufl., Frankfurt/Main: S. Fischer 1974.
Ess I–VI	Thomas Mann: Essays, Bd. 1–6, hrsg. von Hermann Kurzke und Stephan Stachorski, Frankfurt/Main: S. Fischer 1993–1997.
Notb I–II	Thomas Mann: Notizbücher 1–6 und 7–14, hrsg. von Hans Wysling und Yvonne Schmidlin, Frankfurt/Main: S. Fischer 1991–1992.
Tb, [Datum]	Thomas Mann: Tagebücher. 1918–1921, 1933–1934, 1935–1936, 1937–1939, 1940–1943, hrsg. von Peter de Mendelssohn, 1944–1.4.1946, 28.5.1946–31.12.1948, 1949–1950, 1951–1952, 1953–1955, hrsg. von Inge Jens, Frankfurt/Main: S. Fischer 1977–1995.
Reg I–V	Die Briefe Thomas Manns. Regesten und Register, Bd. 1–5, hrsg. von Hans Bürgin und Hans-Otto Mayer, Frankfurt/Main: S. Fischer 1976–1987.
Br I–III	Thomas Mann: Briefe 1889–1936, 1937–1947, 1948–1955 und Nachlese, hrsg. von Erika Mann, Frankfurt/Main: S. Fischer 1962–1965.
BrAM	Thomas Mann – Agnes E. Meyer. Briefwechsel 1937–1955, hrsg. von Hans Rudolf Vaget, Frankfurt/Main: S. Fischer 1992.
BrAu	Thomas Mann: Briefwechsel mit Autoren, hrsg. von Hans Wysling, Frankfurt/Main: S. Fischer 1988.

BrEvK   Thomas Mann – Erich von Kahler. Briefwechsel
               1931–1955, hrsg. und kommentiert von Michael Ass-
               mann, Hamburg: Luchterhand 1993 (= Veröffentlichun-
               gen der deutschen Akademie für Sprache und Dichtung
               Darmstadt, Bd. 67).

BrHM   Thomas Mann – Heinrich Mann. Briefwechsel
               1900–1949, hrsg. von Hans Wysling, 3., erweiterte
               Ausg., Frankfurt/Main: S. Fischer 1995 (= Fischer
               Taschenbücher, Bd. 12297).

DüD I–III   Dichter über ihre Dichtungen, Bd. 14/I–III: Thomas
               Mann, hrsg. von Hans Wysling unter Mitwirkung von
               Marianne Fischer, München: Heimeran; Frankfurt/
               Main: S. Fischer 1975–1981.

Mp   Materialien des Thomas-Mann-Archivs der ETH
               Zürich.

TMA   Thomas-Mann-Archiv der ETH Zürich.

TM Jb   Thomas Mann Jahrbuch 1 (1988) ff., begründet von
               Eckhard Heftrich und Hans Wysling, hrsg. von Tho-
               mas Sprecher und Ruprecht Wimmer, Frankfurt/Main:
               Klostermann.

TMS   Thomas-Mann-Studien 1 (1967) ff., hrsg. vom Tho-
               mas-Mann-Archiv der ETH Zürich, Bern/München:
               Francke, ab 9 (1991) Frankfurt/Main: Klostermann.

Thomas Mann: Werkregister

Kursive Seitenzahlen verweisen auf die Anmerkungen.

Personenregister

Die Autorinnen und Autoren

Gregor Ackermann, Augustastr. 60, 52070 Aachen.

Prof. Dr. Ursula Amrein, Universität Zürich, Deutsches Seminar, Schönberggasse 9, CH-8001 Zürich.

Prof. Dr. Andrea Bartl, Universität Bamberg, An der Universität 5, 96045 Bamberg.

Dr. Gesine Bey, Reinhardtstr. 44, 10117 Berlin.

Wolfgang Clemens, Rechtsanwalt und Notar, Millionenweg 10, 63683 Ortenberg.

Priv. Doz. Dr. Walter Delabar, Gellertstr. 46, 30175 Hannover.

Prof. Dr. Heinrich Detering, Universität Göttingen, Seminar für Deutsche Philologie, Käte-Hamburger-Weg 3, 37073 Göttingen.

Prof. Dr. Elisabeth Galvan, Università degli Studi di Napoli „L'Orientale", Dipartimento di Studi Letterari e Linguistici dell'Europa, Palazzo Santa Maria Porta Coeli, Via Duomo 219, IT-80138 Napoli.

Prof. em. Dr. Dr. h.c. Eckhard Heftrich, Hürrnenweg 11, 79429 Malsburg-Marzell.

Prof. em. Dr. Herbert Lehnert, 8 Harvey Court, Irvine, CA 92617-4033, USA.

Prof. em. Dr. Hans Rudolf Vaget, Smith College, Department of German Studies, Northampton, MA 01063, USA.

Bernhard Veitenheimer, Motzstr. 8, 10777 Berlin.

Prof. em. Dr. Ruprecht Wimmer, Schimmelleite 42, 85072 Eichstätt.

Prof. Dr. Armin Wishard, Colorado College, German Department, 14 East Cache La Poudre Street, Colorado Springs, CO 80903, USA.

Prof. Dr. Hans Wißkirchen, Kulturstiftung Hansestadt Lübeck, Schildstr. 12, 23552 Lübeck.

Auswahlbibliographie 2006 – 2007

zusammengestellt von Thomas Sprecher und Gabi Hollender

1. Primärliteratur

Mann, Thomas: Doktor Faustus: das Leben des deutschen Tonsetzers Adrian Leverkühn, erzählt von einem Freunde, hrsg. und textkritisch durchgesehen von Ruprecht Wimmer, unter Mitarbeit von Stephan Stachorski, Frankfurt/Main: S. Fischer 2007 (= Grosse kommentierte Frankfurter Ausgabe, Thomas Mann, Bd. 10.1 und 10.2), 741 S. und 1266 S.

Mann, Thomas: „Erfüllt vom romantischen Geist" (II): der Briefwechsel mit Hermann Ebers, in: Krause, „Musische Verschmelzungen" – Thomas Mann und Herman Ebers, S. 141–181.

Mann, Thomas: Das Rokokoschloss: Schloss Benrath in den Werken von Thomas Mann und Emil Barth, Aquarelle von Theresia Schüllner, [die Texte wurden den Werken von Thomas Mann „Die Betrogene" und Emil Barth „Der Wandelstern" entnommen], [Düsseldorf]: Ed. Gentenberg [2007], 24 Blatt auf Transparentpapier.

2. Sekundärliteratur

Aly, Mohy el-Din: Deutsche Literatur im Arabischen: eine Studie im Rahmen von Übersetzungen, Hamburg: Kovac 2006 (= Schriftenreihe Studien zur Germanistik, Bd. 20), 246 S.

Amrein, Ursula: Else Lasker-Schüler und Thomas Mann im Schweizer Exil, in: Jahn, Hajo (Hrsg.): Wo soll ich hin? Zuflucht Zürich – Fluchtpunkt Poesie: Almanach zum XIII. Else-Lasker-Schüler-Forum in Zürich, Wuppertal: Hammer 2007 (= Else-Lasker-Schüler-Almanach, Bd. [8]), S. 257–286.

Amrein, Ursula: Das „Jüdische" als Faszinosum und Tabu: Else Lasker-Schüler und Thomas Mann im Schweizer Exil, in: Amrein, Ursula: Phantasma Moderne: die literarische Schweiz 1880 bis 1950, Zürich: Chronos 2007, S. 125–147.

Argelès, Daniel: Thomas Manns Einstellung zur Demokratie: der Fall eines „progressiven Konservativen", in: Gangl, Intellektuellendiskurse in der Weimarer Republik, S. 343–354.

Askedal, John Ole: Faustische Probleme: zur Übersetzung von Thomas Manns Roman „Doktor Faustus" ins Norwegische, in: Lindqvist, Christer (Hrsg.): Hochdeutsch in Skandinavien III: III. Internationales Symposium, Greifswald, 24.–25. Mai 2002, Frankfurt/Main: Lang 2007 (= Osloer Beiträge zur Germanistik, Bd. 38), S. 179–234.

Assmann, Jan: Der Ka als Double, in: Stoichita, Victor I. (Hrsg.): Das Double, Wiesbaden: Harrassowitz 2006 (= Wolfenbütteler Forschungen, Bd. 113), S. 59–78.

Avetisjan, Vladimir A.: Thomas Mann in Russland: Wege der Forschung, in: Wimmer, Vom Nachruhm, S. 57–76.

Bahr, Ehrhard: Evil Germany versus good Germany: Thomas Mann's „Doctor Faustus", in: Bahr, Ehrhard: Weimar on the Pacific: German exile culture in Los Angeles and the crisis of modernism, Berkeley: University of California Press 2007 (= Weimar and now, Bd. 41), S. 242–264.

Beller, Manfred: Das Bild Italiens und der Nord-Süd-Topos in Thomas Manns literarischen und politischen Schriften, in: Beller, Manfred: Eingebildete Nationalcharaktere: Vorträge und Aufsätze zur literarischen Imagologie, Göttingen: V&R Unipress 2006, S. 161–175.

Benini, Arnaldo: Thomas Mann, da „impolitico" a leader dell'antifascismo europeo = Thomas Mann, vom „Unpolitischen" zum Leader des Antifaschismus, in: Benini, Thomas Mann nella storia del suo tempo, S. 247–316.

Benini, Arnaldo (Hrsg.): Thomas Mann nella storia del suo tempo = Thomas Mann in der Geschichte seiner Zeit, Firenze-Antella: Passigli Editori 2007, 385 S.

Bernhardt, Oliver: Alfred Döblin und Thomas Mann: eine wechselvolle literarische Beziehung, Würzburg: Könighausen & Neumann 2007 (= Epistemata, Reihe Literaturwissenschaft, Bd. 610), 218 S.

Blöcker, Karsten: Emma Plühr aus Weimar als Karoline Stöhr in Thomas Manns Roman „Der Zauberberg", in: Rössner, Alf (Hrsg.): Nackte Musen: weibliche Aktmodelle um 1900, Weimar: Stadtmuseum 2007, S. 46–55.

Blöcker, Karsten: Lübeck, Roeckstrasse 7, in: Harbusch, Kurzer Aufenthalt, S. 235–241.

Blödorn, Andreas: Von der „Queer Theory" zur Methode eines „Queer Reading": „Tonio Krögers" verquerte „Normalität", in: Lörke, Vom Nutzen und Nachteil der Theorie für die Lektüre, S. 129–146.

Börnchen, Stefan: „Montrer le plus de phallus": poetologischer Exhibitionismus bei Thomas Mann und Laurence Stern, in: Mauser, Wolfram (Hrsg.): Lachen, Würzburg: Könighausen & Neumann 2006, S. 187–219.

Borchmeyer, Dieter: Die Geburt des Naiven aus dem Geiste des Sentimentalischen: Thomas Mann und Schiller oder das Stigma der Modernität, in:

Hinderer, Walter (Hrsg.): Friedrich Schiller und der Weg in die Moderne, Würzburg: Königshausen & Neumann 2006 (= Stiftung für Romantikforschung, Bd. 40), S. 475–510.

Borchmeyer, Dieter: Richard Wagners und Thomas Manns mythische Parallelaktionen: „Der Ring der Nibelungen" und „Joseph und seine Brüder", in: Vietta, Silvio (Hrsg.): Moderne und Mythos, Paderborn: Fink 2006, S. 103–114.

Bors, Noémi: Schiff, ahoi!: Thomas Manns Schiller-Bezüge, in: Rácz, Gabriella (Hrsg.): „Schöne Welt, wo bist du?": Studien zu Schiller anlässlich des Bizentenars seines Todes, Veszprém: Universitätsverlag Veszprém 2006 (= Studia Germanica Universitatis Vesprimiensis, Supplement, Bd. 6), S. 145–163.

Boulanger, Alison: Le paradigme téléologique et sa subversion: „Tonio Kröger" de Thomas Mann et „Portrait de l'Artiste en jeune homme" de James Joyce, in: Chardin, Philippe (Hrsg.): Roman de formation, roman d'éducation dans la littérature française et dans les littératures étrangères, Paris: Kimé 2007 (= Détours littéraires), S. 301–311.

Braun, Thomas: „Ewigkeitssuppe und plötzliche Klarheit": Thomas Manns „Zauberberg" und das Lukasevangelium als Erzählung der Zeit, in: Standhartinger, Angela (Hrsg.): Kunst der Deutung – Deutung der Kunst: Beiträge zu Bibel, Antike und Gegenwartsliteratur, Münster: Lit 2007 (= Ästhetik – Theologie – Liturgik, Bd. 45), S. 96–107.

Brune, Carlo: „In leisem Schwanken": die Gondelfahrt des Lesers über Thomas Manns „Der Tod in Venedig", in: Lörke, Vom Nutzen und Nachteil der Theorie für die Lektüre, S. 23–47.

Bukowski, Evelyn: „Diskretere Formen und Masken": ein semiotischer Reflex auf Thomas Manns Frühwerk, in: Lörke, Vom Nutzen und Nachteil der Theorie für die Lektüre, S. 7–22.

Cambi, Fabrizio: „Das Typische ist schon das Mythische": Ethik und Humanismus in „Joseph und seine Brüder", in: Hermann-Hesse-Jahrbuch 2006, S. 17–25.

Cha, Kyung-Ho: Karnevaleskes Tier-Werden: das Ende des Menschen in Thomas Manns „Bekenntnisse des Hochstaplers Felix Krull", in: Eke, Norbert Otto (Hrsg.): Tiere, Texte, Spuren, Berlin: Schmidt 2007 (= Zeitschrift für deutsche Philologie, Bd. 126, Sonderheft), S. 221–250.

Darmaun, Jacques: Thomas Manns Luther- und Deutschlandbilder in den Kämpfen seiner Zeit, in: Chang, Young Eun (Ed.): Universal-, Global- und Nationalkulturen, Bern: Lang 2007 (= Akten des XI. Internationalen Germanistenkongresses Paris 2005 „Germanistik im Konflikt der Kulturen", Bd. 8), S. 53–58.

Detering, Heinrich, Schneider, Wolfgang und Rüdenauer, Ulrich: Deutsche

Hexenmeister: Thomas Mann und sein „Doktor Faustus", in: Literaturen: das Journal für Bücher und Themen, Jg. 7/8, 2007, S. 4–23.

Detering, Heinrich: „Königliche Hoheit": ein Andersen-Märchen von Thomas Mann, in: Behschnitt, Wolfgang (Hrsg.): Über Grenzen: Grenzgänge der Skandinavistik, Würzburg: Ergon 2007 (= Identitäten und Alteritäten, Bd. 26), S. 205–223.

Dierks, Manfred: Ambivalenz: die Modernisierung der Moderne bei Thomas Mann, in: Thomas Mann Jahrbuch 2007, S. 155–170.

Dierks, Manfred: Das sind die Nerven: die Krankheit der Buddenbrooks, in: Gutjahr, Buddenbrooks von und nach Thomas Mann, S. 47–56.

Dierks, Manfred: Standbild und Spiegel: vierzig Jahre mit Thomas Mann, in: Wimmer, Vom Nachruhm, S. 77–93.

Dortmann, Andrea: Winterreise: (Thomas Mann, Der Zauberberg), in: Dortmann, Andrea: Winter facets: traces and tropes of the cold, Oxford: Lang 2007 (= Studies in modern German literature, Bd. 104), S. 129–138.

Durand-Le Guern, Isabelle: Vieillir en esthète: „Le Portrait de Dorian Gray" et „La Mort à Venise", in: Montandon, Alain (Hrsg.): Éros, blessures et folie: détresses du vieillir, Clermont-Ferrand: Presses universitaires Blaise Pascal 2006, S. 209–220.

Ebers, Hermann: Erinnerungen: Besuche im Hause Pringsheim, in: Krause, „Musische Verschmelzungen" – Thomas Mann und Herman Ebers, S. 11–21.

Ebers, Hermann: „Ich bin leider kein Eckermann": Begegnung mit bedeutenden Dichtern und Schriftstellern, in: Krause, „Musische Verschmelzungen" – Thomas Mann und Herman Ebers, S. 23–93.

Eisenbeis, Manfred: Thomas Mann: Bekenntnisse des Hochstaplers Felix Krull, Stuttgart: Reclam 2007 (= Reclams Universalbibliothek), 96 S.

Elsaghe, Yahya A.: German film adaptations of Jewish characters in Thomas Mann, in: Schönfeld, Christiane (Hrsg.): Processes of transposition: German literature and film, Amsterdam: Rodopi 2007 (= Amsterdamer Beiträge zur neueren Germanistik, Bd. 63), S. 132–140.

Elsaghe, Yahya A.: „Wie soll man sie nennen?": Thomas Manns Erzählwerk „nach Auschwitz", in: Bogdal, Klaus-Michael (Hrsg.): Literarischer Antisemitismus nach Auschwitz, Stuttgart: Metzler 2007, S. 111–129.

Engel, Helmut: Die Ausbürgerung Thomas Manns, in: Korsmeier, Thomas Mann, S. 85–102.

Engelhardt, Dietrich von: La medicina nell'opera di Thomas Mann: paziente – medico, mallattia – cura = Die Welt der Medizin im Werk vom Thomas Mann: Patient – Arzt, Krankheit – Therapie, in: Benini, Thomas Mann nella storia del suo tempo, S. 37–104.

Engler, Tihomir: Parodistische und sinthomatische Lesart von Manns Erzählung „Wälsungenblut": ein Beitrag zur Problematik der Wirklichkeitsbewältigung im Frühwerk Thomas Manns, in: Zagreber germanistische Beiträge, Jg. 15, 2006, S. 89–113.

Erhart, Walter: Die (Wieder-) Entdeckung des Hysterikers: Christian Buddenbrook, in: Gutjahr, Buddenbrooks von und nach Thomas Mann, S. 97–117.

Essen, Karsten: Standhafte Zinnsoldaten: Motivstudien zu Andersen, Wagner, Thomas Mann und Tomasi di Lampedusa, Würzburg: Königshausen & Neumann 2007 (= Epistemata, Reihe Literaturwissenschaft, Bd. 599), 209 S.

Fischer, Bernd Erhard: Thomas Mann in Nidden, Berlin: Ed. Fischer 2007 (= Menschen und Orte), 30 S.

Fischer, Dagmar: Der Rätselcharakter der Prosa Franz Kafkas und Thomas Manns „Zauberberg": textimmanente Interpretationen, Frankfurt/Main: Lang 2007, 285 S.

Floris, Sophie: Les „Considérations d'un apolitique" de Thomas Mann: une apocalypse relative?, in: Cahiers d'etudes germanistiques, Jg. 51, 2006, S. 43–58.

Fothergill, Anthony: Elective affinities: Joseph Conrad, Thomas Mann and the problems of history, in: Fothergill, Anthony: Secret sharers: Joseph Conrads cultural reception in Germany, Oxford: Lang 2006 (= Cultural history and literary imagination, Bd. 4), S. 67–97.

Franke, Dieter: Halt's Maul: Namenallusion intertextuell bei Fontane – T. Mann – Kafka – Dürrenmatt – M. Walser, Essen: Die Blaue Eule 2007, 126 S.

Franke, Dieter: Prägnante Namenspiele Thomas Manns, Kafkas, Dürrenmatts, Essen: Die Blaue Eule 2007, 150 S.

Fuhrmann, Helmut: Unüberwindliche Ambivalenz: Thomas Mann und Martin Luther, in: Fuhrmann, Helmut: Literatur, Literaturunterricht und die Idee der Humanität: Aufsätze und Vorträge, Würzburg: Königshausen & Neumann 2007, S. 47–69.

Galvan, Elisabeth: Aschenbach letztes Werk: Thomas Manns „Tod in Venedig" und Gabriele d'Annunzios „Il Fuoco", in: Thomas Mann Jahrbuch 2007, S. 261–285.

Galvan, Elisabeth: Thomas Mann in Italia: Thomas Mann, Gabriele d'Annunzio e Guiseppe Verdi = Thomas Mann in Italien: Thomas Mann, Gabriele d'Annunzio und Guiseppe Verdi, in: Benini, Thomas Mann nella storia del suo tempo, S. 133–171.

Gangl, Manfred (Hrsg.): Intellektuellendiskurse in der Weimarer Republik: zur politischen Kultur einer Gemengelage, Frankfurt/Main: Lang 2007 (= Schriften zur politischen Kultur der Weimarer Republik, Bd. 10), 430 S.

Gasser, Markus: Was sich hinter Vladimir Nabokovs Verachtung für Thomas Mann verbirgt, in: Thomas Mann Jahrbuch 2007, S. 133–154.

Gernhardt, Robert: Zu Thomas Mann zeichnen, in: Wimmer, Vom Nachruhm, S. 37–42.

Gledhill, John R.: How to translate Thomas Mann's works: a critical appraisal of Hellen Lowe-Porter's translations of „Death in Venice", „Tonio Kröger" and „Tristan", Saarbrücken: VDM Verlag Dr. Müller 2007, 280 S.

Golka, Friedemann W.: Mose – biblische Gestalt und literarische Figur: Thomas Manns Novelle „Das Gesetz" und die biblische Überlieferung, Stuttgart: Calwer 2007, 188 S.

Graf, Katrin: Das Jekyll-und-Hyde-Motiv im Spätwerk Thomas Manns: eine quellenkritische und interpretatorische Untersuchung, in: Literaturwissenschaftliches Jahrbuch, hrsg. im Auftrag der Görres-Gesellschaft, N.F. 2007, S. 319–351.

Grothues, Silke: Gottfried Benn und Thomas Mann nach 1945: Aufbruch in die „Zweite Moderne" oder der Durchbruch zur Postmoderne, in: Delabar, Walter (Hrsg.): Gottfried Benn (1886–1956): Studien zum Werk, Bielefeld: Aisthesis 2007 (= Moderne-Studien, Bd. 2), S. 269–288.

Grothues, Silke: Der „New Historicism" und zwei apokalyptische Romane im Diskurs: Umberto Ecos „Der Name der Rose" und Thomas Manns „Doktor Faustus", in: Lörke, Vom Nutzen und Nachteil der Theorie für die Lektüre, S. 181–196.

Gut, Philipp: „Späte Frühe": das Ägyptenbild in Thomas Manns Josephroman als Spiegel der Zeitgeschichte, in: Glück, Thomas (Hrsg.): Exotisch, weisheitlich und uralt: europäische Konstruktionen Altägyptens, Hamburg: Lit 2007 (= Geschichte, Bd. 73), S. 183–197.

Gutjahr, Ortrud (Hrsg.): Buddenbrooks von und nach Thomas Mann: Generation und Geld in John von Düffels Bühnenfassung und Stephan Kimmigs Inszenierung am Thalia-Theater Hamburg, Würzburg: Königshausen & Neumann 2006 (= Theater und Universität im Gespräch, Bd. 4), 165 S.

Gutjahr, Ortrud: Die Wonnen der Bürgerlichkeit?: eine Einführung in Thomas Manns „Buddenbrooks" und John von Düffels Bühnenfassung, in: Gutjahr, Buddenbrooks von und nach Thomas Mann, S. 21–44.

Hamacher, Bernd: „Ich kenne euch, seit ich denken kann": Familie und Kultur in „Buddenbrooks" – bei Thomas Mann und John von Düffel, in: Gutjahr, Buddenbrooks von und nach Thomas Mann, S. 59–71.

Hamacher, Bernd: Thomas Manns Medientheologie: Medien und Masken, in: Künzel, Christine (Hrsg.): Autorinszenierungen: Autorschaft und literarisches Werk im Kontext der Medien, Würzburg: Königshausen & Neumann 2007, S. 59–77.

Harbusch, Ute (Hrsg.): Kurzer Aufenthalt: Streifzüge durch literarische Orte, Göttingen: Wallenstein 2007, 359 S.

Harpprecht, Klaus: Vom Erdenwandel des Dichters: eine Etude der kritischen Verehrung plus Variationen über die ökonomische Effizienz, in: Wimmer, Vom Nachruhm, S. 171–185.

Hasubek, Peter: Die geschlossene Form des Romans: Thomas Manns „Königliche Hoheit", in: Hasubek, Peter: Finis coronat opus: Studien zur Typologie des Romanschlusses am Beispiel von Romanen des 20. Jahrhunderts, Frankfurt/Main: Lang 2007, S. 40–54.

Haupt, Dirk Roland (Red.): Wie auf einem Schiff: Thomas Mann trifft die Presse in Nidden, Vilnius: UAB Inter Se 2007, 69 S.

Heftrich, Eckhard: Ein halbes Jahrhundert mit und für Thomas Mann, in: Wimmer, Vom Nachruhm, S. 215–233.

Heftrich, Eckhard: Thomas Mann: lingua – musica – musica della lingua = Thomas Mann: Sprache – Musik – Sprachmusik, in: Benini, Thomas Mann nella storia del suo tempo, S. 173–204.

Heisserer, Dirk: „Musische Verschmelzungen" (I): die Lithographien zur Joseph-Legende der Bibel (1922), in: Krause, „Musische Verschmelzungen" – Thomas Mann und Herman Ebers, S. 95–106.

Heisserer, Dirk: „Musische Verschmelzungen" (II): die Illustrationen zu „Unordnung und frühes Leid" (1925), in: Krause, „Musische Verschmelzungen" – Thomas Mann und Herman Ebers, S. 107–140.

Hinck, Walter: Frischzellenkur für die Monarchie: der Schmelz der Ironie, Thomas Mann: „Königliche Hoheit" (1909), in: Hinck, Walter: Romanchronik des 20. Jahrhundert: eine bewegte Zeit im Spiegel der Literatur, Köln: DuMont 2006, S. 38–45.

Hoffmeister, Barbara (Ausw.): Familie Mann: ein Lesebuch in Bildern, Frankfurt/Main: Fischer Taschenbuch 2007 (= Fischer-Taschenbuch, Bd. 17365), 318 S.

Huber, Marc Oliver: „Buch des Abschiedes": Verlustverarbeitung in Thomas Manns „Der Zauberberg" – über Leistungsfähigkeit und Grenzen psychoanalytischer Literaturwissenschaft, in: Lörke, Vom Nutzen und Nachteil der Theorie für die Lektüre, S. 147–167.

Huber, Marc Oliver: Zwischen Schlussstrich und „Schönem Gespräch": Erinnerung bei Thomas Mann, Berlin: Weidler 2007 (= Amsterdamer Publikationen zur Sprache und Literatur, Bd. 166), 275 S.

Jonas, Klaus W.: Auf der Suche nach einer verschollenen Buddenbrook-Rezension vom November 1906, in: Auskunft: Zeitschrift für Bibliothek, Archiv und Information in Norddeutschland, Jg. 27, H. 4, 2007, S. 661–667.

Jonas-Schmalfuss, Bettina: Begegnungen mit Goethe in der Zeit des Nationalsozialismus: Thomas Manns „Lotte in Weimar" und Gerhart Hauptmanns „Mignon" im Vergleich, Saarbrücken: VDM Verlag Dr. Müller 2007, 152 S.

Jütte, Daniel: „Placet experiri": ein unbekanntes Vorbild für Lodovico Settembrini, in: Thomas Mann Jahrbuch 2007, S. 209–215.

Kaewsumrit, Aratee: Asienbild und Asienmotiv bei Thomas Mann, Frankfurt/ Main: Lang 2007 (= Europäische Hochschulschriften, Reihe 1, Deutsche Sprache und Literatur, Bd. 1950), 227 S.

Karthaus, Ulrich: Der geschichtliche Takt: Thomas Mann: ein moderner Klassiker, in: Thomas Mann Jahrbuch 2007, S. 63–80.

Keim, Ulrike: Eros und Tod oder eine Blume des Bösen: homöopathische Untersuchung des Romans „Dr. Faustus" von Thomas Mann, in: Erfahrungsheilkunde, Jg. 55, H. 1, 2006, S. 5–14.

Kempowski, Walter: Das grösste Leseerlebnis für mich waren seine Tagebücher: Dankesrede von Walter Kempowski anlässlich der Übergabe des Thomas-Mann-Preises am 7. August 2005 im Scharbausaal der Stadtbibliothek, in: Wimmer, Vom Nachruhm, S. 27–32.

Kiefer, Sascha: Konstruierte Männlichkeit und externalisierte Homosexualität in Reiseerzählungen von Thomas Mann (Der Tod in Venedig, 1912), Bodo Kirchhoff (Mexikanische Novelle, 1984) und Hans-Christoph Buch (Kain und Abel in Afrika, 2001), in: Dumiche, Béatrice (Ed.): Geschlechterdifferenzen als Kulturkonflikte, Bern: Lang 2007 (= Akten des XI. Internationalen Germanistenkongresses Paris 2005 „Germanistik im Konflikt der Kulturen", Bd. 10), S. 37–42.

Kiel, Rainer-Maria: Thomas Mann – Bayreuth – Karl Würzburger: Thomas Mann und Bayreuth – ein abgegriffenes Thema?, in: Thomas Mann Jahrbuch 2007, S. 237–260.

Kissler, Alexander: „Meine Bücher sind verzweifelt deutsch": Thomas Mann, das Deutsche und die Deutschen, in: Korsmeier, Thomas Mann, S. 35–58.

Klapdor, Heike: Noblesse oblige: Thomas Mann, Julius Marx, Georg Kaiser, Friedrich Alexan, Paul Tillich, Curt Riess, Carl Zuckmayer, in: Heike Klapdor (Hrsg.): Ich bin ein unheilbarer Europäer: Briefe aus dem Exil, Berlin: Aufbau 2007, S. 119–142.

Köhler, Horst: Festansprache, in: Wimmer, Vom Nachruhm, S. 235–239.

Koop, Volker: Thomas Mann und der Raubzug der Nazis, in: Korsmeier, Thomas Mann, S. 59–84.

Korsmeier, Antje: Der Herr der Gegensätze: ein biographisches Porträt Thomas Manns, in: Korsmeier, Thomas Mann, S. 11–34.

Korsmeier, Antje [et al.]: Thomas Mann: das Deutsche und die Deutschen, Berlin: be.bra Wissenschaft 2007, 187 S.

Kottow, Andrea: Das Scheitern der Körper/Geist-Dichotomie in Thomas

Manns „Der Tod in Venedig", in: Kottow, Andrea: Der kranke Mann: Medizin und Geschlecht in der Literatur um 1900, Frankfurt/Main: Campus 2006 (= Kultur der Medizin, Bd. 20), S. 249–285.

Krause, Alexander (Hrsg.): „Musische Verschmelzungen" – Thomas Mann und Herman Ebers: Erinnerungen, Illustrationen, Briefe, München: Peniope 2006 (= Thomas-Mann-Schriftenreihe, Bd. 5), 181 S.

Kurzke, Hermann: Thomas Mann und Königsberg, elegisch, in: Harbusch, Kurzer Aufenthalt, S. 315–320.

Kurzke, Hermann: Thomas Mann verstehen: zu Geschichte und Gegenwart seiner Inanspruchnahme, in: Wimmer, Vom Nachruhm, S. 95–112.

Laage, Karl Ernst: Theodor Storms Makler Jaspers in der Novelle „Carsten Curator": ein Vorbild für Thomas Manns Makler Gosch in den „Buddenbrooks", in: Laage, Karl Ernst: Theodor Storm – neue Dokumente, neue Perspektiven, Berlin: Erich Schmidt 2007 (= Husumer Beiträge zur Storm-Forschung, Bd. 6), S. 99–104.

Lang, Daniel: Die erste Tölzer Sommerfrische der Familie Mann, in: Harbusch, Kurzer Aufenthalt, S. 92–95.

Lang, Daniel: „Nicht auf der Rasenkante gehen!": die Familie Mann und ihr Landhaus in Bad Tölz 1908–1917, München: Peniope 2007 (= Thomas-Mann-Schriftenreihe, Fundstücke, Bd. 3), 137 S.

Lee, Frances: Overturning Dr. Faustus: rereading Thomas Mann's novel in light of observations of a non-political man, Rochester, N.Y.: Camden House 2007 (= Studies in German literature, linguistics, and culture), 309 S.

Lehnert, Herbert: Beiträge zur Biographie Thomas Manns in Davoser Vorträgen: a review article, in: Orbis Litterarum, Jg. 61, H. 1, 2006, S. 42–52.

Lehnert, Herbert: Neue Aspekte zur Biographie Thomas Manns: a review article, in: Orbis Litterarum, Jg. 62, H. 5, 2007, S. 419–429.

Lehnert, Herbert: Thomas Mann: Schriftsteller für und gegen deutsche Bildungsbürger, in: Thomas Mann Jahrbuch 2007, S. 9–25.

Lehnert, Herbert: Zur Biographie Thomas Manns: Erkenntnisse aus Biographien der Familienmitglieder: a review article, in: Orbis Litterarum, Jg. 63, H. 3, 2007, S. 241–260.

Lepenies, Wolf: Betrachtungen eines Unpolitischen, in: Lepenies, Wolf: Kultur und Politik: deutsche Geschichten, München: Hanser 2006, S. 71–87.

Le Rider, Jacques: Guiseppe e Mosè egizî, Mann e Freud, in: Belfagor, Jg. 61, H. 4, 2006, S. 421–437.

Liaoyu, Huang: Das Drama der Entbürgerlichung: Thomas Manns Roman „Die Buddenbrooks", in: Brittnacher, Hans Richard (Hrsg.): Horizonte verschmelzen: zur Hermeneutik der Vermittlung, Würzburg: Königshausen & Neumann 2007, S. 59–68.

Linder, Jutta: „Diese sehr ernsten Scherze": Goethe nello „Zauberberg" di Thomas Mann, in: Cusato, Antonio (Hrsg.): Atti del V Convegno internazionale interdisciplinare su „Testo, metodo, elaborazione elettronica": Messina-Catania-Brolo, 16–18 novembre 2006, Napoli: Edizioni scientifiche italiane 2007, S. 211–220.

Link, Jürgen: „Arbeit" oder „Leben"?: das Drama der Nationalcharaktere und der Bruderzwist im Hause Mann, in: Gangl, Intellektuellendiskurse in der Weimarer Republik, S. 203–218.

Löber, Axel: „Du darfst nicht lieben": das Liebesverbot für den Künstler in der deutschen Literatur, Saarbrücken: VDM Verlag Dr. Müller 2007, 134 S.

Lörke, Tim: „Niederschlag eines organischen und immer gegenwärtigen Grundgedankens": Thomas Manns Arbeit am rechten Begriff, in: Lörke, Vom Nutzen und Nachteil der Theorie für die Lektüre, S. 169–180.

Lörke, Tim: Politische Religion und aufgeklärter Mythos: der Nationalsozialismus und das Gegenprogramm Hermann Brochs und Thomas Manns, in: Schmidt, Hans-Jörg (Hrsg.): Totalitarismus und Literatur: deutsche Literatur im 20. Jahrhundert – literarische Öffentlichkeit im Spannungsfeld totalitärer Meinungsbildung, Göttingen: Vandenhoeck & Ruprecht 2007 (= Schriften des Hannah-Arendt-Instituts für Totalitarismusforschung, Bd. 33), S. 119–134.

Lörke, Tim und Müller Christian (Hrsg.): Vom Nutzen und Nachteil der Theorie für die Lektüre: das Werk Thomas Manns im Lichte neuer Literaturtheorien, Würzburg: Königshausen & Neumann 2006, 224 S.

Luckscheiter, Christian: Der Igel auf der Datenautobahn: „Der Erwählte" auf der Insel, mit Derrida gelesen, in: Lörke, Vom Nutzen und Nachteil der Theorie für die Lektüre, S. 213–224.

Lützeler, Paul Michael: Zur Europa-Asien-Diskussion: Thomas Manns „Der Zauberberg", in: Lützeler, Paul Michael: Kontinentalisierung: das Europa der Schriftsteller, Bielefeld: Aisthesis 2007, S. 186–200.

Lutosch, Heide: Ende der Familie – Ende der Geschichte: zum Familienroman bei Thomas Mann, Gabriel García Márquez und Michel Houellebecq, Bielefeld: Aisthesis 2007, 206 S.

Mahal, Günther: [„Das Leben des deutschen Tonsetzers Adrian Leverkühn erzählt von einem Freunde"], in: Mahal, Günther: Halbgott Faust: Provokation und Selbstverständlichkeit (1507–1980), Tübingen: Attempo 2006, S. 92–97.

Maier, Hans: Das Gelächter des Herrn Kesselmeyer: Umwege zu Thomas Mann, in: Wimmer, Vom Nachruhm, S. 187–201.

Mann, Frido: Julia Mann Bruns da Silva: il significato e l'influsso della madre brasiliana su Heinrich e Thomas Mann = Julia Mann Bruns da Silva: Bedeutung und Einfluss der brasilianischen Mutter auf ihre Söhne Heinrich und Thomas Mann, in: Benini, Thomas Mann nella storia del suo tempo, S. 105–132.

Mann, Frido: Thomas Mann und die Frage der Religion, in: Wimmer, Vom Nachruhm, S. 203–213.

Marquardt, Franka: Judentum und Jesuitenorden in Thomas Manns „Zauberberg": zur Funktion der Fehler in der Darstellung des jüdischen Jesuiten Leib-Leo Naphta, in: Deutsche Vierteljahrsschrift für Literaturwissenschaft und Geistesgeschichte, Jg. 81, H. 2, 2007, S. 257–281.

Marx, Friedhelm: Thomas Mann und kein Ende: Thomas-Mann-Rezeption in der Gegenwartsliteratur: Wolfgang Hilbig und Robert Menasse, in: Wimmer, Vom Nachruhm, S. 113–129.

Matt, Peter von: Der Chef in der Krise: zur Inszenierung des Unternehmers in der Literatur, in: Matt, Peter von: Das Wilde und die Ordnung: zur deutschen Literatur, München: Hanser 2007, S. 226–238.

Max, Katrin: „Gott sei Dank, dass es nicht die Lunge war!": Krankheitskonzepte in Thomas Manns „Tristan" als Elemente kulturellen Wissens, in: Lörke, Vom Nutzen und Nachteil der Theorie für die Lektüre, S. 197–211.

McFarland, James: Der Fall Faustus: continuity and displacement in Theodor Wiesengrund Adorno and Thomas Mann's Californian exile, in: New German critique, H. 100, 2007, S. 111–139.

Müller, Christian: Strukturalistische Analyse des narrativen Raumes – erprobt an Thomas Manns „Der Zauberberg": binäre Opposition und ein Drittes, in: Lörke, Vom Nutzen und Nachteil der Theorie für die Lektüre, S. 49–75.

Müller-Doohm, Stefan: Thomas Mann und Theodor W. Adorno als öffentliche Intellektuelle: eine Analyse ihres Denkstils, in: Thomas Mann Jahrbuch 2007, S. 43–61.

Neumann, Uwe: Bei Thomas Mann zu Besuch, in: Johnson-Jahrbuch 2006, S. 33–81.

Nyemb, Bertin: Interkulturalität im Werk Thomas Manns: zum Spannungsverhältnis zwischen Deutschem und Fremdem, Stuttgart: Ibidem 2007, 233 S.

Ogrzal, Timo: Kairologische Entgrenzung: Zauberberg-Lektüren unterwegs zu einer Poetologie nach Heidegger und Derrida, Würzburg: Königshausen & Neumann 2007, 451 S.

Pabst, Reinhard: Thomas Mann im Hotel: kleines ABC literarischer Adressen, in: Seger, Cordula (Hrsg.): Grand Hotel: Bühne der Literatur, München: Dölling und Galitz 2007, S. 70–87.

Panizzo, Paolo: Ästhetizismus und Demagogie: der Dilettant in Thomas Manns Frühwerk, Würzburg: Königshausen & Neumann 2007 (= Epistemata, Reihe Literaturwissenschaft, Bd. 602), 235 S.

Parau, Christina Rita: Der Briefwechsel Thomas Manns mit Josef Ponten: ein Blick in die Autographensammlung der Öffentlichen Bibliothek der Stadt Aachen, Aachen: Öffentliche Bibliothek 2007, 27 S.

Peter, Klaus: Politische Romantik 1922: Thomas Mann, Novalis und der neue deutsche Staat, in: Peter, Klaus: Problemfeld Romantik: Aufsätze zu einer spezifisch deutschen Vergangenheit, Heidelberg: Winter 2007 (= Neue Bremer Beiträge, Bd. 14), S. 227–241.

Petersen, Jürgen H.: Faustus lesen: eine Streitschrift über Thomas Manns späten Roman, Würzburg: Königshausen & Neumann 2007, 142 S.

Pringsheim, Hedwig: Meine Manns: Briefe an Maximilian Harden 1900–1922, hrsg. von Helga und Manfred Neumann, Berlin: Aufbau Verlag 2006, 381 S.

Puchianu, Carmen Elisabeth: Der Splitter im Auge: Überlegungen zur Interpretation einiger Erzählwerke von Thomas Mann, Passau: Stutz 2006, 227 S.

Raviv, Alexander: Was the real Thomas Mann an antisemite?: the Jewish issue in Thomas Mann's non-fictional writings versus the image of the Jew in Thomas Mann's novels, Berlin: Lit 2007 (= Germanistik, Bd. 35), 163 S.

Reed, Terence James: Thomas Mann e la storia del suo tempo = Thomas Mann und die Geschichte seiner Zeit, in: Benini, Thomas Mann nella storia del suo tempo, S. 205–246.

Reich-Ranicki, Marcel: Festvortrag zum 50. Todestag Thomas Manns, in: Wimmer, Vom Nachruhm, S. 241–250.

Rickes, Joachim: Forschungszüge im Alten Schloss und in Donnafugata: Vergleich einer Szene in Thomas Manns „Königliche Hoheit" und Guiseppe Tomasi di Lampedusas „Il Gattopardo", in: Else-Lasker-Schüler-Jahrbuch zur klassischen Moderne 2006, S. 151–164.

Rickes, Joachim: Die Romankunst des jungen Thomas Mann: „Buddenbrooks" und „Königliche Hoheit", Würzburg: Königshausen & Neumann 2006, 114 S.

Roggenkamp, Viola: „Tom, ich bin eine Gans": Tony Buddenbrook – die Entwertung vitaler Weiblichkeit, in: Gutjahr, Buddenbrooks von und nach Thomas Mann, S. 121–136.

Rudloff, Holger: Die Sendung mit der Maus: Über den „Urenkel Schillers, Herrn von Gleichen-Russwurm" in Thomas Manns Roman „Doktor Faustus", in: Thomas Mann Jahrbuch 2007, S. 217–235.

Rudloff, Holger: Vom „Oberlehrer Doktor Hugo Giese-Widerlich" und anderen Schulmeistern: zu Thomas Manns Schiller-Rezeption, in: Rudloff, Holger (Hrsg.): „Wahrheit, Sittlichkeit und Freiheit": Schillers Aktualität in Schule und Hochschule, Herbolzheim: Centaurus 2006 (= Schriftenreihe der Pädagogischen Hochschule Freiburg, Bd. 19), S. 112–129.

Rudolph, Andrea: Deutschlands Vermittlungsposition im Duell europäischer Modernisierungsideologien: zur Bedeutung von Regionalität in Thomas Manns „Zauberberg", in: Lasatowicz, Maria Katarzyna (Hrsg.): Deutsch im Kontakt der Kulturen: Schlesien und andere Vergleichsregionen: Akten der V. Internationalen Konferenz des Germanistischen Instituts der Universität Opole, 19.–22. April 2004, Berlin: trafo 2006 (= Silesia, Bd. 4), S. 393–410.

Rudtke, Tanja: Schlaraffenland und Teufels Küche: karnevaleske Motive bei Heinrich Heine und Thomas Mann, in: May, Markus (Hrsg.): Bachtin im Dialog: Festschrift für Jürgen Lehmann, Heidelberg: Winter 2006 (= Beiträge zur neueren Literaturgeschichte, Bd. 241), S. 223–242.

Sauerland, Karol: Ein Streit um Thomas Mann, in: Sauerland, Karol: Literatur- und Kulturtransfer als Politikum am Beispiel Volkspolens, Frankfurt/Main: Lang 2006 (= Kulturtransfer und Geschlechterforschung, Bd. 3), S. 65–76.

Sautermeister, Gert: Tony Buddenbrook: Lebensstufen, Bruchlinien, Gestaltwandel, in: Thomas Mann Jahrbuch 2007, S. 103–132.

Schirnding, Albert von: Überwindung der Synthese: zu Thomas Manns politischer Essayistik zwischen den Kriegen, Stuttgart: Steiner 2007 (= Abhandlungen der Klasse der Literatur, Akademie der Wissenschaften und der Literatur, Jg. 2007, Nr. 2), 16 S.

Schmidt, Ernst A.: Thomas Mann und Richard Beer-Hofmann: eine neue „Quelle" zu Aschenbachs Traum in der Novelle „Der Tod in Venedig", in: Jahrbuch der Deutschen Schillergesellschaft 2006, S. 349–354.

Schmidt, Günter: Gedenken im Widerstreit: Weimar 1955: Thomas Manns Schiller-Rede und Jenaer Ehrenpromotion, in: Hossfeld, Uwe (Hrsg.): Hochschule im Sozialismus: Studien zur Geschichte der Friedrich-Schiller-Universität Jena (1945–1990), Köln: Böhlau 2007, S. 1035–1050.

Schmitt, Axel: Von Schwelle zu Schwelle: Thomas Manns „Der Tod in Venedig" und der Totentanz der Zeichen, in: Lörke, Vom Nutzen und Nachteil der Theorie für die Lektüre, S. 77–101.

Schneider, Arno: Un incontro „che ha lasciato una traccia profonda": Thomas Mann e Benedetto Croce Monaco di Baviera 28 settembre 1931 = Eine „überaus eindrucksvolle Begegnung": Thomas Mann und Benedetto Croce in München am 28. September 1931, in: Benini, Thomas Mann nella storia del suo tempo, S. 317–367.

Schöll, Julia: Bilaterale Gespräche: zum Briefwechsel zwischen Agnes E. Meyer und Thomas Mann, in: Strobel, Jochen (Hrsg.): Vom Verkehr mit Dichtern und Gespenstern: Figuren der Autorschaft in der Briefkultur, Heidelberg: Winter 2006 (= Beiträge zur neueren Literaturgeschichte, Bd. 229), S. 297–321.

Schonfield, Ernest: Civilization in the dining room: table manners in Thomas

Manns Buddenbrooks, in: Fulbrook, Mary (Hrsg.): Un-civilizing processes?: excess and transgression in German society and culture: perspectives debating with Norbert Elias, Amsterdam: Rodopi 2007 (= German monitor, Bd. 66), S. 157–173.

Schonfield, Ernest: Mann Re-Joyces: the dissemination of myth in „Ulysses" and „Joseph", „Finnegans Wake" and „Doctor Faustus", in: Comparative critical studies, Jg. 3, H. 3, 2006, S. 269–290.

Schonlau, Anja: Altersliebe im Alterswerk: Thomas Manns Novelle „Die Betrogene" aus der Perspektive des „Michelangelo-Essays", in: Thomas Mann Jahrbuch 2007, S. 27–42.

Sloterdijk, Peter: Thomas Mann und Derrida, in: Sloterdijk, Peter: Derrida, ein Ägypter: über das Problem der jüdischen Pyramide, Frankfurt/Main: Suhrkamp 2007 (= Edition Suhrkamp, Bd. 2502), S. 28–35.

Soldo, Ivan: Buddenbrooks – Glembays: soziokulturelle Ausrichtung und nationale Identität, Nienburg: Duensing 2006, 300 S.

Sprecher, Thomas: Altes und Neues, in: Thomas Mann Jahrbuch 2007, S. 81–102.

Sprecher, Thomas: Goethe ersetzt, in: Wimmer, Vom Nachruhm, S. 251–262.

Sprecher, Thomas: Das grobe Muster: Georges Manolescu und Felix Krull, in: Thomas Mann Jahrbuch 2006, S. 175–200.

Sprecher, Thomas: L'opera e la vita di Thomas Mann = Thomas Mann – Leben und Werk, in: Benini, Thomas Mann nella storia del suo tempo, S. 7–35.

Strohmann, Dirk: Die Beziehung zwischen den Brüdern Mann und Maurice Maeterlinck, in: Strohmann, Dirk: Rezeption Maurice Maeterlincks in den deutschsprachigen Ländern (1891–1914), Bern: Lang 2006 (= Europäische Hochschulschriften, Reihe 1, Deutsche Sprache und Literatur, Bd. 1926), S. 523–552.

Swirgun, Oxana: „Das ist der Osten und die Krankheit": Russisches in Thomas Manns Roman „Der Zauberberg", in: Swirgun, Oxana: Das fremde Russland: Russlandbilder in der deutschen Literatur 1900–1945, Frankfurt/Main: Lang 2006 (= Bochumer Schriften zur deutschen Literatur, Bd. 65), S. 189–207.

Thesz, Nicole A.: Thomas Mann und die „Welt vor dem grossen Kriege": Abgrenzung und Dialektik auf dem „Zauberberg", in: Monatshefte: für deutschsprachige Literatur und Kultur, Jg. 98, H. 3, 2006, S. 384–402.

Thomas Mann Jahrbuch 2007, hrsg. von Thomas Sprecher und Ruprecht Wimmer, in Verbindung mit der Deutschen Thomas-Mann-Gesellschaft Sitz Lübeck e.V., Frankfurt/Main: Klostermann 2008 (= Thomas Mann Jahrbuch, Bd. 20), 324 S.

Trübenbach, Holger-Falk: Martyrium des Künstlers und der Kunst: intermediale (Re)Konstruktion der imitatio Christi im „Doktor Faustus", in: Lörke, Vom Nutzen und Nachteil der Theorie für die Lektüre, S. 103–127.

Vaget, Hans Rudolf: Dilettantismus als Politikum: Wagner, Hitler, Thomas Mann, in: Blechschmidt, Stefan (Hrsg.): Dilettantismus um 1800, Heidelberg: Winter 2007 (= Ereignis Weimar-Jena, Bd. 16), S. 369–385.

Vaget, Hans Rudolf: Thomas Mann, der Amerikaner, in: Thomas Mann Jahrbuch 2007, S. 171–192.

Vaget, Hans Rudolf: Ein unwissender Magier?: noch einmal der politische Thomas Mann, in: Wimmer, Vom Nachruhm, S. 131–152.

Vuillet, Hélène: Thomas Mann, ou, Les métamorphoses d'Hermès, Paris: Presses de l'Université Paris-Sorbonne 2007 (= Monde germanique), 377 S.

Waldherr, Franz und Diekhans, Johannes (Hrsg.): Thomas Mann: Bekenntnisse des Hochstaplers Felix Krull, Paderborn: Schöningh 2007 (= Einfach deutsch, Unterrichtsmodell), 115 S.

Wimmer, Ruprecht: „Neu doch auch wieder": späte Selbstüberbietungsversuche Thomas Manns, in: Thomas Mann Jahrbuch 2007, S. 193–207.

Wimmer, Ruprecht und Wisskirchen, Hans (Hrsg.): Vom Nachruhm: Beiträge zur Lübecker Festwoche 2005 aus Anlass des 50. Todesjahres von Thomas Mann, Frankfurt/Main: Klostermann 2007 (= Thomas-Mann-Studien, Bd. XXVII), 227 S.

Wisskirchen, Hans: Thomas Buddenbrook oder Wie lebt man als Leistungsethiker?, in: Gutjahr, Buddenbrooks von und nach Thomas Mann, S. 75–94.

Wisskirchen, Hans: Die Windsors der Deutschen: Bemerkungen zur Popularität der Familie Mann, in: Wimmer, Vom Nachruhm, S. 153–170.

Wright, Terence R.: Joseph and his brothers, Thomas Mann: Mann's spiritual journey: from the Bourgeois to the Fully Human, in: Wright, Terence R.: The Genesis of fiction: modern novelists as biblical interpreters, Aldershot: Ashgate 2007, S. 133–167.

Mitteilungen der Deutschen Thomas-Mann-Gesellschaft, Sitz Lübeck e.V., für 2007

Das Herbstkolloquium zum Thema „Thomas Mann und das Theater" fand vom 27. bis 30. September 2007 in Lübeck statt. Thomas Mann war zeitlebens ein passionierter Theatergänger. So stand die Begeisterung für das musikdramatische Werk am Anfang und begleitete ihn ein Leben lang. Über den prägenden und tiefen Eindruck, den die *Lohengrin*-Aufführungen im Lübecker Stadttheater bei ihm hinterlassen haben, hat er eindrucksvoll berichtet. Es stellt somit keine Übertreibung dar, sondern fasst wesentliche Beiträge der Thomas-Mann-Forschung der vergangenen Jahrzehnte zusammen, wenn man sagt: Ohne den grundlegenden Einfluss Richard Wagners wären Manns Romane so nicht denkbar. Doch auch das Schauspiel hat Entscheidendes bei ihm bewegt. Bis ins hohe Alter bezeugen die Tagebücher und Briefe den Besuch von Theateraufführungen. Anlässlich der Premiere der *Buddenbrooks* und einer Aufführung des *Rheingolds* gingen die Deutsche-Thomas-Mann Gesellschaft und das Theater Lübeck diesen Spuren in einer gemeinsamen Tagung nach. Erstmals wandte sich die Thomas-Mann-Gesellschaft dabei mit einer eigenen Veranstaltung auch an Lehrerinnen und Lehrer. In einem gemeinsam mit dem Theater Lübeck geplanten Workshop loteten wir die didaktischen Möglichkeiten des Themas aus und machten sie konkret für den Unterricht nutzbar.

Die Tagung unterteilte sich in drei thematische Blöcke. Den Themenblock „Thomas Mann und die Oper" gestalteten Prof. Dr. Dr. Eckhard Heftrich (Malsburg-Marzell) und Prof. Dr. Volker Scherliess (Lübeck); das didaktische Angebot wurde von dem Schauspieldirektor des Theaters Lübeck, dem Dramaturgen der *Buddenbrooks*-Inszenierung sowie von dem Ausstatter gefüllt.

Für den zweiten Themenblock „Thomas Mann und das Drama" referierten Prof. Dr. Heinrich Detering (Göttingen), Prof. Dr. Elisabeth Galvan (Neapel) sowie Prof. Dr. Andrea Bartl (Augsburg). Die Jungen Thomas-Mann-Forscher konzipierten einen Workshop mit zwei Jungforschern: Anna Kinder (*Geldströme – Das Geld im Werk Thomas Manns*) und Christian Baier (*Figuren des ‚Genialen' in Thomas Manns Romanen*).

Beim dritten Themenblock „Thomas-Mann-Dramatisierungen" gab es Vorträge von Dr. Andrea Langer (Göttingen) und Prof. Dr. Hans Wißkirchen (Lübeck). Abgerundet wurde das Kolloquium durch zwei Theaterinszenierungen: die Premiere von *Buddenbrooks* im Großen Haus und dem Auftakt der Ring-Tetralogie *Das Rheingold*.

Mitteilungen der Deutschen Thomas-Mann-Gesellschaft, Sitz Lübeck e.V., für 2008

Erstmals tagte die Deutsche Thomas-Mann-Gesellschaft in Weimar. Das Herbstkolloquium zum Thema „Thomas Mann und Weimar" fand in Kooperation mit der Goethe-Gesellschaft Weimar vom 11. bis 14. September 2008 statt und sollte das vielschichtige und spannende Verhältnis Thomas Manns zu diesem literarischen Gedenkort der Deutschen ausloten. Umfassend war dies natürlich im Rahmen einer Tagung nicht möglich, und so wurden drei Schwerpunkte gesetzt.

In der ersten Sektion am Freitag nahmen wir das klassische Weimar in den Blick und fragten danach, welche Wirkung das Werk von Goethe und Schiller bei Thomas Mann gehabt hat. Zum Mythos Weimar gehören nicht nur die Literatur und die Kunst, sondern auch die Politik – und zwar in sehr unterschiedlichem Sinne. Wir wollten zwei Aspekte in den Blick nehmen und diese von Prof. Irmela von Lühe (Berlin), Dr. Dr. Thomas Sprecher (Zürich) und Prof. Dr. Peter-André Alt (Berlin) aus verschiedenen Perspektiven beleuchten lassen.

Die Republik von Weimar wurde 1919 im Deutschen Nationaltheater in Weimar ausgerufen. So sollte in der zweiten Sektion gefragt werden, wie sich Thomas Mann als ein Konservativer, der die Notwendigkeit des Wandels eingesehen hat, ästhetisch zu dieser Republik verhielt. Zu den Vortragenden gehörten Prof. Dr. Friedhelm Marx (Bamberg) und Prof. Dr. Sabina Becker (Freiburg). Die Jungen Thomas-Mann-Forscher gestalteten bereits am Freitag einen Workshop zu diesem Themenkomplex und ein Lektüreseminar.

Weimar war auch ein Ort, der für die Nationalsozialisten eine ganz besondere Bedeutung hatte. Das Konzentrationslager Buchenwald, das im kulturellen Gedächtnis wohl auf lange Zeit mit Weimar verknüpft sein wird, war auch noch im geteilten Deutschland nach 1945 unter anderem Vorzeichen ein Ort der Schande. Auch diesem Aspekt wollten wir nachgehen und Thomas Manns Sicht auf Weimar nach dem Zweiten Weltkrieg in der abschließenden Sektion am Sonntag in den Blick nehmen. Hierzu referierten Prof. Dr. Volker Wahl (Weimar) und Dr. Philipp Gut (Zürich). Das Programm wurde ergänzt unter anderem durch den Besuch der Museen, der Anna Amalia Bibliothek und einen Blick in das Goethe- und Schiller-Archiv.

Mitteilungen der Thomas Mann Gesellschaft Zürich 2008

Die Jahresversammlung der Thomas Mann Gesellschaft Zürich fand am 31. Mai 2008 im Literaturhaus Zürich statt. Die Räume der Museumsgesellschaft boten einen würdigen Rahmen für die Veranstaltung, obwohl diese zwischenzeitlich durch den lautstarken Umzug der „Gay Parade" empfindlich gestört wurde. Zehntausend lärmende Demonstranten gegen einen Referenten und 120 stille Gelehrte – das war ein ungleicher Kampf! Dennoch wurde die Tagung im bis auf den letzten Platz besetzten Haus ein voller Erfolg.

Im geschäftlichen Teil der Tagung konnte Manfred Papst, der als Präsident der Zürcher Thomas Mann Gesellschaft durch den Nachmittag führte, ein erfreulich ausgeglichenes Geschäftsergebnis präsentieren. Im Rahmen der statutarischen Erneuerungswahlen wurde Arnaldo Benini als Mitglied des Vorstands bestätigt. In einer Schweigeminute gedachte die Versammlung ihres verstorbenen Vorstandsmitglieds Herrn alt Stadtrat Dr. Jürg Kaufmann.

Die Thomas Mann Gesellschaft Zürich zählte Ende 2007 326 Mitglieder.

Die Tagung des Jahres 2008 beschäftigte sich mit dem Thema „Thomas Mann und die Religionen". Der Mainzer Germanist Hermann Kurzke hielt einen profunden Vortrag über den „gläubigen Thomas", worin er das Werk des Dichters im Kontext der europäischen Religions- und Geistesgeschichte situierte und eine brillante Ästhetik des Religiösen entwickelte. Im Folgenden referierte der Zürcher Gelehrte Martin Dreyfus über das Thema „Das Jüdische bei Thomas Mann". Er wurde dem komplexen Thema in seinen differenzierten Ausführungen, die sowohl jüdische Motive im Werk Thomas Manns als auch die konkreten Beziehungen des Autors zum Judentum und zu Juden betrafen, in umfassender Weise gerecht. Als dritter Referent hielt der Zürcher Pfarrer und Romancier Ulrich Knellwolf einen fulminanten Vortrag über einen namenlosen Pfarrer und dessen Exequialgemeinde im *Doktor Faustus*. Der besagte Mann kommt im Roman zwar nur auf 21 Zeilen vor; Knellwolf bewies indes, dass sich an dieser Figur gleichwohl ein ganzes religions- und kulturgeschichtliches Panorama entfalten lässt. Das Schlusswort zur Tagung hielt Frido Mann, der Lieblingsenkel Thomas Manns, der sich seit Jahrzehnten intensiv mit den religiösen Vorstellungen seines Grossvaters befasst.